21世纪经济与管理精编教材

会计学系列

管理会计学：
理论·方法·思政·案例

Management Accounting

颉茂华 ◎ 编　著

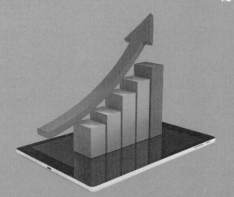

北京大学出版社

PEKING UNIVERSITY PRESS

图书在版编目(CIP)数据

管理会计学:理论·方法·思政·案例/颉茂华编著.—北京:北京大学出版社,2022.8
21世纪经济与管理精编教材.会计学系列
ISBN 978-7-301-33255-9

Ⅰ.①管…　Ⅱ.①颉…　Ⅲ.①管理会计—高等学校—教材　Ⅳ.①F234.3

中国版本图书馆CIP数据核字(2022)第144702号

书　　　名	管理会计学：理论·方法·思政·案例 GUANLI KUAIJI XUE: LILUN·FANGFA·SIZHENG·ANLI
著作责任者	颉茂华　编著
责 任 编 辑	任京雪　徐　冰
标 准 书 号	ISBN 978-7-301-33255-9
出 版 发 行	北京大学出版社
地　　　址	北京市海淀区成府路205号　100871
网　　　址	http://www.pup.cn
微信公众号	北京大学经管书苑(pupembook)
电 子 信 箱	em@pup.cn
电　　　话	邮购部 010-62752015　发行部 010-62750672　编辑部 010-62752926
印 刷 者	北京溢漾印刷有限公司
经 销 者	新华书店
	787毫米×1092毫米　16开本　24.5印张　603千字 2022年8月第1版　2022年8月第1次印刷
定　　　价	62.00元

未经许可，不得以任何方式复制或抄袭本书之部分或全部内容。
版权所有，侵权必究
举报电话：010-62752024　电子信箱：fd@pup.pku.edu.cn
图书如有印装质量问题，请与出版部联系，电话：010-62756370

本教材的编写得到以下项目的资助：

1. 中华人民共和国教育部：国家级一流本科课程"管理会计学"建设
2. 中华人民共和国教育部：国家级一流本科专业"会计学"建设
3. 内蒙古自治区教育科学"十三五"规划2020年度立项课题：高等教育立体化教材资源建设研究——以《管理会计学》为例
4. 中华人民共和国教育部高等教育司：管理会计学课程内容与课程体系改革研究
5. 内蒙古大学创新创业教育改革项目：创新创业教育下高等教育立体化教材资源建设
6. 内蒙古大学"课程思政"示范课改革试点项目：《会计学基础》《管理会计学》

序

2020年新年伊始,正当人们停下忙碌的脚步准备享受阖家团圆之乐时,一场突如其来的新冠肺炎疫情席卷全国,给了我们太多猝不及防。在我们感受到病毒无情之时,也看到了全国上下团结一心、共同抗疫的感人场面。这场疫情直到现在还在与我们纠缠着。在此期间,感恩我们时代的逆行者,因为有你们,我们才能安心地"宅"在家里;因为有你们,我们才可以轻松地谈论疫情期间的社会民生。恰逢2021年为生肖牛年,耕牛"朝耕草茫茫,暮耕水潏潏"的精神,激励着我们奋勇前行。

变革时代,红尘滚滚,我们可以断定,"十四五"的到来,"创新发展,转变经济发展方式"必将是中国经济发展的主旋律。为适应经济发展的需要,提升企业的管理水平也必将是中国企业发展壮大的必由之路。在这个时代里,管理会计学这门将现代管理的多种学科与会计学融为一体的整合性交叉学科,其理论框架将如何构建?其学科体系内容又将如何重新塑造?学生应该掌握什么样的管理会计理论与方法才能适应这一要求?这些是我们面临新环境时必须思考的问题。

基于上述思考,我们认为编写本教材的原则是:立足现实,展望未来,博采众长,为我所用;大胆创新,努力尝试。因此,本教材的编写首先在管理会计理论框架上做了大胆有益的尝试,即以管理会计产生和发展的环境分析为背景,构建出管理会计基础理论体系和管理会计应用理论体系两大理论框架体系,突破了传统的以管理会计目标和管理会计假设为出发点的理论框架体系。在此基础上,对管理会计学现行的内容体系进行了重新认识,并做了必要的修正,构建出以管理会计职能为主线的管理会计内容体系,使管理会计学更能适应时代的需要,适应新的经济环境。最后,为了贴近现实,加强课程思政,改变教学模式与方法,充分发挥学生的主观能动性,并进一步提高学生分析问题与解决问题的能力,结合目前我们的研究成果,对本教材的延伸阅读与写作及案例进行了详细的整理和补充,加大了学生触摸现实分析问题与解决问题的篇幅和难度,这也是本教材的创新及特点所在。

回顾本教材的编写过程,我们认为,本教材写作的成功,是经济环境暖暖的春天,给了我们开阔视野的盛宴;是前人辛劳耕耘的思想花蕾,点亮了我们的双眼。因而,首先感谢前人的研究为我们提供了大量的参考资料与写作思路,是"先行者用许多痛苦的付出,让我们后来者看到广阔的前景";其次,更让我感动的是,北京大学出版社任京雪编辑以勤恳的工作态度、严谨的工作作风,不断为本教材的写作提供大量的修改意见,使我感悟到:脚下之路,虽任重道远,但我并不感到孤单寂寞。

本教材的编写虽然告一段落,但是我们将一如既往地用明澈的双眼,关注管理会计学这一学科的云涌霞飞、风生潮起;我们仍将用那颗真诚纯朴的心,感受管理会计专家、学者们的辛甘与苦涩、悲欣与冷暖;我们仍将用海纳百川的胸襟、内蕴而多元的视角、清丽而平易的文字、执着而热烈的情怀,镌刻奔跑着、变幻着的管理会计学改革与发展的画卷,我们将每时每刻带给您管理会计学思想睿智的开启和内容色彩的感动。我们深知:努力,未必成功;但放弃,必然失败。只要我们努力,人生的路,不管从哪里启程,敬畏的心灵都必将人生之门叩开。

我们深知,"十四五"是我国经济发展转型的关键时期,会计界也必将整装前行。

Xie Mao Hua
颉茂华

2022年2月6日于内蒙古大学

目 录

第一篇　管理会计基本理论与方法概述

第1章　管理会计的基本理论 …… 3
1.1　管理会计的形成和发展 …… 4
1.2　管理会计的基本含义 …… 5
1.3　管理会计基本理论框架的构建研究 …… 7
1.4　管理会计基本理论框架组成要素分析 …… 15
1.5　管理会计内容体系存在的问题 …… 21
1.6　管理会计与其他学科的区别和联系 …… 22
1.7　管理会计在我国企业中应用问题的思考 …… 27

第2章　管理会计的基本方法 …… 34
2.1　成本性态分析法 …… 34
2.2　边际分析法 …… 48
2.3　成本—效益分析法 …… 51
2.4　本—量—利分析法 …… 52
2.5　线性规划法 …… 61

第二篇　预测与决策

第3章　经营预测 …… 71
3.1　经营预测的基本程序和方法 …… 71
3.2　销售预测方法 …… 72
3.3　成本预测方法 …… 80
3.4　利润预测方法 …… 82
3.5　资金需要量预测方法 …… 84

第 4 章 经营决策 ······ 91
- 4.1 决策理论概述 ······ 91
- 4.2 经营决策应考虑的因素 ······ 94
- 4.3 经营决策的方法 ······ 98
- 4.4 产品功能成本决策 ······ 100
- 4.5 产品生产决策 ······ 103
- 4.6 产品定价决策 ······ 112

第 5 章 资本预算决策 ······ 120
- 5.1 资本预算决策需要考虑的问题 ······ 120
- 5.2 资本预算决策的方法 ······ 141
- 5.3 资本预算决策方法的具体应用及其案例 ······ 161

第三篇 规划与控制

第 6 章 利润规划 ······ 177
- 6.1 利润的计算与规划 ······ 177
- 6.2 分析各因素的变动对利润的影响 ······ 183

第 7 章 变动成本法 ······ 195
- 7.1 完全成本法与变动成本法的含义和特点 ······ 195
- 7.2 完全成本法与变动成本法的比较 ······ 196

第 8 章 标准成本法 ······ 212
- 8.1 标准成本法概述 ······ 212
- 8.2 标准成本的制定 ······ 214
- 8.3 标准成本差异分析 ······ 215
- 8.4 标准成本差异账务处理系统 ······ 218
- 8.5 标准成本法在我国应用的探讨 ······ 220

第 9 章 作业成本法 ······ 227
- 9.1 作业成本法概述 ······ 227
- 9.2 作业成本法的理论框架 ······ 228
- 9.3 作业成本计算 ······ 232

第 10 章 作业基础预算 ······ 244
- 10.1 作业基础预算概述 ······ 244

10.2 作业基础预算的理论框架 ⋯⋯⋯⋯⋯⋯⋯⋯⋯⋯⋯⋯⋯⋯⋯⋯⋯⋯⋯⋯⋯⋯ 245
10.3 作业基础预算的计算、应用与意义 ⋯⋯⋯⋯⋯⋯⋯⋯⋯⋯⋯⋯⋯⋯⋯⋯⋯ 246

第 11 章 预算管理制度 ⋯⋯⋯⋯⋯⋯⋯⋯⋯⋯⋯⋯⋯⋯⋯⋯⋯⋯⋯⋯⋯⋯⋯⋯⋯⋯⋯ 253
11.1 预算的含义、目的及类型 ⋯⋯⋯⋯⋯⋯⋯⋯⋯⋯⋯⋯⋯⋯⋯⋯⋯⋯⋯⋯⋯ 253
11.2 固定预算——总预算的编制实例 ⋯⋯⋯⋯⋯⋯⋯⋯⋯⋯⋯⋯⋯⋯⋯⋯⋯ 256
11.3 弹性预算的编制方法 ⋯⋯⋯⋯⋯⋯⋯⋯⋯⋯⋯⋯⋯⋯⋯⋯⋯⋯⋯⋯⋯⋯ 262
11.4 零基预算的编制方法 ⋯⋯⋯⋯⋯⋯⋯⋯⋯⋯⋯⋯⋯⋯⋯⋯⋯⋯⋯⋯⋯⋯ 264
11.5 滚动预算的编制方法 ⋯⋯⋯⋯⋯⋯⋯⋯⋯⋯⋯⋯⋯⋯⋯⋯⋯⋯⋯⋯⋯⋯ 266
11.6 概率预算的编制方法 ⋯⋯⋯⋯⋯⋯⋯⋯⋯⋯⋯⋯⋯⋯⋯⋯⋯⋯⋯⋯⋯⋯ 267

第 12 章 责任会计 ⋯⋯⋯⋯⋯⋯⋯⋯⋯⋯⋯⋯⋯⋯⋯⋯⋯⋯⋯⋯⋯⋯⋯⋯⋯⋯⋯⋯⋯⋯ 272
12.1 责任会计概述 ⋯⋯⋯⋯⋯⋯⋯⋯⋯⋯⋯⋯⋯⋯⋯⋯⋯⋯⋯⋯⋯⋯⋯⋯⋯ 272
12.2 责任中心的划分 ⋯⋯⋯⋯⋯⋯⋯⋯⋯⋯⋯⋯⋯⋯⋯⋯⋯⋯⋯⋯⋯⋯⋯⋯ 275
12.3 内部结算价格的制定 ⋯⋯⋯⋯⋯⋯⋯⋯⋯⋯⋯⋯⋯⋯⋯⋯⋯⋯⋯⋯⋯⋯ 281
12.4 责任中心的考核与评价 ⋯⋯⋯⋯⋯⋯⋯⋯⋯⋯⋯⋯⋯⋯⋯⋯⋯⋯⋯⋯⋯ 285

第 13 章 风险清单法 ⋯⋯⋯⋯⋯⋯⋯⋯⋯⋯⋯⋯⋯⋯⋯⋯⋯⋯⋯⋯⋯⋯⋯⋯⋯⋯⋯⋯⋯ 293
13.1 风险清单法的含义及适用情形 ⋯⋯⋯⋯⋯⋯⋯⋯⋯⋯⋯⋯⋯⋯⋯⋯⋯⋯ 293
13.2 风险清单法的应用环境 ⋯⋯⋯⋯⋯⋯⋯⋯⋯⋯⋯⋯⋯⋯⋯⋯⋯⋯⋯⋯⋯ 294
13.3 风险清单法的应用程序 ⋯⋯⋯⋯⋯⋯⋯⋯⋯⋯⋯⋯⋯⋯⋯⋯⋯⋯⋯⋯⋯ 295
13.4 风险管理部门的职责 ⋯⋯⋯⋯⋯⋯⋯⋯⋯⋯⋯⋯⋯⋯⋯⋯⋯⋯⋯⋯⋯⋯ 299
13.5 风险清单法的评价 ⋯⋯⋯⋯⋯⋯⋯⋯⋯⋯⋯⋯⋯⋯⋯⋯⋯⋯⋯⋯⋯⋯⋯ 300
13.6 风险清单法相关案例分析 ⋯⋯⋯⋯⋯⋯⋯⋯⋯⋯⋯⋯⋯⋯⋯⋯⋯⋯⋯⋯ 301

第四篇　分析与评价

第 14 章 沃尔比重评分法 ⋯⋯⋯⋯⋯⋯⋯⋯⋯⋯⋯⋯⋯⋯⋯⋯⋯⋯⋯⋯⋯⋯⋯⋯⋯⋯ 307
14.1 产生的背景 ⋯⋯⋯⋯⋯⋯⋯⋯⋯⋯⋯⋯⋯⋯⋯⋯⋯⋯⋯⋯⋯⋯⋯⋯⋯⋯ 307
14.2 方　法 ⋯⋯⋯⋯⋯⋯⋯⋯⋯⋯⋯⋯⋯⋯⋯⋯⋯⋯⋯⋯⋯⋯⋯⋯⋯⋯⋯⋯ 308
14.3 应　用 ⋯⋯⋯⋯⋯⋯⋯⋯⋯⋯⋯⋯⋯⋯⋯⋯⋯⋯⋯⋯⋯⋯⋯⋯⋯⋯⋯⋯ 315

第 15 章 杜邦分析法 ⋯⋯⋯⋯⋯⋯⋯⋯⋯⋯⋯⋯⋯⋯⋯⋯⋯⋯⋯⋯⋯⋯⋯⋯⋯⋯⋯⋯⋯ 321
15.1 产生的背景 ⋯⋯⋯⋯⋯⋯⋯⋯⋯⋯⋯⋯⋯⋯⋯⋯⋯⋯⋯⋯⋯⋯⋯⋯⋯⋯ 321
15.2 方　法 ⋯⋯⋯⋯⋯⋯⋯⋯⋯⋯⋯⋯⋯⋯⋯⋯⋯⋯⋯⋯⋯⋯⋯⋯⋯⋯⋯⋯ 322
15.3 应　用 ⋯⋯⋯⋯⋯⋯⋯⋯⋯⋯⋯⋯⋯⋯⋯⋯⋯⋯⋯⋯⋯⋯⋯⋯⋯⋯⋯⋯ 323
15.4 案　例 ⋯⋯⋯⋯⋯⋯⋯⋯⋯⋯⋯⋯⋯⋯⋯⋯⋯⋯⋯⋯⋯⋯⋯⋯⋯⋯⋯⋯ 324

第16章　多维度盈利能力分析 ··· 328
　16.1　多维度盈利能力分析的含义 ······································· 328
　16.2　多维度盈利能力分析的应用环境 ··································· 330
　16.3　多维度盈利能力分析的应用程序 ··································· 330
　16.4　多维度盈利能力分析的评价 ······································· 338

第17章　战略管理与平衡计分卡 ··· 341
　17.1　战略管理的基本理论 ··· 341
　17.2　战略管理的过程 ··· 344
　17.3　战略地图 ··· 348
　17.4　战略评价和控制 ··· 351
　17.5　平衡计分卡产生背景及其应用 ····································· 351

第18章　经济增加值理论 ··· 362
　18.1　产生的背景 ··· 362
　18.2　方法应用与特点 ··· 363

第19章　企业管理会计报告 ··· 373
　19.1　企业管理会计报告的含义和目标 ··································· 373
　19.2　企业管理会计报告的形式要件和报告流程 ··························· 374
　19.3　企业管理会计报告体系的多种分类标准 ····························· 375
　19.4　管理会计报告的五个报告维度 ····································· 377
　19.5　管理会计报告体系的设计 ··· 379
　19.6　管理会计在企业中的现状及应对措施 ······························· 380

第一篇

管理会计基本理论与方法概述

第 1 章　管理会计的基本理论

第 2 章　管理会计的基本方法

第1章 管理会计的基本理论

【学习目标】

1. 了解管理会计理论的发展阶段以及各个阶段的主要特征。
2. 了解现代管理会计理论框架的研究历程及其特点。
3. 明确管理会计的主要内容。
4. 明确管理会计的基本概念及其职能。
5. 明确管理会计理论框架的主要构成要素。
6. 了解我国管理会计学内容体系存在的问题。
7. 明确管理会计与其他学科的联系和区别。
8. 明确管理会计在我国企业中推广与应用的障碍。
9. 明确提高管理会计在我国企业中应用水平的途径。

【导入指引】

自20世纪20年代起,西方就将管理会计的概念逐渐引入会计体系,一部分先进的会计学者率先开始对此类话题展开研究。自此,管理会计逐渐走入大家的视野,并逐渐成了企业管理中不可或缺的一部分。在当今网络化环境下,管理会计将在价值链体系中及企业战略管理中逐渐走向成熟,并对企业管理起到至关重要的作用。管理会计将在高科技的加持下逐渐从事后过渡到实时,从静态进化到动态,促使企业更加高效地进行管理。

框架的概念由雷戈里·贝特森(Laigari Bateson)于1955提出,1974年欧文·戈夫曼(Erving Goffman)将这一概念引入文化社会学领域。随后,这一概念再被引入大众传播研究中,成为定性研究中的一个重要观点。理论框架介绍和描述了解释所研究问题存在的理论。一个理论框架包括用于特定研究的概念(包括定义)、相关参考文献以及现有理论。理论框架开启了一个重要的分析领域,即议题、话语和意义是如何被准确建构、组织并得以展开的。

2014年,财政部发布了《关于全面推进管理会计体系建设的指导意见》(以下简称《意见》),作为全面推进我国管理会计体系建设的纲领性文件。《意见》明确提出要建设具有中国特色的管理会计体系,并强调全面推进管理会计体系建设的重要性和紧迫性。可见作为会计工作的主管部门,财政部高度重视符合我国企业经营实际需要的管理会计理论研究和管理会计工具的推广应用。加强对管理会计应用与发展的研究,是我国会计改革与发展的一个现实课题。

1.1 管理会计的形成和发展

管理会计(Management Accounting)是西方国家在会计管理上的一种发展。长期以来,人们一直认为"会计是反映经济信息的一种技术和方法",虽然在实际工作中,会计对经济活动的日常管理起着积极的作用,但是直到20世纪20年代西方会计理论界才把会计与管理联系起来,"会计如何为提高企业的生产和工作效率服务"这一话题开始被频繁地提到议事日程上来,紧接着"标准成本""预算控制""差异分析"等这些与科学管理直接相联系的计划、控制方法被引进到会计中来。第二次世界大战后,管理会计日益受到重视,并在实际工作中得到大量应用,逐步从传统会计中分离出来,成为独立的学科。纵观管理会计的整个发展过程,其大致可划分为如下几个阶段:

1.1.1 以成本控制为特征的执行性管理会计阶段(20世纪20年代—50年代)

管理会计是现代会计的一个分支,其功能与财务会计不同,侧重于为企业内部的经营管理服务。管理会计萌芽于20世纪初,形成于20世纪50年代,其形成与发展同经济技术、管理实践及管理学的发展密切关联。20世纪初,随着社会化大生产程度的提高,生产规模日益扩大,竞争开始激烈起来,企业的生存和发展并不仅仅取决于产量的增长,更取决于成本的高低。因此,为了在激烈的市场竞争中取胜,企业必须加强内部管理,提高生产效率,以降低成本、获取最大利润。该阶段管理会计以成本控制为基本特征,以提高企业的生产效率和工作效率为目的,其主要内容包括以下几个方面:

(1)标准成本。它是指按照科学的方法制定在一定客观条件下能够实现的人工、材料消耗标准,并以此为基础形成产品标准成本中的标准人工成本、标准材料成本、标准制造费用等。

(2)预算控制。它是指按照人工、材料消耗标准及费用分配率标准将标准人工成本、标准材料成本、标准制造费用以预算形式表示出来,并据以控制料、工、费的发生,使之符合预算要求。

(3)差异分析。它是指在一定期间终了时,对料、工、费脱离标准的差异进行计算和分析,查明差异形成的原因和责任,借以评价和考核各有关方面的工作业绩,促使其改进。

1.1.2 以预测、决策为特征的决策性管理会计阶段(20世纪50年代—80年代)

第二次世界大战以后,随着企业规模的不断扩大,跨国公司大量出现,市场竞争越来越激烈,企业获利能力普遍下降。企业不得不广泛推行职能管理,以此激励职工的积极性,并强化生产经营的预测和决策功能。同时,计算机技术的迅速发展为定量预测和决策提供了条件。上述原因使得管理会计的理论体系和内容逐渐得以丰富及完善,逐步形成了以预测、决策为主要特征并与管理现代化要求相适应的行之有效的会计信息系统。预测和决策功能的出现,是管理会计发展史上的一次飞跃,它将管理会计的职能从单一的事后控制(成本控制)扩大到了事前控制(预测、决策)。其主要内容包括以下几个方面:

(1)预测。它是指运用科学的方法,根据历史资料和现实情况,预计和推测经济活动未来的趋势及变化过程,包括销售预测、成本预测、利润预测、资金需求量预测等内容。

（2）决策。它是指按照预定目标,通过预测、分析、比较和判断,从两个或两个以上的备选方案中选择最优方案的过程,包括经营决策、资本预算决策等内容。

（3）预算。它是指用货币度量和非货币度量反映企业一定期间的收入、成本、利润、资金需要,反映经营目标和结果的计划,包括业务预算、专门决策预算和财务预算等内容。

（4）控制。它是指按照预算要求,控制经济活动使之符合预算要求的过程,包括标准成本法和责任会计等内容。

（5）考核和评价。它是指通过实际与预算的比较,确定差异及分析差异原因,并对责任者的业绩进行评价和对生产经营进行调整的过程。

在该阶段,狭义管理会计的内容已建立起来。

1.1.3　以重视环境适应性为特征的战略管理会计阶段（20世纪80年代后）

进入20世纪80年代后,市场全球化使企业面临更加激烈的市场竞争。企业面临的市场已从过去的顾客群体转向包括潜在顾客群体在内的多样化顾客群体。为了适应各种变化,企业的生产组织必须从以追求规模效益为目的的大批量生产方式转变为能对顾客的不同需求迅速做出反应的"顾客化生产",即以顾客为中心,充分了解和掌握顾客需求,在较短的时间内完成从产品设计、制造到投放市场的过程。同时,数据技术的发展也使"顾客化生产"成为可能。

战略管理是管理者确立企业的长期目标,在综合分析全部内外部因素的基础上,制定达到目标的战略,并执行和控制整个战略的实施过程。战略管理一般分为战略的制定、战略的实施、战略的评估和控制三个阶段。

随着战略管理理论的发展和完善,著名管理学家赫伯特·西蒙（Herbert Simon）于1981年首次提出了"战略管理会计"一词,他认为战略管理会计应侧重于本企业与竞争对手的对比,收集竞争对手关于市场份额、定价、成本、产量等方面的信息。战略管理会计研究的主要内容应包括市场份额的评估、战略预算的编制、竞争地位的变化研究等。战略管理会计与企业战略管理联系密切,运用灵活多样的方法收集、加工、整理与战略管理相关的各种信息,并协助企业管理层确立战略目标,进行战略规划,评价管理业绩。

从管理会计的产生和发展的整个过程不难看出,管理会计是伴随着经济的发展而不断发展的,生产力的不断提高是管理会计产生和发展的直接动力与根本原因,而商品经济与技术的发展为管理会计的产生和发展奠定了物质基础,各种管理科学理论的发展是管理会计产生和发展的理论基础。

1.2　管理会计的基本含义

1.2.1　国外学者对管理会计含义的论述

国外学者对管理会计的定义先后经历了两个阶段。

1. 狭义管理会计阶段

从20世纪20年代到20世纪80年代,国外会计学界基本上都是从狭义上来研究管理会计,认为管理会计只是为企业内部管理者提供计划与控制所需信息的内部会计。

1958年，美国会计学会管理会计委员会将管理会计定义为：管理会计是运用适当的技术和概念，处理企业历史的和计划的经济信息，以有助于管理人员制订出合理的、能够实现经营目标的计划，以及为达到各项目标所进行的决策。

1966年，美国会计学会在其所著的《基本会计理论》中将管理会计定义为：所谓管理会计，就是运用适当的技术和概念，对经济主体的实际经济数据进行处理，以帮助管理人员制定合理的目标，并为实现该目标进行合理的决策。

1982年，美国学者罗伯特·卡普兰（Robert Kaplan）在《现代管理会计》一书中对管理会计做了如下定义：管理会计是一种收集、分类、总结、分析和报告信息的系统，它有助于管理者进行决策和控制。

综上所述，狭义管理会计的核心内容为：①管理会计以企业为主体展开其管理活动；②管理会计是为企业管理当局的管理目标服务的；③管理会计是一个信息系统。

2. 广义管理会计阶段

进入20世纪80年代后，国外会计学界对管理会计的外延进行了深入研究，对管理会计的定义出现了新的变化，管理会计的外延开始扩大，出现了广义的管理会计含义。

1986年，美国全美会计师协会下属的管理会计实务委员会对管理会计进行了如下定义：管理会计是向管理当局提供有关企业内部计划、评价、控制以及确保企业资源的合理使用和经营责任的履行所需的财务信息，是一个确认、计量、归集、分析、编报、解释和传递的过程。

1982年，英国成本与管理会计师协会（1986年更名为特许管理会计师公会）修订后的管理会计定义进一步把管理会计的范围扩大到除审计以外的会计的各个组成部分。按照英国成本与管理会计师协会的解释，管理会计是向管理当局提供所需信息的那一部分会计工作，使管理当局得以：①制定方针政策；②对企业的各项活动进行计划和控制；③保护财产安全；④向企业外部反映财务状况；⑤向职工反映财务状况；⑥对各个行动的备选方案做出决策。

综上所述，广义管理会计的核心内容是：①管理会计以企业为主体展开其管理活动；②管理会计既为企业管理当局的管理目标服务，同时又为股东、债权人、规章制度制定机构及税务当局等相关方面服务；③管理会计作为一个信息系统，它所提供的财务信息包括用来解释实际和计划所必需的货币性与非货币性信息；④从内容上看，管理会计既包括财务会计，又包括成本会计和财务管理。

1.2.2 国内学者对管理会计含义的论述

在国内，学者们对管理会计的含义也有不同的认识，具有代表性的有以下几种观点：

汪家佑（1987）认为：管理会计是企业为了加强内部经营管理，实现最大利润，灵活运用多种多样的方式方法，收集、加工和阐明管理当局合理地计划和有效地控制经济过程所需要的信息，围绕成本、利润、资本三个中心，分析过去、控制现在、规划未来的一个会计分支。

李天民（1995）认为：管理会计主要是通过一系列专门方法利用财务会计提供的资料及其他有关资料进行整理、计算、对比和分析，使企业各级管理人员能对日常发生的一切经济活动进行规划与控制，并帮助企业领导做出各种决策的一整套信息处理系统。

温坤(2004)认为:管理会计是企业会计的一个分支,它运用一系列专门的方式方法,收集、分类、汇总、分析和报告各种经济信息,借以进行预测和决策,制订计划,对经济业务进行控制,并对业绩进行评价,以保证企业改善经营管理,提高经济效益。

1.2.3 对国内外学者有关管理会计含义的评价和结论

从20世纪20年代管理会计最初产生以来,国内外学者对管理会计的确切含义众说纷纭,虽然各种观点存在差异,但也有许多共同之处。例如,都需要运用适当的方法和技术(诸如本—量—利分析等),都以向管理者提供信息以进行决策为目的。同时,国内外学者对管理会计含义的论述也是不断发展的,经历了从狭义的管理会计定义到广义的管理会计定义的过程,管理会计的外延不断扩大,最终形成了现在普遍接受的管理会计定义。

管理会计的基本含义可以概括为:以实现企业战略为目标,以加强企业内部经营管理、提高企业经济效益为目的,以企业的整个经营活动为对象,通过对财务信息及其他信息的加工和利用,实现对企业经营过程的预测与决策、规划与控制、分析与评价等职能的一个会计分支。

1.3 管理会计基本理论框架的构建研究

会计理论的研究与发展伴随着人类社会的不断进步而产生,人们一致认为会计学的进步主要归功于财务会计的发展。而与其相对应的管理会计,则出于历史原因、社会原因、环境原因等,出现了发展较为迟缓的问题。可以这样说,直到目前,在我国还很少看到有关研究管理会计理论方面的著作,即使在西方管理会计教科书中对管理会计的基本理论问题也很少涉及。其原因有以下几个方面:①西方国家一般都把管理会计理解为各种专门技术的应用。譬如国际会计师联合会将管理会计定义为:管理会计是对管理当局所应用的信息(财务和经营的)进行鉴定、计量、积累、分析、处理、解释和传播的过程,以便在组织内部进行规划、评价和控制,保证其资源的利用并对它们承担经营责任。从上述定义来看,似乎管理会计就是利用经济数据通过各种专门方法来帮助企业管理当局做出决策的各项具体工作,即只有技术方法,而没有理论研究。②理论上没有形成中国特色的适合我国国情的管理会计理论体系。就目前我国管理会计理论的研究状况来看,主要集中于介绍引进国外的最新研究成果,引进多于研究。③管理会计的理论及方法与实际严重脱离,实际工作中运用得很少。这一方面是由于我国管理会计主要是沿袭西方的理论,而我国的市场、环境、观念等条件与西方存在差异;另一方面是由于我国引进的管理会计方法本身也存在一些问题。管理会计的一些方法是从实践中得来的,是经验的总结;而有的方法、概念、模式是借鉴经济学和统计学得来的,如回归分析、保本分析、边际成本、经济批量、机会成本等。引进这些方法是管理会计的进步,但运用这些方法要与企业实际情况相结合,融会贯通。

但是,不管什么原因使管理会计的理论研究滞后,我们都应当承认,管理会计是从传统的成本会计中逐渐派生出来的,它适应现代化大生产发展的需要,扩大了传统会计原有的事后反映与定期监督的职能,使现代会计科学具有广泛的实际应用价值和灵活的适应能力。以我国为例,尽管我国在20世纪70年代末80年代初才引进管理会计,起步较晚,但许多大中型企业自从"零敲碎打"地采用了管理会计有关预测分析、决策分析、责任会计等方法后,在经营管理改善和经济效益提高方面着实尝到了不少"甜头"。所有这些事例充分证明:在管理会计各项工作实践的背后,必然有一定的"哲理"在指导、影响并支持它在这么长的时间内稳住脚跟。如果我们把管理会计实务中内含的各种哲理加以归纳、提炼并升华,那么最终所形成的一个完整的体系就是管理会计的基本理论。研究管理会计基本理论的目的在于建立一套严密的、科学的管理会计理论框架,以此来指导和发展管理会计的实践。

1.3.1 管理会计理论框架及其要素研究文献的回顾与简要评析

管理会计理论框架是指管理会计理论各组成要素以及这些要素之间的排列关系,是对管理会计理论结构的总体说明。有关管理会计的理论框架,目前主要有如下观点:

1. 美国全美会计师协会关于管理会计理论框架的观点

我们把美国全美会计师协会下属的管理会计实务委员会在其《管理会计公告:管理会计的目标》中对管理会计理论框架所做的描述整理如图1-1所示。

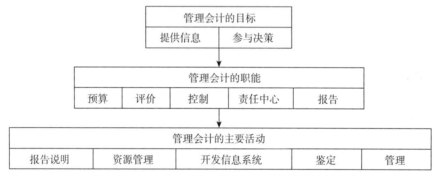

图1-1 美国全美会计师协会的管理会计理论框架

显然,从图1-1中可以看出,美国全美会计师协会把管理会计的目标置于最高层,决定着管理会计理论要素的其他方面,强调管理会计信息的有用性。

2. 我国学者对管理会计理论框架的研究

我国学者对管理会计理论框架的研究大致可分为两种:

(1) 孟焰教授在其《西方现代管理会计的发展及对我国的启示》①一书中,构建了如图1-2所示的管理会计理论框架。

孟焰教授的观点与美国全美会计师协会的相同之处在于,都认为管理会计目标在管理会计理论框架中处于最高层次,它决定着管理会计的本质、对象、假设、原则与方法等。

(2) 中国人民大学孙茂竹教授认为,管理会计应首先解决对象问题,否则,其他问题就无法得到解释。当确定了管理会计对象之后,就会看到其与管理会计假设之间的相互作用,进而对管理会计目标等一系列理论有影响作用。因而,他认为管理会计理论框架应如图1-3所示。

---

① 孟焰. 西方现代管理会计的发展及对我国的启示[M].北京:经济科学出版社,1997:19.

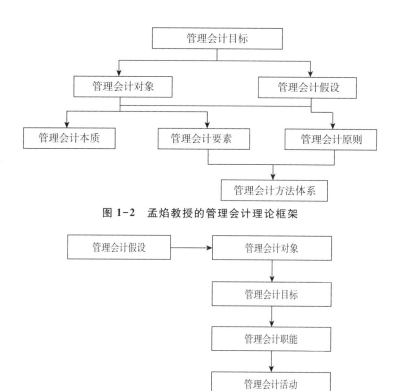

图 1-2 孟焰教授的管理会计理论框架

图 1-3 孙茂竹教授的管理会计理论框架

资料来源:孙茂竹,文光伟. 管理会计学[M].北京:中国人民大学出版社,2002:20。

孙茂竹教授的观点主要立足于管理会计向管理者提供信息、解释内容并试图区分管理会计与其他会计学科的不同。

上述各种观点研究的焦点是:管理会计理论框架的研究基础及逻辑起点。其可取之处在于抓住了管理会计理论框架研究内容的一些本质性东西。但是,上述研究把管理会计目标和管理会计假设作为管理会计理论框架研究逻辑起点的理由有待商榷。

首先,以管理会计目标为管理会计理论框架研究的逻辑起点有一定的不足。其一,目标是什么。目标是一种假定,目前无法加以证实,有很大的主观性,缺乏客观依据。其二,管理会计目标在不同时期是有差异的,这种差异含有不同的理论和方法,会影响管理会计理论框架的稳定性。其三,以管理会计目标为逻辑起点不能对其他抽象范畴进行推理论证。管理会计目标起点论认为:管理会计目标反映管理会计环境的要求,体现管理会计职能,进而反映管理会计本质;管理会计目标和管理会计环境共同决定管理会计对象,管理会计对象决定管理会计要素(根据部分中外学者的有关论述整理而成)。显然,管理会计目标只能体现而不能决定管理会计职能和管理会计本质。相反,管理会计本质决定管理会计职能,管理会计职能决定管理会计目标。从逻辑层次上说,管理会计本质和管理会计职能应该高于管理会计目标,既然如此,以管理会计目标为逻辑起点而展开的管理会计理论框架研究未能提示更高层次的管理会计理论,因而这一理论框架是局部的、不完整的、较低层次的。因此管理会计目标起点论难以自圆其说。

其次,尽管管理会计假设在现代管理会计理论框架中占有十分重要的地位,是管理会计基本的前提条件与制约因素,但是管理会计假设并不是最本源的范畴。因为我们认为:

假设应是人们进行工作的前提,也可以说,我们今天的管理会计工作和理论是建立在这一套假设的基础上的,以管理会计假设为管理会计理论框架研究的逻辑起点,虽然可以成为联系管理会计系统和管理会计环境的桥梁,但管理会计假设只能来自管理会计所处的客观社会经济环境。社会经济环境十分复杂,如何形成管理会计假设,形成多少假设以及假设有多少层次,都受到主观和客观等因素的制约。目前,即使公认的财务会计四项基本假设也因环境的变化而受到挑战,可见以此为逻辑起点来构建管理会计理论框架是行不通的。并且,管理会计假设不能自然而然推导出管理会计原则与方法体系,造成管理会计理论框架的诸要素逻辑不严密、前后不一致,管理会计理论框架内部缺乏严格的逻辑关系。所以,管理会计假设不能作为管理会计理论框架研究的逻辑起点,而只能作为前提概念。

总而言之,上述研究都似乎未能充分挖掘管理会计理论中的最关键的几个问题。例如,管理会计理论框架研究的逻辑起点到底是什么,管理会计的基本理论应由几大块构成,互相之间的内在逻辑关系如何等系列问题。

1.3.2 我们的研究思路与研究方法

管理会计理论框架研究的特点是什么?其研究起点是什么?这一理论框架的组成要素是什么?它们之间的内在逻辑关系如何?如果能把上述问题解决好,那么管理会计理论框架的研究就能取得突破性的进展。因此,管理会计理论框架研究的思路应如图 1-4 所示。

图 1-4 管理会计理论框架研究思路

从以上研究思路中可以看出,管理会计理论框架本身是按照其理论诸要素之间的逻辑关系建立的逻辑推理体系,因此在研究时我们主要依据的是规范性方法的演绎法。因为演绎法是从一般的概念和原因出发,推导出个别结论的思维方法。运用演绎法建立管理会计理论框架,首先必须确定以怎样的一般概念和原理为演绎推理的出发点,表现为管理会计理论框架的逻辑起点,这也正好符合我们上述设计的研究思路。

1.3.3 管理会计理论框架构建的研究

1. 管理会计理论框架的特征及其研究逻辑起点的分析

如前所述,管理会计理论框架是指管理会计理论各组成要素以及这些要素之间的排列关系,而这些要素应是相互联系、相互制约而形成的有机整体。因此,管理会计理论框架应有如下显著特点:①整体性。管理会计理论框架应是一个整体,应完整地从理论上解释管理会计领域中的所有问题,或至少是所有主要问题。②联系性。构成管理会计理论框架的各种要素之间不是分散的、孤立的、毫无联系的,更不是杂乱无章的、无序的堆砌或简单的罗列,而是互相关联协调、具有一定的逻辑推理关系、相互制约促进,并有主次地位和不同作用,要素之间构成了有系统、有层次的且不可分割的统一整体。③逻辑性。理论是"系统化了的理性认识",系统化的特点是前后一致。美国会计学家埃尔登·亨德里克森(Eldon Hendriksen)在《会计理论》中认为,会计理论最重要的目的在于提供用以评价、开拓和完善会计实务的通用观点所构成的一套前后一致的、合理的原则。科学的理论体系,必须达到浑然一体、首尾相贯,由前提、假设到结论的全部推理过程,必须严格遵循逻辑方法的基本原则。因此,管理会计概念之间具有可推导性和严密的逻辑关系。④层次性。管理会计理论框架是一个层次分明、功能明确的系统,可以从不同角度进行划分。例如,有的学者将会计理论体系分为基础理论和应用理论两个层次;有的学者将会计理论体系分为会计研究方法、会计基础理论和会计应用理论三个层次;还有的学者将会计理论体系分为会计研究方法、会计基础理论、会计概念结构、会计应用理论四个层次等,每一个层次内又包含许多具体会计概念。不论怎样划分,会计理论体系具有层次性是不可否认的。⑤动态性。由于管理会计处于一个具有多样性和层次性特征的复杂社会经济环境中,这就使管理会计理论框架不可能是绝对的、不变的,而是发展的、动态的。随着人们对管理会计实践活动的认识及其所处社会经济环境的发展,管理会计理论框架的内容也必然发生相应的变化。管理会计理论框架正是在不断发展中逐步完善的。管理会计理论框架的动态性,并不是指管理会计理论的内容可以主观随意地变动,它要受到社会历史条件的限制,并且在一定时期内保持相对稳定。

在明确了管理会计理论框架这些特征的基础上,我们再分析管理会计理论框架研究的逻辑起点。这是构建管理会计理论框架的出发点,也是管理会计理论框架赖以推理论证的最本源性的抽象范畴,其不仅是构成管理会计理论框架的组成部分,而且是对管理会计理论框架的构建具有决定作用的前提理论。

我们认为,以管理会计目标和管理会计假设为管理会计理论框架研究的逻辑起点有一定的不足,管理会计理论框架研究应以管理会计产生和发展的目的为逻辑起点。其理由如下:管理会计的目的与管理会计的目标从本质上来说是不一样的。从发表的有关文献来看,国内外对会计目的(Accounting Purpose)和会计目标(Accounting Objective)两个概念的使用存在混乱。在国外,1955年,美国会计学会(AAA)所属的公司财务报表所依据的概念与准则委员会发布的《公开财务报告的揭示准则》中使用的是"财务报告的目的";1978年,美国财务会计准则委员会(FASB)发布的《财务会计概念公告第1号》中使用的是"财务报告的目标";1989年,国际会计准则委员会(IASC)(国际会计准则理事会的前身)在《关于编制和提供财务报表的框架》中使用的是"财务报表的目的"。在国内,张为国教授在《会计目的与会计改革》[1]中使用的是"会计目的";傅磊先生在《对会计目的的思考与探索》[2]中使用的也是"会计目的";陈今池教授在《现代会计理论概论》[3]中使用的是"会计目标"……从它们所涉及的内容来看,会计目的和会计目标似乎等同。也有学者认为,会计目的与会计目标是有区别的两个概念,如吴水澎教授[4]、陈国辉教授[5]等就坚持这一观

---

[1] 张为国.会计目的与会计改革[M].北京:中国财政经济出版社,1991.
[2] 傅磊.对会计目的的思考与探索[J].会计研究,1996(2):17-18.
[3] 陈今池.现代会计理论概论[M].上海:立信会计出版社,1993.
[4] 吴水澎,石本仁.论会计理论的本质与结构:兼论中国会计理论研究的一些基本问题[J].财经研究,1996,22(7):50-54.
[5] 陈国辉.会计理论体系研究[M].大连:东北财经大学出版社,1997.

点。查《现代汉语词典》，目的是"想要达到的地点或境地；想要得到的结果"；目标是"①射击、攻击或寻求的对象；②想要达到的境地或标准"。再查《简明同义词典》①，二者的区别在于：目的着重指行为的意图，目标着重指目的的尺度、标准，即目的指人们为什么要这么做，目标则指这么做期望达到的标准，更具体、更实在。联合国教科文组织（UNESCO）国际教育发展委员会编著的《学会生存》一书中提道："目的与目标根本不同。你能测量目标，但不能测量目的。目的是一种哲学力量，它是我们行动体验的本质。"目的与目标是"抽象与具体的关系"。在其他许多学说中，都明确将目的和目标视为两个概念，如审计目的和审计目标、教育目的和教育目标等。

　　管理会计目的和管理会计目标也是如此。管理会计目的说明为什么需要管理会计，是管理会计产生和发展的根本动因。管理会计也是人们有目的的社会行为，人类之所以有管理会计活动，必然出于某种动机或希望。由此追溯下去直至思维的起点，即最终的动机或希望，就是管理会计目的。在一切社会形态中，人们最关心的都是以尽可能少的劳动耗费，取得尽可能多的劳动成果，做到所得大于所费，提高经济效益。为了达到此目的，就必须在不断改革生产技术的同时，对劳动耗费和劳动成果进行记录、计算，并加以比较和分析，这就产生了会计。可见，会计的根本目的就是提高经济效益。但对于不同的会计分支，其直接目的不同，如财务会计的目的是"提供有用信息"，管理会计的目的是"加强经济管理"。管理会计目标作为特定时空条件下管理会计实践活动本身的要求，与管理会计目的是不同的。管理会计目标是指对管理会计工作的质和量的要求，不同的管理会计工作，管理会计目标不同。例如，把现代会计系统划分为财务会计和管理会计两大分支。如果把财务会计定义为经济信息系统，则其目标是指"所提供信息的内容与种类、提供时间和形式及其质量特征等方面的要求，这里既有质的规定性，又有量的规定性"；如果把管理会计定义为控制系统，则其目标是指"使企业的经营活动按既定的轨道运行"。因此，在不同的社会经济条件下，管理会计目标的具体内容不同，它处于不断变化和发展之中。

　　管理会计目的作为管理会计产生的原因和发展的动力，决定着管理会计本质。管理会计作为人造系统，人们创造它，总是具有一定的目的，管理会计本质应该体现这一目的。如果管理会计本质与管理会计目的不相符合，那么该人造系统是不成功的。管理会计职能是管理会计本质的具体表现，说明管理会计能够干什么，是管理会计本身所固有的内在功能，是实现管理会计目的的基本手段。但管理会计作为一个动态系统，其职能并非一成不变的，如果人们有更高的、新的动机或需要（目的），则必然会相应发展和完善管理会计职能。管理会计也正是这样才得以不断发展的。管理会计目标受管理会计目的和管理会计职能的双重制约。一方面，管理会计目标不能偏离甚至违背管理会计目的，而是深刻地反映管理会计目的，并为实现管理会计目的服务；另一方面，管理会计目标的提出不能超越管理会计职能，只能在管理会计职能范围之内。没有相应的职能，就不可能提出相应的目标。管理会计目标直接指导管理会计实践活动，并通过管理会计实践活动得以实现。

　　总之，管理会计目的与管理会计目标是既有区别又有联系的两个概念。管理会计目

---

① 张志毅．简明同义词典［M］．上海：上海辞书出版社，1981．

的决定着管理会计的本质和职能。管理会计目标作为管理会计实践活动的目标,属于实践(应用)层次,受管理会计目的和管理会计职能的双重制约,相对而言是比较低级的。管理会计目的与管理会计目标的关系如图1-5示。

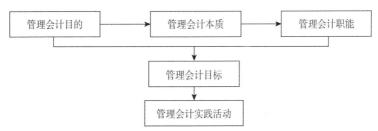

图1-5 管理会计目的与管理会计目标的关系

我们认为,管理会计目的符合管理会计理论框架研究逻辑起点的全部条件。以此为起点,有利于建立首尾相贯、逻辑严密的管理会计理论框架。所以,将管理会计目的确定为管理会计理论框架研究的逻辑起点是一种合理的选择。

2. 管理会计理论框架要素的构成分析

在明确了管理会计理论框架的特征与研究的逻辑起点后,接下来我们要对管理会计理论框架的组成要素进行分析和研究。管理会计理论框架的组成要素是什么?要回答这一问题,就要弄清楚什么是管理会计理论。为了阐明这个问题,首先得弄清楚什么是"会计理论"。

关于什么是会计理论,西方通常有两种不同的说法:其一,"会计理论是一套以原则为形式的逻辑推理,其主要目的在于提供用以评价、开拓和完善会计实务的通用观点所构成的一套前后一致的、合理的原则"。根据这种说法必然认为,对会计原则的研究就是对会计理论的研究。其二,"会计理论是一套由前后一致的会计假设、会计概念、会计原则所组成的概念框架",用来解释会计实务为什么是这样而不是那样,或者为什么可以用其他办法的理由。这些理由就构成了会计理论。根据这种说法可以看出,会计理论是一个多层次的结构。我们倾向于第二种说法,但认为会计理论的概念框架似乎还应加上会计对象、会计职能、会计目标及会计内容。总之,会计理论是人们在理性的高度上对会计实务的规律性的认识,它一旦形成,必然又会反过来指导和影响会计实务。这就充分证明了会计原则既是会计实务应遵循的规范和标准,又是会计理论中的一个重要组成部分。因此有人说,通过一个国家对会计原则研究的深度就可以评价该国会计理论的研究水平,这是有一定道理的。但这并不等于说会计理论的内涵只包括会计原则。另外,还必须指出,以上所述的会计理论实质上都指的是财务会计理论。那么,作为现代会计的另一领域的管理会计,它的基本理论又将如何表述呢?李天民教授认为,管理会计理论可定义为"一套由前后一致的管理会计对象、管理会计职能、管理会计目标、管理会计基本概念、管理会计基本假设、管理会计原则所组成的概念框架,用来解释、评价、指导、开拓和完善管理会计实务"。[①] 这一定义基本上涵盖了管理会计的基本理论,而且指出这些理论应该是"前后一致"的"概念框架"。但是,在阐述上似乎给人一种杂乱之感,好像管理会计理论无先后顺

---

① 李天民.管理会计研究[M].上海:立信会计出版社,1994:16.

序与内在逻辑。而我们结合前面对管理会计理论框架研究逻辑起点的文献认为,管理会计理论的定义应该是:"管理会计理论是由一套适应经济环境的、前后一致的管理会计基础理论与应用理论两个层次组成的,它是以管理会计目的为起点,由管理会计本质、管理会计职能、管理会计对象、管理会计基本程序和方法组成的基础理论,并在此基础上构建出的由管理会计目标、管理会计假设、管理会计原则以及管理会计确认、计量、记录与报告组成的应用理论。"根据以上定义,我们可以将管理会计理论框架及其组成要素设计如图1-6所示。

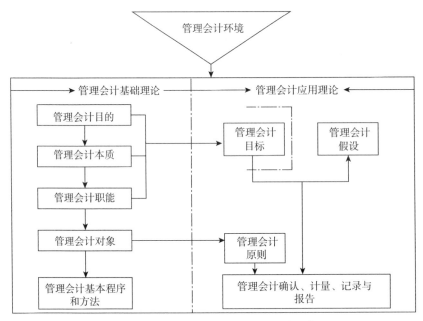

图1-6 管理会计理论框架及其组成要素

需要说明的是:

首先,我们将管理会计理论框架划分为两个层次,即管理会计基础理论与管理会计应用理论,理由为:前者是关于管理会计活动最一般、最本质的理论概括,后者由前者延伸而来,是直接用来解释、评价和指导管理会计实践的理论范畴。二者的区别在于:①管理会计基础理论的目的在于帮助人们正确认识管理会计,体现管理会计活动的一般规律;而管理会计应用理论的目的则是说明如何做好管理会计工作,直接指导管理会计实践。②管理会计基础理论受社会经济环境的影响不大,内容较为稳定;而管理会计应用理论则与社会经济环境密切相关,随着社会经济环境的变化而有所不同,发展较快。

其次,管理会计基础理论应包括管理会计目的、管理会计本质、管理会计职能、管理会计对象、管理会计基本程序和方法。有关各要素之间的逻辑关系是:管理会计目的决定管理会计的本质与职能,管理会计职能作用于管理会计对象,而对管理会计对象进行反映与监控就应采用管理会计基本程序和方法(如图1-6所示)。管理会计应用理论在管理会计基础理论上延伸而来,管理会计的目的、本质、职能决定了管理会计目标,由管理会计目标决定管理会计假设。管理会计假设因管理会计目标的存在而存在,随着管理会计目标的发展而发展。同时,管理会计目标与管理会计假设制约管理会计原则。管理会计原则是管理会计工作应遵循的规范和规则,它由管理会计目标推导而来,是管理会计目标的具体要求。管理会计各阶段目标不同,人们对管理会计原则的要求也有所不同。管理会计确认、计量、记录与报告是管理会计应用理论结构的最后层次,受其他概念共同制约。管理会计目标为其提供了前提,同时没有管理会计假设,管理会计确认、计量、记录与报告的一系列方法都无法建立。

最后,管理会计理论框架是在一定的管理会计环境下建立起来的,它要受到外部环境的影响和制约;同时,管理会计理论又通过管理会计实践作用于管理会计环境。但是,环境只是事物发展的外因,不能决定事物的本质,它只能起影响作用而不是决定作用。因此,管理会计环境不属于管理会计理论范畴,应将其列在管理会计理论框架之外。但我们并不否认管理会计环境对管理会计理论的重大影响作用。

1.4 管理会计基本理论框架组成要素分析

1.4.1 管理会计的基本假设

假设对于任何学科的产生和发展都是不可缺少的,它是学科理论研究与实践工作的基础。我国会计学界自20世纪70年代末80年代初引入管理会计以来,对管理会计理论与实践的诸多方面都进行了广泛研究,但是对管理会计假设的讨论并不深刻。西方会计学者一直认为管理会计是各种技术方法的综合应用,从而忽略了包括假设在内的管理会计理论的研究。管理会计假设不仅有其存在的必要性,而且在许多方面需要研究和补充完善。这是因为管理会计假设不仅是构成管理会计完整理论框架的重要组成要素,是实现管理会计目标的条件;更为重要的是它对管理会计实践具有指导作用,一方面能够促进管理会计理论的发展,另一方面可以从根本上促进管理会计实践的发展。此外,管理会计与财务会计同为现代会计的两大分支,既然财务会计有假设,那么管理会计也应有自己的假设。

1. 管理会计假设的概念界定与其基本特征

管理会计假设是指在一定的社会经济环境下,决定管理会计发展和运行的基本前提,它是根据客观的正常情况或趋势所做的合乎事理的判断,是对管理会计实践中不确定因素的假定,是构成管理会计思想基础的科学设想。管理会计假设作为管理会计理论的重要组成要素,应具有以下几方面的特点:

(1) 客观实在性。管理会计假设是以一定的实践经验事实材料为基础,以一定的科学知识为依据,经过抽象概括而成。它不是漫无边际的设想,而是合乎情理的推断,只是目前人们认识能力有限,还不能对这些客观存在的基本前提做出论证。

(2) 普遍性。管理会计实践千差万别,反映出的具体假设也不一样,作为一门学科的假设应具有一定的抽象性、代表性,只有普遍意义上的管理会计假设才能推导出一系列的管理会计概念和结论。

(3) 一致性。一致性有两个含义:第一,管理会计假设应与管理会计理论框架中的其他要素一致;第二,管理会计假设体系中的各个假设之间应相互协调且互不抵触,相互矛盾的假设会得出不同的管理会计结论,从而将影响管理会计理论的严密性和科学性。

(4) 相互独立性。管理会计假设在内涵和外延上应相互独立,不能互相涵盖。

(5) 明显性和弹性。假设是不能直接加以验证的前提，具有不证自明的特点，但这并不等于假设自确立后便不再改变，若社会经济环境发生变化，致使某项假设不能适应实践的需要，从而失去其存在的必要性，则应对其加以改善，以符合社会经济环境的客观事实。

2. 管理会计假设的基本内容

(1) 空间范围的限定：会计主体分层假设。管理会计的主体假设是对管理会计对象空间范围的限定，由于管理会计主要是向内部管理者提供有用决策信息的内部会计，无须遵循公认的会计准则，因此管理会计的主体具有层次性，根据企业内部不同的管理需要，管理会计的主体可以是整个企业，也可以是企业内部各个责任层次的责任单位。随着科技的进步，尤其是信息技术的发展，竞争日趋激烈，经济发展日益表现出多样化、复杂化，作为管理会计主体的企业的概念范围越来越难以界定。例如，网络的兴起与迅速发展使"无实体公司"可以根据业务需要，在短时间内把若干个体通过网络连接起来一同工作，一旦业务完成即告解散；有些上市公司拥有多个子公司，而每个子公司又有许多关联企业、联营公司等。在这些情况下，管理会计主体的空间范围可以有不同的界定：可以是企业内部的各个责任单位，可以是单个企业整体，也可以是几个个体的联合体，如"无实体公司"及母子公司等。

(2) 时间范围的限定：会计分期弹性假设。虽然管理会计主要利用的是财务会计在分期假设前提下提供的资料，但管理会计分期假设不仅是为了适应财务会计的分期假设，而且是为管理会计本身的运行设立一个基本前提，即把企业持续不断的生产经营活动和投融资活动划分为一定的期间，以便及时提供有用的管理信息。管理会计的分期假设具有很大的弹性，能够根据企业内部经营管理的实际需要灵活进行分期，可以短到一天、一周或一季，也可以长到十年甚至二十年，而不必局限于财务会计按自然月、季、年分期的方式。因而，管理会计分期假设具有很大的灵活性。

(3) 运行方式的限定：持续经营假设，即企业或各级责任单位的生产经营和投融资活动将无限制地延续下去，以保证管理会计的计划、控制、决策与业绩评价等各项工作所使用的专门方法保持稳定有效。一般来讲，持续经营假设得以实现的基本前提是假定会计主体在可预见的未来不能被清算终止。然而，从目前情况及长远发展来看，这一假设表现出了一定的局限性：首先，企业被清算终止的可能性增大。随着经济活动的日益复杂化，尤其是资本市场的发展，各种复杂的金融业务和金融创新工具大量涌现，使得社会经济活动中的各种风险日益增大。在变幻莫测、波动频繁的风险环境中，企业随时都有可能破产或被兼并，单个管理会计主体丧失持续经营能力的可能性增大。其次，由于网络的广泛应用，"无实体公司"的兴起与发展将对持续经营假设提出最直接的挑战。尽管存在上述局限性，但就目前来看，在正常情况下，为了保证管理会计方法的稳定有效，持续经营假设仍有其存在的必要性，尤其是对战略管理会计而言，持续经营仍为其存在的必要前提条件。

(4) 计量的限定：兼有货币计量与非货币计量。管理会计在进行计划、控制、决策与业绩评价活动时，其计量方法除利用货币计量之外，还可以利用其他非货币计量方法，如以实物量、时间量、相对数等为单位进行计量。尤其是当下大量非货币信息充斥于社会经济活动中，这要求管理会计主体不仅应充分利用货币计量的信息，还应充分利用非货币计量的信息，以满足其各个方面的管理需要。

（5）成本性态可分假设。成本性态可分假设是指一切成本都可以按其性态划分为固定成本和变动成本。所谓成本性态是指成本总额与业务量变动之间的数量依存关系。管理会计运用的许多概念和方法都是建立在成本性态可分假设之上的，如固定成本、变动成本、边际贡献等概念，"本—量—利"分析、弹性预算编制、标准成本差异分析等方法。当然成本性态可分是在"一定期间和一定业务量范围内"这一假设条件下才成立的，超出这一限制，固定成本也会发生变动。此外，实务中广泛存在混合成本，在决策时往往采取一定的方法对其进行分解，这与实际情况有一定的差异，带有一定的主观随意性。因此，固定成本与变动成本的划分并不是绝对的，而是带有一定的假定性。

（6）目标利润最大化假设。目标利润最大化假设是指企业在经营管理决策中，以目标利润最大化的方案为最优方案，并假定在实施最优方案时能够实现目标利润。当然，目标利润并不等于现实利润，能否实现目标利润最大化，还要受许多因素的制约。况且，目标利润最大化的假设还要受所掌握信息的限制和决策者主观意志的影响，这本身就具有一定的假定性。

（7）风险价值可计量假设。风险价值可计量假设是指所有的不确定性决策都可以转化为风险性决策，不仅风险具有价值，而且风险价值可以计量。决策按照风险程度的大小可以分为确定性决策、风险性决策和不确定性决策。由于对未来的结果及其出现的概率无法把握，不确定性决策往往采用非数学计量方法进行。尽管投资决策中的风险价值只是一种虚拟的报酬，并不存在一定的客体可以直接计量，但是这一假设为管理会计解决现实问题提供了可能。

1.4.2 管理会计的对象

1. 现金流量论

持该观点的学者认为管理会计的对象是现金流量，其主要理由是：

（1）作为一门学科研究的对象，应该贯穿于该学科的始终，因为它是该学科有关内容的集中和概括。从内容上看，现金流量贯穿于管理会计活动的始终，表现在预测、决策、规划、控制、分析、评价等各个环节。

（2）通过现金流量，可以把企业生产经营中的资金、成本、利润等几个方面联系起来，进行统一评价，为改善生产经营、提高经济效益提供重要的、综合性的信息。现金流动表分为现金流入和现金流出两个方面，这两方面在数量和时间上的差别最终会影响企业的经济效益。主要表现为：①收入减成本等于利润，虽然一定期间内收入的现金与支出的现金不等于该期间的收入和成本，但从根本上讲，企业是否真正盈利受现金流入量与现金流出量的制约。②现金流入与现金流出时间上的差别制约着企业资金占用水平。一项现金支出表现为现金流出，如果它能够很快回收形成现金流入，则生产经营中占用的资金就少；反之，生产经营中占用的资金就多。③通过货币时间价值的换算，把现金流动时间上的差别表现为数量的差别，从而可以对生产经营中的成本耗费水平、资金占用水平和盈利水平进行综合、统一的评价。

（3）现金流量具有最大的综合性和敏感性，可以在预测、决策、规划、控制、分析、评价等各个环节发挥积极的能动作用。

2. 价值差量论

持该观点的学者认为管理会计的对象是价值差量,其主要理由是:

(1) 一般说来,现代管理会计的基本内容,包括成本性态分析与变动成本计算、盈亏临界点与"本—量—利"分析、经营决策的分析与评价、资本预算决策的分析与评价、标准成本系统、责任会计等方面,而价值差量是对每一项内容进行研究的基本方法,并能贯彻始终。

(2) 价值差量具有很大的综合性,管理会计研究的"差量"问题,既包括价值差量,又包括实物差量和劳动差量,后者是前者的基础,前者是后者的综合表现。

(3) 现金流动不能作为管理会计的对象,因为现金流动仅在经营决策与资本预算决策的分析和评价中涉及,其他内容均不直接涉及现金流动,因此现金流动并不能在现代管理会计中贯穿始终。价值差量恰是企业财务管理学所要研究的对象。

3. 资金运动论

持该观点的学者认为管理会计的对象是企业及其所属各级机构过去、现在和将来的资金运动,其主要理由是:

(1) 管理会计与财务会计是并列的分支,两者同属于会计这一范畴之下,因而管理会计与财务会计有着共同的对象——资金运动。运动的基本形式是空间和时间。就资金运动而言,从空间方面来看,可分为企业一级和企业所属机构、各分支机构中的多层次运动;从时间方面来看,就是由过去、现在和将来的资金运动所形成的一个不断的流。时空交错,便构成一个网络结构的资金运动系统。在这一资金运动系统中,管理会计的对象涵盖了所有时空的资金运动,而财务会计仅以过去的资金运动为对象。

(2) 把资金运动作为管理会计的对象,与管理会计的实践及发展相吻合。

上述观点从不同角度对管理会计的对象进行了论证,各有各的道理。从实质上讲,管理会计的对象是企业的生产经营活动;从管理体现经济效益的角度来看,管理会计的对象是企业生产经营活动中的价值运动,并以价值差量为其主要表现形式。

1.4.3 管理会计的目标

管理会计是适应企业内部经营管理、提高竞争力的需要而产生和发展起来的,因此管理会计的最终目标是提高企业的经济效益。为了实现提高经济效益的最终目标,管理会计应实现以下两个分目标:

1. 提供管理决策所需信息

管理会计应向各级管理人员提供以下经选择和加工的信息:

(1) 与计划、评价和控制企业经营活动有关的各类信息,包括历史的信息和未来的信息。这些信息有利于各级管理人员加强对经营过程的控制,实现最佳化经营。

(2) 与维护企业资产安全、完整及资源有效利用有关的各类信息。

(3) 与股东、债权人及其他企业外部利益关系者的决策有关的信息,这些信息将有利于投资、借贷及有关法规的实施。

2. 参与企业的经营管理

在现代管理理论的指导下,管理会计正在以各种方式积极参与企业的经营管理,将会计核算推向会计管理。从实践角度来看,管理会计通过制定各种战略、战术及经营决策以及帮助组织协调企业工作等方式参与管理,不仅有利于各项决策方案的落实,而且有利于企业在总体上兼顾企业长期、中期和短期利益的最佳化运行。

1.4.4 管理会计的职能

管理会计应具有以下基本职能:

1. 预测与决策

预测是以现有的相应资料的理论研究和分析成果来计算或预报未来的某些事件或情况。经济预测就是在一定的经济理论指导下,根据经济发展的历史和现状资料、客观的环境条件以及主观的经验教训,对经济的未来发展预先做出科学的推测。预测在经济活动中的目的和意义在于利用预测的结果指导现在及未来的经济活动,避免或降低可预测的风险。

决策是为了达到一定的经济目标,依据客观经济规律的要求,制定和选择正确方案的过程。正确的决策应该是科学的决策。科学的决策应该是精确和具体地反映客观经济规律的决策,并且符合经济规律所要求的方向。

2. 规划与控制

在对未来的经济活动进行规划的过程中,管理人员应提供预测、决策的备选方案及相关的信息,并准确判断历史信息和未来事项的影响程度,以便选择最优方案。在这一过程中,管理人员应对有关信息进行加工处理,去粗取精,去伪存真,以确保选用信息能够反映经济活动的未来趋势,揭示经济活动的内在关系。

控制是对企业经济活动按规划要求进行的监督和调整。一方面,企业应监督规划的执行过程,确保经济活动按照规划的要求进行,从而为完成目标奠定基础;另一方面,企业应对采取的行动及规划本身的质量进行分析反馈,以确定规划阶段对未来期间影响经济活动各因素的估计是否充分、准确,从而调整规划或工作方式,确保目标的实现。

3. 分析与评价

为了实现控制职能,企业应建立完善的分析与评价体系,确保该体系所提供的与经济活动有关的信息真实、完整,并能够适时、有效地调整计划及管理人员的行为。

4. 报告与反馈

向有关管理层汇报管理会计工作进展情况的结果,是信息反馈的重要内容,其目的是使管理者进行有效的控制。从目前来看,管理会计提交报告的对象,不局限于企业内部管理层,也向企业外部有关方提供适当的管理会计报告。

1.4.5 提供管理会计信息应遵循的一般原则

管理会计能否有效地履行预测、决策、规划、控制、分析、评价、报告、反馈等职能,取决于管理会计信息的有用性,也就是取决于管理会计信息的质量特征。

国外对管理会计信息的质量特征的讨论是基于"为内部管理人员服务的信息"而展开的。1996年,美国会计学会在《基本会计理论》第四章"为内部管理人员服务的信息"中主要探讨了五项标准,即相关性、可认证性、不偏性、计量可能性和传递适应性,同时指出了这些标准在用于内部报告和用于外部报告时的主要不同点。1974年,美国会计学会所属的公司财务报表所依据的概念与准则委员会提出了下列与效益信息有关的几项特征:①相关性及目标间的相互关系;②准确性、精确性和可靠性;③一贯性、可比性和统一性;④可验证性、客观性、中立性和可追溯性;⑤综合性;⑥灵活性和适应性;⑦及时性;⑧可理解性、可接受性、激励性和公允性。

综合各家论述,管理会计所提供的信息必须具有以下质量特征,并把握好下列原则:

(1) 有用性原则(相关性)。有用性是指管理会计所提供的信息应该具有对决策有影响或对预期结果有用的特征。例如,在运用差量分析法进行短期经营决策时,差量收入、差量成本及差量收益就是对预期结果有用的信息,并且上述概念所依据的相关收入和相关成本也是对预期结果有用的信息。相关性取决于目标函数的结构,即相关性是就特定目的而言的,对某一决策目的相关的信息,对另一决策目的就不一定相关了;此外,相关性还强调各信息用户的目标和整个组织的最高管理当局的目标之间的一致性与和谐性。内部报告提供的信息,如果其成功或失败对整个组织及其不同的部门都具有同样的意义的话,那么也将有助于内部目标的和谐性。

(2) 方向性原则(准确性)。方向性是指管理会计所提供的信息在相关范围内必须正确地反映客观事实。根据不正确甚至错误的信息是无法做出正确的决策的。强调准确性必须明确准确性和精确性之间的关系。正确的信息并不意味着越精确越好,事实上,管理会计更重视信息的准确性。

(3) 一贯性原则(一致性)。一贯性是指同一企业不同时期应使用相同的规则、程序和方法,其目的在于使企业本身各个年度的管理会计信息能够互相可比;否则,管理会计就无法确定单位财务状况和经营成果的变化是来自单位的运营活动,还是采用不同的规则、程序和方法造成的。应注意的是,一贯性并不排斥因客观条件变化而采用不同的规则、程序和方法,只要这种变化能够提高管理会计信息的有用性。

(4) 客观性原则(真实性)。客观性是指由两个以上有资格的人利用相同的规则、程序和方法,对同样一组数据进行检验,可以得出基本相同的计量结果,得出基本相同的验证结论。客观性要求管理会计信息是中立的,不带任何偏向,特别是当数据用来对业绩进行评价或作为分配资源和解决争端的根据时,更应如此。

(5) 灵活性原则(针对性)。灵活性是指数据能够成为几种不同类型的信息从而为不同的管理目的服务的程度。它既取决于把所应用的基本数据分为哪几个明确的类型,又取决于每个类型的综合程度。例如,我们既可以按成本性态将成本分为固定成本和变动成本,以满足预测、决策的需要,又可以按可控性将成本分为可控成本和不可控成本,以便于进行成本控制和责任考核。灵活的信息分类能够更好地适用不同的管理要求,并减少管理所需要的信息数量。

(6) 及时性原则(有效性)。及时性是指管理会计必须为管理当局决策提供最为及时、迅速的信息。及时的信息,有利于正确的决策;相反,过时的信息则会导致决策的失误。在准确性和及时性之间,管理会计更重视及时性,甚至愿意牺牲部分准确性以换取信息的及时性。提高信息的及时性,可以通过缩短信息的经历时间来完成。信息的经历时间由两部分组成:间隔时间和延迟时间。间隔时间是指编制彼此相连报告的时间差,而延迟时间则是指处理数据、编制报表和分发报告所必需的时间。有效地缩短上述两个部分的时间间隔,就可以提高管理会计的及时性。

(7)简明性原则(明晰性)。简明性是指管理会计所提供的信息不论在内容上还是在形式上,都应当简单明确,易于理解,使信息使用者理解它的含义和用途,并懂得如何加以使用。简明性强调:凡是对管理者做出某种判断或评价有重要影响的信息,必须详细提供;凡是对管理者做出某种判断或评价没有重要影响的信息,可以合并、简化提供。明确而易于理解的信息,有助于管理人员将注意力集中用于规划与控制活动中的重大因素。例如,在为管理当局提供有关成本控制的信息时,提示成本差异的信息将有助于管理当局重视差异并采取有效措施消除不利差异,保持有利差异从而促进企业的健康发展。

(8)平衡性原则(成本平衡性)。管理会计信息的取得都要花费一定的代价。因此,管理当局必须将形成、使用一种信息所花费的代价与其在决策和控制上所取得的效果进行对比分析,借以确定在信息的形成、使用上如何以较小的代价取得较大的效果。不论信息有多么重要,只要其成本超过其所得,管理当局就不应形成和使用该信息。

1.5 管理会计内容体系存在的问题

我国对管理会计的应用和研究始于20世纪70年代末80年代初。经过几十年的实践和研究,不断吸收现代管理科学和相关学科的研究成果,管理会计逐步丰富和发展内容,并取得了一定的成效。而且,我们有理由相信,随着我国市场经济的发展,管理会计日益重要,主要体现在:其一,虽然我国资本市场的发展需要规范以对外报告为主的财务会计,但资本市场的繁荣更需要先进的以内部管理为主的管理会计。其二,实践证明,国有企业改革要达到"科学管理"的目的,其道路还很漫长,但前景广阔,这就从另一个侧面昭示了我国管理会计发展的巨大空间。但是出于各种原因,目前管理会计只是在部分地区、部分企业零星分散应用,未形成一整套真正意义上的管理会计应用体系,从应用效果来看,并没有真正达到改善企业管理的目的。究其原因是多方面的——管理会计的理论体系不成熟,内容体系五花八门,缺乏规范性与科学性,具体表现如下:

1. 理论体系不成熟

管理会计缺乏一整套源于实践又能指导实践的理论体系。任何一门学科是否具有完整、系统的理论体系,是能否独立存在并不断发展的重要标志,也是能否在实践中得到推广应用的关键。管理会计的理论体系与财务会计、财务管理等学科相比,至少存在以下问题:①对象模糊。任何学科都有一个明确的研究对象,进行学科和课程的定位,并借以安排和协调各章节的内容。例如,财务会计的对象明确为企业可以用货币表示的经济活动,以货币为主要计量单位并采用会计特有的方法反映和监督企业经济活动的过程及结果;财务管理的对象明确为企业的资金运动,采用财务特有的理财方法组织和协调资金运动。但是,管理会计的对象一直存在很大的争论,从而形成了现金流量论、价值差量论、资金运动论等不同的观点。由于不能明确管理会计的对象,因此就无法安排和协调管理会计各章节的内容。更何况现存主要的观点都没有提出一个完整的构思,即如何基于对象安排管理会计的内容。②职能不清。由于研究对象模糊,导致管理会计的职能也不明确。财务会计的职能非常明确,即向与企业有经济利益关系的各会计信息需求者提供所需的会计信息,为此,财务会计需要通过核算和监督达到上述目的。财务会计的职能定位在核算和监督上。财务管理的职能也十分明确,即筹资管理、投资管理、营运资金管理与利润分配管理。因此,财务管理的职能定位在对企业资金运动的管理上。然而,对管理会计应具有的职能则众说纷纭,有人认为管理会计只是一个信息系统,它向企业内部各管理层提供信息而本身并不参与决策;有人则认为管理会计是一个信息管理系统,它不仅要向企业内部各管理层提供信息,而且其本身也在相当程度上参与决策。可见,管理会计的职能到底定位在提供信息上还是提供信息并参与决策上,仍是一个待解决的问题。③目标不明。任何学科都是通过对其对象的组织完成其目标的。财务会计通过对企业经济活动的反映,提供会计信息,以提高经济效益为目标。而财务管理则是通过组织和协调资金运动,以实现股东财富最大化为目标。但是,管理会计的目标并不明确,是提高生产、工作效率,还是提高经济效益,或是实现价值的最大增值,理论界和实务界均无统一、明确的说法。

2. 内容体系不规范

管理会计究竟应包括哪些内容,采用哪些专门方法,管理会计学科体系应如何设计,国内外都是仁者见仁,智者见智,莫衷一是。这不仅不利于学习和掌握,而且在很大程度上影响着人们对该学科的深入研究和推广运用。而且,近年来,随着高新技术、管理科学的不断创新,作业成本计算、全面质量管理、适时生产系统等新内容逐渐被写入管理会计中,反映企业与社会之间关系的人力资源管理会计、社会责任会计、宏观增值管理会计等管理会计新领域也有人著述。这使得管理会计的内容不断扩展,呈现极大的不确定性。这些新领域是否应归属于管理会计,仍处于争议、探讨与尝试之中,远远缺乏为各国会计学界所广为接受的理论与实务模式,离实践应用还相距甚远,若笼统地将其纳入管理会计内容,则无疑会造成管理会计内容体系的混乱,加剧人们认识上的偏差。

3. 学科界限不明晰

管理会计与成本会计、财务管理等学科的内容存在交叉重复现象,我们以五所高校中的会计专业正在使用的会计系列相关教材为样本对此进行比较,这五所院校分别是厦门大学、中国人民大学、对外经济贸易大学、上海财经大学和东北财经大学。比较的结果如下:成本会计与管理会计可能交叉的内容包括标准成本法、作业成本法、成本预测、成本决策、经济批量;而财务管理与管理会计可能重复的内容包括资金需要量预测、资金时间价值、投资决策评价指标、经济批量、销售预测、利润预测、全面预算、责任会计。总体来看,三门课程的重复几乎覆盖了管理会计的所有内容,管理会计是交叉重复的核心。这种状况不仅极大地浪费了宝贵的教学资源,而且对会计专业的学科建设与发展产生了不利影响,使人们产生学科之间界限模糊的认识。

1.6 管理会计与其他学科的区别和联系

1.6.1 管理会计与财务会计的区别和联系

管理会计与财务会计是现代企业会计的两大分支,分别服务于企业内部管理的需要和外部决策的需要,两者之间既有区别又有联系。

1. 管理会计与财务会计的区别

管理会计与财务会计的区别主要表现在以下几个方面：

（1）职能不同。管理会计是规划未来的会计，其职能侧重于对未来的预测、决策和规划，对现在的控制、分析和评价，属于经营管理型会计；而财务会计是反映过去的会计，其职能侧重于核算和监督，属于报账型会计。

（2）服务对象不同。管理会计主要对企业内部各管理层提供有效经营和最优化决策所需的管理信息，是对内报告会计；而财务会计主要向企业外部各利益关系者（如股东、潜在投资人、债权人、税务机构、证券监管机构等）提供信息，是对外报告会计。

（3）约束条件不同。管理会计不完全受会计准则、会计制度的制约，其处理方法可以根据企业管理的实际情况和需要确定，具有很大的灵活性；而财务会计进行会计核算、财务监督，必须接受会计准则、会计制度及其他法规的制约，其处理方法只能在允许的范围内选用，灵活性较小。

（4）报告期间不同。管理会计是面向未来进行预测和决策，因此其报告的编制不受固定会计期间（如月、季、年）的限制，而是根据管理需要编制反映不同影响期间经济活动的各种报告，只要需要，它就可以按小时、天、月、年甚至若干年编制报告；而财务会计是面向过去进行核算和监督，为了反映一定期间的财务状况、经营成果和资金变动情况，应按规定的会计期间（如月、季、年）编制报告。

（5）会计主体不同。为了适应管理的需要，管理会计既要提供反映企业整体情况的资料，又要提供反映企业内部各责任单位经营活动情况的资料，因此其会计主体是多层次的；财务会计以企业为会计主体提供反映整个企业财务状况、经营成果和资金变动情况的会计资料，通常不以企业内部各部门、各单位为会计主体提供相关资料。

（6）计算方法不同。由于未来经济活动的复杂性和不确定性，管理会计在进行预测、决策时，要大量应用现代数学方法（如微积分、线性规划、概率论等）和计算机技术；而财务会计多采用一般的数学方法（如加、减、乘、除）进行会计核算。

（7）信息精确程度不同。由于管理会计的工作重点面向未来，未来期间影响经济活动的不确定因素比较多，加之管理会计对信息及时性的要求，决定管理会计所提供的信息不能绝对精确，一般只能相对精确；而财务会计反映已经发生或已经完成的经济活动，因此其提供的信息应力求精确，数字必须平衡。

（8）计量尺度不同。为了适应管理的需要，管理会计虽然主要使用货币量度，但也大量采用非货币量度，如实物量度、劳动量度、关系量度（如市场占有率、销售增长率）等；为了综合反映企业的经济活动，财务会计几乎全部使用货币量度。

2. 管理会计与财务会计的联系

管理会计与财务会计同属企业会计的范畴，两者之间具有千丝万缕的联系。

（1）起源相同。管理会计与财务会计都是在传统会计中孕育、发展和分离出来的，作为会计管理的重要组成部分，标志着会计学的发展和完善。

（2）目标相同。尽管管理会计与财务会计分别对企业内部和外部提供信息，但最终目标都是使企业获得最大利润，提高经济效益。

（3）基本信息同源。管理会计所使用的信息尽管广泛多样，但基本信息来源于财务会计,有的是财务会计资料的直接使用,有的则是财务会计资料的调整和延伸。

(4) 服务对象交叉。虽然管理会计与财务会计有内、外之分,但服务对象并不严格、唯一,在许多情况下,管理会计的信息可以为外部利益集团所利用(如盈利预测),财务会计信息对企业内部决策也至关重要。

(5) 某些概念相同。管理会计使用的某些概念,如成本、收益、利润等与财务会计完全相同,有些概念则是根据财务会计的概念引申出来的,如边际成本、边际收益、机会成本等。

1.6.2　管理会计与财务管理、成本会计内容体系交叉的原因分析及其重新界定

1. 管理会计与财务管理、成本会计内容体系交叉的原因分析

(1) 管理会计与财务管理内容体系交叉的原因分析。管理会计与财务管理均以资金运动或价值运动为研究对象,并且均以定量分析为主要研究方法。相同的内容采用相同的方法,由此导致的交叉重复无法避免。因此,管理会计与财务管理内容体系交叉的原因主要是其研究对象难以区分。

(2) 管理会计与成本会计内容体系交叉的原因分析。管理会计与成本会计并非同时产生,成本会计的产生先于管理会计。19世纪末,随着英国工业革命的完成,企业规模逐渐扩大,经营者对生产成本日益重视。会计人员将成本计算与财务会计逐步结合起来,形成了记录型的成本会计。20世纪初,受弗雷德里克·泰勒(Frederick Taylor)科学管理思想的影响,在会计领域出现了标准成本制度,加之预算编制的出现,使成本会计的工作重点由核算转为控制,成本会计成为独立的学科进入一个崭新的发展阶段。从另一个角度看,加强企业内部管理离不开标准成本与预算的实施,这标志着侧重于为企业内部管理服务的管理会计的原始雏形的形成。第二次世界大战后,科学技术飞速发展,企业间的竞争明显国际化。为了适应社会经济发展的新情况,成本会计不断吸取运筹学、系统工程、行为科学和管理学等学科的最新成就,使其内容不断完善,出现了成本的预测和决策、责任成本的核算等,从而形成了以成本核算为基础,重在管理的经营型成本会计。与此同时,管理会计在成本会计发展的基础上,也在不断与现代科学管理的最新成就相融合,成为一门以预测为基础、以决策为重心、注重内部控制的综合性边缘学科。近二十年来,以计算机技术为代表的高科技成果被引入企业,与其相适应的会计概念和方法(如适时生产系统、作业成本法、全面质量管理、战略管理会计和战略成本会计等)应运而生,这些方法的出现一方面表现为成本管理系统的拓展,另一方面标志着企业内部控制方法的变革,从而使成本会计与管理会计的研究领域和内容更趋于一致。综上所述,我们不难得出以下结论:成本会计与管理会计密不可分。管理会计自产生之日起就与成本会计存在天然的"血缘"关系,其发展的过程也标志着成本会计的发展,虽然管理会计侧重于内部管理,而成本会计侧重于内部控制,但管理会计要进行内部管理离不开内部控制,由此造成了当今成本会计与管理会计界限的模糊,反映到教材上则是内容的重复交叉。

(3) 研究领域扩展,导致三门学科的内容体系进一步重复交叉。在学科建设中,理论工作者不断扩展各自的研究领域,从而使成本会计、管理会计、财务管理三门学科的职能不断扩大。目前,成本会计已不再是单单为财务会计而进行的产品成本核算,它已扩展到

利用不同的成本信息进行企业内部管理,包括成本的预测、决策、控制、分析、考核等。随着新制造环境的出现,一些现代化的成本管理观念,如目标成本管理、全面质量管理、价值链分析、作业成本法等也成为成本会计人员必须研究的领域;与此同时,管理会计理论工作者以加强企业内部管理为目的,也在不断扩展其研究领域,把触角伸到成本会计的各个部分,造成了其内容与成本会计的重复交叉。另外,财务管理以加强企业资金管理为目的,其工作环节不仅包括财务的预测、决策、规划,同时还包括财务的控制、分析及评价。可见三门学科的部分职能明显一致,由此导致的教材内容重复交叉在所难免。

2. 管理会计与财务管理、成本会计内容体系的重新界定

(1)管理会计与财务管理、成本会计的主要区别及各自侧重点分析:

第一,对象不同。管理会计的对象是企业生产经营活动中的价值运动,它以生产经营活动中的价值形成和价值增值过程为对象,通过对使用价值的生产和交换过程的优化,提供信息并参与决策,以实现价值最大增值的目的。从实践角度来看,管理会计的对象具有复合性的特点。一方面,管理会计致力于使用价值的生产和交换过程的优化,强调加强作业管理,其目的在于提高生产和工作效率;另一方面,在价值形成和价值增值过程中,管理会计强调加强价值管理,其目的在于提高经济效益,实现价值的最大增值。因此,价值管理必然强调价值转移、价值增值与价值损耗之间的关系,即价值转移是价值增值的前提,减少价值损耗是实现价值增值的手段。财务是客观存在于企业经营过程中的资金运动,财务管理是指对企业资金运动进行规划和控制的一项管理活动。因此,财务管理的对象明确为企业的资金运动,财务管理主要是从内部使用人的角度出发,通过筹资、投资、营运与利润分配等工作,对未来生产经营活动产生的现金流动进行规划和控制,以提高资金的使用效果。而成本会计的对象是企业生产经营过程中发生的费用,归集与分配费用,计算产品成本形成的过程。

第二,职能不同。财务管理的职能十分明确,即通过筹资管理、投资管理、营运资金管理、利润分配管理等财务管理工作,有效地运作资金。财务管理的职能定格在资金管理上。管理会计在向企业内部各管理层提供信息的同时参与决策,因而管理会计不仅是一个信息系统,更是一个信息管理系统。它不仅要向企业内部各管理层提供不同等级的信息,而且其本身也在相当程度上参与决策。例如,在责任会计的核算与管理中,它不仅要向企业内部各责任中心提供与该责任中心相关的可控信息,而且在其可控范围内不同程度地参与决策和管理。可见,管理会计的基本职能应是提供信息、参与决策,其具体职能是,通过对价值形成和价值增值过程的规划、评价、控制,确保资源的有效利用。而成本会计的职能是核算与监督。

第三,目标不同。任何学科都是通过对其对象的组织完成其目标的。管理会计和财务管理都服务于企业经营管理,都以提高经济效益为最终目标,但两者实现目标的着眼点不同。管理会计的目标是指企业在价值形成和价值增值过程中应该达到的目的。管理会计的总目标是以使用价值的生产和交换过程为基础,通过对价值形成和价值增值过程的优化,提供信息并参与决策,以实现价值最大增值的目的。财务管理的目标是指企业在规划和控制资金运动过程中应该达到的目的。财务管理的总目标是通过对资金的合理筹集和运用,采用最优的财务决策,在考虑资金的时间价值和风险价值的情况下,使企业的总

价值达到最大。而成本会计的目标是控制各项费用支出，计算产品成本。

总而言之，管理会计侧重于为管理的决策功能提供相关信息，着眼于利润最大化；而成本会计侧重于为管理的控制功能提供相关信息，着眼于成本的最小化。管理会计以成本性态分析为基础，把不同成本与收入的关系揭示开来，所以管理会计决策和控制的内容实质是成本与收入的关系，而不仅仅是成本。在整个管理会计决策中，边际收入等于边际成本是各种决策方式的形成基础，而谋求总收入与总成本之差即利润最大化则是各种决策和控制行为的目的。

（2）对管理会计与财务管理、成本会计交叉内容的适度界定。管理会计的内容普遍与其他学科相交叉和重复，在改进和完善管理会计内容体系时，应突出现代管理会计的特点，避免重复。当然有些内容允许在不同学科中反映，但侧重点应有所不同，做到分工合理，相互呼应，有机结合。同时，管理会计作为一门独立学科，不仅应有其特定的研究内容，而且应有其特定的方法。目前管理会计的研究方法多是与其他学科"共享"的，多门学科同时运用一种分析方法本无可厚非，但如果这种方法具有一定的专有性，就不应将其强行塞入其他学科中。鉴于此，再结合上述三门学科的区别，我们试对以下交叉内容做出适度界定与建议：

第一，成本性态分析法、变动成本法、本—量—利分析法、标准成本法与作业成本法为管理会计所特有的分析方法。成本性态分析法是管理会计规划与控制经济活动的基础，也是管理会计采用各种分析方法的前提。变动成本法则是管理会计的核心，特别是由变动成本法而引入的贡献毛益成为企业进行短期经营决策的基本依据。本—量—利分析法研究销售数量、成本和利润之间的数量关系，而不仅仅研究成本，理应归入管理会计。标准成本法、作业成本法作为企业管理控制的重心适宜列入管理会计，因为这样既符合管理会计的历史渊源，又符合"管理会计重点在于控制"的思想。

第二，编制全面预算和实施预算控制作为规划与控制职能的体现，在管理会计与财务管理中允许重复，但财务管理更应侧重于编制财务预算。

第三，预测分析主要为决策提供信息，适宜列入管理会计；而决策分析既是管理会计的重要内容，又是财务管理的重要内容。但管理会计主要为企业生产经营决策提供信息，且其核心变动成本法也适用于短期经营决策，所以应侧重于讲解短期经营决策和固定资产更新改造决策；财务管理侧重于现金流量的安排，所以应侧重于讲解筹资决策、投资决策、营运资金决策和利润分配决策。

第四，存货控制、"经济订货量"模型主要解决存货占用量问题，其实质是资金安排、占用问题，应列入财务管理，而不应列入管理会计内容体系。

第五，责任会计一贯为管理会计的特定内容，不必再在财务管理与成本会计中专门讲述。

第六，财务报表分析一直是财务管理的重要内容，但管理会计进行预测、决策、规划、控制、分析与评价时主要依据财务会计信息，而财务会计信息的集中体现便是财务报表，因此财务报表分析作为管理会计开展工作的前提条件也应列入管理会计内容体系，且应增加一些新的比较成熟的如 EVA（经济增加值）分析方法。

第七，在管理会计中应增加企业考评与激励机制等已成熟的部分内容介绍，如平衡计分卡等。因为分析与评价也是管理会计的重要职能之一。

与此同时,我们应该看到,管理会计理论依据的不充分使管理会计长期以来属性难定,因此建设一整套既能为管理会计独立成一门学科提供充分支持,又能解释、指导实践的严密且完善的理论体系已刻不容缓。

1.6.3 管理会计内容体系框架的构建

依据以上思考,我们结合企业经营活动的管理顺序及企业内部价值链(即通常事前预测、决策,事中规划、控制,事后分析、评价),重构管理会计内容体系框架,如图1-7所示。

图1-7 管理会计内容体系框架

对以上框架的几点解释:

(1)管理会计基本理论(概论部分)主要包括:管理会计的形成、发展;管理会计与财务会计、成本会计及其他相关学科的区别、联系;管理会计的含义、性质、目标、对象、要素、职能、任务、假设、原则、方法及基本内容等;管理会计的组织领导及其开展。

(2)管理会计基本方法主要包括:成本性态分析法,变动成本法,本—量—利分析法,未来现金流量折现法。

(3)预测与决策会计主要包括:预测分析,具体包括利润、销售、成本、资金需要量预测等;决策分析,具体包括短期经营决策、固定资产更新改造决策等。

(4)规划与控制会计主要包括:①预算控制,具体包括编制全面预算(固定预算、弹性预算、零基预算等)。②责任会计,具体包括把全面预算层层分解,为每个责任单位编制责任预算;为每个责任单位建立责任预算执行情况的跟踪系统,即以责任单位为主体组织会计工作;定期编制责任报告,通过差异计算和分析对责任单位进行评价与考核。③标准成本控制。④作业成本控制。⑤平衡计分卡。⑥企业激励系统的建立。

(5)分析与评价会计主要包括:企业财务分析方法,EVA,企业业绩评价系统的建立。

1.7 管理会计在我国企业中应用问题的思考

我国要建立现代企业制度,转换经营机制,其中最主要的是建立科学的管理体制。管理会计所具有的解释过去、控制现在、规划未来的职能无疑能提高企业的经营管理水平和经济效益,管理会计将在现代企业的管理中发挥越来越重要的作用。但是,从管理会计在我国企业中应用的现状来看,除责任会计以外,大部分企业对全面预算、风险分析、差量分析等知之甚少,更谈不上应用。可见,管理会计在我国企业中的实际应用仍然不容乐观。因此,加强对管理会计应用与发展的研究,是我国会计改革与发展的一个现实课题。

1.7.1 管理会计在我国企业中推广与应用的障碍分析

任何事物的产生、发展与壮大不仅要受到外部环境和内部条件的影响,而且要受到事物本身的制约。管理会计在我国企业的推广、应用过程中必然要受到我国企业的内外部环境的影响和管理会计本身存在的缺陷的制约。

1. **企业外部环境的影响**

管理会计与企业外部环境具有十分密切的联系，外部环境直接影响着管理会计能否得到普遍应用。在现实经济生活中，外部环境主要指经济体制环境、法律环境和文化环境。

（1）经济体制环境的影响。管理会计由决策会计和执行会计两大部分组成，并以决策会计为主体。然而，过去我国一直实行计划经济体制，在这种经济体制下，企业的供、产、销及人、财、物均纳入相应的计划，最为典型的表现就是"统配统拨""统购统销"和"统收统支"，企业不过是一个放大了的"车间"而已。企业或非营利机构不能独立地进行投资决策，这一权力属于上级部门，最大和最重要的投资项目由政府做出决策；其他投资项目由有关部门的部长或负责人决定。在这种情况下，给企业经营决策者提供决策信息就没有任何意义了，决策便显得无足轻重，重要的是贯彻执行。这就是责任会计受到我国企业的青睐，而决策会计无人问津的主要原因。从党的十一届三中全会到现在，我国的企业制度改革经历了放权让利、企业承包和转换经营机制三个阶段，但这几种制度都不同程度地存在这样或那样的缺点，使得经营决策者在进行决策时更重视行政因素和社会影响因素，而忽视了管理会计所提供的信息，从而造成管理会计在企业中不能普遍应用。同时，现阶段我国的金融体制、价格体制还不够完善，使得管理会计在实际运用中不能充分发挥作用。如有些会计人员讲到，他们曾尝试使用经济订货量模型，但问题是经常按正常情况未能取得材料，因而测算显得毫无意义。

（2）法律环境的影响。管理会计要给企业的经营决策者提供有用的信息，则必须在一个平等、公平、竞争和高度灵敏的市场经济条件下。但从总体上来说，我国税法对不同地区、不同组织形式的企业规定了差别税率，对大小规模纳税人规定了不同的增值税处理办法，这些都造成了企业地位的不平等。另外，法律实施情况不尽如人意也是制约公平竞争环境形成的另一个重要原因。如《中华人民共和国破产法》虽然已颁布实施了十多年，但在许多国有企业严重亏损的情况下，真正破产的却寥寥无几，使得市场优胜劣汰的规律不能体现。

（3）文化环境的影响。这种影响具体表现在：①会计工作的地位低下。一些会计人员和厂长经理认为，会计就是算账、报账，至于管理、经营决策，那都是企业领导者的事。财务会计工作一直是会计人员工作最重要的组成部分，而管理会计则成了副业，有精力和条件的，就零打碎敲地搞一些，否则干脆抛在一边。②一些消极文化思想使得管理会计难以实施。管理会计在评价业绩时要求赏罚分明，但是许多经营决策者深受"大事化小，小事化了"的思想影响，难以做到"罚"字。这就使得管理会计在企业中的作用事倍功半，从而影响其推广和应用。

2. **企业内部环境的影响**

管理会计主要是为企业内部管理决策服务的，企业的内部环境对管理会计的普遍应用具有举足轻重的作用。企业的内部环境主要指企业的经营决策者、会计人员和会计电算化。

（1）企业经营决策者的影响。企业的经营决策者对管理会计的重视程度直接影响到管理会计在企业中能否普遍应用。现代市场经济要求企业经营决策者不仅要懂经营，更要懂管理，其中包括会计和财务管理。而现阶段，多数企业经营决策者与这一要求还有一定差距，这就在一定程度上限制了管理会计在企业中的普遍应用。目前在许多企业中，既没有建立管理会计活动组织，又没有培训相应的管理会计人员，会计人员本身也没有应用管理会计的机会与积极性。

（2）会计人员的影响。会计人员对管理会计应用的影响主要体现在会计人员素质上。管理会计理论方法的丰富固然令人欣喜，知识体系的完美也甚为重要，但这种丰富与完美最终要通过会计人员作用到企业的经营中。我国现阶段会计人员的总体素质比较低，突出表现为知识层次低、知识结构不合理、在专业教育方面层次低。2021年全国1 300万会计人员中，受过大学专业教育的占10%，有会计师资格的仅占14.5%。会计人员的素质跟不上，就使得他们没有精力去实践管理会计。虽然有些会计人员学习过一些管理会计知识，但大多数处于纸上谈兵阶段，没有进行系统的实际操作。同时，我国会计人员的职业水准有待提高，在会计披露上存在弄虚作假的现象，造成会计信息失真的情况严重。这些因素都限制了管理会计在企业中的普遍应用。

（3）会计电算化的影响。目前我国会计电算化中存在的一个问题就是重核算、轻管理。我国的会计电算化前景乐观，但就应用现状来看，也仅局限于记账、算账，能用到管理当中的很少。管理会计的一些方法应用了复杂的数学方法，如线性规划、非线性回归、投入产出模型等，这些方法在实际应用中比较复杂，手工计算需要耗费大量的人力、物力，而计算机可以快速、准确地处理大量的数据，这也正是会计电算化的优势。目前管理会计在电算化中的问题是：仅仅将会计电算化应用于记账、算账上，电算化的作用仅发挥了微不足道的一小部分，而且会计人员的计算机知识有限，再加上管理会计的软件开发严重滞后，从而制约了管理会计在企业中的普遍应用。

3. 管理会计自身缺陷的制约

传统的管理会计曾为促进企业经济效益的提高发挥了积极的作用。但自第二次世界大战以来，特别是自20世纪60年代以来，随着现代科学技术的飞速发展和生产力的快速提高，以及世界经济的一体化，企业面临的竞争越来越激烈。面对瞬息万变的外部环境与强大的竞争对手，管理会计无论在方法上还是在内容上都显得不能适应现代企业的要求。具体表现为：

（1）管理会计研究的领域狭隘。传统的管理会计仅局限于大量生产、工艺技术和产品成本都趋于稳定的产品，很少研究新产品的成本费用等存在的问题。一般管理会计只注重财务会计信息，加强企业内部成本控制，而现阶段市场竞争十分激烈，这要求管理会计不但要重视企业内部信息，而且要注重市场信息，单纯依靠企业内部信息很难做出正确的评价和决策。

（2）管理会计的基点不妥。现代企业管理是经营性管理而非生产性管理，企业经营性管理应着眼于销售，而管理会计却将销售作为一个常量，把销售额的确定作为成本预测和控制、利润规划和控制以及资金规划和控制的前提条件，这必将阻碍管理会计的应用。

（3）信息滞后性。管理会计的许多信息都来自财务会计和成本会计的报告，但任何一期的会计报告正好在下一期中间呈报。这些信息的滞后导致其对管理者进行决策毫无用处,严重削弱了管理会计的作用。

(4) 对市场寿命较短产品的评价。现代产品的一个趋势就是更新换代加快,许多产品的寿命只有几年,有些仅为一年或更短。许多企业在行业中的竞争不仅靠产品的低成本生产,而且靠产品更新,而传统的业绩评价又始终以成本为中心。

1.7.2 提高管理会计在企业中应用水平的建议

1. 引入现代成本管理方法,提高成本管理水平

(1) 引进作业成本及作业管理。作业成本法解决了成本核算扭曲的问题,而且它所提供的有关资源耗费、成本动因等信息,为企业进行成本分析和成本控制奠定了良好的基础。

(2) 丰富成本管理的内容,使其更加全面。成本管理的内容不仅应包括传统做法中的生产过程成本管理,还应包括供应成本管理和销售成本管理,使产供销在整个成本管理中互相作用,为资金使用管理、营销渠道管理等提供决策依据。

(3) 完善成本管理方法,使其更加科学。积极引入和借鉴国外先进的成本管理方法,提高科学管理水平。科学的成本管理方法包括事前预测、事中控制和事后分析与评价。事前预测可以使工作更加严谨,减少意外风险的发生。事中控制是成本计划顺利实现的保证。事后分析与评价则可以为今后的成本控制提供经验和教训。

2. 增强管理会计理论实用性,推进决策科学化

(1) 开展案例研究,完善理论体系。由于一些管理会计理论的假设条件与现实不符,或者是将其付诸实践花费太大,管理会计研究人员亟须将理论与实践结合起来。因此,建立全国性的管理会计管理组织是开展案例研究、完善管理会计理论体系的当务之急。

(2) 加快企业信息化建设,推广管理会计应用。科学技术的迅猛发展、电子计算机和互联网的广泛应用使管理会计的一些比较复杂的计算方法与分析模型得以应用。目前,我国企业应用最多的是会计核算系统,而管理会计系统应用不足,难以发挥管理会计预测与决策、规划与控制、分析与评价、报告与反馈的作用。管理会计信息化,是会计工作现代化和企业管理现代化的发展趋势,管理会计人员可以更加方便地获得有关企业情况的信息。同时,管理者依靠量化数据进行科学的预测与决策,提高了决策的正确性,降低了企业的经营风险。

(3) 培养高层管理者的管理会计意识,提高专业管理会计人员的素质。企业高层管理者对管理会计的重视程度,决定着管理会计人员在预测、决策、规划和控制中作用发挥的程度。特别是在涉及重大决策时,管理会计提供的会计信息支持可以有效提高决策的科学性和正确性。另外,管理会计人员的综合素质直接影响着管理会计的应用效果。管理会计不同于传统的财务会计,它要求会计人员具有更高的知识层次和更全面的知识结构,不仅要懂得数学、运筹学和经济学方面的知识,还要了解心理学和行为学等社会科学方面的知识。没有合格的会计人员,便很难将现代管理会计应用于实践。

3. 重视战略管理会计应用,拓展企业管理范围

(1) 营造适合战略管理会计应用的环境:第一,加强管理会计应用的基础设施建设。建立起完善的组织体系,融合企业内外部各种管理资源,将传统的管理会计提升到战略管

理会计的高度。推广先进信息技术的应用,加大相关应用软件的研发力度,建立战略管理会计信息库。第二,引进和培养战略管理会计人才。作为战略管理会计人才,不仅需要熟知会计的基本知识,还要了解本企业所在行业的特征,具有战略的眼光、开阔的思路、敏锐的洞察力及准确的判断力。第三,优化企业外部经济、法制和文化环境。优化市场环境,促进国有企业经营机制转变,加快建立现代企业制度;制定规范的管理会计制度,为企业应用战略管理会计提供示范性的法律制度环境;建立适应企业机制的文化,为战略管理会计的运行提供良好的文化氛围。

(2) 树立适合战略管理会计的理性观念:要在企业中顺利地实行战略管理会计,就需要破除传统观念,强化战略管理会计意识。第一,树立外向型、整体的观念。在战略管理会计模式下,企业不仅着眼于内部环境管理,更关注外部环境变化,在决策时充分考虑竞争对手状况、环境状况和其他利益相关者动态等。因而,要将企业内外部环境看成一个不可分割的整体,切不可偏废任何一种环境,依靠单独的任何一个部分来做决策。第二,树立可持续发展的观念。战略管理会计着重从长期的竞争地位的变化来把握企业未来的发展方向,注重企业持续竞争优势的取得和保持。在知识经济条件下,企业间竞争不断升级,要使企业保持长久的竞争优势,就必须树立可持续发展的理念。第三,树立以人为本、不断改进的观念。树立以人为本的观念可以有效地激发员工的创造热情,获取最大的人力资源价值。同时,随着竞争的不断升级,企业要想立于不败之地,就必须不断改进产品质量,不断更新观念。

▶ 本章小结

1. 管理会计是西方国家在会计管理上的一种发展,过程大致可划分为以成本控制为特征的执行性管理会计,以预测、决策为特征的决策性管理会计,以及以重视环境适应性为特征的战略管理会计。标准成本制度和预算控制制度是管理会计产生的基础。正是由于上述两个基础,管理会计才从传统的会计中分离出来,成为一门崭新的学科。

2. 管理会计理论框架可划分为两个层次,即管理会计基础理论与管理会计应用理论。前者是关于管理会计活动最一般、最本质的理论概括,后者由前者延伸而来,是直接用来解释、评价和指导管理会计实务的理论范畴。其中,管理会计基础理论应包括管理会计目的、管理会计本质、管理会计职能、管理会计对象、管理会计基本程序和方法。管理会计目的决定了管理会计的本质与职能,管理会计职能作用于管理会计对象,而对管理会计对象进行反映与监控就应采用管理会计的基本程序和方法。管理会计应用理论在管理会计基础理论上延伸而来,管理会计的目的、本质、职能决定了管理会计目标,由管理会计目标决定管理会计假设。管理会计假设因管理会计目标存在而存在,随着管理会计目标发展而发展。同时,管理会计目标与管理会计假设制约管理会计原则。

3. 我国要建立现代企业制度,转换经营机制,其中最主要的是建立科学的管理体制。管理会计所具有的解释过去、控制现在、规划未来的职能无疑能提高企业的经营管理水平和经济效益。但是,从目前我国管理会计在企业中应用的现状来看,除责任会计以外,大部分企业对全面预算、风险分析、差量分析等知之甚少,更谈不上应用。可见,管理会计在我国企业中的实际应用仍然不容乐观。因此,加强对管理会计应用与发展的研究,是我国会计改革与发展的一个现实课题。

复习思考题

1. 什么是管理会计？它有哪些特征？
2. 管理会计是如何产生的？
3. 现在比较公认的管理会计的基本含义是什么？
4. 有关管理会计的理论框架，目前主要有哪些观点？
5. 管理会计的基本假设是什么？管理会计的对象是什么？管理会计的目标是什么？管理会计的职能是什么？
6. 我国管理会计内容体系存在哪些问题？
7. 简述管理会计与财务会计的联系和区别。
8. 简述管理会计与财务管理、成本会计内容体系交叉的原因。
9. 试说明管理会计在我国企业中推广与应用存在哪些障碍。

作业练习

新华股份有限公司的王某是刚从财务会计工作转入管理会计工作的会计人员，对于管理会计知识不甚了解。以下是他对管理会计提出的个人观点：

（1）管理会计与财务会计的职能一样，主要是核算和监督。
（2）管理会计和财务会计是截然分开的，无任何联系。
（3）管理会计报告要在会计期末以报表的形式上报。
（4）管理会计吸收了经济学、管理学和数学等方面的研究成果，在方法上灵活多样。
（5）管理会计的理论框架构建首先需要明确其逻辑起点。
（6）管理会计服务于企业外部，受会计法规制度的约束。
（7）管理会计的职能主要是满足企业内部管理的需要。
（8）管理会计的信息质量特征与财务会计的信息质量特征完全不同。
（9）在提供管理会计信息时可以完全不用考虑成本效益原则。
（10）一个管理会计师可以将手中掌握的信息资料随意提供给他人。
（11）与财务会计相比，管理会计不可能成为一个独立的职业。
（12）管理会计与财务管理两者反映的内容相同。

要求：

（1）对以上观点加以分析说明，指出正确与否。
（2）说明企业主要的管理会计与财务会计、财务管理的区别与联系是什么。

延伸阅读与写作

1. 网络查询颉茂华的文章《试论管理会计体系的构建》（《财会通讯（学术版）》，2005年第9期，第61—63页），结合目前理论界与实务界对管理会计的研究和发展情况，写一篇短文，谈谈你对管理会计内容体系如何构建的认识。

2. 设计一个问卷，做一个小调查，分析管理会计在我国实施的主要障碍是什么，并提出解决方案。

参考文献

[1] 池国华,邹威.基于EVA的价值管理会计整合框架:一种系统性与针对性视角的探索[J].会计研究,2015(12):38-44.

[2] 傅元略.价值管理的新方法:基于价值流的战略管理会计[J].会计研究,2004(6):48-52.

[3] 何瑛.战略成本管理研究综述[J].北京工商大学学报(社会科学版),2004(19):37-39.

[4] 颉茂华,刘艳霞.行为管理会计内容框架体系的构建[J].财务与会计(理财版),2012(7):65-67.

[5] 颉茂华,王娇,张婧鑫,等.管理会计学40年:研究主题、方法和理论应用的可视化分析[J].上海财经大学学报,2020,22(1):51-65.

[6] 颉茂华.企业管理会计职能定位与实现路径[N].中国会计报,2016-02-26(8).

[7] 李天民.现代管理会计[M].上海:立信会计出版社,1995.

[8] 刘敬芝,刘海霞.管理会计学科内容与方法体系探析[J].财务与会计,2018(2):72-73.

[9] 刘梅玲,杨周南.会计信息化标准体系构建的理论框架和方法学研究[J].会计研究,2016(9):3-10.

[10] 孟焰,等.中国管理会计研究述评与展望[J].会计研究,2014(9):3-11.

[11] 穆林娟,贾琦.价值链成本管理为基础的跨组织资源整合:一个实地研究[J].会计研究,2012(5):67-71.

[12] 潘飞,许宇鹏.中国管理会计体系研究[J].会计之友,2017(11):7-10.

[13] 覃艳.企业管理会计报告体系应用探讨:以徐工机械为例[J].财会通讯,2020(21):168-172.

[14] 汪家佑.管理会计[M].北京:经济科学出版社,1987.

[15] 王斌,顾惠忠.内嵌于组织管理活动的管理会计:边界、信息特征及研究未来[J].会计研究,2014(1):13-20.

[16] 温坤.管理会计学[M].北京:中国人民大学出版社,2004.

[17] 肖序,郑玲.低碳经济下企业碳会计体系构建研究[J].中国人口·资源与环境,2011(8):55-60.

[18] 熊磊.财务共享服务下管理会计信息化有效实施策略[J].会计之友,2015(4):7-9.

[19] 于增彪,等.关于集团公司预算管理系统的框架研究[J].会计研究,2004(8):22-29.

[20] 张继德,王伟.我国全面预算管理的问题、原因和对策[J].会计之友,2014(11):119-122.

[21] 张先治,晏超.会计准则变革的非预期效应理论框架构建[J].会计研究,2015(2):3-12.

[22] 赵治纲.中国特色管理会计体系核心内容及应用挑战[J].会计之友,2015(8):19-21.

第2章 管理会计的基本方法

【学习目标】

1. 了解管理会计基本方法的种类。
2. 明确成本性态分析法的基本含义及其应用。
3. 明确边际分析法的基本含义及其应用。
4. 明确成本—效益分析法的基本含义及其应用。
5. 明确本—量—利分析法的基本含义及其应用。
6. 明确线性规划法的基本含义及其应用。

【导入指引】

科学方法是人们在认识与改造世界的过程中遵循或运用的、符合科学一般原则的各种途径和手段,包括在理论研究、应用研究、开发推广等科学活动过程中采用的思路、程序、规则、技巧和模式。简单地说,科学方法就是人类在所有认识和实践活动中所运用的全部正确方法。管理会计工作的重点在于通过提供管理信息的方式来预测经济前景、参与决策、规划未来、控制和评价企业的经济活动,需要从十分复杂多变的环境中找出规律性的东西。这就决定了管理会计的方法具有灵活而多样化的特征,而且要运用大量的科学方法。因此,熟练掌握管理会计的一些基本方法,对学习和运用管理会计知识至关重要。要做好管理会计工作,正确运用其基本方法尤为重要。而管理会计又与财务会计具有相同的最终目标,且两者同属于现代企业会计的分支,因此合理运用这些基本方法在财务会计乃至整个会计学科中都具有重要意义。

2.1 成本性态分析法

2.1.1 成本分类方法

在实际工作中,为了适应经营管理上的不同需要,成本可以从不同的角度按照不同的标准进行分类。

1. 成本按经济职能分类

在传统的财务会计中,通常把产品成本分为两大类:基本生产成本与辅助生产成本。

（1）基本生产成本。基本生产成本是主要生产车间生产产品所发生的各项费用。可分为制造成本和非制造成本。

制造成本是在产品生产过程中发生的，又由直接材料、直接人工和制造费用三种要素组成。直接材料是指在产品生产过程中用来构成产品实体的那部分材料的成本。直接人工是指在生产过程中对材料进行直接加工使它变成产成品而耗用的人工成本。制造费用是指除直接材料和直接人工以外的所有制造成本。这个项目还可以再分为：间接材料，是指在生产过程中发生的但不便归入某一特定产品的材料成本，如机器设备维修用的材料等；间接人工，是指为生产服务而不直接进行产品加工的人工成本，如维修人员的工资等；其他制造费用，是指不属于上述两种的其他各种间接费用，如厂房、机器设备的折旧、维护和维修费等。

非制造成本是指营业与行政管理方面发生的费用，一般可以分为营业费用与管理费用两类：营业费用是指企业在产品销售过程中发生的费用，具体包括广告费、展销费、保险费，以及为销售本企业产品而专设的销售机构的职工工资、福利费、业务费等；管理费用是指企业行政管理部门为组织和管理生产经营活动而发生的各项费用支出，包括工资和福利费、折旧费、办公费、保险费等。

（2）辅助生产成本。辅助生产成本是为辅助生产所发生的生产费用总和。

2. 成本按其性态分类

管理会计突破了财务会计事后核算的束缚，其职能扩展到解释过去、控制现在、规划未来的新领域。与此同时，成本管理也从历史范畴扩大到未来范畴，扩展到成本预测、分析和控制。为了适应这一转变，成本也按一种新的观念——成本性态进行分类。

成本性态是指成本总额对业务总量的依存关系，也称成本习性。这里的业务总量是指企业在一定的生产经营期内投入或完成的经营工作量的统称，具体表现为产量、销量等。成本总额与业务总量的依存关系是客观存在的，而且是有规律的，对成本按性态进行分类是管理会计这一学科的基石之一。管理会计作为决策会计的角色，其许多决策方法特别是短期决策方法都必须借助成本性态这一概念。在管理会计中，研究成本对业务量的依存性，从数量上掌握成本与业务量之间的规律性的联系，具有重要的意义。

按成本性态，可以将企业的全部成本分为固定成本、变动成本和混合成本三类。

（1）固定成本。固定成本是指在一定期间和一定业务量范围内，其总额不受业务量增减变动的影响而保持固定不变的成本。例如，管理人员工资、办公费、财产保险费、不动产税、租金、职工教育培训费等，均属于固定成本。虽然固定成本总额不受业务总量变动的影响，但从单位业务量所负担的固定成本而言，固定成本又是一个变量。单位产品所负担的固定成本与业务量成反比例变动关系，业务量的增加会导致单位产品所负担的固定成本下降，反之升高。

[例2-1] 某企业生产一种产品，其专用生产设备的月折旧额为10 000元，该设备最大加工能力为4 000件/月，当该设备分别生产1 000件、2 000件、3 000件和4 000件时，单位产品所负担的固定成本如表2-1所示。

假设 a 表示固定成本，x 表示产量，y 表示总成本，则固定成本总额模型为 $y=a$，单位固定成本模型为 $y'=a/x$。

表 2-1 单位产品所负担的固定成本

产量（件）（x）	固定成本总额（元）（a）	单位产品负担的固定成本（元/件）（a/x）
1 000	10 000	10.00
2 000	10 000	5.00
3 000	10 000	3.33
4 000	10 000	2.50

将例 2-1 的数据在坐标图中表示，则固定成本的性态模型如图 2-1 所示。

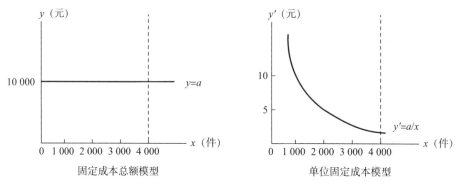

图 2-1 固定成本的性态模型

固定成本的分类

固定成本可以根据其支出数额是否受管理部门短期决策行为的影响，分为酌量性固定成本和约束性固定成本。

酌量性固定成本也称选择性固定成本或任意性固定成本，是指管理部门的短期决策行为可以影响其支出数额的固定成本。例如，广告费、职工教育培训费、技术开发费等。这些成本的基本特征是，绝对额的大小直接取决于企业管理者根据企业的经营状况而做出的判断，它可以因经营管理决策的改变而改变。酌量性固定成本并非可有可无，它是一种为生产经营提供良好条件的成本，仍然是企业的一种存在成本，直接关系到企业竞争能力的大小。酌量性固定成本通常是由企业管理部门在每一会计年度开始前制定年度开支预算，决定每一项开支的多少以及新增或取消的某项开支。

约束性固定成本与酌量性固定成本相反，是指其支出数额不受管理部门短期决策行为的影响的固定成本，因此又被称为承诺性固定成本。例如，折旧费、财产保险费、不动产税、管理人员工资等。约束性固定成本是一种为企业提供和维持正常生产经营能力所必须负担的最低固定成本，其支出大小只取决于企业生产经营的规模与质量，因此具有很大的约束性，企业管理部门的经营管理决策无法改变它的数额。由于约束性固定成本与企业的经营能力相关，因此又被称为"经营能力成本"；又由于企业的经营能力一旦形成短期内很难改变，即使经营中断，该项固定成本仍将维持不变，因此也被称为"能量成本"。约束性固定成本的属性决定了该项成本的预算期通常比较长。

酌量性固定成本预算着眼于在总量上进行控制,而约束性固定成本预算则要求企业经济合理地利用生产经营能力,提高产品质量,相对降低其单位成本,以取得更大的经济效益。酌量性固定成本与约束性固定成本均与企业的业务量水平无直接关系。

固定成本的相关范围

固定成本的"固定性"不是绝对的,而是有限定条件的。这种限定条件或范围在管理会计中叫作相关范围,表现为一定的时间范围和空间范围。

首先,固定成本表现为在某一特定期间内具有固定性。因为从较长时期来看,所有成本都可变,即使约束性很强的约束性固定成本,总额也会发生变化。随着时间的推移,企业的经营能力从规模和质量上都会发生变化:厂房扩建、设备更新、机构扩充,从而导致折旧费、财产保险费、不动产税及管理人员工资的增加。

其次,固定成本表现为在某一特定业务量水平内具有固定性。因为业务量一旦超过这一水平,同样需要扩建厂房、更新设备和增加管理人员工资,相应的费用也会增加。业务量的变化,无论是渐变还是突变,总是表现在特定的期间内。就固定成本的时间范围限定和空间范围限定而言,空间范围的限定也就是业务量水平的限定更具有实质意义。

当原有的相关范围被打破时,固定成本仍然表现为某种固定性。原有的相关范围被打破便相应产生了新的相关范围,原有的固定成本变化了也自然有了新的固定成本,只不过其固定性体现在新的相关范围内。例2-1中,假定该企业生产设备增加了一倍,最大加工能力达到8 000件,月折旧额由10 000元增加到20 000元,那么折旧额(固定成本)的变化如图2-2所示。

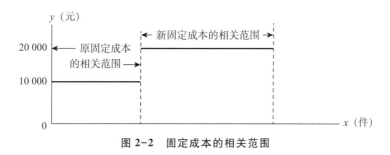

图2-2 固定成本的相关范围

(2)变动成本。变动成本是指在一定时期和一定业务量范围内随业务量的变动其总额成正比例变动的成本。例如,直接材料、直接人工、制造费用中随业务量的变动成正比例变动的物料用品费、燃料费、动力费、包装费等。变动成本的总额在随业务量的变动成正比例变动的同时,单位业务量中的变动成本不受业务量变动的影响而保持不变。这是成本性态划分的一个内在逻辑,也是运用变动成本法进行决策的基本思考方式。

[例2-2] 假定例2-1中单位产品的直接材料成本为20元,当产量分别为1 000件、2 000件、3 000件和4 000件时,材料的总成本和单位产品的材料成本如表2-2所示。假设y表示变动成本总额,x表示产量,b表示单位变动成本,则变动成本总额模型为$y=bx$,单位变动成本模型为$y'=b$。将例2-2有关数据在坐标图中表示,则变动成本的性态模型如图2-3所示。

表 2-2　材料总成本与单位产品材料成本

产量(件)(x)	材料总成本(元)(bx)	单位产品材料成本(元/件)(b)
1 000	20 000	20
2 000	40 000	20
3 000	60 000	20
4 000	80 000	20

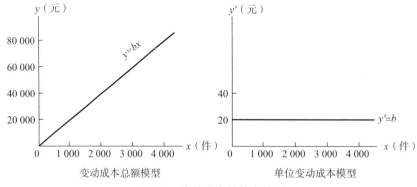

图 2-3　变动成本的性态模型

变动成本的分类

类似于固定成本分类的思想,变动成本又可以细分为酌量性变动成本和约束性变动成本。

酌量性变动成本是指企业管理部门的决策可以改变其支出数额的变动成本。如按产量计酬的工人工资、按销售收入的一定比例计算的销售佣金等。这些支出的比例或标准取决于企业管理部门的决策,当然企业管理部门在做出上述决策时不能脱离当时的市场环境。例如,在确定计件工资时就必须考虑当时的劳动力市场情况,在确定销售佣金时必须考虑所销产品的市场情况,等等。

约束性变动成本是指企业管理部门的决策无法改变其支出数额的变动成本。这类成本通常表现为企业所生产产品的直接物耗成本,以直接材料成本最为典型,当企业所生产的产品定型以后,上述成本的大小就有了很强的约束性。

酌量性变动成本与约束性变动成本都是对特定产品而言的,其单位量是确定的,其总量均随着产品业务量的变动而成正比例变动。

变动成本的相关范围

与固定成本相似,变动成本的变动性也是有其相关范围的。只有在一定业务量范围内变动成本总额与业务总量之间才成正比例变动关系,超出这一业务量范围,两者之间就不一定存在这种正比例变动关系。例如,当企业的产品产量较小时,单位产品的材料成本和人工成本可能比较高。但当产量逐渐上升到一定范围内时,由于材料的利用可能更加充分、工人的作业安排可能更加合理等,单位产品的材料成本和人工成本会逐渐降下来。当产量突破上述范围继续上升时,可能使某些变动成本项目超量上升,从而导致单位产品变动成本由降转升,如图 2-4 所示。

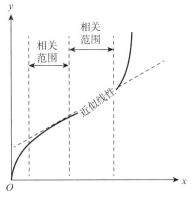

图 2-4　变动成本的相关范围

图 2-4 说明,在业务量开始上升时,变动成本总额不一定与业务量成正比例变动关系。一般说来,是变动成本总额的增长幅度小于业务量的增长幅度,表现在图中就是变动成本总额曲线呈现向下弯曲的趋势;当业务量继续上升到一定阶段时,变动成本总额的增长幅度又会大于业务量的增长幅度,表现在图中就是变动成本总额曲线呈现一种向上弯曲的趋势;而在业务量上升的中间阶段,变动成本总额曲线弯曲程度平缓,趋于直线状态。变动成本的相关范围指的也就是这一中间阶段。

在实际生活中,变动成本总额与业务量成线性变动关系的事例并不存在,表现为一种非线性关系。但是在某一特定业务量范围内,可以假设这种线性变动关系存在,并以此进行成本性态分析。

(3) 混合成本。混合成本是指那些包括固定成本和变动成本两种因素的成本。在实际生活中,许多成本项目并不直接表现为这两种极端的成本性态,多数情况下是介于两者之间的混合体。这类成本的特点是,其发生额的大小虽然受业务量的影响,但不存在严格的比例关系。

混合成本通常可以分为半变动成本、半固定成本和延伸变动成本三类。

半变动成本

此类成本的特征是通常有一个初始量,这部分不随业务量的变动而变动,类似于固定成本;在初始量部分以上,则随业务量的变动而成正比例变动,又类似于变动成本。如企业的公用事业费、机器的维修保养费等均属于半变动成本。

[例 2-3]　企业每月电费支出的基数为 1 000 元,超基数费用为 0.2 元/千瓦,每生产一件产品需 5 千瓦的电。那么,当企业本月共生产 2 000 件产品时,其支付的电费总额为 3 000 元。如果以 y 代表企业支付的电费总额,a 代表每月电费初始量,b 代表单位产品所需电费,x 代表产品产量,则本例各数据之间的关系可以通过 $y = a + bx$ 这样一个数学模型来表示。若在坐标图中以本例来演示半变动成本的特征,则如图 2-5 所示。

半变动成本的存在较为普遍,具有一定的代表性。企业的总成本也可看作一项混合成本,总成本与半变动成本表现为一种相同的性态,也可以用 $y = a + bx$ 这样的数学模型来表示。

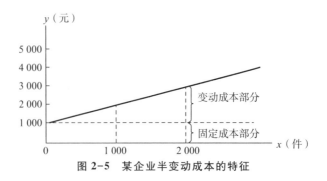

图 2-5 某企业半变动成本的特征

半固定成本

半固定成本又称阶梯式固定成本。此类成本的特征是在一定业务量范围内其发生额是固定不变的,类似于固定成本;但当业务量的上升超过这一范围时,其发生额会跃升到一个新的水平,然后在业务量上升的一定限度内,其发生额又保持不变,直到另一个新的跃升。

在每一个相关范围内,半固定成本均体现着固定成本性态。就某一特定企业而言,半固定成本与固定成本的差异表现在,固定成本的业务量相关范围直接取决于企业的经营能力,业务量相关范围较大,而半固定成本的业务量相关范围较小,固定成本的业务量相关范围可以分割为若干个半固定成本的业务量相关范围。半固定成本在这些相关范围内呈现阶梯式跃升,因而也被称作"阶梯式变动成本"。企业工资费用中化验员、运货员、质检员的工资,受开工班次影响的设备动力费,按订单进行批量生产并按开机次数计算的联动设备的折旧费等,均属于半固定成本。

[例 2-4] 某企业的产品生产下线之后,需经专门的质检员检查方能入成品库。每个质检员最多检验 500 件产品,产量每增加 500 件就必须增加一名质检员。那么,该企业质检员的工资成本就属于半固定成本,随着产品产量的增加,该成本呈现阶梯式跃升。假设质检员的工资标准为 2 000 元,则质检员的工资支出如图 2-6 所示。

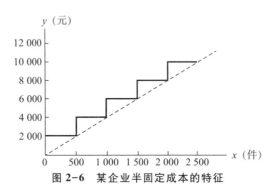

图 2-6 某企业半固定成本的特征

与半变动成本不同的是,半固定成本用数学模型来表示较为困难。当产量的变动范围较小时,半固定成本可以被视为固定成本,可以用 $y = a$ 这样的数学模型来表示,而且这一数学模型还适用于任何一个以 500 为差数、以 500 的倍数为界端的区域范围。当产量的变动范围较大时,半固定成本应被视为变动成本,因为此种情况下能保证质检员工资成本固定不变的相关产量范围只占整个产量可变范围的很小部分。此时,我们需要用平均的方式将半固定成本描述为一种近似的变动成本性态,即图 2-6 中虚线所示的"成本的线性近似数"。其数学模型与变动成本总额的数学模型一样,即 $y = bx$,其变动率在例 2-4 中为 4 元。

延伸变动成本

延伸变动成本,顾名思义就是指随着业务量的"延伸",原本固定不变的成本成为变动成本。此类成本的特征是在业务量的一定范围内固定不变,超过这一范围则随业务量成正比例变动。当企业实行计时工资制时,其支付给职工的正常工作时间内的工资总额是固定不变的;但当职工的工作时间超过了正常水平,企业就需按规定支付加班工资,且加班工资的多少与加班时间的长短存在某种比例关系。

[例 2-5] 某企业职工正常工作时间为 3 000 小时,正常工资总额为 30 000 元(即小时工资率为 10 元),职工加班时按规定需支付双薪。该企业工资总额的成本性态如图 2-7 所示。

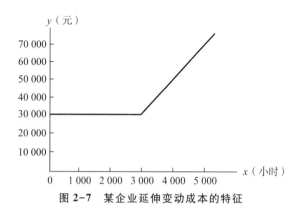

图 2-7 某企业延伸变动成本的特征

成本按性态分类是管理会计这一学科的重要贡献之一。成本性态分析为管理会计中各种分析方法的实际应用奠定了基础;在企业经营管理中具有十分重要的意义,并且为本—量—利之间相互依存关系的分析提供了方便;是正确制定经营决策的基础,也是正确评价各部门工作业绩的基础。

3. 成本的其他分类

(1) 成本按可控性分类。成本按可控性可分为可控成本与不可控成本两类。从某一责任中心来看,凡成本的发生属于这个责任中心范围内,能被这个责任中心控制,该成本就是这个责任中心的可控成本。反之,成本的发生不属于这个责任中心范围内,不能被这个责任中心控制,该成本就是这个责任中心的不可控成本。

(2) 成本按核算目标分类。成本按核算目标不同可分为业务成本、责任成本和质量成本三类。业务成本是为生产加工或完成一定业务量而发生的全部成本。责任成本是以责任中心为对象归集的生产和经营管理的耗费。质量成本是企业为保持或提高产品质量所支出的一切费用,以及因产品质量未达到一定水平所产生的一切损失。

(3) 成本按可盘性分类。成本按可盘性可分为产品成本和期间成本。产品成本是指同产品的生产有直接联系的成本,如直接材料、直接人工和变动制造费用。期间成本是一种与企业生产经营活动持续期的长短成正比例关系的成本,其效益会随着时间的推移而消失,故不能结转至下期。

2.1.2 混合成本的分解

对各项成本进行性态分析是采用变动成本法的前提条件。但是,固定成本与变动成本是经济生活中成本性态的两种极端类型,多数成本是以混合成本的形式存在的,需要将其进一步分解为固定成本和变动成本两部分。如果我们可以对费用支出逐笔、逐次地进行分析、分解,那么结果无疑是最为准确的,但这种分解工作的成本是相当大的。在实践中,人们往往在一类成本中选择具有代表性的成本项目进行性态分析,并以此为基础推断该类成本的性态。这样,只要分类合理、选样得当,就可以以一个较低的分解成本获得一个相对较为准确的结果。

混合成本的分解方法很多,通常有历史成本法、账户分析法和工程分析法。

1. 历史成本法

历史成本法是根据以往一段时间内所表现出来的成本与业务量之间的依存关系来描述成本的性态,采用适当的数学方法对其进行数据处理,并以此来确定决策所需要的未来成本数据。历史成本法的基本原理是在生产条件较为稳定的条件下,历史数据可以比较准确地表达成本与业务量之间的依存关系,而且只要生产流程和工艺不变,还可以比较准确地预计未来成本将随业务量的变化而发生怎样的变化。

历史成本法通常又分为高低点法、散布图法和回归直线法三种。

高低点法

混合成本既然混合了固定成本与变动成本,那么在一定的相关范围内,总可以用 $y = a + bx$ 这样的数学模型来描述它。这也是高低点法的基本原理。

高低点法是以某一期间内最高业务量与最低业务量的混合成本的差数,除以最高业务量与最低业务量的差数,先计算出单位变动成本,然后再代入总成本公式,根据高低点的数据,分解出混合成本中的固定成本。

高低点法分解混合成本的运算过程如下:

设高点的成本性态为:

$$y_1 = a + bx_1 \tag{2-1}$$

低点的成本性态为:

$$y_2 = a + bx_2 \tag{2-2}$$

则有:

$$y_1 - y_2 = b(x_1 - x_2)$$

总成本的差量是业务量的差量与单位变动成本的乘积,则有:

$$b = (y_1 - y_2)/(x_1 - x_2) \tag{2-3}$$

将 b 值代入式(2-1)则有:

$$a = y_1 - bx_1$$

或者:

$$a = y_2 - bx_2$$

[例 2-6] 某企业去年 12 个月的产量和电费支出的有关数据如表 2-3 所示。去年

产量最高在 12 月份,为 1 200 件,相应电费为 2 900 元;产量最低在 2 月份,为 600 件,相应电费为 1 700 元。运算过程如下:

$b = (2\,900 - 1\,700)/(1\,200 - 600) = 2(元/件)$

$a = 2\,900 - 2 \times 1\,200 = 500(元)$

以上计算表明,该企业电费这一项混合成本属于固定成本的为 500 元,单位变动成本为 2 元,用数学模型来描述这项混合成本即为 $y = 500 + 2x$。

表 2-3　某企业产量与电费支出数据

月份	产量(件)	电费(元)
1	800	2 000
2	600	1 700
3	900	2 250
4	1 000	2 550
5	800	2 150
6	1 100	2 750
7	1 000	2 460
8	1 000	2 520
9	900	2 320
10	700	1 950
11	1 100	2 650
12	1 200	2 900

高低点法分解混合成本简便易行,但应注意以下几个问题:

第一,高点和低点的业务量为该项混合成本相关范围的两个极点,超出这个范围则不一定适用所得出的数学模型。

第二,高低点法是以高点和低点的数据来描述成本性态的,其结果会带有一定的偶然性,这种偶然性会对未来成本的预计产生影响。

第三,当高点或低点的业务量不止一个(即有多个期间的业务量相同且同属高点或低点)而成本又相异时,只需按高低点法的原理,高点取成本大者,低点取成本小者。

散布图法

散布图法又称目测法,其基本原理与高低点法相同,也认为混合成本的性态可以被近似地描述为 $y = a + bx$,只不过 a 和 b 是在坐标图上得到的。散布图法的基本做法就是在坐标图中,以横轴代表业务量(x),以纵轴代表混合成本(y),将收集到的用于分析的历史数据,即各种业务量水平下的混合成本在坐标图上逐一标明,然后通过目测,画出一条反映成本变动平均趋势的直线。这条直线与纵轴的交点就是固定成本,斜率则是单位变动成本。

仍以例 2-6 的有关数据为依据,现采用散布图法对该企业的电费进行分解。

第一步,在平面直角坐标系中标出电费成本的散布点。以横轴代表产量,以纵轴代表电费成本,标出该企业 12 个月不同产量下的电费成本点。

第二步,通过目测,在平面直角坐标系中画出一条能反映电费成本平均变动趋势的直线。这样,电费这项混合成本的性态就可以通过坐标图的方式来表达,如图 2-8 所示。

第三步,确定所画直线与纵轴的交点即固定成本 a,为 600 元。

第四步,计算所画直线的斜率即单位变动成本。根据所画直线,选择相关范围内任一产量,即可得出相应的电费成本,反之亦然。若选产量为 800 件,则电费成本按坐标图查得为 2 180 元,则单位变动成本为:

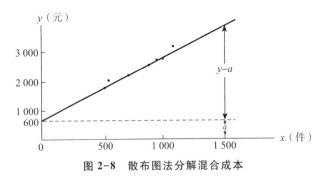

图 2-8 散布图法分解混合成本

$$b = (y - a)/x = (2\,180 - 600)/800 = 1.975(元/件)$$

因此,这项混合成本就是 $y = 600 + 1.975x$。

散布图法与高低点法的原理相同,但两者仍存在几点差别:

第一,高低点法先有 b 值而后有 a 值,散布图法则正好相反。

第二,散布图法通过目测来决定直线,得到的结果因人而异,不免带有一定程度的主观臆断性,但由于该法考虑了所提供的全部历史资料,比较形象直观、易于理解,因而较之高低点法相对准确。

回归直线法

回归直线法是根据过去若干期全部业务量与成本的历史资料,应用最小平方法原理,借以推算混合成本中的固定成本和单位变动成本的方法。

从散布图法分解混合成本中我们可以看到,由于是目测,因此可画出任意多条不同的直线,但无法确定哪一条最合理。而回归直线法就是要找到这条最合理的直线,即一条与全部观测值的误差平方和最小的直线,这条直线在数学中被称为回归直线,这一直线的方程被称为回归方程,故这种分解混合成本的方法被称为回归直线法,又称最小平方法。

回归直线法的模型如下:

$$y^* = a + bx$$

为了简便,我们将推导过程省略,直接给出回归直线方程 $y^* = a + bx$ 中 a 与 b 的计算公式:

$$b = \frac{n\sum x_i y_i - \sum x_i \sum y_i}{n\sum x_i^2 - (\sum x_i)^2} \tag{2-4}$$

$$a = \frac{\sum x_i^2 \sum y_i - \sum x_i \sum x_i y_i}{n \sum x_i^2 - (\sum x_i)^2} \qquad (2-5)$$

用 (x_i, y_i) ($i = 1, 2, 3 \cdots, n$) 表示 n 组观测数据,即 n 个观测点。

[例 2-7] 按例 2-6 所给资料具体说明回归直线法如何对混合成本进行分解。企业产量与电费支出数据整理如表 2-4 所示。

表 2-4 某企业产量与电费支出数据

月份	产量(x)	电费(y)	xy	x^2
1	800	2 000	1 600 000	640 000
2	600	1 700	1 020 000	360 000
3	900	2 250	2 025 000	810 000
4	1 000	2 550	2 550 000	1 000 000
5	800	2 150	1 720 000	640 000
6	1 100	2 750	3 025 000	1 210 000
7	1 000	2 460	2 460 000	1 000 000
8	1 000	2 520	2 520 000	1 000 000
9	900	2 320	2 088 000	810 000
10	700	1 950	1 365 000	490 000
11	1 100	2 650	2 915 000	1 210 000
12	1 200	2 900	3 480 000	1 440 000
∑	11 100	28 200	26 768 000	10 610 000

将表 2-4 有关数值代入式(2-4):

b = (12 × 26 768 000 − 11 100 × 28 200)/(12 × 10 610 000 − 123 210 000)

= 1.99(元/件)

将表 2-4 有关数值代入式(2-5):

a = (10 610 000 × 28 200 − 11 100 × 26 768 000)/(12 × 10 610 000 − 11 100^2)

= 505.40(元)

当回归直线的 b 值确定后,也可以通过公式 $\sum y = na + b \sum x$ 得到 a 的值。

回归直线法的计算结果比前两种方法要相对准确,是一种比较好的混合成本分解方法,只是计算过程比较麻烦。以上三种方法,无论哪种方法都属于历史成本分析法,只适用于有历史成本数据的情况。

2. 账户分析法

账户分析法是根据某个期间成本费用账户内容,分析判断其与业务量的依存关系,从而确定其成本性态的一种成本分解方法。账户分析法是最传统的会计分析方法,这种方法不需要多少数据资料,而依赖于会计人员的专业判断。例如,"管理费用"账户内大部分项目发生额的大小,在正常产量范围内与产量变动没有明显关系,就可以将管理费用全部视为固定成本;"制造费用"账户内的车间管理部门办公费、按折旧年限计算的设备折旧费等虽与产量的关系较"管理费用"密切一些,但基本特征仍属"固定",所以也应被视为固定成本;而"制造费用"账户内的燃料动力费、维修费等,虽然不似直接材料费那样与产量成正比例变动关系,但其发生额的大小与产量变动的关系很明显,因而可将其视为变动成本。

[例2-8] 假设某企业某生产车间作为分析对象的某月份的成本数据如表2-5所示。

表2-5 某企业某生产车间某月份成本数据　　　　　　　　　　单位:元

账户	总成本
生产成本——材料	240 000
——工资	30 000
制造费用——燃料动力费	12 000
——修理费	4 000
——工资	8 000
——折旧费	20 000
——办公费	6 000
合计	320 000

如果该车间只生产单一产品,那么当月发生的320 000元费用将全部构成该产品的成本。如果生产非单一产品,那么我们假定上述属共同费用性质的数据是在已经进行合理分配的基础上得到的。有关成本的分解过程如表2-6所示。

表2-6 某企业某生产车间某月份成本分解过程　　　　　　　　单位:元

账户	总成本	固定成本	变动成本
生产成本——材料	240 000		240 000
——工资	30 000		30 000
制造费用——燃料动力费	12 000		12 000
——修理费	4 000		4 000
——工资	8 000		8 000
——折旧费	20 000	20 000	
——办公费	6 000	6 000	
合计	320 000	26 000	294 000

直接材料和直接人工通常为变动成本;燃料动力费、修理费、间接人工费与产量有明显的变动关系,也确定为变动成本;折旧费和办公费与产量没有明显的变动关系,确定为固定成本。上述分解是在一定的假设条件下进行的,如假设生产工人的工资实行计件工

资制,那么直接人工是变动成本;假设生产设备的折旧额不是按加工量或加工时间计算的,那么折旧费属于固定成本。

根据表 2-6,该车间的总成本被分解为固定成本和变动成本两部分,其中：
$$a = 26\ 000（元）$$

若该车间当月产量为 1 000 件,那么：
$$b = 294\ 000/1\ 000 = 294（元）$$

以数学模型来描述该车间的总成本,即
$$y = 26\ 000 + 294x$$

账户分析法计算简便,它能清楚地反映出固定成本和变动成本包含的费用项目,便于比较分析,所以它的使用价值较高。但由于其分析结果的可靠性在很大程度上取决于有关分析人员的判断能力,因而不同的分析人员利用相同的资料会产生不同的结果,所以账户分析法具有一定的片面性和局限性。

就账户分析法的对象而言,这一方法通常用于特定期间总成本的分解,而且对成本性态的确认通常也只限于成本性态相对而言比较典型的成本项目,而对于成本性态不那么典型的成本项目,则应该选择其他成本分解方法。

3. 工程分析法

工程分析法又称技术测定法,是由工程技术人员通过某种技术方法测定正常生产流程中材料、人工、费用等各种物质消耗与业务量之间的规律性的联系,运用工业工程的研究方法来研究影响各有关成本项目数额的每个因素,在此基础上直接估算出固定成本和单位变动成本的一种成本分解方法。

工程分析法分解成本的基本步骤是：①确定研究的成本项目；②对导致成本形成的生产过程进行观察和分析；③确定生产过程的最佳操作方法；④以最佳操作方法为标准方法,测定标准方法下成本项目的每一构成内容,并按成本性态分别确定为固定成本和变动成本。

[例 2-9] 某粉末冶金车间对精密金属零件采取一次模压成型、电磁炉烧结的方式加工。如果我们以电费为成本研究对象,则经观察可知,电费成本开支与电磁炉的预热和烧结两个过程的操作有关。按照最佳的操作方法,电磁炉从开始预热到可烧结的温度需耗电 1 500 千瓦时,烧结每千克零件需耗电 500 千瓦时。每一工作日加工一班,每班电磁炉预热一次,全月共 22 个工作日。电费价格为 0.7 元/千瓦时。

设每月电费总成本为 y,每月固定电费成本为 a,单位电费成本为 b,x 为烧结零件重量,则有：
$$a = 22 \times 1\ 500 \times 0.7 = 23\ 100（元）$$
$$b = 500 \times 0.7 = 350（元）$$

该车间电费总成本分解的数学模型即为：
$$y = 23\ 100 + 350x$$

工程分析法适用于任何可以从客观立场上进行观察、分析和测定的投入产出过程,如对直接材料、直接人工等制造成本的测定,也可以用于仓储、运输等非制造成本的测定。

与历史成本法和账户分析法相比,工程分析法的优点是十分突出的:

首先,历史成本法和账户分析法都只适用于有历史成本数据可供分析的情况,而工程分析法是一种独立的分析方法,即使在缺乏历史成本数据的情况下也可以采用。同时,当需要对历史成本分析的结论进行验证时,工程分析法也是最有效的方法。

其次,采用历史成本法或账户分析法时,我们必须排除那些发生在所分析期间的无效或不正常的支出,否则将直接影响估计结果的准确性。工程分析法由于是从投入与产出的关系入手,通过观察和分析,直接测定在一定的生产流程、工艺水平和管理水平条件下应该达到的各种消耗标准,也就是一种较为理想的投入与产出关系,这种关系是企业的各种经济资源利用最优化的结果,因此不仅那些明显无效或不正常的支出会被排除,直观上介于正常支出中那些带有隐蔽性的无效或非正常的部分也很自然地被排除了。

最后,企业在制定标准成本和编制预算时,采用工程分析法较之其他方法更具有客观性、科学性和先进性。

当然,工程分析法的分析成本较高,因为对投入产出过程进行观察、分析和测定,往往需要耗费较多的人力、物力和财力。而且,对于那些不能直接将其归属于特定投入产出过程的成本,或者属于不能单独进行观察的联合过程中的成本,如各种间接成本,就不能使用工程分析法了。

从混合成本分解的各种方法中我们不难看出,成本分解的过程实际上就是一个对成本性态进行研究的过程,而不仅仅是一个计算过程。就成本分解的各种方法而言,应该说短长互见。我们应该根据不同的分解对象,选择适当的分解方法,分解结果出来后,还应当尽可能地采用其他方法进行印证,以期获得比较准确的成本性态数据。

2.2 边际分析法

2.2.1 边际分析法的含义及其内容

边际分析法(Marginal Analysis)是管理会计的基本分析方法。边际就是边缘、额外、附加的意思。边际值就是自变量变化一个单位时,引起因变量变化的值。所谓边际分析法,就是利用边际值作为决策依据的一种方法。在边际分析法中最重要的三个概念是边际收入、边际成本和边际利润。

边际收入(MR)是指当增加一个单位产品的生产与销售时,总收入(TR)增加的量。用公式可表示为:

$$MR = \frac{\Delta TR}{\Delta Q} \qquad (2-6)$$

边际成本(MC)是指当增加一个单位产品的生产与销售时,总成本(TC)增加的量。用公式可表示为:

$$MC = \frac{\Delta TC}{\Delta Q} \qquad (2-7)$$

边际利润($M\pi$)是指当增加一个单位产品的生产与销售时,总利润($T\pi$)增加的量。

用公式可表示为:

$$M\pi = \frac{\Delta T\pi}{\Delta Q} \qquad (2-8)$$

由于 $T\pi = TR - TC$,所以:

$$M\pi = MR - MC \qquad (2-9)$$

2.2.2 边际分析法的应用

边际分析法是确定有关产品最佳产销规模、进行产品生产和定价决策,以及产品结构分析的重要方法,是高等数学中微积分在会计中的应用。下面我们将重点讨论边际分析法在管理决策中应用的基本思路。

1. 无约束条件下最优投入量的确定

所谓无约束条件,是指在进行管理决策时,假设生产技术等其他条件固定不变,只考虑一种决策变量的投入且其数量不受限制,这种决策变量可以是产量或某种生产要素数量,如劳动力、资金等。例如,为了使利润最多,应生产多少产品。在这种情况下,最优化的规则是:边际值为零时,可以使管理决策的目标实现最优。

(1)边际成本。总成本 $TC(Q)$ 的导数 $TC'(Q)$ 称为边际成本,指在产量为 Q 个单位的基础上再生产一个单位产品时总成本的增加值。就成本而言,如果产量的增加带来的是正边际成本,就不应继续增产,而应减产;如果是负边际成本,就应继续增产;当边际成本等于零时,总成本达到最低,与其对应的产量为最优投入量。

[**例 2-10**] 设某企业的总成本函数为 $TC(Q) = \frac{1}{2}Q^2 + 24Q + 8500$。求:①边际成本函数;②当产量为 50 时的边际成本。

解:

① 边际成本函数为:

$$TC'(Q) = Q + 24$$

② 当 $Q = 50$ 时,$TC'(50) = 50 + 24 = 74$,即生产 50 个单位产品时的边际成本为 74。

(2)边际收益。总收益 $TR(Q)$ 的导数 $TR'(Q)$ 称为边际收益,指在产量为 Q 个单位的基础上再销售一个单位产品时总收益的增加值。就收入而言,如果边际收入是正值,就应继续增产;如果边际收入是负值,就应减产;当边际收入等于零时,总收入最多,与其对应的产量为最优投入量。

[**例 2-11**] 设某产品的价格与销量的关系为 $p = 10 - \frac{Q}{5}$,求销量为 20 时的边际收益。

解:

边际收益函数为:

$$TR'(Q) = 10 - \frac{2}{5}Q$$

当 $Q = 20$ 时,$TR'(20) = 10 - \frac{2}{5} \times 20 = 2$,即销量为 20 时的边际收益为 2。

(3) 边际利润。总利润 $T\pi(Q)$ 的导数 $T\pi'(Q)$ 称为边际利润,指在产量为 Q 个单位的基础上再生产一个单位产品时总利润的增加值。边际收入与边际成本的差额为边际利润。当边际收入大于边际成本,即边际利润为正数时,企业的盈利总额将随产销量的增加而增加;当边际收入小于边际成本,即边际利润为负数时,企业的盈利总额将随产销量的增加而减少,甚至发生亏损;只有当边际收入等于边际成本,即边际利润为零时,企业的盈利总额达到最大值。

[例2-12] 东方公司生产的甲产品单位售价为80元。经预测,该项产品的总成本函数为:

$$TC(x) = 10\ 000 + 2x + 0.001x^2$$

其中,x 表示产量。为了使利润达到最大,求公司应安排生产多少件甲产品。

解:

根据最大化利润原则,当边际收入等于边际成本时,公司能获得的利润最大。故利润最大时的产量就是能使产品的边际收入等于边际成本的产量。

根据题意,甲产品的总收入函数为:

$$TR(x) = 80x$$

总成本函数为:

$$TC(x) = 10\ 000 + 2x + 0.001x^2$$

所以,甲产品的边际收入为:

$$TR'(x) = 80$$

边际成本为:

$$TC'(x) = 2 + 0.002x$$

令

$$TR'(x) = TC'(x)$$

即

$$80 = 2 + 0.002x$$

所以:

$$x = 39\ 000(件)$$

因此,该公司为获得最大利润,应生产39 000件甲产品。

2. 有约束条件下最优分配方案的确定

所谓有约束条件,是指在进行管理决策时,某种被分配的资源量是有限的、既定的。如一定量的某种资源,在不同的用途之间如何分配,才能使利润最大;一定量的生产任务怎样在不同的下属单位中分配,才能使总成本最低;等等。在这类情况下,最优化的规则是:当各种使用方向上每增加一单位被分配资源所带来的边际效益都相等时,被分配资源的总效益最大;当各种使用方向上每增加一单位被分配资源所引起的边际成本都相等时,被分配资源能使总成本最低。

[例2-13] 东方公司下属两家分厂 A 和 B 生产相同的产品,但因技术条件不同,其生产成本也不相同。它们在各种产量下的预计总成本和边际成本数据如表2-7、表2-8所示。

表 2-7 分厂 A 数据

产量 (千件)	总成本 (百万元)	边际成本 (百万元)
1	2	2
2	6	4
3	12	6
4	20	8
5	30	10

表 2-8 分厂 B 数据

产量 (千件)	总成本 (百万元)	边际成本 (百万元)
1	1	1
2	3	2
3	6	3
4	10	4
5	15	5

现假定公司生产任务共有 6 000 件,问应如何在这两家分厂中分配才能使公司总成本最低。

解:

任务分配应按边际成本的大小顺序来进行。

第 1 个千件应分配给 B,因为此时 B 的边际成本最低,只有 100 万元。第 2、3 个千件应分配给 A 和 B,因为此时 A 和 B 的边际成本为次低,均为 200 万元。第 4 个千件应分配给 B,因为此时 B 的边际成本为 300 万元。第 5、6 个千件应分配给 A 和 B,此时 A 和 B 的边际成本均为 400 万元。所以总任务 6 000 件应分配给 A 2 000 件,B 4 000 件。此时两者的边际成本相等,均为 400 万元。这时总成本最小,为 1 600 万元。

2.3 成本—效益分析法

2.3.1 成本—效益分析法的含义

成本—效益分析法也称费用效果分析法,起源于第二次世界大战后的美国。从 20 世纪 60 年代开始,这种方法被广泛应用于各工业部门。为了实现某种经济上或军事上的目的,可供选择的经济技术方案很多,这些方案在实现目的的效果和消耗的费用上各不相同。通过成本—效益分析可以对比这些方案的预期实施效果,从而采用费用最低的方案。成本—效益分析法是利用运筹学、程序设计、经济分析以及有关设备系统设计与使用等知识的综合方法。

在经营决策中,成本—效益分析法适应不同的情况形成若干独特的"成本"概念(如差别成本、边际成本、机会成本、沉没成本等)和相应的计量方法,以此为基础,对各种可供选择方案的"净效益"进行对比分析,以判别各有关方案的经济性,其中净效益等于总效益与总成本之差。成本—效益分析法是企业用来进行短期经营决策分析评价的基本方法。

2.3.2 成本—效益分析法的应用

在具体应用时,在只有一个备选方案的情况下,决策者在决定做与不做时,主要看这个方案的"净效益"是否大于 0,若"净效益"大于 0 则选择此方案,若小于 0 则放弃。在有多个备选方案时,应选择"净效益"最大的方案。

[例 2-14] 某企业花 100 000 元购买了一批钢材,这批钢材可以有两个用途:第一个

用途是作为原材料投入生产,由此可以创造的收入是 110 000 元;第二个用途是转手出卖,收入是 120 000 元。

分析:

从表面上看,这两个用途都是有收益的。但是基于管理会计独特的成本概念,运用成本—效益分析法,从机会成本来考虑,第一个用途比第二个用途多亏损 10 000 元,而第二个用途比第一个用途多盈利 10 000 元。

[例 2-15] 某企业在正常生产能力范围内,产品单位成本包括:直接材料 8 元,直接人工 10 元,变动费用 6 元,固定费用 8 元,合计 32 元。根据目前的生产情况,该企业还有 200 件的剩余生产能力。现有一客户拟按 30 元的单价订购该产品 200 件。该企业应否接受订货?

分析:

从表面上看,接受订货会使企业损失 400 元,但是基于管理会计独特的成本概念,运用成本—效益分析法,从差别成本来考虑,不应该把已归属于原有产品的固定成本计入差别成本之内。

$$差别收入 = 30 \times 200 = 6\ 000(元)$$
$$差别成本 = 24 \times 200 = 4\ 800(元)$$

可见,接受这一订货可以给企业带来净效益 1 200 元,企业应接受这批订货。

2.4 本—量—利分析法

2.4.1 本—量—利分析的含义

本—量—利分析是对成本、业务量、利润之间的相互关系进行分析的一种简称,也称 CVP 分析(Cost-Volume-Profit Analysis)。具体来讲,本—量—利分析法就是通过对成本、业务量和利润三者关系的分析,找出三者之间联系的规律,从而便于有效地制定经营决策和进行目标控制的方法。这一分析方法是在人们认识到成本应该按性态进行划分的基础上发展起来的,主要是研究销量、价格、成本和利润之间的相互关系。本—量—利分析的基本原理和分析方法在企业的预测、决策、计划和控制等诸多方面具有广泛的用途,也是管理会计的一项基本内容。

2.4.2 本—量—利分析的基本假设

任何分析理论与方法只有建立在一定的假设前提下才能成立,其内容也才能严谨和完善。那么,本—量—利分析的基本假设是什么呢?

1. 相关范围假设

本—量—利分析是建立在成本按性态进行划分基础上的一种分析方法,在分析一项成本究竟是"变动"的还是"固定"的时,均限定在一定的"相关范围"内,这个相关范围就是成本按性态进行划分的基本假设,同时,它也构成了本—量—利分析的基本假设之一。相关范围假设包含了期间假设和业务量假设两层意思。

(1) 期间假设。无论是固定成本还是变动成本,其固定性与变动性均体现在特定的期间内,其金额大小也是在特定的期间内加以计量而得到的。随着时间的推移,固定成本总额及其内容也会发生变化,即使通过分析又计算出了固定成本总额和单位变动成本的大小,那也是彼期间而非此期间的结果了。

(2)业务量假设。同样,对成本按性态进行划分而得到的固定成本和变动成本,是在一定业务量范围内分析和计量的结果,业务量发生变化特别是变化较大时,即使成本的性态不发生变化,也需要重新加以计量。当然这就构成新的业务量假设了。

2. 模型线性假设

企业的总成本按性态可以或者可以近似地描述为 $y = a + bx$ 这样一种线性模型。站在本—量—利分析的立场上,由于利润只是收入与支出之间的一个差量,所以本假设只涉及成本与业务量两个方面,而且业务量在此专指销量。模型线性假设具体包括以下几方面:

(1)固定成本不变假设。本—量—利分析中的模型线性假设首先是固定成本不变这一假设,在企业经营能力一定的范围(相关范围)内,固定成本是固定不变的,表示在直角坐标系中就是一条与横轴平行的直线。

(2)变动成本与业务量成完全线性关系假设。与前一假设一样,本假设也是在一定的相关范围内才能成立。超出这一相关范围,变动成本与业务量之间的关系就需要另外描述了。变动成本与业务量之间的完全线性关系表示在直角坐标系中就是一条过原点的直线,该直线的斜率就是单位变动成本。

(3)销售收入与销量成完全线性关系假设。本假设等于假设销售价格不变。在本—量—利分析中,通常假设销售价格是一个常数,这样销售收入与销量之间就成完全线性关系,表示在直角坐标系中也是一条通过原点的直线,其斜率就是销售单价。

3. 产销平衡假设

本—量—利分析中的"量"指的是销量而非产量,在销售价格不变的条件下,这个量也就是指销售收入。换句话说,本—量—利分析的核心是分析收入与成本之间的对比关系。但是,产量这一业务量的变动无论是对固定成本还是对变动成本都可能产生影响,这种影响当然也会影响到收入与成本的对比关系。所以,当站在销量的角度进行本—量—利分析时,就必须假设产销平衡。

4. 品种结构不变假设

本假设是指在一个多品种生产和销售的企业里,各种产品的销售收入在总收入中所占的比重不会发生变化。由于多品种条件下,各种产品的获利能力不尽相同,如企业产销品种结构发生较大的变动,势必导致预计利润与实际利润之间出现较大的差异,因此在本—量—利分析中我们假设分析期间内企业的产销品种结构不发生较大的变动。

2.4.3 本—量—利分析的内容

1. 盈亏临界点分析

(1)贡献毛益。产品销售收入扣减变动成本后的余额称为贡献毛益(Contribution Margin)。贡献毛益首先用来补偿固定成本,补偿后若有余额,则为企业最终利润,否则企业将发生亏损。贡献毛益有两种表现形式,用绝对数来表示为贡献毛益额,用相对数来表示为贡献毛益率。

贡献毛益额的计算公式如下:

$$单位贡献毛益 = 销售单价 - 单位变动成本$$

$$贡献毛益总额 = 销售收入总额 - 变动成本总额$$

贡献毛益率的计算公式如下:

$$贡献毛益率 = \frac{贡献毛益总额}{销售收入总额} \times 100\%$$

或

$$贡献毛益率 = \frac{单位贡献毛益}{销售单价} \times 100\%$$

[例2-16] 某企业销售甲产品400件,单价150元,单位变动成本50元,固定成本总额35 000元,则:

单位贡献毛益 = 150 - 50 = 100(元)

贡献毛益总额 = 400 × 100 = 40 000(元)

或 贡献毛益总额 = 150 × 400 - 50 × 400 = 40 000(元)

贡献毛益率 = 40 000/(150 × 400) × 100% = 66.7%

或 贡献毛益率 = 100/150 × 100% = 66.7%

净利润 = 贡献毛益总额 - 固定成本 = 40 000 - 35 000 = 5 000(元)

(2)盈亏临界点的确定。盈亏临界点也称损益两平点或保本点,指销售收入等于销售成本情况下的销售量或销售额。

单一产品盈亏临界点的确定

单一产品盈亏临界点销售量和销售额计算公式如下:

$$盈亏临界点销售量 = \frac{固定成本总额}{产品销售单价 - 单位变动成本}$$

$$盈亏临界点销售额 = \frac{固定成本总额}{贡献毛益率}$$

[例2-17] 某企业生产并销售甲产品,单价20元,单位变动成本13.60元,固定成本总额6 400元,则:

盈亏临界点销售量 = 6 400/(20 - 13.60) = 1 000(件)

盈亏临界点销售额 = 6 400/[1 - (13.60/20)] = 20 000(元)

多品种盈亏临界点的确定

上述盈亏临界点的销售量和销售额的确定是针对一种产品而言的,企业在生产经营中很少只生产一种产品,在这种情况下盈亏临界点只能以销售额来表示,通常采用加权平均贡献毛益率法。加权平均贡献毛益率法就是对各种产品的贡献毛益率以各种产品的销售额比重为权数进行加权,计算综合的加权平均贡献毛益率。具体步骤如下:

第一步,计算各种产品销售额占全部产品销售总额的比重;

第二步,以各种产品的销售额比重为权数进行加权平均,计算综合的加权平均贡献毛益率,即

$$加权平均贡献毛益率 = \sum(各种产品贡献毛益率 \times 各种产品销售额占全部产品销售总额的比重)$$

第三步,计算企业综合的盈亏临界点销售额,即

$$综合盈亏临界点销售额 = \frac{固定成本总额}{加权平均贡献毛益率}$$

第四步,计算各种产品的盈亏临界点销售额,即

$$某种产品盈亏临界点销售额 = 综合盈亏临界点销售额 \times 该种产品销售额占全部产品销售总额的比重$$

[例 2-18] 某企业生产甲、乙、丙三种产品,固定成本总额为 108 000 元,各自的销量、售价等资料如表 2-9 所示。

表 2-9 某企业三种产品的资料

项目	甲产品	乙产品	丙产品
预计销量(件)	10 000	20 000	25 000
销售单价(元)	50	15	8
单位变动成本(元)	40	9	6

试确定各种产品的盈亏临界点销售额和销售量。

解:

第一步,计算加权平均贡献毛益率,如表 2-10 所示。

表 2-10 某企业三种产品的加权平均贡献毛益率

项目	甲产品	乙产品	丙产品	合计
预计销量(件)	10 000	20 000	25 000	
销售单价(元)	50	15	8	
单位变动成本(元)	40	9	6	
单位贡献毛益(元)	10	6	2	
贡献毛益率(%)	20	40	25	
销售收入总额(元)	500 000	300 000	200 000	1 000 000
比重(%)	50	30	20	100
加权平均贡献毛益率(%)	10	12	5	27

第二步,计算综合盈亏临界点销售额:

综合盈亏临界点销售额 = 固定成本总额 / 加权平均贡献毛益率
= 108 000/27%
= 400 000(元)

第三步,计算各种产品的盈亏临界点销售额和销售量:

甲产品：盈亏临界点销售额 = 400 000×50% = 200 000(元)

　　　　盈亏临界点销售量 = 200 000/50 = 4 000(件)

乙产品：盈亏临界点销售额 = 400 000×30% = 120 000(元)

　　　　盈亏临界点销售量 = 120 000/15 = 8 000(件)

丙产品：盈亏临界点销售额 = 400 000×20% = 80 000(元)

　　　　盈亏临界点销售量 = 80 000/8 = 10 000(件)

（3）同盈亏临界点有关的指标，具体包括盈亏临界点作业率和安全边际。

盈亏临界点作业率

盈亏临界点作业率是指盈亏临界点销售量(或销售额)除以企业正常开工完成的销售量(或销售额)，反映企业达到保本状态时生产能力的利用程度。用公式可表示为：

$$盈亏临界点作业率 = \frac{盈亏临界点销售量(或销售额)}{正常开工销售量(或销售额)}$$

[例2-19]　假定某产品盈亏临界点销售量为1 000件，企业正常开工完成的销售量为1 250件，产品的单价为20元，则：

盈亏临界点作业率 = 1 000/1 250 = 80%

或　盈亏临界点作业率 = 20 000/(1 250 × 20) = 80%

一般情况下，该指标越低越好。因为企业的生产能力无非用于两个方面，一是保本，二是盈利。盈亏临界点作业率越低，说明用来获利的那部分生产能力越高。

安全边际

安全边际是指盈亏临界点以上的销售量(额)，即现有销售量(额)与盈亏临界点销售量(额)的差额。该指标用来反映企业经营的安全程度，是本—量—利分析的一个重要内容。安全边际可以用绝对数来表示，即安全边际；也可以用相对数来表示，即安全边际率。用公式可表示为：

$$安全边际 = 现有销售量(额) - 盈亏临界点销售量(额)$$

$$安全边际率 = \frac{安全边际}{现有销售量(额)}$$

[例2-20]　承上例，则有：

安全边际 = 1 250 − 1 000 = 250(件)

或　安全边际 = 25 000 − 20 000 = 5 000(元)

安全边际率 = 250/1 250 = 20%

或　安全边际率 = 5 000/25 000 = 20%

（4）盈亏临界图。盈亏临界图是围绕盈亏临界点，将影响利润的各有关因素及其相互关系，在一张图上具体、形象地表现出来。根据盈亏临界图表现的内容不同，可将其分为保本图、贡献毛益图和利量图等形式。

保本图

保本图又称基本盈亏临界图，集中反映总销售收入与总成本及其相互关系，如图2-9所示。

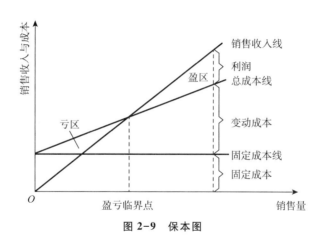

图 2-9 保本图

利用保本图,可以得出以下结论:

盈亏临界点不变,销售量越大,能够实现的利润越多,亏损越少;销售量越小,能够实现的利润越少,亏损越多。

销售量不变,盈亏临界点越低,能够实现的利润越多,亏损越少;盈亏临界点越高,能够实现的利润越少,亏损越多。

在销售收入既定的条件下,盈亏临界点的高低取决于固定成本和单位变动成本的大小。固定成本、单位变动成本越大,盈亏临界点越高,反之越低。

贡献毛益图

贡献毛益图实际上是保本图的一种变形。由于它们所使用的数据是相同的,所以两者得出的结论一致,如图 2-10 所示。

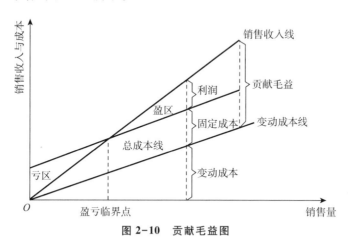

图 2-10 贡献毛益图

利量图

利量图反映利润与销售量(额)之间的依存关系。它是在保本图和贡献毛益图的基础上,将销售收入与成本相抵减,直接以利润的形式在图上反映,如图 2-11 所示。

利用利量图,可以得出以下结论:

当销售量为零时,企业的亏损额等于固定成本。

在产品销售价格及成本水平不变的条件下,销售量越大,能够实现的利润越多,亏损

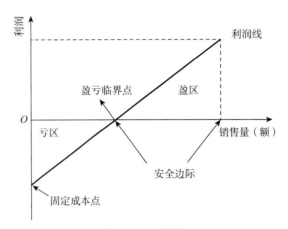

图 2-11 利量图

越少;销售量越小,能够实现的利润越少,亏损越多。

2. 目标利润下销售量和销售额的确定

在存在目标利润的情况下,可以根据"利润=单价×销售量-单位变动成本×销售量-固定成本"的公式来确定实现该目标利润的销售量和销售额,那么:

$$目标销售量 = \frac{目标利润 + 固定成本}{单位贡献毛益}$$

$$= \frac{目标利润 + 固定成本}{单价 - 单位变动成本}$$

$$目标销售额 = \frac{目标利润 + 固定成本}{贡献毛益率}$$

$$= \frac{目标利润 + 固定成本}{1 - \dfrac{单位变动成本}{单价}}$$

[例 2-21] 某企业计划年度销售甲产品 40 000 件,单价 60 元,单位变动成本 40 元,固定成本总额 500 000 元。若企业目标利润为 600 000 元,则:

目标销售量 = (600 000 + 500 000)/(60 - 40) = 55 000(件)

目标销售额 = (600 000 + 500 000)/[1 - (40/60)] = 3 300 000(元)

3. 有关因素变动对盈亏临界点的影响分析

(1) 销售价格变动对盈亏临界点的影响。在其他因素不变、销售价格提高的情况下,企业的单位边际贡献(率)将会提高,保本点会相应降低,反之会升高。

[例 2-22] 某企业生产产品 20 000 件,单价 20 元,单位变动成本 12 元,固定成本总额 20 000 元。现单价提高 10%,求其对盈亏临界点的影响。

解:

销售价格变化前的盈亏临界点为:

销售量 = 20 000/(20 - 12) = 2 500(件)

销售额 = 2 500 × 20 = 50 000(元)

销售价格变化后的盈亏临界点为：

销售量 = 20 000/[20 × (1 + 10%) − 12] = 2 000(件)

销售额 = 2 000 × 20 × (1 + 10%) = 44 000(元)

销售价格变化对盈亏临界点的影响如图 2-12 所示。

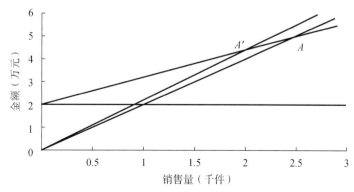

图 2-12　销售价格变化对盈亏临界点的影响

（2）单位变动成本变动对盈亏临界点的影响。在其他因素不变、单位变动成本下降的情况下，企业的单位边际贡献（率）将会提高，保本点会相应降低，反之会升高。

[例 2-23]　在例 2-22 中，其他条件不变，现单位变动成本由 12 元下降到 8 元，求其对盈亏临界点的影响。

解：

单位变动成本变化前的盈亏临界点为：

销售量 = 20 000/(20 − 12) = 2 500(件)

销售额 = 2 500 × 20 = 50 000(元)

单位变动成本变化后的盈亏临界点为：

销售量 = 20 000/(20 − 8) = 1 667(件)

销售额 = 1 667 × 20 = 33 340(元)

单位变动成本变化对盈亏临界点的影响如图 2-13 所示。

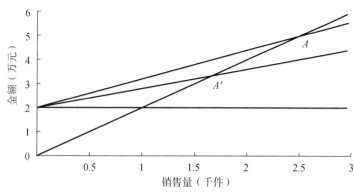

图 2-13　单位变动成本变化对盈亏临界点的影响

（3）固定成本总额变动对盈亏临界点的影响。在其他因素不变、固定成本总额下降的情况下，保本点会相应降低，反之会升高。

[**例 2-24**] 在例 2-22 中,其他条件不变,现固定成本总额下降 25%,求其对盈亏临界点的影响。

解:

固定成本总额变化前的盈亏临界点为:

销售量 = 20 000/(20 - 12) = 2 500(件)

销售额 = 2 500 × 20 = 50 000(元)

固定成本总额变化后的盈亏临界点为:

销售量 = 20 000 × (1 - 25%)/(20 - 12) = 1 875(件)

销售额 = 1 875 × 20 = 37 500(元)

固定成本总额变化对盈亏临界点的影响如图 2-14 所示。

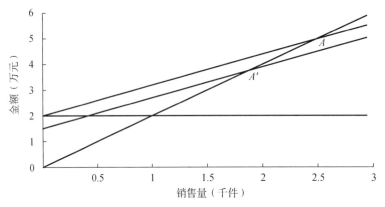

图 2-14 固定成本总额变化对盈亏临界点的影响

(4) 销售量变动对盈亏临界点的影响。在其他因素不变的情况下,从盈亏临界点的计算公式:

$$盈亏临界点销售量 = \frac{固定成本总额}{产品销售单价 - 单位变动成本}$$

$$盈亏临界点销售额 = \frac{固定成本总额}{贡献毛益率}$$

可以看出,销售量变化对盈亏临界点没有任何影响。

(5) 产品品种结构变动对盈亏临界点的影响。企业在生产多种产品时,由于产品的边际贡献不同,必须采用加权平均贡献毛益率来计算整个企业的盈亏临界点,因此当所生产的产品品种结构发生变动时,企业的盈亏临界点也会发生变化。

[**例 2-25**] 某企业生产甲、乙、丙三种产品,固定成本 200 000 元。有关资料如表 2-11 所示。

表 2-11 甲、乙、丙产品资料

项目	甲产品	乙产品	丙产品
贡献毛益率(%)	20	30	40
产量比重(%)	50	40	10

为了提高企业盈利,现将甲产品的产量比重降低到 10%,丙产品的产量比重提高到 50%,求其对盈亏临界点的影响。

解:

产品品种结构变化前的盈亏临界点为:

加权平均贡献毛益率 = 20% × 50% + 30% × 40% + 40% × 10% = 26%

盈亏临界点销售额 = 200 000/26% = 769 231(元)

产品品种结构变化后的盈亏临界点为:

加权平均贡献毛益率 = 20% × 10% + 30% × 40% + 40% × 50% = 34%

盈亏临界点销售额 = 200 000/34% = 588 235(元)

从上述计算中可以看出,盈亏临界点销售额下降了 180 996 元(769 231 − 588 235),这是边际贡献大的丙产品产量比重增大而边际贡献小的甲产品产量比重减小导致的。

2.5 线性规划法

2.5.1 线性规划法的含义

线性规划是一种解决在线性约束条件下追求最大或最小的线性目标函数的方法。线性规划是运筹学的一个十分重要的分支,自 1949 年乔治·伯纳德·丹齐格(George Bernard Dantzig)提出求解线性规划问题的单纯形法后,线性规划的应用日趋增多。线性规划所解决的问题主要分为两类:一类是在资源(人力、物力、财力等)一定的情况下,如何利用这些有限的资源来完成最多的任务;另一类是在任务确定的情况下,如何利用最少的资源来完成这个确定的任务。线性规划是现代科学管理的重要手段之一,是帮助管理者做出决策的重要工具。一些典型的线性规划法在管理上有如下几个方面的应用:①合理利用线材问题;②配料问题;③投资问题;④产品生产计划;⑤劳动力安排;⑥运输问题。

当然线性规划在管理上的应用远不止这些。我们可以总结一下线性规划问题的一些共性特征。首先,线性规划问题都要求达到某些数量上的最大化或最小化目标。其次,所有线性规划问题都是在一定的约束条件下来追求其目标的。

要用线性规划解决一个实际问题,一般来说,首先需要根据待解决的问题,建立线性规划的数学模型,然后对已得模型利用计算机求解,得出最优解,再施于实践。故此,我们首先考虑线性规划的数学模型。

建模是解决线性规划问题极为重要的一个环节,一个正确数学模型的建立,要求建模者熟悉问题的生产情况和管理内容,明确目标要求和错综复杂的已知与未知条件,以及两者的相互关系,而一些已知数据还要通过大量的调查和统计资料获取可靠的原始数据加以证实。对初学者来说,要求从问题的内容出发,分析和认识问题,善于从数学的角度有条理地表述出来,掌握建模分析问题的步骤及方法。

一般来说,一个待建模的线性规划问题需满足以下条件方可入手:

(1) 所求问题的目标一定能表示为最大化或最小化问题。例如,求最小成本的人力投资、材料储备的最大利用、企业的最大利润等问题。

(2) 问题一定要具备达到目标的不同方法,即必须有选择的可能性。
(3) 要达到的目标是有限制条件的。
(4) 问题的目标和约束都能表示为线性式。

2.5.2 线性规划法的应用

下面介绍一般线性规划问题的建模过程。

(1) 融会贯通地理解要解决的问题,弄清在什么条件下追求什么目标。

(2) 定义决策变量,每一个问题都用一组决策变量($x_1, x_2 \cdots, x_n$)表示某一方案。这组决策变量的值就代表一个具体方案,一般这些变量取值是非负的。

(3) 用决策变量的线性函数形式写出所要追求的目标,即目标函数,按问题的不同,要求目标函数实现最大化或最小化。

(4) 用一组决策变量的等式或不等式表示在解决问题过程中所必须遵循的约束条件。

满足以上后三个条件的数学模型被称为线性规划的数学模型,满足约束条件的一般形式为:

$$a_{11}x_1 a_{12}x_2 + \cdots + a_{1n}x_n \leqslant (\geqslant) b_1$$
$$a_{22}x_1 a_{22}x_2 + \cdots + a_{2n}x_n \leqslant (\geqslant) b_2$$
$$a_{m1}x_1 a_{m2}x_2 + \cdots + a_{mn}x_n \leqslant (\geqslant) b_m$$
$$x_1, x_2 \cdots, x_n \geqslant 0$$

目标函数形式为:

$$\max(\min) z = c_1x_1 + c_2x_2 + \cdots + c_nx_n$$

求解线性规划问题的具体方法很多,主要包括逐次测算法、图解法和单纯形法。

[**例 2-26**] 某建筑公司的预制场利用沙、石、灰三种原料 A1、A2、A3 来生产两种产品 B1 和 B2,已知该预制场各种原料的现有数量,每单位产品对各种原料的消耗量及所获利润如表 2-12 所示。求在这些现有资源条件下,如何分配产品 B1、B2 的生产才能使公司利润最大。

表 2-12 B1 和 B2 单位产品的原料消耗及所获利润

原料	单位产品消耗		原料现有数
	B1	B2	
A1	1	3	90
A2	2	1	80
A3	1	1	45
单位利润(百元)	5	4	

分析:

(1) 确定未知变量,设 x_1 为产品 B1 的生产数量,x_2 为产品 B2 的生产数量。

(2) 因为所求问题的目标是公司利润最大,所以设利润函数为 $f(x)$,则 $f(x) = 5x_1 + 4x_2$。

(3) 问题的约束条件限制为各种原料的现有数,所以有关系式:

$$\begin{cases} x_1 + 3x_2 \leqslant 90 \\ 2x_1 + x_2 \leqslant 80 \\ x_1 + x_2 \leqslant 45 \\ x_1, x_2 \geqslant 0 \end{cases}$$

归纳(1)、(2)、(3),得出该问题为求满足:

$$\begin{cases} x_1 + 3x_2 \leqslant 90 \\ 2x_1 + x_2 \leqslant 80 \\ x_1 + x_2 \leqslant 45 \\ x_1, x_2 \geqslant 0 \end{cases}$$

并使 $f(x) = 5x_1 + 4x_2$ 最大的一组数 (x_1, x_2)。

在多种产品的生产过程中,各种产品的生产都离不开一些必要的条件或因素,如机器设备、人工、原材料等,其中有些因素可用于不同产品的生产,如果各种产品共用一种或几种因素,而这些因素又是有限的,就应使各种产品的生产组合达到最优化的结构,以便有效、合理地使用这些限制因素。对于这类产品最优组合的决策分析,一般可借助线性规划法来进行。关于线性规划法的具体运用,我们将在产品组合优化决策部分做具体介绍。

▶ 本章小结

1. 管理会计的基本方法主要有成本性态分析法、边际分析法、成本—效益分析法、本—量—利分析法和线性规划法等。

2. 在实际工作中,为了适应经营管理上的不同需要,成本可以从不同的角度按照不同的标准进行分类。成本可按经济职能、性态及其他标准进行分类。

对成本按性态进行分类是管理会计这一学科的基石之一。成本性态是指成本总额对业务总量的依存关系,也称成本习性。成本总额与业务总量的依存关系是客观存在的,而且是有规律的。管理会计的许多决策方法特别是短期决策方法都必须借助成本性态这一概念。

3. 边际分析法是管理会计的基本分析方法。所谓边际分析法,就是利用边际值作为决策依据的一种方法。边际分析法是确定有关产品最佳产销规模、进行产品生产和定价决策,以及产品结构分析的重要方法,是高等数学中微积分在会计中的应用。

4. 成本—效益分析法起源于美国。为了实现某种经济上或军事上的目的,可供选择的经济技术方案很多,这些方案在实现目的的效果和消耗的费用上各不相同。通过成本—效益分析可以对比这些方案的预期实施效果,从而采用费用最低的方案。

在经营决策中,成本—效益分析法对各种可供选择方案的"净效益"进行对比分析,以判别各有关方案的经济性。成本—效益分析法是企业用来进行短期经营决策分析评价的基本方法。

5. 本—量—利分析是对成本、业务量、利润之间的相互关系进行分析的一种方法。具体来讲,就是通过对成本、业务量和利润三者关系的分析,找出三者之间联系的规律,从而便于有效地制定经营决策和进行目标控制。这一分析方法是在人们认识到成本应该按性态进行划分的基础上发展起来的。本—量—利分析的基本原理和分析方法在企业的预测、决策、计划和控制等诸多方面具有广泛的用途,也是管理会计的一项基本内容。

6. 线性规划是一种解决在线性约束条件下追求最大或最小的线性目标函数的方法。线性规划是运筹学的一个重要分支。线性规划所解决的问题主要分为两类:一类是在资源(人力、物力、财力等)一定的情况下,如何利用这些有限的资源来完成最多的任务;另一类是在任务确定的情况下,如何利用最少的资源来完成这个确定的任务。线性规划是现代管理科学的重要手段之一,是帮助管理者做出决策的重要工具。

▶ 复习思考题

1. 什么是成本性态分析?成本按性态可分为哪几类?
2. 解释边际分析法的基本含义。
3. 本—量—利分析有哪些基本假设?
4. 试述销售价格变动、单位变动成本变动、固定成本总额变动、销售量变动和产品品种结构变动对盈亏临界点的影响。
5. 试解释盈亏临界点作业率、安全边际的含义。
6. 试说明线性规划法的基本含义及用途。

▶ 作业练习

1. 星星材料公司是成立不久的一家生产装饰材料的公司,主要从事两种产品 B1、B2 在当地的生产和销售。当地的两家竞争厂家也生产 B1,而因为 B2 属于新开发的产品,所以尚无竞争对手。尽管这两种产品的直接成本大不相同,但每件产品所花费的机时是一样的。

公司的执行董事在制定产品价格时,是按照在生产成本的基础上加成25%来计算的,具体如表2-13所示。

表2-13 星星材料公司生产情况

项目	B1	B2
预算产量(件)	700	1 400
成本和价格(元)		
直接成本	80.00	9.00
间接成本(8个机时)	152.40	152.40
生产成本	232.40	161.40
加成金额(元)	58.10	40.35
销售价格(元)	290.50	201.75

由于 B1 的其他生产厂家仍按从前的价格即每件 380 元来出售其产品,所以公司可以毫不费力地维持其年 700 件 B1 的销售量;B2 的销售情况也不错,年销售 1 400 件的目标已经达到。公司的间接成本已经全部回收。

公司的执行董事刚刚听说两家竞争厂家都已经宣布要停止 B1 的生产。然而,他还听说它们当中的一家同时宣布要开始生产 B2,并按每件 160 元的价格出售其产品以打破先行价格。

该执行董事要听听你的建议。经过调查,你找到如下信息:

生产过程包括两个不同的成本中心 C1 和 C2,生产每件产品的机时如表 2-14 所示。

表 2-14 生产 B1 和 B2 的机时数

项目	B1	B2
C1 的机时数	6	2
C2 的机时数	2	6
累计	8	8

第一年预算和花费的累计间接成本为 32 万元,具体如表 2-15 所示。

表 2-15 C1 和 C2 的累计间接成本　　　　　　　　　　　　　　单位:万元

成本中心	累计间接成本
C1	24
C2	8
合计	32

要求:

(1) 运用恰当的计算,解释执行董事如何得出每件 B1 产品的间接成本是 152.40 元,并对该计算方法和其对商业决策的潜在影响进行评论。

(2) 运用其他间接成本分配方法计算产品 B1 和 B2 的生产成本,并用合理的论证来支持你的例子。提出你对竞争厂家行为的解释并就此向执行董事提出建议。

2. A 公司是一家小型工程公司,其下属的一个部门专门替另一家企业生产一种特别的零部件。此零部件现时的需求量为 10 000 件/年,每件售价 72 元。零部件的年度预算成本如表 2-16 所示。

表 2-16 零部件的年度预算成本资料　　　　　　　　　　　　　　单位:元

项目	金额
原材料	240 000
人工工资	120 000
机器租赁费用	100 000
其他固定成本	180 000
成本总额	640 000

人工工资为雇用两名机器操作员的固定总成本。不论零部件的产量是多少,此两名工人的工资仍按月固定支付。最近,A 公司正在考虑租用另一台机器的可能性,如果租用新的机器,则可使用较便宜的原材料,每件成本仅为 12 元。新机器每年的租赁费用为 220 000 元。此外,不论使用现在的机器还是建议的新机器,在上述产品需求量范围内,人工成本维持不变。

要求：

（1）假设A公司使用现有机器按照现时的需求量生产，计算其保本点和安全边际。请以生产件数作答。

（2）试评论租赁新机器的建议，并以数据来支持你的论点。

（3）A公司获悉在短期内该零部件的需求量可能增加至14 000件/年。如果产量超过12 000件，则公司需要再雇用一名固定员工，其每年的成本为60 000元。试评述如果使用下列机器来生产14 000件零部件的财务结果：①现有机器；②建议的新机器。

3. 绿野公司经营一个度假村。该度假村包括客房部、一个商务中心、一个餐厅和一个健身房。该度假村编制了一份详细的营业旺季的预算。营业旺季历时20周，其中高峰期为8周。客房部拥有80个单人房和40个双人房，双人房的费用为单人房费用的1.5倍。

有关预测资料如下：

（1）客房部。单人房每日变动成本为26元，双人房每日变动成本为35元；客房部的固定成本为713 000元。

（2）健身房。住客每人每天收费4元，散客每人每天收费10元；健身设施的固定成本为54 000元。

（3）餐厅。平均每位客人每天给餐厅带来3元的边际贡献；餐厅的固定成本为25 000元。

（4）商务中心。出租商务中心可增加边际贡献总额40 000元；商务客人的估计数已包括在其他方面的预测中。

（5）预定情况。营业高峰期客房部所有房间均被预订；在其余12周，双人房入住率为60%，单人房入住率为70%；散客每天为50人。

假定所有的住客和散客都使用健身设施并在餐厅用餐，双人房每次均同时住两个人。

要求：

（1）如果客房部确定的目标利润为300 000元，那么每间单人房和双人房的收费各应为多少？

（2）客房部达到保本点时，单人房和双人房的最低收费各应为多少？

（3）如果客房部利润为300 000元，那么度假村总利润可达到多少？

▶ 延伸阅读与写作

在2015年3月5日召开的十二届全国人大三次会议上，李克强总理在政府工作报告中首次提出"互联网+"行动计划。这一计划的目的在于利用信息通信技术让互联网与传统行业深度融合，创造新的发展生态。"互联网+"时代的到来，为管理会计的实施提供了更好的工具，推动管理会计进一步发展与完善；同时，管理会计体系的建设，也能够更好地为"互联网+"的实现提供引领和支撑。

在"互联网+"的带动下，管理会计能够更好地实现财务与业务的深度融合。同时，管理会计的管理理念和方法也可以规范互联网时代企业的发展，带动企业转型升级，并带动互联网理念进一步更新。因此，研究在互联网时代如何对企业管理会计的方法进行创新，以及管理会计的方法应该在哪些方面进行创新具有重要意义。

围绕以上主题,查找资料,归纳总结,撰写一篇关于"在互联网时代企业管理会计的方法应该在那些方面进行创新"的小论文。

参考文献

[1] 敖小波,李晓慧,赵雅娜.管理会计工具的创新与整合研究:基于新兴际华集团的案例[J].经济管理,2017,39(10):142-155.

[2] 冯巧根.管理会计工具的创新:"十字型"决策法的应用[J].会计研究,2020(3):110-127.

[3] 黄贤环,吴秋生.阿米巴模式下的管理会计理念、方法与创新[J].云南财经大学学报,2018,34(8):104-112.

[4] 张宏亮,李光辉.工序单价的运用与成本管理创新:以际华3502为例[J].财务与会计,2016(13):21-23.

第二篇

预测与决策

第 3 章　经营预测

第 4 章　经营决策

第 5 章　资本预算决策

第3章 经营预测

【学习目标】
1. 掌握预测的基本程序和方法。
2. 能够运用所学程序和方法解决一些案例。

【导入指引】

预测分析无论是定性的还是定量的,都是对某种情况不明的事件做出描述,而其中多数情形是对某种事件的未来状况做出预言。目前,经济发达国家广泛采用科学的预测技术来探索有关重大问题的未来发展趋势,并根据预测的发展趋势做出决策。在我国许多企业的发展战略和产品开发的决策过程中,也成功地运用了各种预测技术及模型。预测分析对经营活动中的数量关系进行计算、比较和分析,使错综复杂的经济现象以简明、精确的数学模型表达出来,从而揭示有关现象之间的内在联系和最优数据关系,消除在管理与决策上的某些直觉性和随意性,使现代管理建立在对客观对象进行科学分析和精确计算的基础之上,有效地发挥现代管理方法在管理现代经济中的作用,达到提高经济效益的目的。

3.1 经营预测的基本程序和方法

3.1.1 经营预测的基本程序

经营预测一般可以分为以下几个步骤:

1. 确定预测对象

在企业的生产经营过程中,管理者为了进行正确的决策,需要掌握本企业销售市场甚至竞争对手的一些基本情况。以工业企业为例,这些情况包括产品的销售量、销售价格、生产成本、存货量以及利润、资金需求量等数据,企业需要针对不同的数据做各种各样的预测。因此,在预测开始时,确定预测对象是首要任务。

2. 收集资料

我们在利用任何科学方法进行经营预测前,都必须尽可能多地把预测对象有关的资料收集起来。这些资料包含两类:一类是企业内部的资料,如产品的品种、价格、功能、存货量以及以往的会计资料等;另一类是企业外部的资料,如社会经济的发展趋势和以往的统计报告以及当前的市场状况等。在这些资料中,有些是现成的资料,比较容易取得,而有些需要花费较长的时间和较大的财力,经过大量的调查后才能取得,企业应挑选最需要的进行收集。

3. 精选资料

这一步骤的工作就是从上一步骤中所得到的可能很庞大的数据中提取有关的信息,使之减少到最少的数量。在这一步骤中,主要是根据一定的标准,对所收集的资料进行整理、加工、归纳和简化。这些标准主要包括:①相关性,即确定所得资料中最直接有关的信息;②可靠性,即分析所得资料的取得途径并判断其正确程度;③最近性,即确定所得资料是否为最新的资料,以及能否获取更新的资料予以取代,若能获得,则必须选用最新的资料。

4. 选择适当的预测方法

预测的进行需要运用一定的预测方法,而预测方法的选用是否得当将直接影响预测结果。同样的预测对象运用不同的预测方法,其结果可能会大相径庭。预测方法的选择不仅要考虑预测对象的特点,还要考虑预测方法本身的特点。事实上,没有一种预测方法是十全十美的,也并非预测方法越复杂越好。只要被选择的预测方法能够最大限度地与预测对象相匹配,就是最适当的方法。所以,在某些情况下,最简单的预测方法反而往往是最有效的。

5. 分析预测误差

由于客观事物复杂多变,存在许多不确定性因素,因此在运用一定的预测方法得出预测结果后,还要对各种不确定性因素进行分析,说明预测结果的可能变化幅度和预测误差,使决策者在使用预测信息时能心中有数,留有余地。

6. 评价预测效果

预测做出以后,随着时间的推移,应将实际情况与预测结果及时地进行比较,分析其可能产生的差异并找出原因,以便及时地修订预测数据和预测方法,提高预测的准确性和可靠性。

3.1.2 经营预测的基本方法

按照预测对象的不同,经营预测方法可以分为销售预测方法、成本预测方法、利润预测方法和资金需要量预测方法四大类,我们将在接下来的章节中分别予以介绍。

3.2 销售预测方法

销售预测在企业内部的生产经营管理中是一个十分重要的环节。企业经营目标的实现和利润的获得在很大程度上都取决于本企业的产品在市场上的销售情况,企业生产的产品只有在市场上销售出去,管理和生产的努力才能转化为现实的成果。因此,销售预测对于企业而言具有非常重大的意义。销售预测的基本方法分为定性方法和定量方法两大类,具体如图3-1所示。

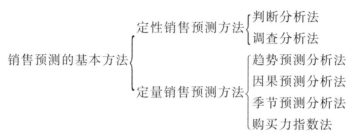

图 3-1 销售预测的基本方法

3.2.1 定性销售预测方法

定性销售预测方法又称非数量分析法,它主要依靠管理人员丰富的实践经验和知识以及主观的分析判断能力,在考虑政治形势、经济形势、市场前景、宏观环境、消费倾向等对经营影响的前提下,对事物的性质和发展趋势进行预测与推测。由于经济生活的复杂性,并非所有的影响因素都可以进行定量分析,某些因素(如政治形势、经济形势的变动,市场前景、宏观环境、消费倾向的变化等)只有定性的特征。此外,定量分析也存在局限性,任何数学方法都不能概括所有的复杂经济变化情况,如果不结合预测期的政治、经济、市场及政策方面的变化情况,则必然会导致预测结果脱离客观实际。所以,我们应根据具体情况,把定量分析和定性分析方法结合起来,只有这样才能取得良好的效果。

定性销售预测方法又分为判断分析法和调查分析法两大类。

1. 判断分析法

判断分析法主要是由熟悉市场未来变化的专家根据其丰富的实践经验和判断能力,在对预测期的销售情况进行综合分析后做出产品销售趋势判断。参与判断预测的专家既可以是企业内部的人员,如销售部门经理和销售人员,也可以是企业外部的人员,如有关经销商和经济分析专家等。

判断分析法的具体方式一般可以分为以下三种:

(1)意见汇集法。意见汇集法又称主观判断法,它是由本企业熟悉销售业务、对市场未来变化趋势比较敏感的领导人、主管人员和业务人员根据其多年的实践经验集思广益,在分析各种不同意见并对之进行综合分析研究后进行判断预测。这一方法的产生依据是,企业内部的各有关人员由于工作岗位和业务范围及分工有所不同,尽管他们对各自的业务都比较熟悉,对市场情况及企业在竞争中的地位也比较清楚,但其对问题理解的广度和深度往往受到一定的限制,在这种情况下,就需要各有关人员既能对总的社会经济发展趋势和企业的发展战略有充分的认识,又能全面地了解企业当前的销售情况,进行信息交流和互补,在此基础上,经过意见汇集和分析,做出比较全面、客观的判断。采用这一方法费时不长,耗费较小,运用灵活,并能根据销售市场的变化及时地对预测数进行修正,是一种较实用的方法;缺点是判断较随意,准确性差,误差比较大。

(2)德尔菲法。德尔菲法又称专家调查法,它是一种客观判断法,由美国兰德公司在20世纪40年代首先倡导使用。它主要是采用通信的方法,通过向见识广、学有专长的各有关专家发出预测问题调查表的方式来收集和征询有关专家的意见,并经过多次反复,综合、整理、归纳各专家的意见后,做出预测判断。在采用这一方法征询意见时,各专家应尽量互不通气,根据自己的经验观点和方法进行预测,避免相互干扰。同时,在每次征询意见时,应注意不能忽略少数人的不同意见,以使各专家在重复预测时做出较全面的分析和判断。

(3) 专家小组法。专家小组法也是一种客观判断法,它是由企业组织各有关方面的专家组成预测小组,通过召开各种形式座谈会的方式,进行充分、广泛的调查研究和讨论,然后运用专家小组的集体科研成果做出最后的预测判断。与德尔菲法各专家"背靠背"预测形式相反,这一方法是由专家组成小组面对面地进行集体讨论和研究,因此可以相互启发和补充,对预测问题的分析、研究更为全面和深入,避免各专家因信息资料不共享而使预测带有片面性。

2. 调查分析法

调查分析法是指通过对具有代表性的顾客的消费倾向的调查,了解市场需求的变化趋势,进行销售预测的一种方法。企业的销售取决于顾客的购买,顾客的消费倾向是销售预测中最有价值的信息。例如通过调查,可以了解到顾客明年的购买量,顾客的财务状况和经营成果,顾客的爱好、习惯和购买力的变化,顾客购买本公司的产品占其总需求量的比重和选择供应商的标准,这些都有助于企业进行销售预测。在调查时应当注意的是:①选择的调查对象要具有普遍代表性,调查对象应能反映市场中不同阶层或行业的购买需求;②调查的方法必须简便易行,要使调查对象乐于接受;③对调查所取得的资料要进行科学的分析,舍弃其中不符合实际的部分,使所取得的资料更具有真实性和代表性。

凡顾客数量有限、调查费用不高、每位顾客消费倾向明确且不会轻易改变的,均可以采用调查分析法进行预测。

3.2.2 定量销售预测方法

定量销售预测方法又称数量分析法,它主要是运用数学方法,对与销售有关的各种信息进行科学的加工处理,同时建立相应的数学模型,以充分揭示各有关变量之间的规律性联系并做出相应的预测结论。

定量销售预测方法又分为趋势预测分析法、因果预测分析法、季节预测分析法、购买力指数法四类。

1. 趋势预测分析法

趋势预测分析法是指根据企业历史的、按发生时间的先后顺序排列的一系列销售数据,应用一定的数学方法进行加工处理,按时间序列找出销售随时间而发展变化的趋势,由此推断其未来发展变化趋势的分析方法。这种方法是假设事物的发展将遵循"延续性原则",事物的发展是可以预测的。常用的趋势预测分析法有算术平均法、加权平均法、指数平滑法等。

(1) 算术平均法。采用算术平均法进行销售预测,就是将若干历史时期的销售量或销售额作为观察值,求出其简单平均数,并将平均数作为下期销售的预测值。如果产品的销售额或销售量在选定的历史时期中呈现某种上升或下降的趋势,就不能简单地采用这种方法。这种方法的假设前提是过去怎样将来也会怎样发展,即将来的发展是过去的延续。

(2)加权平均法。采用加权平均法进行销售预测,同样是将若干历史时期的销售量或销售额作为观察值,将各个观察值与各自的权数相乘之积加总,然后除以权数之和求出其加权平均数,并将加权平均数作为销售的预测值。按照各个观察值与预测值不同的相关程度分别规定适当的权数,是运用加权平均法进行销售预测的关键。其计算公式为:

$$Y = \sum_{i=1}^{n} W_i X_i$$

式中,Y 代表加权平均数,W_i 代表第 i 个观察值的权数,X_i 代表第 i 个观察值,n 代表观察值的个数。

W_i 应满足以下两个条件:① $\sum_{i=1}^{n} W_i = 1$,② $W_i < 1$。

[例3-1] 某公司1—8月电冰箱的销售量情况如表3-1所示。

表3-1 某公司1—8月电冰箱销售量

月份	1	2	3	4	5	6	7	8
销售量(台)	650	660	670	660	650	640	680	650

假设根据资料预测9月电冰箱销售量,并规定1—8月销售量所占权数分别为0.1、0.1、0.1、0.1、0.1、0.1、0.2、0.2,则9月电冰箱销售量的预测值为:

$$Y_9 = \sum_{i=1}^{8} W_i X_i$$
$$= 650 \times 0.1 + 660 \times 0.1 + 670 \times 0.1 + 660 \times 0.1 + 650 \times 0.1 + 640 \times 0.1 +$$
$$\quad 680 \times 0.2 + 650 \times 0.2$$
$$= 659(台)$$

(3)指数平滑法。指数平滑法是加权平均法的一种变化,要计算的是指数平滑平均数。其计算公式为:

$$S_t = aX_{t-1} + (1-a)S_{t-1}$$

式中,S_t 代表第 t 期的销售预测值,S_{t-1} 代表第 $t-1$ 期的销售预测值,X_{t-1} 代表第 $t-1$ 期的销售实际值,a 代表满足 $0 < a < 1$ 的常数,亦称指数平滑系数。

[例3-2] 某公司1—6月电视机的实际销售量如表3-2所示。设平滑系数为0.3,1月电视机销售量预测值为1 300台,则2—7月电视机销售量预测值如表3-3所示。

表3-2 1—6月电视机销售量情况　　　　　　　　　　　　　　　　单位:台

月份	实际销售量 X_t
1	1 200
2	1 000
3	1 300
4	1 200
5	1 100
6	1 300

表 3-3 2—7 月电视机销售量预测　　　　　　　　　　单位：台

月份	aX_{t-1} ①	$(1-a)S_{t-1}$ ②	S_t ③ = ① + ②
1			1 300
2	0.3×1 200	(1−0.3)×1 300	1 270
3	0.3×1 000	(1−0.3)×1 270	1 189
4	0.3×1 300	(1−0.3)×1 189	1 222
5	0.3×1 200	(1−0.3)×1 222	1 216
6	0.3×1 100	(1−0.3)×1 216	1 181
7	0.3×1 300	(1−0.3)×1 181	1 217

需要说明的是，指数平滑系数的取值越大，近期实际销售量对预测结果的影响就越大；相反，影响就越小。与加权平均法相比，指数平滑法具有以下优点：①指数平滑系数可以根据需要任意设定，比较灵活；②考虑了以往各期的实际值，因而更全面，更接近实际。

2. 因果预测分析法

因果预测分析法的理论基础是：假设某些因素与产品销售量之间存在某种函数关系，只要找出这些函数关系，就可以利用这些函数关系进行产品销售量的预测。

因果预测分析法最常用的方法是回归分析法，回归分析法又包括回归直线法、对数直线法和多元回归法。

（1）回归直线法，又称一元回归分析法，它是假定影响预测对象销售量的因素只有一个，且两者呈线性关系 $y = a + bx$，其中：

$$a = \frac{\sum y - b \sum x}{n}, \quad b = \frac{n \sum xy - \sum x \sum y}{n \sum x^2 - (\sum x)^2}$$

求出 a、b 的值后，将自变量 x 的值代入 $y = a + bx$，即可求出相应的预测销售量 y。

[例 3-3] 某公司专门生产电视机显像管，决定显像管销售量的主要因素是电视机的销售量。表 3-4 给出了 2016—2020 年全国电视机的实际销售量资料和本公司显像管的实际销售量资料。

表 3-4 2016—2020 年全国电视机实际销售量和本公司显像管实际销售量

项目	2016 年	2017 年	2018 年	2019 年	2020 年
电视机实际销售量（万台）	100	120	140	150	165
显像管实际销售量（万只）	20	25	30	36	40

假设预测期 2021 年全国电视机销售量为 180 万台，则 2021 年本公司显像管销售量预测如下：

设 y 为显像管销售量，x 为电视机销售量，a 为原来拥有的电视机对显像管的需求量，b 为每销售 1 万台电视机对显像管的需求量。

根据资料编制计算表如表 3-5 所示。

表 3-5　计算表

年度	电视机销售量（万台）x	显像管销售量（万只）y	xy	x^2
2016	100	20	2 000	10 000
2017	120	25	3 000	14 400
2018	140	30	4 200	19 600
2019	150	36	5 400	22 500
2020	165	40	6 600	27 225
$\sum$	675	151	21 200	93 725

将表 3-5 中的数据代入计算公式：

$$b = \frac{n\sum xy - \sum x \sum y}{n\sum x^2 - (\sum x)^2} = \frac{5 \times 21\,200 - 675 \times 151}{5 \times 93\,725 - (675)^2} = 0.313$$

$$a = \frac{\sum y - b\sum x}{n} = \frac{151 - 0.313 \times 675}{5} = -12.06$$

$$y = -12.06 + 0.313x$$

将 2021 年电视机预测销售量 180 万台代入式 $y = -12.06+0.313x$，得预测结果：

$$y = a + bx = -12.06 + 0.313 \times 180 = 44.28(万只)$$

（2）对数直线法，又称指数曲线法，它是在研究因变量 y 和自变量 x 方程 $y=ab^x$ 的指数函数时所采用的一种方法，这种方法适用于销售量大致按比率变动的情况。使用这种方法时，先将指数方程 $y_t = ab^{x_t}$ 通过两两同时取对数的方式转化为对数直线方程 $\log y_t = \log a + x_t \log b$，然后采用与回归直线相同的方法，求出常数 $\log a$ 和 $\log b$，从而确定对数直线方程，其中：

$$\log a = \frac{\sum \log y_t - \log b \sum x_t}{n}$$

$$\log b = \frac{n\sum x_t \log y_t - \sum x_t \sum \log y_t}{n\sum x_t^2 - (\sum x_t)^2}$$

（3）多元回归法。在实际经济活动中，影响销售的因素多种多样，这就需要企业在预测未来销售量时，必须考虑多个自变量，建立多元回归方程进行预测。多元回归方程的表达式为：

$$y = a + b_1x_1 + b_2x_2 + b_3x_3 + \cdots + b_nx_n$$

式中，y 代表销售量的预测值，x_i 代表各个自变量，b_i 代表每个 x_i 变动一个单位时 y 的变动值。

[例 3-4]　某公司生产电视机的显像管，而决定显像管销售量的主要因素是电视机的销售量以及广告费的支出情况。表 3-6 给出了 2016—2020 年全国电视机的实际销售量资料及本公司显像管的实际销售量和广告费支出资料。

表 3-6　2016—2020 年全国电视机实际销售量及本公司显像管实际销售量和广告费支出

项目	2016 年	2017 年	2018 年	2019 年	2020 年
电视机实际销售量（万台）	100	120	140	150	165
显像管实际销售量（万只）	20	25	30	36	40
广告费（万元）	1	1	2	2	3

假设预测期 2021 年全国电视机销售量为 180 万台，公司计划支付广告费 4 万元，采用多元回归法预测 2021 年显像管销售量如下：

建立多元回归模型：

$$y = a + b_1 x_1 + b_2 x_2$$

式中，y 代表公司显像管销售量预测值，x_1 代表公司广告费支出，x_2 代表全国电视机销售量。

通过下列三元一次方程组求 a、b_1、b_2 的值：

$$\begin{cases} \sum y_i = na + b_1 \sum x_{1i} + b_2 \sum x_{2i} \\ \sum x_{1i} y_i = a \sum x_{1i} + b_1 \sum x_{1i}^2 + b_2 \sum x_{1i} x_{2i} \\ \sum x_{2i} y_i = a \sum x_{2i} + b_1 \sum x_{1i} x_{2i} + b_2 \sum x_{2i}^2 \end{cases}$$

根据资料编制计算表如表 3-7 所示。

表 3-7　计算表

年度	y_i	x_{1i}	x_{2i}	x_{1i}^2	x_{2i}^2	$x_{1i} x_{2i}$	$x_{1i} y_i$	$x_{2i} y_i$
2016	20	1	100	1	10 000	100	20	2 000
2017	25	1	120	1	14 400	120	25	3 000
2018	30	2	140	4	19 600	280	60	4 200
2019	36	2	150	4	22 500	300	72	5 400
2020	40	3	165	9	27 225	495	120	6 600
∑	151	9	675	19	93 725	1 295	297	21 200

将表 3-7 中的数据代入方程组：

$$\begin{cases} 151 = 5a + 9b_1 + 675b_2 \\ 297 = 9a + 19b_1 + 1\ 295b_2 \\ 21\ 200 = 675a + 1\ 295b_1 + 93\ 725b_2 \end{cases}$$

解方程组得：

$$\begin{cases} a \approx -11.261 \\ b_1 \approx 0.364 \\ b_2 \approx 0.302 \end{cases}$$

建立销售预测模型：
$$y = -11.261 + 0.364x_1 + 0.302x_2$$
2021年显像管预测销售量为：
$$y = -11.261 + 0.364 \times 4 + 0.302 \times 180 = 44.555(万只)$$

3. 季节预测分析法

每年重复出现的周期性变动称为季节性变动。许多行业的产品销售有季节性变动的特点。一般来说，农产品的季节性变动甚于工业品，消费品甚于生产资料，非耐用品甚于耐用品。对销售带有季节性变动特点的产品进行销售预测时，应充分考虑季节性变动的影响。

季节性变动对产品销售量的影响方式可用以下两个基本公式表示：
$$Y_t = T_t + S_t$$
式中，Y_t 代表 t 期的销售量；T_t 代表 t 期的趋势值；S_t 代表 t 期受季节性变动影响所增加的量。T 与 S 在不同时期的取值是不同的。
$$Y_t = T_t S_t$$
式中，T 代表一种长期趋势，它是决定 Y 大小的基本成分；S 代表受季节性变动影响所增加的量。

这里所说的季节，可以是季度、月份、周、日等。S 以一定的周期循环取值。例如，如果 Y 代表某企业每个月某产品的销售量，则周期为12；如果代表每个季度的销售量，则周期为4。

在受季节性变动影响的情况下，季节增加量或季节指数须按一定的周期取值。一般来说，如果所取观察值的季节性变动与趋势值成比例关系，则应采用乘法模式 $Y_t = T_t S_t$；如果所取观察值的季节性变动与趋势值不成比例关系，则应采用加法模式 $Y_t = T_t + S_t$。从这两个基本公式可以看出：对受季节性变动影响的产品销售进行预测，其结果是在前面所讲的预测方法基础上，加上（或乘以）季节增加量（或季节指数）得出的。因而季节预测分析法是前面各种方法在考虑到季节性变动情况下的一种变化。

4. 购买力指数法

购买力指数是指各地区市场上某类商品的购买力占整个市场购买力的百分比。购买力指数法就是企业按照各地区购买力指数，将自己的销售量总额分配给各地区市场的一种方法。其预测模型如下：
$$B_i = a_i y_i + b_i r_i + c_i p_i$$
式中，B_i 代表 i 地区购买力占全国总购买力的百分比，y_i 代表 i 地区可支配的个人收入占全国的百分比，r_i 代表 i 地区零售额占全国零售额的百分比，p_i 代表 i 地区人口占全国人口的百分比，a_i、b_i、c_i 为上述三个因素相应的权数。

[例3-5] 某公司拟将电视机销售潜量 4 000 000 元分配给甲、乙、丙三个地区。假设 a_i、b_i、c_i 分别为0.5、0.3和0.2，利用 $B_i = a_i y_i + b_i r_i + c_i p_i$ 的预测模型，计算该公司在甲、乙、丙三个地区的购买力指数，并以此为依据，分配该公司在甲、乙、丙三个地区的销售潜量。其计算结果如表3-8所示。

表 3-8 计算结果

地区	y_i(%)	$0.5y_i$(%)	r_i(%)	$0.3r_i$(%)	p_i(%)	$0.2p_i$(%)	B_i(%)	公司电视机销售潜量（元）
甲	40	20	50	15	40	8	43	1 720 000
乙	30	15	20	6	35	7	28	1 120 000
丙	30	15	30	9	25	5	29	1 160 000
全国	100	50	100	30	100	20	100	4 000 000

应该指出,这种购买力指数不管是怎样计算出来的,都只能反映生产同类产品的所有公司的销售机会,而不是某一公司的销售机会。在运用购买力指数法时,应该将某些地区的指数根据具体情况加以调整。

3.3 成本预测方法

企业在进行成本预测时,应该在目标既定的前提下,利用相关的会计资料和其他资料,测定未来的成本水平及趋势,并且对目标的现实性进行测算,修正目标,使其与实际更趋向一致。

3.3.1 目标成本

目标成本是企业产品未来一段时间内应该达到的标准,该标准应具备先进性和合理性,目标成本的确定通常有两种途径：

（1）以企业预测期的目标利润为基础,参考国内外同行业有关资料,确定目标成本：

目标成本 = 产品售价 - 目标利润

（2）以先进的成本水平为基础,先进的成本水平可以是本企业历史上最好的成本水平,也可以是国内外同行业同类产品的先进成本水平,或者是以本企业上年的实际成本水平扣除成本降低额后的成本。

3.3.2 成本预测的方法

企业的目标成本确定之后,还需要运用多种方法进行成本预测,影响成本变动的原因很复杂,既要考虑历史资料的有用性,又要考虑预测模型自身的延续性。时间序列成本预测模型以时间为变量,依据一系列产品单位成本顺序变动的统计资料而建立。根据成本预测期的长短和成本变动规律,时间序列成本预测模型又分为移动平均成本预测和时间函数成本预测两类,具体如图 3-2 所示。

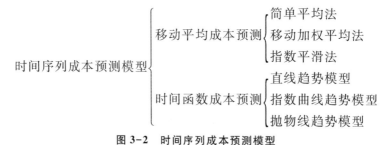

图 3-2 时间序列成本预测模型

1. 移动平均成本预测

移动平均是根据统计资料向后延伸的预测方法,按数据处理的方法不同,又分为简单平均法、移动加权平均法和指数平滑法三种。

(1) 简单平均法。简单平均法是将产品单位成本统计资料按时间顺序划分为若干数据点相等的组,计算各组数据的算术平均数,作为下一时期的预测值,设有一组单位成本时间序列为 $x_1, x_2, \cdots, x_i$,将其划分为 N 组,每组包含 n 个单位成本数据,该时间序列中 x_t 为 t 时刻的单位成本,M_t 为 t 时刻的简单平均数,$\bar{x}_{t+1}$ 为 $t+1$ 时刻的单位成本预测值。

$$M_t = \bar{x}_{t+1} = \frac{x_t + x_{t-1} + \cdots + x_{t-(n-1)}}{n}$$

(2) 移动加权平均法。为了使近期数据对预测结果产生较大的影响,尽可能地消除滞后偏差,可按离预测期从远到近的顺序,依次从小到大确定各数据的权数,再做移动平均,计算公式为:

$$M_t = \frac{nx_t + (n-1)x_{t-1} + \cdots + x_{t-(n-1)}}{n + (n-1) + \cdots + 1}$$

(3) 指数平滑法。指数平滑法解决了移动加权平均法对时间依赖过大的缺陷,由预测者选取某一指数作为权数,对单位成本时间序列做移动平均,计算公式为:

$$M_t = ax_t + a(1-a)x_{t-1} + \cdots + a(1-a)^{n-1}x_{t-(n-1)}$$
$$= a \sum_{i=1}^{n} (1-a)^{i-1} x_{t-(i-1)}$$

2. 时间函数成本预测

时间函数成本预测是基于对成本时间序列发展规律的分析,以时间为自变量,描述单位成本变化的总体趋势,并通过发展趋势推测下一时期成本的数学模型。

时间函数成本预测选择相适应的时间函数模型类型,使函数形式与成本时间序列的发展规律大体相符;估计函数模型中的参数并做出统计检验,运用函数模型预测下一时期的成本水平。

(1) 直线趋势模型。在单位成本时间序列中,通过分析和判断,如果在相等的时间段内,单位成本上升的数值大致相等,则可建立下述模型:

$$AC_t = K_0 + K_1 T$$

式中,T 为时间变量,K_0、K_1 为模型参数,AC 为产品单位成本,如果 $K_1 > 0$,则表示单位成本随时间而等值上升。直线趋势模型描述了在一段时间内,单位成本随时间而稳定上升的发展趋势。

(2) 指数曲线趋势模型。在单位成本时间序列中,通过分析和判断,如果在相等的时间段内,单位成本上升(或下降)的比率大致相等,则可建立下述模型:

$$AC_t = K_0 K_1^T$$

如果 $K_1 > 1$,则表示单位成本随时间以固定比率($K_1 - 1$)上升(或下降)。指数曲线趋势模型描述了在一段时间内,单位成本随时间而较为急剧地上升(或下降)的发展趋势。

(3) 抛物线趋势模型。在单位成本时间序列中,通过分析和判断,如果在相等的时间段内,单位成本上升(或下降)的数值大致呈抛物趋势发展,则可建立下述模型:

$$AC_t = K_0 + K_1 T + K_2 T^2$$

如果 $K_2>0$,则表示单位成本随时间呈抛物线趋势递增。抛物线趋势模型描述了在一段时间内,单位成本随时间而较为平缓地上升(或下降)的发展趋势。

3.4　利润预测方法

利润是企业一定会计期间的收入扣除成本和税金后的剩余部分,能够直接反映企业的经济效益,同时也是反映企业在一定期间内生产经营成果和管理工作质量的一个综合性较强的指标。利润预测则是企业经营预测的主要内容之一,是在销售预测和成本预测的基础上,对企业在未来一定期间内的利润水平、变动趋势及实现目标利润的措施和途径进行测算的一种经营管理活动。

利润预测的方法可分为传统的直接预测法和以目标利润为基础的因素分析法两种。

3.4.1　直接预测法

企业的实际利润计算公式由营业利润、投资净收益、营业外收支净额三部分构成。实际利润总额是上述三部分的加总,即

利润总额 = 营业利润 + 投资净收益 + 营业外收支净额

直接预测法也采用同样的计算公式,是根据预计的销售量及价格、成本等信息,合理预测各利润构成项的预期值,并对其加总得到预期利润的一种简单的预测方法。

营业利润是由产品销售利润和其他业务利润两部分组成的,预计的营业利润可表示为:

预计营业利润 = 预计产品销售利润 + 预计其他业务利润

$$= \begin{pmatrix} 预计产品 \\ 销售收入 \end{pmatrix} - \begin{matrix} 预计产品 \\ 销售成本 \end{matrix} - \begin{matrix} 预计产品 \\ 销售税金 \end{matrix} + \begin{pmatrix} 预计其他 \\ 业务收入 \end{pmatrix} - \begin{matrix} 预计其他 \\ 业务成本 \end{matrix} - \begin{matrix} 预计其他 \\ 业务税金 \end{matrix}$$

投资净收益是企业对外投资收入减去损失后的净额,通过合理预测后可以得到预计投资净收益,公式为:

预计投资净收益 = 预计投资收入 - 预计投资损失

营业外收支净额是营业外收入减去营业外支出后的差额,企业可以根据以往经验对此进行合理预测,即

预计营业外收支净额 = 预计营业外收入 - 预计营业外支出

[例 3-6]　某企业生产 A、B、C 三种产品,本年度各产品的销售单价、单位成本和下年度的预计销售量如表 3-9 所示,另预计下年度其他业务收入为 30 000 元,其他业务成本为 18 000 元,其他业务税金为 6 000 元。

表 3-9 A、B、C 三种产品资料

产品	单位产品			预计下年度产品销售量(件)
	售价(元)	成本(元)	税金(元)	
A	120	70	20	2 000
B	300	180	60	3 000
C	150	75	25	6 000

根据以上资料及直接预测法可以预测下一年度的营业利润。预计各产品的销售利润为：

A 产品销售利润 =（120 - 70 - 20）× 2 000 = 60 000（元）
B 产品销售利润 =（300 - 180 - 60）× 3 000 = 180 000（元）
C 产品销售利润 =（150 - 75 - 25）× 6 000 = 300 000（元）
合计 = 60 000 + 180 000 + 300 000 = 540 000（元）

预计其他业务利润为：

30 000 - 18 000 - 6 000 = 6 000（元）

则预计下年度该企业的营业利润为：

预计营业利润 = 预计产品销售利润 + 预计其他业务利润
　　　　　　 = 540 000 + 6 000 = 546 000（元）

3.4.2　因素分析法

所谓因素分析法，是指在目标利润预测的基础上，充分估计预测期影响产品销售利润的各种因素发生增减变动的可能性，从而预测企业下期产品销售利润的数额。

采用因素分析法的目的是以目标利润预测为中心，以各相关因素对目标利润影响的分析为重点，从而调动企业各方面参与利润管理的积极性和主动性。因此，对目标利润的预测要在充分调查研究的基础上，了解和掌握企业自身的利润率变化趋势以及目前行业内或社会平均的利润率水平，从中选择合理的利润率作为预测的基础。一般情况下，可以选择的利润率有销售利润率、成本利润率、资金利润率和产值利润率等。选定利润率后，再将其乘以相应的业务量或资金指标(销售额、成本、资金占用额、产值等)，便可以测算出目标利润基数，公式为：

$$目标利润 = 利润率 \times 相关指标$$

目标利润确定后，还需要进一步修正，可将其与直接预测法测算的利润进行比较，并结合其他利润影响因素不断加以修正。

如果企业在一定期间的目标利润经过修正并最终确定后，则在其他因素不变的情况下，单价、单位变动成本、销售量和固定成本的计算公式分别为：

$$单价 = 单位变动成本 + \frac{目标利润 + 固定成本}{销售量}$$

$$单位变动成本 = 单价 - \frac{目标利润 + 固定成本}{销售量}$$

$$销售量 = \frac{目标利润 + 固定成本}{(单价 - 单位变动成本)}$$

$$固定成本 = (单价 - 单位变动成本) \times 销售量 - 目标利润$$

[例 3-7] 某企业只生产一种产品 A，其单价为 250 元，单位变动成本为 160 元，固定成本为 1 200 000 元，上年度实现销售量 15 000 件，利润为 15 000 元。企业按同行业的资金利润率预测本年度的目标利润基数，确定的资金利润率为 8%，并预计本年度的资金占用额为 2 500 000 元。试确定本年度的目标利润及应采取的各项措施。

根据因素分析法可确定本年度目标利润基数为：

$$2\ 500\ 000 \times 8\% = 200\ 000（元）$$

为了实现 200 000 元的目标利润，销售量应为：

$$\frac{200\ 000 + 1\ 200\ 000}{250 - 160} = 15\ 556（件）$$

需要增加销售量 556 件，增长率为 4%。

单位变动成本应为：

$$250 - \frac{200\ 000 + 1\ 200\ 000}{15\ 000} = 156.67（元/件）$$

需要降低单位变动成本 3.33 元，降低率为 2%。

固定成本应为：

$$(250 - 160) \times 15\ 000 - 200\ 000 = 1\ 150\ 000（元）$$

固定成本应降低 50 000 元，降低率为 4%。

单价应为：

$$160 + \frac{200\ 000 + 1\ 200\ 000}{15\ 000} = 253.33（元/件）$$

单价应提高 3.33 元，增长率为 1%。

3.5　资金需要量预测方法

资金变动最直接、最重要的因素是销售收入。在其他因素不变的情况下，销售收入增加往往意味着企业生产规模扩大，从而需要更多的资金；相反，销售收入减少往往意味着企业生产规模缩小，于是所需资金也就随之减少。因此，资金需要量与销售收入之间存在内在的联系，利用这种联系可以建立数学模型，预测未来期间销售收入一定时的资金需要量。

资金需要量预测方法分为增长趋势预测法和预计资产负债表法两类。

3.5.1　增长趋势预测法

下面举例说明资金需要量增长趋势预测法的一般应用。

[例 3-8] 中盛公司 2016—2020 年的销售收入和资金总量资料如表 3-10 所示。

表 3-10　中盛公司 2016—2020 年销售收入和资金总量资料　　　　单位：万元

年度	销售收入	资金总量
2016	396	250
2017	430	270
2018	420	260
2019	445	275
2020	500	290

如果中盛公司 2021 年销售收入预测值为 580 万元，试预测 2021 年公司的资金需要总量。根据回归分析原理，对表 3-10 中的数据加工整理如表 3-11 所示。

表 3-11　计算表

年度 n	销售收入 x（万元）	资金总量 y（万元）	xy	x^2
2016	396	250	99 000	156 816
2017	430	270	116 100	184 900
2018	420	260	109 200	176 400
2019	445	275	122 375	198 025
2020	500	290	145 000	250 000
$n=5$	$\sum x = 2\ 191$	$\sum y = 1\ 345$	$\sum xy = 591\ 675$	$\sum x^2 = 996\ 141$

将表 3-11 中的数据代入最小二乘法公式中计算 a 与 b 的值：

$$b = \frac{n\sum xy - \sum x \sum y}{n\sum x^2 - (\sum x)^2} = 0.3798$$

$$a = \frac{\sum y - b\sum x}{n} = 102.57$$

将 a 与 b 的值代入公式 $y = a + bx$，预测 2021 年中盛公司资金需要总量为：

$$y = a + bx = 102.57 + 0.3798 \times 580 = 322.854（万元）$$

3.5.2　预计资产负债表法

预计资产负债表法是通过编制预计资产负债表来预计预测期资产、负债和留存收益，从而测算外部资金需要量的一种方法。

资产负债表是反映企业在一定日期财务状况的会计报表，以"资产＝负债＋所有者权益"这一会计等式为依据，按照一定的分类标准和次序反映企业在某一个时间点上资产、负债及所有者权益的基本状况。

企业增加的资产必然是通过增加负债或所有者权益的途径予以解决的，通过预计资产的增减，可以确定需要从外部筹措的资金数额。

预计资产负债表法是根据资金项目与销售收入总额之间的依存关系，以未来销售收入变动的百分比为主要参数,预测随销售收入增加需要相应追加的资金总量。

预测步骤如下:

1. 分析资产负债表有关项目,将随销售量变动而变动的项目分离出来

资产类项目中,流动资产中的货币资金和应收账款等会随着销售量的增加而增加,此外固定资产也会相应增加一部分;而长期投资、无形资产和其他资产项目一般与销售量变动无关,不需要考虑。

负债类项目中,流动负债中的应交税费和其他应付款等会随着销售量的增加而增加;而长期负债项目一般与销售量变动无关,不需要考虑。

所有者权益项目中,实收资本和资本公积项目一般与销售量变动无关,留存收益中实现的利润如果未全部分配给投资者,则也会形成企业内部资金来源。

2. 计算基期资产负债表上各敏感项目销售百分比,即

$$某敏感项目销售百分比 = \frac{基期该项目金额}{基期销售收入} \times 100\%$$

以资产为例,即

$$资产销售百分比 = \frac{基期资产金额}{基期销售收入} \times 100\%$$

3. 编制预计资产负债表

预计资产负债表与实际的资产负债表内容、格式相同,只不过数据反映预算期末的财务状况。

通过计算"资产占销售收入的百分比"减去"负债占销售收入的百分比",得到单位销售收入需要增加的资金量,需要追加的外部资金筹措额等于单位销售收入需要增加的资金量与预测期销售收入增加额的乘积。

[例3-9] 某公司2020年12月31日资产负债表如表3-12所示。

表3-12 资产负债表

2020年12月31日　　　　　　　　　　　　　　　　　　　　　　单位:万元

资产	金额	负债和所有者权益	金额
货币资金	350	短期借款	15
应收账款	1 200	应付账款	1 500
存货	1 300	应付票据	500
流动资产小计	2 850	其他应付款	12
		流动负债小计	2 027
长期投资	100	长期借款	200
固定资产净值	500	实收资本	1 000
无形资产	10	未分配利润	233
资产总计	3 460	负债和所有者权益总计	3 460

2020年度公司实现销售收入1亿元,2021年度预计销售收入可达1.5亿元,采用预计资产负债表法预测2021年度资产需要量,根据资料编制计算表如表3-13所示。

表3-13 计算表

项目	金额(万元)	占销售收入的百分比(%)
资产		
货币资金	350	3.50
应收账款	1 200	12.00
存货	1 300	13.00
长期投资	100	—
固定资产净值	500	5.00
无形资产	10	—
资产总计	3 460	33.50
负债和所有者权益		
短期借款	15	—
应付账款	1 500	15.00
应付票据	500	—
其他应付款	12	0.12
长期借款	200	—
负债合计	2 227	15.12
实收资本	1 000	—
未分配利润	233	—
所有者权益合计	1 233	—
负债和所有者权益总计	3 460	15.12

2021年度需追加的资金=

(33.50% - 15.12%) × (150 000 000 - 100 000 000) = 9 190 000(元)

本章小结

本章分两个方面讲解经营预测的相关内容:

第一,经营预测的基本程序:① 确定预测对象;② 收集资料;③ 精选资料;④ 选择适当的预测方法;⑤ 分析预测误差;⑥ 评价预测效果。

第二,经营预测的基本方法,包括销售预测方法、成本预测方法、利润预测方法和资金需要量预测方法。其中,销售预测方法具体分为定性销售预测方法和定量销售预测方法,成本预测方法具体分为移动平均成本预测方法和时间函数成本预测方法,利润预测方法具体分为直接预测法和因素分析法,资金需要量预测方法具体分为增长趋势预测法和预计资产负债表法。

复习思考题

1. 销售预测方法有哪些？各有何特点？
2. 成本预测包括哪些内容，其对企业经营管理有什么意义？
3. 算术平均法与加权平均法的适应范围分别是什么？
4. 资金需要量预测的意义有哪些？

作业练习

1. 资料：假定通达公司 2020 年度生产能力只利用了 65%，实际实现销售收入总额 850 000 元，获得税后净利润 42 500 元，并发放了 17 000 元的股利。公司 2020 年年末的资产负债表简表如表 3-14 所示。

表 3-14 资产负债表简表

2020 年 12 月 31 日　　　　　　　　　　　　　　　　单位：元

资产	金额	负债和所有者权益	金额
货币资金	20 000	应付账款	100 000
应收账款	150 000	应交税费	50 000
存货	200 000	长期借款	230 000
固定资产（净额）	300 000	普通股股本	350 000
长期投资	40 000	留存收益	40 000
无形资产	60 000		
资产总计	770 000	负债和所有者权益总计	770 000

预计 2021 年度公司销售收入总额将增至 1 000 000 元，并仍按 2020 年度股利发放率支付股利。2020 年度折旧准备提取数为 60 000 元，其中 70% 用于更新改造原有的固定设备。此外，假定 2021 年度零星资金需要量为 25 000 元。

要求：预测通达公司计划年度需要追加多少资金。

2. 资料：大华家具厂目前只生产一种产品，即 3A 型电脑桌。3A 型电脑桌的销售单价为 350 元，年销售量为 50 000 台。有关成本资料如表 3-15 所示。

表 3-15 大华家具厂成本资料

成本项目		金额（元）
直接材料		100
直接人工		30
制造费用	变动部分	30
	固定部分	20
企业年固定成本		300 000

要求:
(1)假定该厂的销售单价上升10%,那么利润将随之发生什么变化?
(2)目前市场上同类产品很多,而且各有不同的特点和优势。大华家具厂若要占领市场,就需要采取一定的措施,厂长召集有关部门领导开会研究,准备从以下几个方面入手调整:①降低销售价格;②提高变动成本;③提高固定成本。通常情况下,降低销售价格可以提高产品的销售量;提高变动成本和固定成本可以增加产品功能、提高产品质量,在销售价格不变或降低的前提下将吸引更多的消费者。上述三种措施能够促进产品的销售,使该厂占领更大的市场份额,在激烈的市场竞争中立于不败之地。

试计算分析若单独采取上述三项措施中的任何一项,可操作的限度有多大。

3. 资料:一家用电器厂引进了国外的一项先进技术试制一批新的毛皮大衣和高级呢绒服装的清洁吸尘器。这种产品在当地还没有销售记录。于是,工厂决定聘请多位专家预测该项新产品明年投放市场后可能的销售量。

专家们经过三次反馈(如表3-16所示),得到如下资料:

对资料加以整理并运用概率进行测算,新产品最低销售量、可能销售量和最高销售量的概率分别为0.2、0.5、0.3。

该厂零售店经理从该市各大服装公司了解到,去年清洁吸尘器销售量与毛皮大衣和高级呢绒服装的销售量有十分密切的关系,已知国外市场比例为1∶3,国内市场比例为1∶23,零售店经理估计该市可能比例为1∶35,新产品销售量约为18 429台。

该厂销售人员对如何预测新产品销售量产生了不同意见:第一种意见认为,只要把专家预测数加以平均,再适当考虑概率因素便可。第二种意见认为,应先排除专家预测中的各种最大和最小因素再加以平均,且无须考虑概率因素。第三种意见则坚持按服装和产品的比例来确定全年的销售量,认为无须考虑专家预测因素。

表3-16 专家三次预测汇总　　　　　　　　　　　　　单位:台

专家姓名	第一次预测			第二次预测			第三次预测		
	最低	可能	最高	最低	可能	最高	最低	可能	最高
A	2 100	7 000	11 900	3 300	7 000	11 900	3 600	8 000	12 800
B	1 500	5 000	9 100	2 100	5 500	9 800	2 700	6 000	12 000
C	2 700	6 500	11 900	3 300	7 500	11 900	3 300	7 000	12 000
D	4 200	8 500	20 000	3 900	7 000	15 300	3 300	5 000	20 000
E	900	2 500	5 600	1 500	4 500	7 700	2 100	5 500	10 400
F	2 000	4 500	9 800	1 800	5 000	10 500	2 700	5 500	10 400
G	1 500	3 000	5 600	1 200	3 500	11 300	2 700	4 500	9 600
H	1 900	3 500	6 800	2 400	4 500	9 100	2 400	4 500	10 400
I	2 100	4 500	13 800	2 100	5 000	15 100	2 100	8 000	10 400
平均数	2 100	5 000	10 500	2 400	5 500	11 400	2 700	6 000	12 000

要求:上述几种方案,哪种最合理(说明理由)?具体预测的销售量应为多少?

延伸阅读与写作

查找资料,归纳总结,写一篇小论文,具体谈谈管理会计的某一预测方法在企业管理中是如何应用的。

参考文献

[1] 贾焕枝,刘宏伟.管理会计在商业银行经营中的运用[J].金融理论与实践,2001(2):22-24.

[2] 廖荣华,江赛玭.浅析杠杆原理及在经营预测与筹资决策中的运用[J].生产力研究,2011(11):87-88.

[3] 吴艳红,周志勇,单昭祥.EXCEL回归直线法用于经营预测的改进[J].财会月刊,2013(12下):88-90.

第4章 经营决策

【学习目标】

1. 熟练掌握差量分析法、贡献毛益分析法、本—量—利分析法在经营决策分析中的应用技巧。

2. 熟练掌握产品功能成本决策的基本步骤。

【导入指引】

卡内基学派创始人赫伯特·A. 西蒙(Herbert A. Simon)曾说过,决策是管理的核心,管理理论一词应该来自人类逻辑和心理。在管理领域唯一获得过诺贝尔奖的西蒙看来,管理就是决策。这一定义切中了管理的要害。西蒙认为,在现实世界中,只存在有限理性的"管理人"。由于信息、时间、认知能力、处理能力等各方面的限制,管理人在做出选择之前只能考虑少数几个最攸关、最关键的情境要素,只要这些要素满足了他们的期望水平,他们就会做出选择。因此,西蒙认为,经营企业的管理者应是一心解决问题的决策者,而不是一心谋利的企业家。由此可以得出:第一,决策贯穿于管理的全过程,管理就是决策;第二,决策是一个过程;第三,决策应采用"有限理性"准则或标准;第四,决策可分为定型化决策和非定型化决策,且所使用决策技术不同。从某种意义上讲,一切决策都是折中的问题。最终选择的方案,只不过是在当时的情况下可以选择的最佳行动方案,不可能尽善尽美地实现各种目标。

4.1 决策理论概述

4.1.1 决策的概念和意义

1. 决策的概念

决策就是在现实的客观条件下,为了达到预定目的而采取的某种对策。它是通过预测、分析、对比、判断等科学方法和理论,从未来的若干经济活动的备选方案中做出恰当选择的过程。决策涉及的问题包括技术、组织管理、环境等各个方面,管理会计运用会计信息和其他相关信息,对各个备选方案的经济效益进行科学的预测、分析,并提出最优方案的过程称为决策分析,它是决策的一个重要阶段。

2. 经营决策的特征

相较于其他形式的决策,企业的经营决策通常具有以下特征:

（1）目标性。任何决策都是为了实现一定的目标，没有目标就无从决策。决策目标是决策的起点，进行经营决策时必须首先确定决策目标。

（2）预测性。决策是活动之前的预先分析和抉择，具有明显的预测性。因此，预测是决策的前提，科学的预测是正确决策的前提条件。

（3）评价性。决策是在若干备选方案中选择最优方案的过程，必然要对备选方案进行比较和评价，因而它同时具有评价性。

3. 决策的意义

决策的实质就是对未来的经营活动进行事先控制，目的是引导人们走向未来目标，有效地利用人力、物力和财力资源，实现最佳经济效益。因此，经营决策是企业经营活动的基本行为，贯穿于企业经营活动的众多方面和各个时期。

现代管理理论认为，管理的重心在经营，经营的重心在决策。事实上，经营决策正确与否轻则影响到企业的经济效益，重则关系到企业的生死存亡。同时，企业经营目标的实现依赖企业各个职能部门的协调配合，而正确的决策可以充分调动全体员工的主观能动性和积极性，协调各部门工作，确保经营目标的实现。

4.1.2 决策的基本程序

决策一般包括以下几个步骤：

1. 提出问题

由于经营环境的复杂性，企业在其经营过程中必然会遇到这样或那样的问题。如生产设备如何利用，新产品如何定价等。提出问题就是必须找出企业在经营过程中需要决策的关键问题，即需要解决的主要矛盾，这是以后决策步骤的基础。

2. 确定目标

确定目标即明确决策对象预期要达到的目标。这种目标应具有明确性、定量性和易测量性，以利用于优选决策方案和开展考评工作。

3. 收集有关信息

收集有关信息即有针对性地收集解决问题所需要的数据和资料。完备的信息是科学决策的基础，信息越完备，看问题就越全面，解决问题的办法就越多，方案选择范围就越广，决策的正确程度就越高。

4. 拟订方案

拟订方案即根据已加工、整理的信息，提出实现目标的各种可行方案。这些方案应力求技术上的先进性，经济上的合理性。

5. 评选方案

评选方案即选择合理、恰当的决策方法，进行定量分析，做出科学的鉴别和全面的评价，排出备选方案的顺序。

6. 考虑非计量因素

非计量因素通常包括国内外的政治、经济形势，国家制定的政策、法规，人们的心理习惯和地区差异等。这些因素往往对决策产生重要影响。

7. 择优选定方案

择优选定方案即根据决策分析,比较各备选方案的经济效益,综合考虑非计量因素和社会效益,权衡利弊得失,择优选定方案并拟订计划,付诸实施。

4.1.3 决策的分类

决策可以按照不同的标准分类,主要有以下几种:

1. 以决策的时间跨度为标准分类

按照决策的时间跨度不同,可以把决策分为长期决策和短期决策。

短期决策是指只涉及一年或一个生产周期内收支盈亏的决策。它的重点是充分利用企业现有的人力、物力和财力资源,以取得最大的经济效益,所以又被称为经营决策。短期决策投入资金较少,涉及时间较短,进行决策时一般不考虑货币的时间价值。

长期决策是指那些产生报酬的时间超过一年或一个生产周期,并在较长的时间内对收支盈亏产生影响的决策。这种决策往往涉及固定资产投资,需要较多的资本支出,所以又被称资本支出决策。这种决策重点考虑一些战略性的、关系到企业兴衰成败的重大问题,由于投入资金较多,投资见效较慢,进行决策时通常要考虑货币的时间价值和投资风险。

2. 以决策问题所处的条件为标准分类

按照决策问题所处的条件不同,可以把决策分为确定性决策、非确定性决策和风险型决策。

确定性决策是指管理层对决策方案有关信息和实施后的效果已完全掌握,不存在不确定性因素的决策。例如,进行零部件是自制还是外购的决策时,管理层对自制成本和外购费用的数据已经掌握确切。

非确定性决策是指管理层虽然知道备选方案的可能结果,但无法确定各结果出现的概率的决策,即决策的未来情况难以确定。显然,进行这种决策相当困难,很大程度上取决于管理层的经验和判断能力。

风险型决策是指对未来的客观环境和状态不能做充分的肯定,只能根据可能发生的各种状态及其概率做出的决策。

3. 以决策的基本职能为标准分类

按照决策的基本职能不同,可以把决策分为规划决策和控制决策。

规划决策主要是为确定计划,规划未来的经济活动所做的决策。例如扩大或缩小企业的生产规模、调整企业的经营方向等决策。此类决策涉及的往往是关系到企业今后发展的战略性问题,因而属于企业高层管理人员的职责范围。

控制决策主要是为控制日常经济活动所做的决策。例如合理调整机器设备分布的决策、确定职工奖金发放方案的决策等。此类决策主要是为了使企业的经营活动按原定计划运作而采取的控制措施。企业的中层和基层管理人员应将主要精力放在控制决策上。

4. 以决策所涉及范围的广狭为标准分类

按照决策所涉及范围的广狭不同,可以把决策分为宏观决策和微观决策。

宏观决策是指在一个、几个部门或整个国民经济范围内所做的决策;微观决策是指在一个企业范围内所做的决策。

4.2 经营决策应考虑的因素

如前所述,从决策的时间跨度来看,经营决策是指只涉及一年或一个生产周期内收支盈亏的决策,侧重于如何利用企业现有的资源和经营环境,以取得最大的经济效益。而成本是衡量经济效益的一个重要指标,并且在经营决策中我们除了要考虑通常所说的固定成本、变动成本,还要考虑一些特殊成本概念。下面我们就对影响企业经营决策的这些特殊成本概念进行必要的阐述。

4.2.1 差量成本

差量成本是指不同方案之间预期成本的差额。实际工作中又可以称作差别成本、差额成本。差量成本只有在对两个备选方案进行比较时才会存在,通常可以体现为现有生产能力的变动所造成的成本差异,零部件外购或自制的成本差异,以及某种生产带来的成本差异等几种形式。

[例 4-1] 某企业利用其现有的生产能力可以生产 A 产品 1 000 件或 B 产品 1 500 件。据预测生产 A 产品的总成本为 50 000 元,生产 B 产品的总成本为 52 000 元,则生产 A、B 两种产品的差量成本如表 4-1 所示。

表 4-1 生产 A、B 两种产品的差量成本

产品种类	总成本	差量成本
A	50 000	
B	52 000	2 000

很显然,如果单从成本方面考虑,则该企业生产 A 产品较为有利。

[例 4-2] 某企业生产甲产品的单位变动成本为 30 元,固定成本随着产量的变动而变化,产量在 500 件以内(含 500 件)时,固定成本总额为 5 000 元,产量高于 500 件低于等于 800 件时,固定成本总额为 6 000 元,产量高于 800 件低于等于 1 000 件时,固定成本总额为 7 000 元,则产量从 0 件开始,每增加 100 件的差量成本(最多生产 1 000 件)如表 4-2 所示。

表 4-2 生产甲产品的差量成本

金额单位:元

产量(件)	固定成本	变动成本	总成本	差量成本
0	5 000	0	5 000	
100	5 000	3 000	8 000	3 000
200	5 000	6 000	11 000	3 000

(金额单位:元)(续表)

产量(件)	固定成本	变动成本	总成本	差量成本
300	5 000	9 000	14 000	3 000
400	5 000	12 000	17 000	3 000
500	5 000	15 000	20 000	3 000
600	6 000	18 000	24 000	4 000
700	6 000	21 000	27 000	3 000
800	6 000	24 000	30 000	3 000
900	7 000	27 000	34 000	4 000
1 000	7 000	30 000	37 000	3 000

可见,在每一个产量范围内,差量成本与变动成本的增减额是相等的,都为3 000元,而当产量范围发生变化时,差量成本表现为固定成本的增减额加上变动成本的增减额。

差量成本与差量收入一起构成了差量分析的主要内容,差量分析可以广泛、有效地应用于许多经营决策问题的分析和评价。

4.2.2 机会成本

在决策过程中,由于选择了最优方案,而必须放弃另一次优方案可能带来的收益,通常我们把这种潜在的收益看作选择最优方案而付出的代价,称之为机会成本。

我们知道,尽管资源可以有多种用途,但无论是全社会还是某一企业所拥有的资源数量都是有限的,某种资源最终只能被用于一种用途,即被用于甲种用途就不能被用于乙种用途,所以在资源的使用过程,有所得必有所失。为了保证资源的优化配置,发挥各种资源的最大价值,我们在做出决策时应该把放弃的可计量的价值当作所选方案的成本考虑,只有这样才能对最优方案的最终利益做出全面的评价。例如,某企业拥有一笔资金准备投入一个新项目,现有A、B两个备选方案,A方案可获利80万元,B方案可获利100万元,企业最终选择了B方案。由于企业最终选择了B方案,它就必须放弃A方案所能带来的80万元的收益,因此80万元就是企业选择B方案的机会成本。

4.2.3 假计成本

假计成本是指需要估算的使用某种经济资源的代价,它不是企业的实际支出,但又与具体的经济活动相关联,实际上是机会成本的一种特殊的表现形式,是需要特殊计量的机会成本。

假计成本通常会表现在企业对自有资金的使用上,作为流动性最强的资产,货币资金的用途也是最广泛的,企业在使用其自有资金的同时,放弃了其他各种能够带来收益的机会,虽然企业并没有为使用自有资金而向其他单位或个人支付资金的使用费,但也存在机会成本,我们称之为假计成本。

4.2.4 边际成本

边际成本是一个经济学概念,是指在产量变动趋于无限小时成本的变动额。在现实经济生活中,产量的变动最小为一个单位,否则无意义,所以我们把边际成本定义为:在一定的生产能力下,产量增加或减少一个单位所引起的总成本的变动额。理解这一概念对我们理解单位变动成本、差量成本的概念也有一定的帮助。

例如,某企业只生产一种产品甲,产量在 0—500 件时,固定成本总额为 50 000 元,单位变动成本为 30 元,则在这一相关范围内单位变动成本、差量成本、边际成本的值均为 30 元/件。本例中,产量 0—500 件的固定成本总额代表了一定的生产能力,在这一产能下,增加或减少一个单位产品的差量成本就是单位产品的变动成本。因而,在此相关范围内,变动成本、差量成本和边际成本是一致的。

边际成本与边际收入一起构成了边际分析的主要内容,原因是两者之间存在一种非常重要的关系,即当边际收入等于边际成本时,企业生产经营的利润最大(或亏损最小),此时企业生产的产品数量达到最佳。

4.2.5 付现成本

付现成本是指由选择和实现某项决策所引起的需要在近期内用现金支付的成本,付现成本与企业的实际支付能力直接相联系。在经营决策中,企业有时会处于资金紧张状态,支付能力受到限制,此时决策的付现成本成为首要考虑的因素。

[**例 4-3**] 某企业准备外购一台新的生产设备,现有两家供应商可以选择。供应商甲要价 150 万元;供应商乙要价 200 万元,但可以首付设备价款的 20%,其余部分分 4 年还清。

从总成本上看,购买供应商甲的设备要节约资金 50 万元,但如果目前企业正处于资金紧张状态,现有资金仅够支付供应商乙的设备首付款 40 万元,而该设备又是企业目前生产经营所必需的,那么企业只能被迫购买供应商乙的设备。

在类似情况出现时,决策者往往会放弃现金支付量大的备选方案,而选择现金支付量小的备选方案,因为在企业资金拮据的情况下,只有符合企业实际支付能力的方案才算得上是真正最优的方案。

4.2.6 沉没成本

沉没成本是指由过去的决策所引起的,并已经实际支付而无法由现在或将来的决策所能改变的成本。沉没成本与目前所要进行的新决策不存在联系,在分析、评价和选择新决策的备选方案时无须考虑。

例如,某企业 5 年前购置了一台生产设备,设备价款 20 万元,当时预计设备的使用年限为 10 年,目前设备的账面价值为 10 万元。由于技术上的进步,目前该设备已经完全过时,准备淘汰,企业准备再购置一台新设备同时生产,那么在决定是否购置新设备时,旧设备的账面价值 10 万元就属于沉没成本,不能再作为决策的影响因素加以考虑,因为旧设备过时已经成为既定的事实,它本身对新决策的制定不能构成任何影响,应在决策中予以剔除。

4.2.7 重置成本

重置成本又称现时成本,是指按照目前的市场价格购买企业所持有的某项资产所需支付的成本。它是一个与历史成本相对应的概念,用以衡量企业所拥有的某项资产的市场价值或真实价值。例如,某企业于1年前购入了一批原材料,当时支付的总价款为20万元。由于供求关系的变化,目前等量原材料的市场价值为25万元。假设另一家企业出价24万元准备购买这批原材料,从账面上来看企业可以赚得4万元利润,但从市场价值来看企业实际上会损失1万元。所以,25万元就是这批原材料的重置成本,它也是决策所必须考虑的重要因素。

4.2.8 专属成本与共同成本

固定成本可以细分为专属成本与共同成本,所谓专属成本是指可以明确地归属于某种产品、某批产品、某个部门等的固定成本;而对于那些由多种产品共同消耗的或为多个部门共同发生的支出,应该由多个成本计算对象共同承担,这种成本被称为共同成本。例如,某车间生产A、B两种产品,两种产品都需要在各自的专用机床上加工成型后,再经过某一精密车床进行再加工才能形成成品,那么第一道工序中,A、B两种产品各自专用机床的折旧费就属于专属成本,应分别计入各自的成本中,而第二道工序中精密车床的折旧费就属于共同成本,应由A、B两种产品共同承担。

4.2.9 可延缓成本与不可延缓成本

从成本发生时间是否具有弹性来看,成本又可以划分为可延缓成本与不可延缓成本。可延缓成本是指与已经选定的特定方案相联系,但可以延期实施而对企业的生产经营没有影响或影响很小的一类成本。与此相对应,不可延缓成本是指那些方案一经选定就必须立即实施,否则会给企业的生产经营造成较大损害的一类成本。

企业的人力、物力、财力等各项资源总是有限的,不可能对每项决策都立即执行。对于这些已经决定采用的方案,还应按照可延缓成本与不可延缓成本,结合企业的实际条件,有计划、有步骤地依次付诸实施,只有这样才能达到充分利用经济资源、提高经济效益的目的。

4.2.10 可避免成本与不可避免成本

针对某项特定的方案,成本又可以划分为可避免成本与不可避免成本。可避免成本是指其是否发生及发生金额为多少都受决策影响的那部分成本;不可避免成本是指其是否发生及发生金额为多少都不受决策影响的那部分成本。也就是说,可避免成本取决于方案的取舍,不可避免成本与方案的取舍无关。例如,某企业只生产一种产品A,目前尚有5 000件的剩余生产能力,客户甲准备向企业订货20 000件,如果接受订货,则企业必须以50 000元的价格购置一台新设备,那么这50 000元的设备款就属于可避免成本,它是否发生完全取决于企业是否接受订货这一决策。假设我们不考虑企业是否接受订货,而只看企业现有的生产能力,现有固定资产的折旧费用就属于不可避免成本,因为无论企业是否接受订货,这部分折旧费用都要发生。所以,一个方案的取舍关键要看可避免成本,而不可避免成本与方案的分析、评价无关。

4.2.11 相关成本与无关成本

从以上所介绍的几种成本概念与决策的关系来看,又可以将它们分为两类:一是相关成本,二是非相关成本。相关成本是指与特定决策有密切联系,在决策分析过程中必须认真考虑的成本。非相关成本是指与特定决策无直接联系,对决策不能构成影响而应在分析中予以剔除的那些成本。

在决策分析中,只有那些将来预期发生且在不同备选方案中可以进行比较的成本才能成为决策的相关成本,经营决策中较为常见的相关成本包括差量成本、机会成本、假计成本、边际成本、重置成本、可避免成本等;而沉没成本、不可延缓成本等则属于非相关成本。

4.3 经营决策的方法

管理会计中关于决策的技术和方法有很多种,针对经营决策比较常见的方法有差量分析法、贡献毛益分析法及本—量—利分析法等。

4.3.1 差量分析法

差量分析法是指在研究不同备选方案的预期收入和预期成本之间差量的基础上,从中选取最佳方案的方法。差量分析法通常用于对两个备选方案的比较,因此便产生了差量收入、差量成本、差量利润这几个概念。差量收入是指两个备选方案预期收入之差,差量成本是指两个备选方案预期成本之差,差量利润则是指差量收入与差量成本之差。

[例 4-4] 某企业一台设备既可以生产甲产品又可以生产乙产品,甲、乙两种产品的相关资料如表 4-3 所示,试做出生产哪种产品的决策。

表 4-3 甲、乙产品资料

项目	甲产品	乙产品
预计产销量(件)	20 000	25 000
单价(元)	30	20
单位变动成本(元)	24	16

分析:

生产甲、乙两种产品的差量收入和差量成本分别为:

差量收入 = 20 000 × 30 - 25 000 × 20 = 100 000(元)

差量成本 = 20 000 × 24 - 25 000 × 16 = 80 000(元)

差量利润 = 100 000 - 80 000 = 20 000(元)

所以生产甲产品比生产乙产品多获利 20 000 元,应选择生产甲产品。

差量分析法在实务中多用于选择生产何种产品、零部件自制还是外购、亏损产品应否停产等决策中。应用中应根据不同的方案选用不同的原则,当进行利润大小的比较时应采用"最大化"原则,当进行成本高低的比较时应采用"最小化"原则。

4.3.2 贡献毛益分析法

贡献毛益分析法是指通过比较不同备选方案贡献毛益大小来选择最佳方案的方法。贡献毛益分析法又可以分为贡献毛益总量分析法和单位贡献毛益分析法。具体应用贡献毛益总量分析法时,首先需要确定的是各备选方案的总收入,进而确定各备选方案的总变动成本,总收入与总变动成本之差即为贡献毛益总量,如果再除以耗用经济资源数量则可以得到单位贡献毛益。

[例 4-5] 某企业准备利用现有设备生产甲或乙两种产品,甲、乙两种产品的相关资料如表 4-4 所示,试做出生产哪种产品的决策。

表 4-4 甲、乙产品资料

项目	甲产品	乙产品
单价(元)	30	20
产销量(件)	10	20
单位变动成本(元)	10	15

分析:

甲产品变动成本总额为 100 元,乙产品变动成本总额为 300 元。则甲产品的贡献毛益总量为 200 元(300-100),单位贡献毛益为 20 元(200/10);乙产品的贡献毛益总量为 100 元(400-300),单位贡献毛益为 5 元(100/20)。所以应生产甲产品。

4.3.3 本—量—利分析法

本—量—利分析法是指通过对各备选方案的成本、业务量与利润之间关系的分析,从中选择利润最大的方案的方法。本—量—利分析中往往会涉及成本平衡点的寻找,即各备选方案之间成本相等时的业务量。

具体运用本—量—利分析法时,首先应找出各备选方案中成本与业务量之间的对应关系,并以函数形式表示出来;然后将各函数联立成方程组,并对其求解,所得业务量值即为成本平衡点;最后在同一直角坐标系中绘出成本—业务量曲线,并根据企业所需产品数量选择成本最低的方案。

[例 4-6] 某企业需要某种零部件,若外购,则可以 20 元/件的价格购入;若自制,则除 15 元的单位变动成本外,还需追加 20 000 元的固定成本。问企业需要的零部件数量为多少时应选择自制。

解:

列出两方案各自的本—量—利关系,并联立成方程组:

$$\begin{cases} y = 20x \\ y = 20\ 000 + 15x \end{cases}$$

其中,x 为零部件需要量,y 为成本。解得:

$$x = 4\ 000(件),\ y = 80\ 000(元)$$

此企业本—量—利分析如图4-1所示。

从图4-1中可以看出,当零部件的需要量在4 000件以上时,自制成本要低于外购成本,应该选择自制。

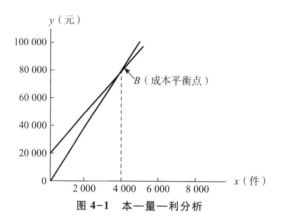

图4-1 本—量—利分析

4.4 产品功能成本决策

产品功能成本决策是将产品的功能(产品所担负的职能或所起的作用)与成本(为获得产品一定的功能必须支出的费用)进行对比,寻找降低产品成本途径的管理活动。其目的在于以最低的成本实现产品适当的、必要的功能,提高企业的经济效益。

产品功能与成本之间的比值关系,称为价值,可用公式表示为:

$$价值(V) = \frac{功能(F)}{成本(C)}$$

从上式中可以看出,功能与价值成正比,成本与价值成反比。因此,提高产品价值的途径可概括如下:

(1) 在产品成本不变的情况下,提高功能,将会提高产品价值;

(2) 在产品功能不变的情况下,降低成本,将会提高产品价值;

(3) 在提高产品功能的情况下,降低成本,将会提高产品价值。

企业可以根据实际情况从上述途径着手,运用功能成本决策分析方法确定目标成本。功能成本决策分析大致分为选择分析对象、功能评价以及试验与提案三个步骤。

4.4.1 选择分析对象

由于企业的产品众多,在实际工作中企业只能有选择地开展功能成本决策分析,选择的原则如下:

(1) 从产量较大的产品中选;

(2) 从结构复杂、零部件多的产品中选;

(3) 从体积大或重量大的产品中选;

(4) 从投产期长的老产品中选;

(5) 从畅销产品中选;

(6) 从设计问题较多的产品中选;

(7) 从工艺复杂、工序较多的产品中选;

(8) 从废品率高、退货多、用户意见大的产品中选。

总之,只有选择成本相对较高的产品,才有降低成本的空间。

4.4.2 功能评价

功能评价的基本步骤包括:以功能评价系数为基准,将功能评价系数与按目前成本计算的成本系数相比,确定价值系数;将目标成本按价值系数进行分配,并确定目标成本配额与目前成本的差异值;选择价值系数低、降低成本潜力大的作为重点分析对象。

功能评价的方法通常有评分法和强制确定法。

1. 评分法

评分法就是按产品或零部件的功能重要程度打分,通过确定不同方案的价值系数来选择最优方案。

[例4-7] 为改进某型号手表有三个方案可供选择,现从走时、夜光、防水、防震、外观等五个方面采用5分制评分,结果如表4-5所示。

表4-5 评分表

方案	走时	夜光	防水	防震	外观	总分
1	3	4	5	4	5	21
2	5	5	3	5	4	22
3	5	4	4	3	4	20

上述三个方案中,方案3的总分最低,应被淘汰。对于方案1和方案2,则应结合成本资料进行第二轮比较,有关成本资料如表4-6所示。

表4-6 成本资料

方案	预计销量(件)	直接材料、人工(元)	制造费用(元)	制造成本(元)
1	5 000	280	80 000	296
2	5 000	270	50 000	280

如果方案1的成本系数为100,则方案2的成本系数为:

$$\frac{280}{296} \times 100 = 94.59$$

方案1和方案2的价值系数分别为:

$$V_1 = \frac{21}{100} = 0.21$$

$$V_2 = \frac{22}{94.59} = 0.23$$

通过对比可知,方案2不仅成本较低,而且功能成本比值(价值系数)高,因而应选择方案2。

2. 强制确定法

强制确定法也被称为一对一比较法或"0"评分法,即把组成产品的零部件排列起来,一对一地比较,凡功能相对重要的零部件得1分,功能相对不重要的得0分。然后,各零部件得分合计数除全部零件得分总数,即可求得零部件的功能评价系数。

[例 4-8] 设甲产品由 A、B、C、D、E、F、G 七个零部件组成,按强制确定法计算功能评价系数,功能比较表如表 4-7 所示。

表 4-7 功能比较表

零部件名称	一对一比较结果							得分合计	功能评价系数
	A	B	C	D	E	F	G		
A	×	1	1	0	1	1	1	5	5/21 = 0.238
B	0	×	0	1	1	0	0	2	2/21 = 0.095
C	0	1	×	0	0	1	1	3	3/21 = 0.143
D	1	0	1	×	1	1	0	4	4/21 = 0.191
E	0	0	1	0	×	1	1	3	3/21 = 0.143
F	0	1	0	0	0	×	1	2	2/21 = 0.095
G	0	1	0	1	0	0	×	2	2/21 = 0.095

功能评价系数确定后,应计算各零部件的成本系数和价值系数(见表 4-8):

$$各零部件的成本系数 = \frac{某零部件的目前成本}{所有零部件目前成本合计}$$

$$各零部件的价值系数 = \frac{某零部件的功能评价系数}{该零部件的成本系数}$$

表 4-8 零部件价值系数计算表

零部件名称	项目			
	功能评价系数	目前成本	成本系数	价值系数
A	0.238	300	0.250	0.952
B	0.095	500	0.417	0.228
C	0.143	48	0.040	3.575
D	0.191	46	0.038	5.026
E	0.143	100	0.083	1.723
F	0.095	80	0.067	1.418
G	0.095	126	0.105	0.905
合计	1.000	1 200	1.000	—

价值系数表示功能与成本之比,如果价值系数等于1或接近1(如 A、G 零部件),则说明零部件的功能与成本基本相当,因而也就不是降低成本的主要目标;如果价值系数大于1(如 C、D、E、F 零部件),则说明零部件的功能过剩或成本偏低,已无必要进一步降低成

本;如果价值系数小于1(如B零部件),则说明与功能相比零部件的成本偏高,应作为降低成本的主要目标。

4.4.3 试验与提案

在功能评价的基础上,可对过剩功能和不必要的成本进行调整,从而提出新的、可供试验的方案,然后按新方案进行试验生产,在征求各方面意见的同时,对新方案的不足予以改进。新方案经进一步调整即可作为正式方案提交有关部门审批,批准后即可组织实施。

4.5 产品生产决策

产品生产决策是企业经营决策的一项重要内容。任何生产决策无论正确与否,最终都会反映到经济效益上来,因此产品生产决策主要是从经济效益角度研究产品生产的决策问题。

4.5.1 产品品种决策

一个企业能否适应激烈、复杂多变的经济环境,关键在于能否向社会提供适销对路、价廉物美的产品,这不仅要考虑短期的利润,更要制订长期的计划,如不断改进生产技术、推出广受欢迎的产品等。在产品品种决策中,必须考虑与决策相关的收入和成本,与决策无关的因素无须考虑,各备选方案如果具有相同的收入和成本则也无须考虑。

1. 生产何种产品的决策

这类决策问题是指现有生产能力可以生产不同产品,此时应选择生产何种产品;或者在生产能力有剩余的情况下,又应增产何种产品等。

[例4-9] 某企业每月产销A产品或B产品,有关资料如表4-9所示,试分析生产哪种产品较为有利。

表4-9 A、B产品资料

项目	A	B
产销量(件)	20 000	30 000
单位售价(元)	10	8
单位变动成本(元)	4.6	3.6
固定制造成本(元)	40 000	40 000
推销和管理费用(元)	20 000	20 000

解:

由于无论产销哪种产品,固定成本都要发生,且发生额相同,因此固定成本为决策分析的无关成本,不予考虑。根据差量分析法:

差量收入 = 20 000 × 10 - 30 000 × 8 = - 40 000(元)

差量成本 = 4.6 × 20 000 - 3.6 × 30 000 = -16 000(元)

差量利润 = 差量收入 - 差量成本 = -40 000 - (-16 000) = -24 000(元)

故生产 B 产品较为有利。

2. 应增产哪一种产品或开发何种新产品的决策

某些企业生产能力未得到充分利用,管理层应考虑增产经济效益较好的产品,或在若干新产品中开发能带来较大收益的新产品。由于利用剩余生产能力增产产品,固定成本不受影响,因此无须考虑固定成本;若开发新产品需添置专用设备,则固定成本作为相关成本需要加以考虑。这两种情况均可用边际贡献分析法处理。

[例 4-10] 某企业生产 A、B、C 三种产品,有关资料如表 4-10 所示。现企业有 30% 的生产能力未被利用,企业以增产哪种产品为宜?

表 4-10 A、B、C 产品资料

项目	A	B	C
每件定额工时(小时)	2	6	4
单位售价(元)	16	30	22
单位变动成本(元)	10	15	14
单位固定成本(元)	2	5	3

解:

根据表 4-10 中有关资料,编制分析表 4-11。

表 4-11 A、B、C 产品边际贡献

项目	A	B	C
单位售价(元)	16	30	22
单位变动成本(元)	10	15	14
单位边际贡献(元)	6	15	8
单位工时定额(小时)	2	6	4
每定额工时创造边际贡献(元)	3	2.5	2

显然,每定额工时创造的边际贡献越多,提供的边际贡献总额就越多,故以增产 A 产品为宜。

若上例中 A 产品为老产品,B、C 为待开发的新产品,则当 A 产品无法进一步扩大销售量时生产 B 产品较为有利。

3. 亏损产品应否停产或转产的决策

某产品发生亏损时,可以在继续生产、停产或转产之间进行选择,选择的标准是哪一种选择在经济上较为有利。

[例 4-11] 某企业生产 A、B 两种产品,其中 B 产品发生亏损,该企业有意转产 C 产品,但需增加固定成本 12 000 元,有关资料如表 4-12 所示,企业应做何选择?

表 4-12 A、B、C 产品资料

项目	A	B	C
销售收入(元)	120 000	60 000	70 000
变动成本(元)	60 000	50 000	50 000
边际贡献(元)	60 000	10 000	20 000
固定成本(元)	30 000	15 000	12 000
利润(亏损)(元)	30 000	(5 000)	8 000

解：
根据表 4-12 中有关资料,企业若继续生产 B 产品,则利润总额为：
30 000 - 5 000 = 25 000(元)
企业若停产 B 产品,则 B 产品负担的 15 000 元固定成本将由 A 产品负担,此时利润总额 = 30 000 - 15 000 = 15 000(元)。
企业若停产 B 产品并转产 C 产品,则 C 产品将负担原由 B 产品负担的固定成本 15 000 元和新增成本 12 000 元,此时利润总额 = 30 000 - 15 000 + 8 000 = 23 000(元)。
故企业以继续生产 B 产品为宜。

4. 是否接受以特定价格追加订货的决策

有些企业生产任务不足,老客户欲以较低价格追加订货若干,企业是否接受这种订货？决策的依据仍然是这些订货能否为企业带来经济效益。

[例 4-12] 某企业原接受一批订货,现某客户愿以较低价格追加订货若干,有关资料如表 4-13 所示。若该企业有剩余生产能力生产这批产品,则是否接受追加订货？

表 4-13 产品资料

项目	原订货	追加订货	追加订货后合计
销售量(件)	20 000	2 000	22 000
单位售价(元)	40	32	—
单位变动成本(元)	30	30	30
固定成本(元)	100 000	0	100 000
销售收入(元)	800 000	64 000	864 000

解：
由于是利用剩余生产能力,固定成本为无关成本,因此无须考虑。原订货可获边际贡献 = 800 000 - 30 × 20 000 = 200 000(元),接受追加订货可获边际贡献 = 864 000 - 30 × 22 000 = 204 000(元),增加边际贡献 4 000 元,故应接受追加订货。
假如在上例中为了接受追加订货,尚需追加专属固定投资 5 000 元,以提高生产能力,则将导致边际贡献减少 1 000 元,此时不能接受这批追加订货。

5. 半成品、联产品立即出售或继续加工的决策

某些企业生产的半成品或分离后的联产品(同一生产过程中同时产生的若干种产品)

可立即出售,亦可继续加工后再出售,究竟怎样处理更为有利,其标准就是看继续加工后增加的收入是否大于追加成本(或联产品的可分成本)。

[例4-13] 某企业生产A、B、C、D四种联产品,月产A产品2 200吨,B产品1 100吨,C产品2 000吨,D产品1 000吨;每月发生原料及加工费用等联合成本500 000元。四种产品的单位售价分别为400元、300元、200元和100元。其中,A、B两种产品可分别进一步加工成E产品2 000吨和F产品1 000吨,单位售价分别为650元和700元;同时分别增加变动成本200 000元和100 000元,固定成本300 000元和200 000元。试就A、B两种联产品是否进一步加工进行决策。

解:

半成品或联产品在进一步加工前发生的成本,无论是变动成本、固定成本还是联合成本(联产品情况),在进一步加工决策中均属无关成本,无须考虑,但对追加的成本或可分成本(联产品情况)必须予以考虑。决策分析如表4-14和表4-15所示。

表4-14　A产品继续加工分析　　　　　　　　　　　　　　单位:元

追加收入(差量收入650 × 2 000 - 400 × 2 200)	420 000
可分成本(差量成本)	
追加变动成本	200 000
追加固定成本	300 000
可分成本合计	500 000
差量损失	80 000

表4-15　B产品继续加工分析　　　　　　　　　　　　　　单位:元

追加收入(差量收入700 × 1 000 - 300 × 1 100)	370 000
可分成本(差量成本)	
追加变动成本	100 000
追加固定成本	200 000
可分成本合计	300 000
差量利润	70 000

表4-14说明A产品继续加工将减少利润80 000元,应选择立即出售;表4-15说明B产品继续加工将增加利润70 000元,应选择进一步加工。

6. 零部件自制或外购的决策

不少企业在进行生产时会遇到零部件是自制还是外购的选择。对于有些零部件,企业有能力自制,但要增加固定成本,有些则不需要增加固定成本;外购可能价格较为合理,质量有保证,但企业的生产能力不能被充分利用,不过有时企业也可以出租设备以获取租金收入。这类问题所面临的条件不同,采用的决策方法也会有所不同。

[例4-14] 某企业每年生产产品需要A零部件4 000个,零部件外购单价为14.90

元,并且需支付运输费和保险费每个 0.10 元。企业目前尚有剩余生产能力可以生产 A 零部件,每个零部件的变动成本为 10 元,并且需追加专用设备费用 3 000 元。如果外购,则企业可将部分机器设备出租,租金收入为 12 000 元。试做自制或外购的决策。

解:

设自制成本为 y_1,增添专属成本为 a_1,单位变动成本为 b_1,丧失的租金收入即机会成本为 a_2;外购成本即购货总额为 y_2,单位变动成本即购货单价及运输费和保险费为 b_2,则对于任何 A 零部件的需求量 x,有:

$$y_1 = (a_1 + a_2) + b_1 x = 15\,000 + 10x$$

$$y_2 = b_2 x = 15x$$

表示在直角坐标系中,如图 4-2 所示。

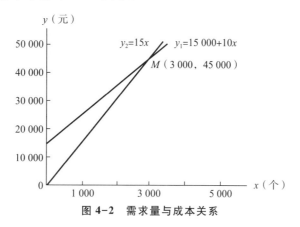

图 4-2 需求量与成本关系

当 $y_1 = y_2$ 时的需求量 x 就是成本平衡点,即

$$15\,000 + 10x = 15x$$

解得 $x = 3\,000$,故当 $x = 3\,000$ 时,两个方案的成本相当,两个方案均可;当 $x < 3\,000$ 时,应外购;当 $x > 3\,000$ 时,应自制。在本例中应选择自制,成本较低。

4.5.2 产品数量和结构决策

1. 产品最优组合决策

企业的生产受制于设备的生产能力、原材料、燃料和动力等的供应,产品销售等情况。如何充分利用有限的经济资源,使其在各种产品之间合理分配,以获得最大利润,就是产品的最优组合问题。这类决策一般要用到线性规划。

线性规划是运筹学的重要组成部分,其数学模型由约束条件(即实际经济问题中各有关变量之间的关系和各项经济资源的限制条件,以线性方程或不等式组表示)和目标函数两部分组成。线性规划实质上是运用数学方法对实际问题进行定量分析,寻求问题的最优解。

[例 4-15] 某企业有甲、乙两个生产部门,其现有生产能力分别为 4 000 机器小时和 2 000 机器小时,现决策生产 A、B 两种产品,且这两种产品均要经过甲、乙两个部门的生产加工,有关资料如表 4-16 所示。

表4-16 A、B产品资料

产品	单位产品需用机器工时(小时)		单位产品边际贡献（元）	预计市场销售量（件）
	甲部门	乙部门		
A	5	5	3	300
B	8	2	4	1 000

在充分利用现有生产能力的条件下，如何安排两种产品的生产数量，企业才能获得最大利润？

解：

设A、B两种产品的产量分别为 x 和 y，由于固定成本为无关成本，因此无须考虑，只需寻求最大边际贡献即可。目标函数为：

$$S = 3x + 4y$$

约束条件为：

$$\begin{cases} 5x + 8y \leq 4\,000 \\ 5x + 2y \leq 2\,000 \\ 0 \leq x \leq 300 \\ 0 \leq y \leq 1\,000 \end{cases}$$

将约束条件绘制于直角坐标系内，其解必在约束条件的直线所包围的范围内，如图4-3所示。

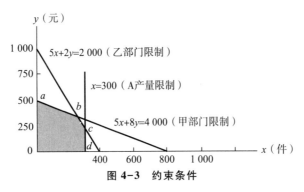

图4-3 约束条件

最佳产品组合必为可行解的某一顶点，根据图4-3所示的5个顶点0、a、b、c、d和目标函数 $S = 3x + 4y$，可得表4-17边际贡献数据。

表4-17 边际贡献数据

顶点	x(件)	y(件)	$3x + 4y(S)$(元)
0	0	0	0
a	0	500	2 000
b	267	333	2 133
c	300	250	1 900
d	300	0	900

故该企业应生产 A 产品 267 件，B 产品 333 件，这一产品组合能产生最大边际贡献 2 133 元。

2. 最优生产批量（经济批量）决策

基于对生产能力、生产成本、市场销售等因素的考虑，大多数企业的产品往往要分批生产，当全年产量一定时，每批生产量越大，批数就越少，此时单位产品负担的固定成本就越少，但产品的储存期延长，发生的仓储及其设备折旧费、维护费、保险费、保管人员的工资费用等储存成本就越高；反之，每批生产量越小，批数就越多，发生的储存成本就越小，而发生的机器调整、清理场地的准备成本就越大，每件产品负担的固定成本就越多。如何确定某种或若干种产品每批投产的最优批量，使之相关成本之和达到最低，就是最优生产批量决策要解决的问题。下面以具体实例说明其推导过程。

[例 4-16] 某企业全年需用某零部件 100 000 个，每日产量 1 000 个，每日耗用 200 个，每批调整准备成本为 320 元，每个零部件年均储存成本为 0.8 元。试求其经济批量。

解：

设 A 为某零部件全年需要量，Q 为每批产量，P 为每天产量，d 为每天领用量，S 为每批零部件的调整准备成本，C 为单位零部件年均储存成本。则有：

全年批数 $= \dfrac{A}{Q}$

每批生产周期 $= \dfrac{Q}{P}$

生产周期内每天入库数 = 每天产量 − 每天领用量 $= P - d$

每批生产终了时的最高储存量 = 生产周期内每天入库数 × 每批生产周期

$$= \dfrac{Q}{P}(P - d) = Q\left(1 - \dfrac{d}{P}\right)$$

平均储存量 $= \dfrac{1}{2} \times$ 每批生产终了时的最高储存量 $= \dfrac{1}{2} \times Q\left(1 - \dfrac{d}{P}\right)$

全年储存成本 = 单位零部件年均储存成本 × 平均储存量 $= C \times \dfrac{Q}{2}\left(1 - \dfrac{d}{P}\right)$

全年调整准备成本 = 每批零部件的调整准备成本 × 全年批数 $= S \times \dfrac{A}{Q}$

全年总成本（T）= 全年调整准备成本 + 全年储存成本 $= S \times \dfrac{A}{Q} + C \times \dfrac{Q}{2}\left(1 - \dfrac{d}{P}\right)$

以 Q 为自变量，求 T 的一阶导数。

$$T' = \dfrac{\mathrm{d}T}{\mathrm{d}Q} = \dfrac{C}{2}\left(1 - \dfrac{d}{P}\right) - \dfrac{AS}{Q^2}$$

令 $T' = 0$，则有：

$$\dfrac{C}{2}\left(1 - \dfrac{d}{P}\right) - \dfrac{AS}{Q^2} = 0$$

得最优生产批量：

$$Q = \sqrt{\frac{2AS}{C(1-\frac{d}{P})}}$$

最优批数:

$$\frac{A}{Q} = \sqrt{\frac{AC(1-\frac{d}{P})}{2S}}$$

最优生产批量的全年总成本:

$$T = S \times \frac{A}{Q} + C \times \frac{Q}{2}(1-\frac{d}{P}) = \frac{AS}{\sqrt{\frac{2AS}{C(1-\frac{d}{P})}}} + \frac{C}{2}(1-\frac{d}{P}) \times \sqrt{\frac{2AS}{C(1-\frac{d}{P})}}$$

$$= \sqrt{2ASC\left((1-\frac{d}{P}\right)}$$

将本例中的有关数据代入上述有关公式,即可得最优生产批量为:

$$Q = \sqrt{\frac{2AS}{C(1-\frac{d}{P})}} = \sqrt{\frac{2 \times 320 \times 100\,000}{0.8 \times (1-\frac{200}{1\,000})}} = 10\,000(个)$$

最优批数为:

$$\frac{A}{Q} = \frac{100\,000}{10\,000} = 10(批)$$

最优生产批量的全年总成本为:

$$T = \sqrt{2ASC(1-\frac{d}{P})} = \sqrt{2 \times 100\,000 \times 320 \times 0.8 \times (1-\frac{200}{1\,000})} = 6\,400(元)$$

实际上,一个企业往往会同时生产多种产品,而每种产品的最优生产批量可能各不相同,无法在同一设备或流水线上安排生产,上述确定最优生产批量的公式不再适用。此时可根据各种零部件或产品的全年调整准备成本之和与全年储存成本之和相等时,它们的总成本最低的极值原理来确定各种零部件或产品的共同最优生产批数。其计算公式为:

$$共同最优生产批数(N) = \sqrt{\frac{\sum A_i C_i (1-\frac{d_i}{P_i})}{2\sum S_i}}$$

其中,$i = 1,2,\cdots,n$;n 代表 n 种零部件或产品;S_i、A_i、C_i、P_i、d_i 的定义同前。

然后,以共同最优生产批数分别去除各种零部件或产品的全年需要量,即得各该零部件或产品的最优生产批量。其计算公式为:

$$各种零部件或产品的最优生产批量(Q_i) = \frac{A_i}{N} = \frac{各种零部件或产品的全年需要量}{共同最优生产批数}$$

3. 生产组织决策

(1) 生产工艺方案的决策。企业的同一种产品或零部件可以采用不同的生产工艺生产。一般来说,技术先进的工艺方案需要采用先进的工艺设备,固定成本较高,而单位变动成本较低,如果产销量较大,则可降低单位固定成本,采用先进工艺较为有利;反之,技术落后的工艺方案在其实施过程中固定成本较低,单位变动成本较高,如果产品销量不大,则采用这类方案经济上较为有利。因此,生产工艺方案决策的关键是确定不同工艺方案的成本平衡点,而且只需考虑各备选方案的单位变动成本和专属固定成本(如设备的调整准备费、工具装备费等)。

[例 4-17] 某企业生产 A 零部件可采用三种不同的工艺加工方案,其具体资料如表 4-18 所示。企业应采用何种工艺加工方案?

表 4-18 三种加工方案成本资料　　　　　　　　　　　单位:元

加工方案	变动成本(单位产品加工费)	固定成本(每批产品调整准备费)
手工加工	20	100
机械化加工	10	200
自动化加工	5	400

解:

设 x 表示生产批量,y_1 为手工加工的总成本,y_2 为机械化加工的总成本,y_3 为自动化加工的总成本。则有:

$$\begin{cases} y_1 = 100 + 20x \\ y_2 = 200 + 10x \\ y_3 = 400 + 5x \end{cases}$$

将三条成本曲线表示在同一直角坐标系中,如图 4-4 所示。

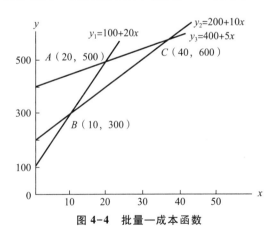

图 4-4 批量—成本函数

根据图 4-4 可知,当 $x < 10$ 时,采用手工加工方案;当 $10 < x < 40$ 时,采用机械化加工方案;当 $x > 40$ 时,采用自动化加工方案。

(2) 增产任务由哪个分厂承担的决策。在大型企业里可能由几个分厂生产同一种产品,出于各种原因,每个分厂的成本水平可能不同。在企业准备增产某一产品,且各分厂的生产能力均有剩余的情况下,该选择哪个分厂来承担这一任务?显然,利用分厂的剩余生产能力并不增加分厂的固定成本,所以只要选择单位变动成本最低的分厂来担当这一任务就是最佳选择,此时能获得最大的边际贡献。

4.6 产品定价决策

4.6.1 产品定价应达到的目标

1. 企业利润最大化

这是企业最直接且最重要的生产动机。实现利润最大化是对企业的全部产品和长期经营而言的。争取最大利润并不等于追求最高价格,利润是价格与需求量综合作用的结果,因此企业在定价时一定要考虑市场供需因素的影响。

2. 获得较高的市场占有率

保持或提高市场占有率是企业稳定发展的前提。价格是企业在市场上获得和保持部分优势的重要手段,因此企业在定价时一定要比较同类产品价格,使本企业产品具有价格上的优势,以保持或提高市场占有率。

3. 维持经营

在市场需求暂时萎缩、产品供过于求的情况下,企业往往采取薄利多销策略,以防止产品积压来维持生产经营活动。

4. 实现投资收益指标

这是管理部门规定以一定的投资收益率为某项投资决策的选择标准。还有一些企业则以销售利润率为定价目标。

4.6.2 产品定价策略

产品定价策略是指企业为实现总体目标,根据企业的经营战略和方针及影响产品价格的因素的变化情况,制定与价格水平及其浮动幅度相关的行动方针和方法。

1. 新产品定价策略

新产品定价策略是指用于指导新产品定价的原则和技巧,包括撇脂策略和渗透策略。前者是指对于那些初次投放市场、尚未形成竞争的产品进行高定价以确保获取高额利润,随着市场销量的提高、竞争的加剧而逐步降低价格的策略;后者是指以较低价格的新产品开拓市场,争取顾客,赢得竞争优势,而后逐步提高价格的策略。

2. 心理定价策略

心理定价策略是指充分利用消费者的心理特点进行的产品定价。一般分为以下几种:

(1) 零数定价策略。它是利用人们的实惠心理和认为零数价格比整数价格便宜的心理错觉而采取的定价策略。比如,一件商品的价格可在 9.9 元至 10 元的幅度内确定,则应尽量把价格确定在零数上(如 9.95 元)而不是 10 元的整数上。零数定价策略适用于价格低廉的商品。

(2)整数定价策略。整数定价策略与零数定价策略相反,是把价格确定在整数上。它是利用人们认为物有所值或惜时心理而采取的定价策略。整数定价给消费者产生质量高、性能可靠的感觉,因此高档耐用商品宜采用整数定价策略。同时,在时间紧迫的场所或休闲场所,如车站、商店、影剧院等都可采用整数定价策略。

(3)声望定价策略。它是利用人们的信誉心理和自尊心理而采取的定价策略。当企业的产品在市场竞争中获得一定的商业信誉后,即可利用产品的信任感采取高价策略,维护产品的声望。此外,为了满足消费者对声誉卓著的产品的炫耀消费心理,也应采取特殊高价策略。

3. 折扣定价策略

折扣定价策略是指在一定条件下,降低商品的销售价格来刺激购买者,从而达到扩大商品销量的目的的定价策略。一般分为以下几种:

(1)数量折扣。它是指按购买者购买数量的多少给予的价格折扣,购买数量越大,则折扣越大;反之则越小。它鼓励购买者大量或集中向本企业购买商品。

(2)现金折扣。它是指按购买者付款期限的长短给予的价格折扣,其目的在于鼓励购买者经常向本企业采购且尽早付款,以加快资金周转速度。

(3)交易折扣。它是指按各类中间商在商品流通中所负担职能的大小给予的报酬。交易折扣的大小随行业与产品的不同而不同,对于同一行业或同一品种的商品,则又要看中间商所负担职能的大小而定。一般来说,给予批发商的折扣要比给予零售商的大。

(4)季节性折扣。它是指对购买者在淡季购买商品给予的价格折扣。这样做既可以鼓励购买者提早采购,从而减轻企业库存压力,又可以加速资金周转,充分利用企业的生产能力。

4.6.3 产品定价方法

产品定价方法是指企业在进行定价决策时,按照一定的程序和模型,最终具体确定产品价格的方法。以定价决策需考虑的因素为标准,产品定价方法可分为市场定价法和成本定价法。

1. 市场定价法

市场定价法是根据商品在市场上的供给量、需求量与销售价格之间的函数关系,来确定销售价格的一种方法。

在市场经济条件下,商品价格受市场供需情况的影响围绕其价值上下波动。商品的供给量与需求量是决定商品价格的主要因素。市场上商品的需求量受许多因素的制约,包括商品本身价值、购买者偏好、社会购买力、其他商品价格及国家的消费政策等。在需求函数不变的条件下,价格上升,需求量减少;反之,则需求量增加。需求量与商品价格成反方向变动关系,在图4-5中表现为向右下方倾斜的曲线。

市场上商品的供给量受企业的生产数量、生产成本及企业对商品价格的期望等因素制约。在供给函数不变的条件下,供给量与商品价格成同方向变动关系,在图4-5中表现为向右上方倾斜的曲线。

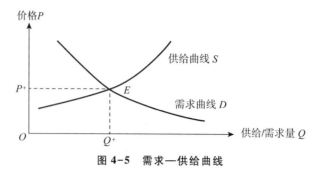

图 4-5 需求—供给曲线

从图 4-5 中可以看出,当需求曲线 D 与供给曲线 S 相交于一点(E)时,市场上的供给与需求达到均衡,E 点的价格就是均衡价格。市场均衡是需要一定条件的,当供需条件发生变化时,相应的供给曲线和需求曲线会发生移动,这样原有均衡就被打破,在价格机制的作用下会形成新的均衡。

从以上分析可以看出,在市场供需不断变化的情况下,企业产品销售数量与销售价格之间存在密切联系,即销售价格提高,销售数量减少;反之,则销售数量增加。产品定价要达到销售收入最大化的目的,而销售收入是销售价格与销售数量的乘积。在边际收入等于或接近边际成本时,即边际利润等于或接近零时,企业获利最大。因此,以市场供需关系为基础的定价过程,就是寻找边际收入等于或接近边际成本的价格的过程。

[例 4-18] 设某企业生产的甲产品单位售价为 36 元,销售数量为 400 件/月,单位产品变动成本为 20 元,固定成本总额为 4 000 元。为了提高产品的市场占有率,企业采取薄利多销政策,售价及有关数据如表 4-19 所示。甲产品定价为多少时获利最多?

表 4-19 产品销售资料

单位售价(元)	预计销售量(件)	销售收入(元)	变动成本(元)	固定成本(元)	成本总额(元)	边际收入(元)	边际成本(元)	边际利润(元)	利润总额(元)
36	400	14 400	8 000	4 000	12 000	—	—	—	2 400
35	440	15 400	8 800	4 000	12 800	1 000	800	200	2 600
34	480	16 320	9 600	4 000	13 600	920	800	120	2 720
33	520	17 160	10 400	4 000	14 400	840	800	40	2 760
32	540	17 280	10 800	4 000	14 800	120	400	-280	2 480
31	570	17 670	11 400	4 000	15 400	390	600	-210	2 270
30	600	18 000	12 000	4 000	16 000	330	600	-270	2 000

由表 4-19 分析可见,单位售价 33 元为最优售价。

2. 成本定价法

成本定价法是指制定的产品价格除补偿所有成本外,还应提供合理的利润,至少要补偿产品的成本。

(1) 全部成本加成定价法。全部成本加成定价法是指在单位产品的全部成本上加上

预期的加成率进行定价的方法。其计算公式为:

$$单位产品价格 = 单位产品生产成本 \times (1 + 加成率)$$
$$= 单位产品生产成本 + 加成额$$

其中,加成率=预期成本毛利率=(利润+非生产成本)/生产成本。

(2) 变动成本加成定价法。变动成本加成定价法是指在单位产品的变动成本上加上一定的加成率进行定价的方法。其计算公式为:

$$单位产品价格 = 单位产品变动生产成本 \times (1 + 加成率)$$
$$= 单位产品变动生产成本 + 加成额$$

其中,加成率=变动成本贡献率=(利润+固定成本)/变动成本。

(3) 变动成本率定价法。变动成本率定价法是指用单位变动成本除以变动成本率进行定价的方法。其计算公式为:

$$单位产品价格 = \frac{单位变动成本}{变动成本率}$$
$$= \frac{单位变动成本}{1 - 边际贡献率}$$

[**例 4-19**] 某企业生产甲产品,产量为 500 件时的有关费用资料如下:直接材料 20 000 元,直接人工 11 000 元,变动制造费用 12 000 元,固定制造费用 10 000 元,销售及管理费用 1 800 元。该企业计划实现 30 000 元的目标利润。试用上述三种方法确定产品售价。

解:

全部成本加成定价法下:

$$预期成本毛利率 = \frac{30\,000 + 1\,800}{20\,000 + 11\,000 + 12\,000 + 10\,000} \times 100\% = 60\%$$

$$单位产品生产成本 = \frac{20\,000 + 11\,000 + 12\,000 + 10\,000}{500} = 106(元)$$

产品单价 = $106 \times (1 + 60\%) = 169.6$(元)

变动成本加成定价法下:

$$变动成本贡献率 = \frac{30\,000 + 10\,000 + 1\,800}{20\,000 + 11\,000 + 12\,000} \times 100\% = 97.2\%$$

$$单位产品变动生产成本 = \frac{20\,000 + 11\,000 + 12\,000}{500} = 86(元)$$

产品单价 = $86 \times (1 + 97.2\%) = 169.6$(元)

变动成本率定价法下:

$$变动成本率 = \frac{20\,000 + 11\,000 + 12\,000}{20\,000 + 11\,000 + 12\,000 + 10\,000 + 1\,800 + 30\,000} \times 100\%$$
$$= 50.71\%$$

产品单价 = $\frac{86}{50.71\%} = 169.6$(元)

(4) 非标准产品定价法。非标准产品是指按客户特殊要求进行非正常生产的产品,

一般无市价可供参考,通常由双方协商以成本为基础定价,并在合同中予以规定。协商价格一般有以下几种:

第一,固定价格,即由双方协商确定一个固定的价格,在合同有效期内保持不变,无论产品的实际成本高低,产品价格均按合同规定的价格确定。

第二,成本加成价格,即在产品的实际成本之上加上按这一实际成本和合同规定的成本加成率计算的利润,再考虑销售税金确定的价格。

第三,奖励价格,即双方协商规定计划成本和固定费用,并规定实际成本若超过计划成本则按实际成本结算,若有节余则按规定比例由买卖双方分享。

本章小结

1. 进行经营决策时,必须分清楚哪些收入项目属于相关收入和无关收入,哪些成本项目属于相关成本和无关成本。差量成本、机会成本、专属成本、边际成本、沉没成本、共同成本等是必须掌握的概念。

2. 经营决策的方法有差量分析法、边际毛益分析法与本—量—利分析法等。掌握运用以上几种方法进行生产何种产品的决策,应增产哪一种产品或开发何种新产品的决策,亏损产品应否停产或转产的决策,是否接受以特定价格追加订货的决策,半成品、联产品立即出售或继续加工的决策,以及零部件自制或外购的决策。

复习思考题

1. 简述决策的基本步骤。
2. 什么是边际贡献?它与销售利润有什么区别?
3. 简述边际成本与变动成本的含义及两者的区别。
4. 产品定价应达到哪些目标?
5. 产品功能与价值的关系是什么?

作业练习

1. 某企业具备利用某种数量有限的甲材料开发一种新产品的生产经营能力,现有 A、B 两个品种可供选择。A 品种的预计单价为 200 万元,单位变动成本为 160 万元,消耗甲材料的单耗定额为 10 千克;B 品种的预计单价为 100 万元,单位变动成本为 70 万元,消耗甲材料的单耗定额为 6 千克。开发新品种不需要追加专属成本。假定企业现有甲材料 60 000 千克。

要求:
(1) 计算利用甲材料分别开发 A、B 品种方案的相关业务量。
(2) 用贡献毛益总量分析法做出开发何种新品种的决策。

2. 开发 A 品种和开发 B 品种的相关产销量、单价与单位变动成本等资料均同作业练习 1,但假定开发过程中需要装备不同的专用模具,相应分别需要追加专属成本 8 000 万元和 70 000 万元。

要求:用差量分析法做出开发何种新品种的决策。

3. 已知某企业组织多品种经营。2020 年甲产品的产销量为 1 000 件,单位变动成本为80万元,发生亏损10 000万元,其完全成本为110 000万元。

假定2021年甲产品的市场容量、价格和成本水平均不变,若停产后相对剩余生产能力无法转移。

要求:

(1) 计算2021年甲产品的销售收入。

(2) 计算2021年甲产品的变动成本。

(3) 计算2021年甲产品的边际贡献。

4. 仍按作业练习3资料。假定2021年企业已具备增产30%甲产品的能力,且无法转移。市场上有可以接受增产产品的容量,其他条件均不变。

要求:

(1) 用贡献毛益总量分析法做出是否增产甲产品的决策。

(2) 验证"如果不应当停止生产某亏损产品,那么就应当增产该亏损产品"说法的正确性。

(3) 计算增产甲产品方案的相关业务量。

(4) 计算甲产品的单价。

(5) 用差量分析法做出是否增产甲产品的决策。

(6) 验证贡献毛益总量分析法与差量分析法结论的一致性。

5. 你所属公司的生产部经理就项目Y的成本问题向你查询意见。项目Y是该经理准备竞投的一个海外的一次性订单。该项目的有关成本如表4-20所示。

表4-20 项目Y相关成本　　　　　　　　　　　　　　　　单位:元

项目	金额
原材料A	16 000
原材料B	32 000
直接人工	24 000
监督成本	8 000
间接费用	48 000
合计	128 000

你所知的资料如下:

(1) 原材料A已存放于仓库,表中数字乃是其成本价格。除上述项目Y以外,公司暂时没有其他项目会使用原材料A。假如需要清理原材料A,费用将是7 000元。原材料B需要从外面购入,成本如表4-20所列。

(2) 直接人工24 000元为从另一项目调配到项目Y的工人的成本,另一项目因这次调配而需招聘的额外工人的成本为28 000元。

(3) 监督成本按项目直接人工的1/3计算,由现有的职员在其既定的工作范围内执行。

(4) 间接费用按项目直接人工的200%计算。

(5) 公司现正在高于保本点的水平运作。

(6) 公司为此项目需购置的新机器在项目完成后别无他用。新机器的成本为 40 000 元,项目完成后可以卖 21 000 元。

根据生产部经理的资料,这位海外客户愿意支付的最高价格为 120 000 元,而公司的竞争对手也愿意接受这个价格。考虑到上述成本 128 000 元还未包括新机器的成本及公司的利润,生产部经理可以接受的最低价格为 160 000 元。

要求:

(1) 计算项目 Y 的相关成本,应清楚列明数字来源,并解释某些数字被排除的原因。

(2) 给生产部经理编写一份报告,阐明公司应否竞投此项目、原因及投标价。请留意竞争对手愿意出价 120 000 元竞投此项目。

(3) 指出在竞投项目 Y 前应考虑的一些非货币性因素。

(4) 假设公司是在低于保本点的水平运作,你将会提出什么建议?请说明理由。

6. 东方机床厂生产刨床、铣床和专用机床三类产品,对应的产品生产结构分别为 50%、40% 和 10%。

今年该厂销售部门根据市场需求进行了销售预测,生产部门初步平衡了生产能力,编制了产品生产计划,财会部门打算据此进行产品生产决策。

该厂多年生产的老产品刨床,由于造价高、定价低,长期处于亏损状态。尽管是亏损产品,但是市场上仍有一家企业需此产品,为了满足市场需要,该厂仍继续生产。财会部门根据产品生产计划预测的成本和利润如表 4-21 所示。

表 4-21　今年成本和利润预测　　　　　　　　　　　　　单位:万元

项目	刨床	铣床	专用机床	合计
销售收入	654.6	630.7	138.3	1 423.6
销售成本	681.9	564.5	106.8	1 353.2
销售利润	-27.3	66.2	31.5	70.4

厂长阅读了该表以后,对财会部门提出了以下几个问题:

(1) 今年本厂目标利润能否达到 100 万元?

(2) 刨床产品亏损 27.3 万元,影响企业利润,可否考虑停产?

(3) 若能增置设备,扩大生产能力,则能否增产增利?

带着这些问题,财会部门与销售、生产等部门共同研究寻找对策。若干天后,他们提出了以下四种方案,希望有关专家经过分析比较,确定其中的最优方案。

A 方案:停止生产刨床,按原计划生产铣床和专用机床。

B 方案:停止生产刨床后,根据生产能力的平衡条件,铣床最多增产 40%,专用机床最多增产 10%。

C 方案:在今年产品生产计划不变的情况下,根据更新改造基金情况投资 10 万元,增加 4 台设备,使铣床增产 10%。估计新设备使用期限为 10 年。

D 方案:在 C 方案的基础上挖掘潜力,进一步平衡生产能力,调整产品生产计划。该厂铣床系列是最近几年开发的新产品,由于技术性能好、质量高,颇受用户欢迎,目前已是市场上供不应求的产品。故根据市场预测,调整产品生产结构,压缩刨床生产计划 30%,

铣床在原方案基础上增产36%。

另外,财会人员运用回归分析法,在计算出单位产品变动成本的基础上,计算出了变动成本占销售收入的比率。在今年的成本资料基础上,考虑到原材料调价因素,其结果如表4-22所示。

表4-22 调整后的产品变动成本情况

项目	刨床	铣床	专用机床
变动成本占销售收入	70%	60%	55%

前些年,该厂试制生产C5150大立车,由于决策不当,造成了28万多元的经济损失。

要求:试对上述方案进行分析评价,确定最优方案。

延伸阅读与写作

1. 谈谈信息系统下管理会计的经营决策分析方法的改进与应用。
2. 写一篇短文,分析外部冲击(如疫情、贸易摩擦)等对企业经营决策行为的影响。

参考文献

[1] 何大安.大数据时代厂商决策的数据智能化[J].浙江社会科学,2020(4):18-26.

[2] 胡文俊,邓虹.大数据时代对企业经营决策的影响分析[J].商业经济研究,2016(7):80-82.

[3] 李俊杰,刘渝.税收优惠政策对民族地区企业经营决策的影响分析[J].青海民族研究,2011,22(3):54-58.

[4] 张婧文.三种灰色局势决策方法在企业经营决策中的运用[J].统计与决策,2012(2):82-84.

第5章 资本预算决策

【学习目标】
1. 熟练掌握不同类型的投资项目计算现金净流量的技巧和方法。
2. 掌握货币时间价值的有关计算公式和运用货币时间价值系数表的技巧。
3. 熟练掌握投资回收期、净现值和内部收益率等投资决策评价指标的计算技巧,以及评价方案财务可行性的各项标准,并能做出投资决策。

【导入指引】
资本预算决策是指需要投入大量资金,以增强企业的生产经营能力的决策。要增强企业的生产经营能力,就要增加固定资产投资,而且往往要相应地增加流动资产投资。长期资本投资,尤其是固定资产投资耗资大、影响时间长(施工期长、投资回收期长),具有不可逆转性。企业将固定资产投资叫作沉没投资,说明一旦决策付诸实施就很难更改,不是无法实现,就是代价太大,而且投资项目交付使用后的收益情况和项目生命周期受内外各种因素的制约,这些因素之间的相互关系又是错综复杂的,所以风险较大。但是,企业要想在高度竞争的市场环境中获得成功,在很大程度上取决于企业做出与企业战略相一致的、能够创造财富的资本预算决策。可见,资本预算事关重大,属于战略性决策,必须认真做好可行性分析工作,正确评价各个备选方案的经济效益和社会效益,从中选择最优方案,以便做出科学的资本预算决策。

5.1 资本预算决策需要考虑的问题

资本预算决策关系到企业的生死存亡。那么,我们在进行资本预算决策时,应考虑哪些因素呢?

第一,应考虑货币的时间价值对资本预算方案的影响。特别是在"现值"概念越来越被会计学界采纳、被广大决策人员推崇时,我们更应该在决策时将其作为首要因素予以考虑。

第二,应正确估计投资项目现金流量的数额及其时间分布,评价投资风险,分析投资项目未来的现金收支对企业的影响,进而做出科学的决策。

第三,还应考虑投资风险价值、资金成本等因素对资本预算决策的影响。

在此,我们着重介绍货币的时间价值、现金流量、投资风险价值和资金成本四个因素。

5.1.1 货币的时间价值

货币的时间价值是评价资本预算方案经济效益的重要因素。货币的时间价值是指货币随着时间的推移而发生的价值"增值"。货币在生产经营过程中不断地进行循环和周转,也就不断地增值,这是货币的时间价值的真正源泉。由于资本预算在较长的时期内对现金流量具有持续影响,而现金流量是在不同时点发生的,具有不可比性,因此必须先把不同时点的现金流量折算成同一时点的价值,然后才能进行比较。

货币的时间价值有两种表现形式,一种是用绝对数表示的利息,另一种是用相对数表示的利率。一般情况下,货币的时间价值按复利计算,具体有复利现值、复利终值、年金现值和年金终值。

1. 一次性收付款项的终值和现值的意义及其计算

我们在进行资本预算决策时,首先应弄清楚两个基本概念,即终值(Future Value)和现值(Present Value)。所谓终值,是指若干期后(一般指年)包括本金和利息在内的未来的价值,也称本利和;所谓现值,是指在以后某一规定的时间内收到或支付的一笔款项按规定的折现率计算出的现在的价值。现值的计算与终值的计算刚好相反。

终值和现值的计算方法通常可以分为单利和复利两种。

为了计算方便,我们先设定如下标识:I 为利息,P 为现值,F 为终值,i 为每一利息期的利率(折现率),n 为计算利息的期数。

(1) 单利。单利是指只就本金计算利息,每年增加的利息不计入本金,累计计息的一种利息计算方式。

按照单利的计算法则,利息的计算公式为:

$$I = P \times i \times n$$

[**例 5-1**] 某人持有一张带息票据,面额为 2 000 元,票面年利率为 5%,出票日为 8 月 12 日,到期日为 11 月 10 日(90 天)。则该持有者到期可得利息为:

$I = 2\ 000 \times 5\% \times 90/360 = 25(元)$

单利终值的计算公式为:

$$F = P + P \times i \times n = P(1 + i \times n)$$

[**例 5-2**] 现在的 1 元钱,年利率为 10%,则第 5 年年末的终值为:

$F = 1 \times (1 + 10\% \times 5) = 1.5(元)$

单利现值的计算同单利终值的计算是互逆的,由终值计算现值的过程称为折现。单利现值的计算公式为:

$$P = F/(1 + i \times n)$$

[**例 5-3**] 某人希望在 5 年后得到本利和 1 000 元,用以支付一笔款项。则在年利率为 5%,单利方式计算的条件下,此人现在需存入银行的资金为:

$P = 1\ 000/(1 + 5\% \times 5) = 800(元)$

(2) 复利。复利是指将本金所产生的利息计入本金,然后以二者之和(即本利和)为计算下一期利息的基础,逐期滚动计算的一种利息计算方式,即所谓的"利滚利"。在进行资本预算决策的分析、评价时,为了反映货币不断运动、不断增值的规律,货币的时间价值通常是按复利计算的。

复利与单利终值计算的区别可以用表 5-1 来表示。

表 5-1 复利与单利终值计算的比较

期间	单利终值	复利终值
第一期期末的终值	$F = P \times (1+i)$	$F = P \times (1+i)$
第二期期末的终值	$F = P \times (1+2 \times i)$	$F = P \times (1+i)^2$
第三期期末的终值	$F = P \times (1+3 \times i)$	$F = P \times (1+i)^3$

在已知现值 P 和利率 i 的条件下,求 n 期后的复利终值可以按下式计算:

$$终值(F) = 现值 \times (1+利率)^{时期数} = P \times (1+i)^n$$

式中,$(1+i)^n$ 称为复利终值系数(又称一元终值或终值因子),简称终值系数,记作 $(F/P, i, n)$,可以通过查表求得。因此,终值公式又可以改写成:

$$终值 = 现值 \times 复利终值系数$$
$$F = P \times (F/P, i, n)$$

[例 5-4] 某企业在年初存入一笔金额为 10 000 元的资金,问 3 年后一次取出的本利和为多少?已知年复利率为 6%。

解:

已知 $P = 10\,000, i = 6\%, n = 3$,则:

$$F = P \times (1+i)^n$$
$$= 10\,000 \times (1+6\%)^3$$
$$= 11\,910(元)$$

[例 5-5] 某人将 20 000 元存入银行,年存款利率为 6%,则 1 年后的本利和为:

$$F = P + P \times i = P \times (1+i)^1 = 20\,000 \times (1+6\%)^1 = 21\,200(元)$$

如果此人并不提走现金,将 21 200 元继续存在银行,则第 2 年的本利和为:

$$F = P \times (1+i) \times (1+i) = P \times (1+i)^2 = 20\,000 \times (1+6\%)^2 = 22\,472(元)$$

同理,第 3 年的本利和为:

$$F = P \times (1+i)^2 \times (1+i) = P \times (1+i)^3 = 20\,000 \times (1+6\%)^3 = 23\,820(元)$$

相应的,由于复利现值是终值的逆运算,若已知终值 F、贴现率 i 和期数 n,则复利现值 P 可以按下式求出:

$$现值 = 终值 \times (1+利率)^{-时期数}$$
$$P = F \times (1+i)^{-n}$$

式中,$(1+i)^{-n}$ 称为复利现值系数(又称一元现值或现值因子),简称现值系数,记作 $(P/F, i, n)$,该系数也可以通过查表求得。

[例 5-6] 假设某厂准备自年初开始从利润留成中提取一笔资金,5 年后一次取出,本利和共计 50 000 元。该企业应在年初提取多少资金方能满足上述要求?已知年复利率为 6%。

解：

已知 $F = 50\,000, i = 6\%, n = 5$，则：

$P = F \times (P/F, i, n)$

$= 50\,000 \times (P/F, 6\%, 5) = 50\,000 \times 0.7473$

$= 37\,365(元)$

[例 5-7] 某投资项目预计 6 年后可获得收益 800 万元，按年利率(折现率)12%计算，则这笔收益的现值为：

$P = F \times (1+i)^{-n} = F \times (P/F, i, n)$

$= 8\,000\,000 \times (P/F, 12\%, 6) = 8\,000\,000 \times 0.5066$

$= 4\,052\,800(元)$

[例 5-8] 若计划在 3 年以后得到 400 元，年利率为 8%，则现在应存入银行的金额为：

$P = F \times (1+i)^{-n} = F \times (P/F, i, n)$

$= 400 \times (1+8\%)^{-3} = 400 \times (P/F, 8\%, 3)$

$= 400 \times 0.7938$

$= 317.52(元)$

2. 系列收付款项(年金)的终值和现值的意义及其计算

凡是在一定期间内，每间隔相同的一段时间(一年或半年)收入或支付的一系列等额款项，称为年金。简言之，年金是指一定时期内每次等额收付的系列款项，通常记作 A。年金在现实经济生活中有广泛的应用，如定期收入或支付的租金、保险费、折旧费、工资、利息、分期付款或分期收款、零存整取或整存零取储蓄存款，等等。年金一般应同时满足两个条件：①连续性，在一定期间内，每间隔相同的一段时间必须发生一次收(付)款业务，形成系列，不得中断；② 等额性，各期发生的收(付)款项必须在数额上相等。

按收入或支付款项的情况不同，年金又有多种形式：收入或支付在每期期末的年金，称为普通年金或后付年金；收入或支付在每期期初的年金，称为即付年金或先付年金；在最初若干期没有收付款项的情况下，后面若干期等额收付系列款项的年金，称为递延年金，它是普通年金的特殊形式；无限期继续收入或支付的年金，称为永续年金。

普通年金(后付年金)。在实际工作中，普通年金的应用最为广泛，现首先就普通年金的终值和现值加以说明。

普通年金终值是指在一定时期内，每期期末收入或支付等额款项的复利终值之和。

[例 5-9] 某人于每期期末存款 100 元，经过 3 期，年复利率为 8%，则第 3 期期末的年金终值可计算如下：

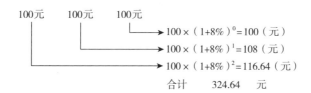

从以上计算中可以看出:每期期末存入 100 元,按年利率 8% 计算,则第 3 期期末的年金终值为 324.64 元。

用 A 表示每期期末收付款项,则普通年金终值的计算公式为(注:此式是按等比数列求和公式推导出的):

$$F = A \times \frac{(1+i)^n - 1}{i}$$

式中,$\frac{(1+i)^n - 1}{i}$ 称为年金终值系数(又称一元年金终值或终值因子),记作($F/A, i, n$)。该系数可以通过查表求得。

[例 5-10] 某企业于每年年末向保险公司存入 10 000 元,为企业职工购买人身意外保险。若年复利率为 6%,则第 10 年年末该企业可以一次取出的本利和为:

已知 $A = 10\,000, n = 10, i = 6\%$,则:

$$F = A \times \frac{(1+i)^n - 1}{i}$$

$$= 10\,000 \times \frac{(1+6\%)^{10} - 1}{6\%}$$

$$= 10\,000 \times 13.181$$

$$= 131\,810(元)$$

[例 5-11] 某项目在 5 年建设期内每年年末从银行借款 100 万元,借款年复利率为 10%,则该项目竣工时应付本息的总额为:

$$F = A \times \frac{(1+i)^n - 1}{i} = 100 \times \frac{(1+10\%)^5 - 1}{10\%}$$

$$= 100 \times 6.105 = 610.5(万元)$$

[例 5-12] 某人 5 年中每年年底存入银行 100 元,存款年利率为 8%,则第 5 年年末年金终值为:

$$F = A \times (F/A, i, n) = 100 \times (F/A, 8\%, 5) = 100 \times 5.867 = 586.7(元)$$

普通年金现值是指在一定时期内,每期期末收入或支付等额款项的复利现值之和。

[例 5-13] 某人每期期末收到 1 元,经过 3 期,年复利率为 5%,则该笔款项的年金现值可计算如下:

```
            0   第1期期末  第2期期末  第3期期末
                  1元       1元       1元
    1×(1+5%)⁻¹=0.952（元）←─┘         │         │
    1×(1+5%)⁻²=0.907（元）←───────────┘         │
    1×(1+5%)⁻³=0.864（元）←─────────────────────┘
    合计       2.723      元
```

从以上计算中可以看出,每期期末收到 1 元,按年复利率 5% 计算,则该笔款项的年金现值之和为 2.723 元。

普通年金现值的计算公式为：

$$P = A \times \frac{1-(1+i)^{-n}}{i}$$

式中，$\frac{1-(1+i)^{-n}}{i}$ 称为年金现值系数，记作 $(P/A,i,n)$。该系数可以通过查表求得。

[**例 5-14**] 某企业若购置某自动化设备，则每年可以节约人工和材料成本 150 000 元。设该设备的使用期为 10 年，按年复利率 8% 计算，该设备节约的人工和材料成本的现值为多少？

解：

已知 $A = 150\,000, n = 10, i = 8\%$，则：

$$\begin{aligned}
\text{普通年金现值 } P &= A \times \frac{1-(1+i)^{-n}}{i} \\
&= 150\,000 \times (P/A,8\%,10) \\
&= 150\,000 \times 6.710 \\
&= 1\,006\,500(\text{元})
\end{aligned}$$

[**例 5-15**] RD 投资项目于 2001 年年初动工，并于当年投产，从投产之日起每年可获得收益 40 000 元。按年复利率 6% 计算，则预期 10 年收益的现值为：

$$P = A \times (P/A,i,n) = 40\,000 \times (P/A,6\%,10) = 40\,000 \times 7.360 = 294\,400(\text{元})$$

[**例 5-16**] 租入某设备，每年年末需要支付租金 120 元，年复利率为 10%，则 5 年内应支付的租金总额的现值为：

$$P = 120 \times \frac{1-(1+10\%)^{-5}}{10\%} = 120 \times (P/A,10\%,5) = 120 \times 3.790 \approx 455(\text{元})$$

即付年金。即付年金是指从第 1 期起，在一定时期内每期期初等额收付的系列款项，又称先付年金。它与普通年金的区别仅在于付款时间的不同。

n 期即付年金与 n 期普通年金的关系如图 5-1 所示。

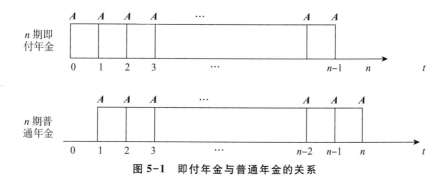

图 5-1 即付年金与普通年金的关系

即付年金的终值是其最后 1 期期末时的本利和，是各期收付款项的复利终值之和。

从图 5-1 可以看出，n 期即付年金与 n 期普通年金的付款次数相同，但由于其付款时间不同，n 期即付年金的终值比 n 期普通年金的终值应多计算一期利息。因此，在 n 期普通年金终值的基础上乘以 $(1+i)$ 就是 n 期即付年金的终值。其计算公式为：

$$F = A \times \frac{(1+i)^n - 1}{i} \times (1+i)$$

$$= A \times \left[\frac{(1+i)^{n+1} - 1}{i} - 1\right]$$

式中,方括号内的内容称作"即付年金终值系数",它是在普通年金终值系数的基础上,期数加1,系数值减1所得的结果,通常记为$[(F/A,i,n+1)-1]$。这样,通过查阅一元年金终值系数表得到$(n+1)$期的值,然后减1便可得出对应的即付年金终值系数的值。这时可用如下公式计算即付年金的终值:

$$F = A \times [(F/A, i, n+1) - 1]$$

[例 5-17] 某人每年年初存入银行1 000元,银行存款年复利率为8%,则第10年年末的本利和为:

$$F = A \times \left[\frac{(1+i)^{n+1} - 1}{i} - 1\right]$$

$$= 1000 \times \left[\frac{(1+8\%)^{10+1} - 1}{8\%} - 1\right]$$

$$= 1\,000 \times (16.645 - 1)$$

$$= 15\,645(元)$$

如前所述,n期即付年金现值与n期普通年金现值的期限相同,但由于其付款时间不同,n期即付年金现值比n期普通年金现值少折现一期。因此,在n期普通年金现值的基础上乘以$(1+i)$,便可求出n期即付年金的现值。其计算公式为:

$$P = A \times \frac{1 - (1+i)^{-n}}{i} \times (1+i)$$

$$= A \times \left[\frac{1 - (1+i)^{-(n-1)}}{i} + 1\right]$$

式中,方括号内的内容称作"即付年金现值系数",它是在普通年金现值系数的基础上,期数减1,系数值加1所得的结果,通常记为$[(P/A,i,n-1)+1]$。这样,通过查阅一元年金现值系数表得到$(n-1)$期的值,然后加1,便可得出对应的即付年金现值系数的值。这时可用如下公式计算即付年金的现值:

$$P = A \times [(P/A, i, n-1) + 1]$$

[例 5-18] 某企业租用一台设备,在10年中每年年初要支付租金5 000元,年复利率为8%,则这些租金的现值之和为:

$$P = A \times [(P/A, i, n-1) + 1]$$

$$= 5\,000 \times [(P/A, 8\%, 9) + 1)]$$

$$= 5\,000 \times (6.246 + 1)$$

$$= 36\,230(元)$$

递延年金。递延年金是指第1次收付款发生时间与第1期无关,而是间隔若干期(假设为s期,$s \geq 1$)后才开始发生的系列等额收付款项。它是普通年金的特殊形式,凡不是从第1期开始的年金都是递延年金。递延年金与普通年金的关系可用图5-2表示。

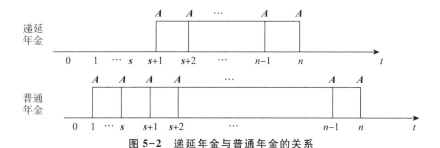

图 5-2 递延年金与普通年金的关系

递延年金的现值可用如下公式计算:

$$P = A \times \left[\frac{1-(1+i)^{-n}}{i} - \frac{1-(1+i)^{-s}}{i}\right]$$
$$= A \times [(P/A,i,n) - (P/A,i,s)]$$
$$P = A \times \left[\frac{1-(1+i)^{-(n-s)}}{i} \times (1+i)^{-s}\right]$$
$$= A \times [(P/A,i,n-s) \times (P/F,i,s)]$$

前者是先计算出 n 期的普通年金现值,然后减去前 s 期的普通年金现值,即得递延年金的现值;后者是先将递延年金视为 (n-s) 期普通年金,求出在第 s 期的现值,然后再折算为第 0 期的现值。

[例 5-19] 某人在年初存入一笔资金,存满 5 年后每年年末取出 1 000 元,至第 10 年年末取完,银行存款年复利率为 10%,则此人应在最初一次存入银行的钱数为:

$$P = A \times [(P/A,10\%,10) - (P/A,10\%,5)]$$
$$= 1\ 000 \times (6.144 - 3.790) = 2\ 354(元)$$
$$P = A \times [(P/A,10\%,5) \times (P/F,10\%,5)]$$
$$= 1\ 000 \times 3.790 \times 0.6209 = 2\ 353.21(元)$$

[例 5-20] 某企业向银行借入一笔款项,银行贷款的年复利率为 8%,银行规定前 10 年不用还本付息,但从第 11 年至第 20 年每年年末需偿还本息 1 000 元,则这笔款项的现值为:

$$P = A \times \left[\frac{1-(1+i)^{-(n-s)}}{i} \times (1+i)^{-s}\right]$$
$$= 1\ 000 \times \frac{1-(1+8\%)^{-(20-10)}}{i} \times (1+8\%)^{-10}$$
$$= 1\ 000 \times 6.710 \times 0.4632$$
$$\approx 3\ 108(元)$$

永续年金。永续年金是指无限期等额收付的特种年金,可视为普通年金的特殊形式,即期限趋于无穷的普通年金。存本取息可视为永续年金的例子。此外,也可将利率较高、持续期限较长的年金视同永续年金计算。

由于永续年金持续期无限,没有终止的时间,因此没有终值,只有现值。通过普通年金现值计算可推导出永续年金现值的计算公式为:

$$P = A \times \sum_{t=1}^{\infty} \frac{1}{(1+i)^t} = \frac{A}{i}$$

[例 5-21] 某人持有某公司优先股,每年每股股利为 2 元,若此人想长期持有,则在年复利率为 10% 的情况下,请对该项股票投资进行估价。

解:

这是一个求永续年金现值的问题,即假设该优先股每年股利固定且持续较长时期,计算出这些股利的现值之和,即为该股票的估价。

$$P = \frac{A}{i} = \frac{2}{10\%} = 20(元)$$

5.1.2 现金流量

现金流量是指在资本预算决策中,投资项目引起的企业在未来一定期间发生的现金支出和现金收入增加的数量。这里的"现金"是指广义上的现金,它不仅包括各种货币资金,还包括项目开始时投入企业的非货币资金的变现价值,如固定资产的残值或中途变现收入,以及在流动资产上收回的投资的变现价值。

现金流量的主要内容包括现金流出量、现金流入量和现金净流量。

1. 现金流出量

一个投资项目的现金流出量是指该投资项目引起的企业现金支出的增加额。一般包括:

第一,固定资产上的投资。它是指企业房屋、设备、生产线的购入或建造成本、运输成本、保险费和安装费等。

第二,流动资产上的投资。它是指企业为了提高生产能力,在原有的基础上追加的流动资产(如原材料、在产品、产成品、存货和货币资金等)投入。

第三,其他投资费用。它是指与投资项目有关的融资的相关税费、注册费和职工培训费等。

第四,付现成本。它是指企业营运过程中需要每年支付现金的成本,如用现金支付的工资、材料费等。另外,成本中不需要每年支付现金的部分称为非付现成本,如固定资产折旧费、修理费等。

2. 现金流入量

一个投资项目的现金流入量是指该投资项目在建成投产后的整个生命周期内,由于开展正常生产经营活动而发生的现金流入的数量。一般包括:

第一,营业现金流入。它是指项目建成之后,企业在营运过程中所获得的增量营业收入。

第二,生产线出售时的残值收入。它是指资产出售时企业所收回的现金,它引起企业的现金流入。

第三,收回的流动资金。它是指在营运过程中,企业可以相应地增加或减少的流动资金投入。对于收回的资金,也可以视为现金流入。

3. 现金净流量

现金净流量是指一定时期内现金流入量与现金流出量的差额。它是评价投资方案是否可行、必须事先计算出的一项基础性指标。其计算公式为:

现金净流量 = 现金流入量 − 现金流出量

从现金净流量的计算公式来看,它是企业在项目建成后所产生的增量营业收入扣除有关的增量付现成本后的余额。此外,还应考虑所得税的支付对现金流出的影响。用公式表示如下:

现金净流量 = 营业收入 − 付现成本 − 所得税
　　　　　 = 营业收入 − (成本 − 折旧) − 所得税
　　　　　 = 税后利润 + 折旧

从每年现金流动的结果来看,增加的现金流入来自两部分:一部分是利润形成的货币增值;另一部分是以货币形式收回的折旧。

以下举例说明现金流量的计算。

[例 5-22] 某企业欲投资一套生产设备,共 20 万元,两年后建成,每年投资 10 万元。设备使用寿命为 5 年,采用直接法计提折旧,预计残值为 2 万元。此外,需增加流动资产投资 5 万元。该设备投产后预计每年可获得营业收入 15 万元。第一年的付现成本为 8 万元,以后随着设备陈旧,修理费逐年增加 0.5 万元。企业所得税税率为 25%。假设各年投资额为年初一次发生,营业收入或支出都看作年末一次发生。

先计算该项目的营业现金净流量,如表 5-2 所示。

表 5-2　营业现金流量计算表　　　　　　　　　　　　　　单位:万元

项目	时间				
	3	4	5	6	7
营业收入(1)	15.000	15.000	15.000	15.000	15.000
付现成本(2)	8.000	8.500	9.000	9.500	10.000
折旧(3)	3.600	3.600	3.600	3.600	3.600
税前利润(4)=(1)−(2)−(3)	3.400	2.900	2.400	1.900	1.400
所得税(5)=(4)×25%	0.850	0.725	0.600	0.475	0.350
税后利润(6)=(4)−(5)	2.550	2.175	1.800	1.425	1.050
营业现金净流量(7)=(1)−(2)−(5)=(6)+(3)	6.150	5.775	5.400	5.025	4.650

注:年折旧额 = (20 − 2) ÷ 5 = 3.6(万元)。

该项目现金流量分析表如表 5-3 所示。

表 5-3　现金流量分析表　　　　　　　　　　　　　　单位:万元

项目	时间							
	0	1	2	3	4	5	6	7
固定资产投资	−10.000	−10.000						
投入流动资产			−5.000					
营业现金净流量				6.150	5.775	5.400	5.025	4.650
固定资产残值								2.000
收回流动资产								5.000
年现金流量合计	−10.000	−10.000	−5.000	6.150	5.775	5.400	5.025	11.650

在进行投资决策时,之所以要以按收付实现制计算的现金净流量而不是利润为评价投资项目经济效益的基础,主要是基于以下两个方面的原因:

第一,采用现金流量有利于科学地考虑货币的时间价值因素。科学的投资决策必须认真考虑货币的时间价值,这就要求在决策前一定要弄清每笔预期收入款项和支出款项的具体时间,因为不同时期的货币具有不同的价值。在评价各方案的优劣时,应根据各投资项目生命周期内各年的现金流量,按照资本成本,结合货币的时间价值来确定。而利润的计算,并不考虑现金收付的时间,它是以权责发生制为基础的。利润与现金流量的差异主要表现在以下几个方面:①购置固定资产要支付大量的现金,但不计入成本;②将固定资产的价值以折旧或损耗的形式逐期计入成本时不需要付出现金;③计算利润时,不必考虑垫支在流动资产上的资金的数量和回收时间;④计算利润时,如果销售行为已经发生,就要计入当期的营业收入,尽管其中有一部分并未在当期收到现金。可见,要在投资决策中考虑货币的时间价值因素,就不能用利润来评判项目的优劣,而必须用现金流量。

第二,采用现金流量能够使投资决策更符合实际情况。在投资决策中,采用现金流量能科学、客观地评价投资方案的优劣,而利润则明显地存在不科学、不客观的成分。这是因为:①利润的计算没有统一的标准,在一定程度上要受到存货估价、费用分摊及折旧计提的不同方法的影响,因而利润的计算比现金流量的计算有更大的主观随意性,作为决策的主要依据不是十分可靠;②利润反映的是某一会计期间"应计"的现金流量,而不是实际的现金流量,若以未实际收到现金的收入为收益,则具有较大的风险,容易高估投资项目的经济效益,存在不科学、不合理的成分。

5.1.3 投资风险价值

财务活动通常是在有风险的情况下进行的。既然财务活动存在风险,那么投资者就应该得到应有的收益;否则,他就不愿意去冒险。我们将投资者冒着风险进行投资而获得的超过货币时间价值的额外收益,称为该项投资的风险价值或风险报酬。在此,我们将讨论有关风险的基本概念、相关的衡量手段以及在决策时如何适度地对风险因素加以计量。

1. 风险的概念

风险一般是指某一行动的结果具有多样性。在存在风险的情况下,人们只能事先估计到采取某种行动可能导致的各种结果,以及每种结果出现的可能性,而行动的真正结果究竟会怎样,不能事先确定。

与风险相联系的一个概念是"不确定性",即人们事先只知道采取某种行动可能导致的各种结果,但不知道它们实现的"概率",或者两者都不知道,而只能做些粗略的估计。例如,企业试制一种新产品,事先只能肯定该种产品试制成功或失败两种可能,但不会知道这两种结果出现可能性的大小。又如购买股票,投资者事实上不可能事先确定所有可能达到的报酬率及其出现的概率。资本预算决策一般都是在"不确定"的情况下做出的。西方国家的企业通常对风险和不确定性这两个概念不加以区分,把不确定性视同风险而加以计量,以便进行定量分析。在实务中,当说到风险时,可能指的是确切意义上的风险,但更可能指的是不确定性。例如,我们在预计一个投资项目的报酬时,不可能十分精确,也没有百分之百的把握。有些事情的未来发展我们事先是不能确定的,如产品价格、成本、销量等一些变量。

总之,某一行动的结果"具有多种可能而不确定",就叫有风险;反之,若某一行动的结果很确定,就叫没有风险。从财务管理的角度来看,风险就是企业在各项财务活动过程中,由于各种难以预料或无法控制的因素的作用,使企业的实际收益与预计收益发生背离,从而有蒙受经济损失的可能性。由于人们普遍具有风险反感心理,因而一提到风险,多数都将其错误地理解为与损失是同一概念。事实上,风险有可能带来超出预期的损失,呈现其不利的一面,但也有可能带来超出预期的收益,呈现其有利的一面。

从投资的角度来说,投资风险实质上是企业经营收益及投资报酬无法达到预期收益和预期报酬的可能性。

[**例 5-23**] 某企业拥有 500 万元,现有两种投资方案可供选择:

方案一,将这 500 万元全部用来购买年利率为 5%、一年后到期的国库券;

方案二,将这 500 万元用来成立一家新的投资基金公司。

如果该企业选择方案一,它就能准确地估算出,当一年以后国库券到期时,它能够获得 25 万元的投资收益,投资报酬率为 5%。我们通常把这种投资称为无风险投资。

如果该企业选择方案二,它就很难准确地估算出投资报酬率。若成立的投资基金公司能够在一年内将资金投放于盈利较高的项目,则投资报酬率可能为 150% 或者更高,但也可能因投资失误而血本无归。

因此,相对而言,方案二的投资风险更高。

2. 风险的类别

从个别理财主体的角度来看,风险分为市场风险和企业特别风险两类。市场风险是指那些影响所有企业的风险,如战争、自然灾害、经济衰退和通货膨胀等。这类风险涉及所有企业,不能通过多元化投资来分散,因此又称不可分散风险或系统风险。企业特别风险是发生于个别企业的特有事项造成的风险,如罢工、诉讼失败、失去销售市场等。这类事件是随机发生的,可以通过多元化投资来分散。这类风险又称可分散风险或非系统风险。

从企业本身来看,按风险形成的原因可将企业特有风险进一步分为经营风险和财务风险两大类。

(1) 经营风险。经营风险是指出于生产经营方面的原因而给企业盈利带来的不确定性。企业生产经营的许多方面都会受到来源于企业外部和内部的诸多因素的影响,具有很大的不确定性。例如,由于原材料供应地的政治经济形势变动,运输路线改变,原材料价格变动,新材料、新设备的出现等带来的供应方面的风险;由于产品生产方向不对,产品更新时期掌握不好,生产质量不合格,新产品、新技术开发试验不成功,生产组织不合理等带来的生产方面的风险;由于出现新的竞争对手,消费者喜好发生变化,销售决策失误,产品广告推销不力,以及货款回收不及时等带来的销售方面的风险。所有这些生产经营方面的不确定性,都会引起企业的利润或利润率的变化。

(2) 财务风险。财务风险又称筹资风险,是指由于举债而给企业财务成果带来的不确定性。企业举债经营,全部资金中除自有资金外还有一部分借入资金,这会对自有资金的盈利能力造成影响;同时,借入资金需还本付息,一旦无力偿付到期债务,企业便会陷入财务困境甚至破产。当企业息税前资金利润率高于借入资金利息率时,使用借入资金获得的利润除补偿利息外还有剩余,从而使自有资金利润率提高。但是,若企业息税前资金利润率低于借入资金利息率,则使用借入资金获得的利润还不够支付利息,需动用自有资金的一部分利润来支付利息,从而使自有资金利润率降低。如果企业息税前利润还不够支付利息,就要用自有资金来支付,从而使企业发生亏损。如果企业亏损严重,财务状况恶化,丧失支付能力,就会出现无法还本付息甚至破产的危险。总之,由于许多因素的影响,企业息税前资金利润率和借入资金利息率差额具有不确定性,从而引起自有资金利润率的高低变化,这种风险即为筹资风险。这种风险程度的大小受借入资金对自有资金比例的影响,借入资金比例大,风险程度会随之增大;借入资金比例小,风险程度会随之减小。对财务风险的管理,关键是要保证有一个合理的资金结构,维持适当的负债水平,既要充分利用举债经营这一手段获取财务杠杆收益,提高自有资金的盈利能力,又要注意防止因过度举债而引起财务风险加大,避免企业陷入财务困境。

3. 风险报酬

前文讲述的货币的时间价值是投资者在无风险条件下进行投资所要求的报酬率(这里暂不考虑通货膨胀因素)。这是以确定的报酬率为计算依据的,也就是以肯定能取得的报酬为条件。但是,企业财务活动总是处于或大或小的风险之中,任何经济预测的准确性都是相对的,预测的时间越长,不确定程度越高。因此,为了简化决策分析工作,在短期财务决策中一般不考虑风险因素;而在长期财务决策中,则不得不考虑风险因素,需要计量风险程度。

任何投资者宁愿要确定的某一报酬率,而不愿意要不确定的同一报酬率,这种现象被称为风险反感。在风险反感普遍存在的情况下,诱使投资者进行风险投资的,是超过货币时间价值的那部分额外报酬,即风险报酬。

风险报酬的表现形式是风险报酬率,即投资者因冒风险进行投资而要求的超过货币时间价值的那部分额外报酬率。

如果不考虑通货膨胀的话,则投资者进行风险投资所要求或期望的投资报酬率便是货币的时间价值(无风险报酬率)与风险报酬率之和,即

期望投资报酬率 = 货币的时间价值(或无风险报酬率) + 风险报酬率

假如,货币的时间价值为10%,某项投资期望报酬率为15%,在不考虑通货膨胀因素的条件下,该项投资的风险报酬率便是5%。

4. 风险衡量

风险客观存在,广泛影响着企业的财务和经营活动,因此,正视风险并将风险程度予以量化,进行较为准确的衡量,便成为企业管理会计中的一项重要工作。风险与概率直接相关,并由此而与期望值、离散程度等相联系,企业在对风险进行衡量时应着重考虑以下几个因素:

(1) 概率分布。在现实生活中,某一事件在完全相同的条件下可能发生也可能不发生,既可能出现这种结果又可能出现那种结果,我们称这类事件为随机事件。概率就是用百分数或小数来表示随机事件发生可能性及出现某种结果可能性大小的数值。我们用 X 表示随机事件,X_i 表示随机事件的第 i 种结果,P_i 为出现该种结果的相应概率。若 X_i 出现,

则 $P_i=1$,若不出现,则 $P_i=0$,同时,所有可能结果出现的概率之和必定为 1。因此,概率必须符合下列两个要求:

$$0 \leqslant P_i \leqslant 1$$

$$\sum_{i=1}^{n} P_i = 1$$

将随机事件各种可能的结果按照一定的规则进行排列,同时列出各结果出现的相应概率,这一完整的描述被称为概率分布。

[**例 5-24**] 某企业甲产品投产后预期收益和市场销量情况有关,可用表 5-4 描述各种可能收益的概率分布。

表 5-4 市场预测和预期收益概率分布

市场销量情况	年收益(万元)X_i	概率 P_i
销量很好	5	0.1
销量较好	4	0.2
销量一般	3	0.4
销量较差	2	0.2
销量很差	1	0.1

概率分布有两种类型:一种是离散型分布,也称不连续的概率分布,如图 5-3 所示,其特点是概率分布在各个特定的点(指 X 值)上;另一种是连续型分布,其特点是概率分布在连续图像的两点之间的区间上,如图 5-4 所示。

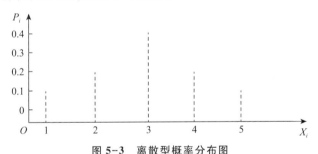

图 5-3 离散型概率分布图

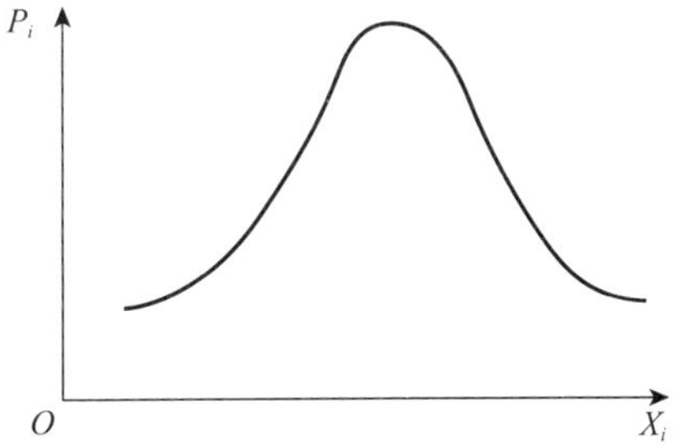

图 5-4 连续性概率分布图

(2)期望值。期望值是一个概率分布中的所有可能结果,以各自相应的概率为权数计算的加权平均值,是加权平均的中心值,通常用符号 $\overline{E}$ 表示,其计算公式如下:

$$\overline{E} = \sum_{i=1}^{n} X_i P_i$$

[例 5-25] 以例 5-24 中有关数据为依据计算甲产品投产后预期收益的期望值,即期望值收益为:

$$\overline{E} = 5 \times 0.1 + 4 \times 0.2 + 3 \times 0.4 + 2 \times 0.2 + 1 \times 0.1$$
$$= 0.5 + 0.8 + 1.2 + 0.4 + 0.1 = 3(万元)$$

期望收益反映预期收益的平均化,在各种不确定性因素(本例中假定只有市场销售情况因素影响产品收益)影响下,它代表着投资者的合理预期。

(3) 离散程度。离散程度是用以衡量风险大小的统计指标。一般说来,离散程度越大,风险越大;离散程度越小,风险越小。反映随机变量离散程度的指标包括平均差、方差、标准离差、标准离差率和全距等。本书主要介绍方差、标准离差和标准离差率三项指标。

方差是用来表示随机变量与期望值之间的离散程度的一个数值。其计算公式为:

$$\sigma^2 = \sum_{i=1}^{n}(X_i - \overline{E})^2 \times P_i$$

[例 5-26] 以例 5-24 中的数据为例,计算甲产品预期收益与期望收益的方差为:

$$\sigma^2 = (5-3)^2 \times 0.1 + (4-3)^2 \times 0.2 + (3-3)^2 \times 0.4 + (2-3)^2 \times 0.2 + (1-3)^2 \times 0.1$$
$$= 1.2$$

标准离差也叫均方差,是方差的平方根,其计算公式为:

$$\sigma = \sqrt{\sum_{i=1}^{n}(x_i - \overline{E})^2 \times P_i}$$

标准离差以绝对数衡量投资项目的风险程度,在期望值相同的情况下,标准离差越大,风险越大;反之,标准离差越小,风险越小。

[例 5-27] 以例 5-24 中的数据为例,计算甲产品预期收益与期望收益的标准离差为:

$$\sigma^2 = \sqrt{(5-3)^2 \times 0.1 + (4-3)^2 \times 0.2 + (3-3)^2 \times 0.4 + (2-3)^2 \times 0.2 + (1-3)^2 \times 0.1}$$
$$= \sqrt{0.4 + 0.2 + 0 + 0.2 + 0.4}$$
$$\approx 1.095$$

或 $\sigma = \sqrt{1.2} \approx 1.095$

标准离差率是标准离差同期望值之比,通常用符号 q 表示,其计算公式为:

$$q = \frac{\sigma}{E}$$

标准离差率是一个相对指标,它以相对数衡量投资项目的风险程度。方差和标准离差作为绝对数,只适用于期望值相同的投资项目风险程度的比较,对于期望值不同的投资项目,评价和比较其各自的风险程度只能借助于标准离差率这一相对指标。在期望值不同的情况下,标准离差率越大,风险越大;反之,标准离差率越小,风险越小。

[例 5-28] 以例 5-24 中的有关数据为例,计算甲产品预期收益的标准离差率为:

$$q = \frac{\sigma}{E} = \frac{1.095}{3} = 0.365$$

通过上述方法将投资项目的风险加以量化后,决策者便可据此做出决策。对于单个项目,决策者可根据其标准离差(率)的大小,并将其同设定的可接受的此项指标最高限值进行对比,看前者是否低于后者,然后做出取舍。对于多项目择优,决策者的行动准则应是选择低风险高收益的项目,即选择标准离差最小、期望收益最高的项目。然而高收益往往伴有高风险,低收益项目的风险程度往往也较低,究竟选择何种项目,就要权衡期望收益与风险,而且要视决策者对风险的态度来定。对风险比较反感的人可能会选择期望收益较低的项目,愿冒风险的人则可能会选择风险虽高但同时收益也高的投资项目。

5.1.4 资金成本

1. 资金成本的概念

资金成本是指企业为筹集和使用资金而发生的代价。在市场经济条件下,企业不能无偿使用资金,必须向资金提供者支付一定数量的费用作为补偿。企业使用资金就要付出代价,所以,企业必须节约使用资金。

资金成本包括用资费用和筹资费用两部分内容:

(1) 用资费用。用资费用是指企业在生产经营、投资过程中因使用资金而支付的代价,如向股东支付的股利、向债权人支付的利息等,这是资金成本的主要内容。

(2) 筹资费用。筹资费用是指企业在筹措资金的过程中为获取资金而支付的费用,如向银行支付的借款手续费,因发行股票、债券而支付的发行费等。筹资费用与用资费用不同,它通常是在筹措资金时一次性支付的,在用资过程中不再发生。

资金成本可以用绝对数表示,也可以用相对数表示,但在财务管理中,一般用相对数表示,即表示为用资费用与实际筹得资金(即筹资数额扣除筹资费用后的余额)的比率。其通用计算公式为:

$$资金成本 = \frac{每年的用资费用}{筹资数额 - 筹资费用}$$

2. 资金成本的应用

资金成本在许多方面都可加以应用,其中主要用于筹资决策和投资决策。

(1) 资金成本在筹资决策中的作用。资金成本是企业选择资金来源、拟定筹资方案的依据。不同的资金来源,具有不同的成本。为了以较少的支出取得所需资金,企业就必须分析各种资金成本的高低,并加以合理配置。资金成本对企业筹资决策的影响主要有以下几个方面:

首先,资金成本是影响企业筹资数额的重要因素。随着筹资数额的增加,资金成本不断变化。当企业筹资数额很大,资金的边际成本超过企业承受能力时,企业便不能再增加筹资数额。因此,资金成本是限制企业筹资数额的一个重要因素。

其次,资金成本是企业选择资金来源的基本依据。企业的资金可以从许多方面来筹集,就长期借款来说,可以向商业银行借款,也可以向保险公司或其他金融机构借款,还可以向政府申请借款。企业究竟选用哪种来源,首先要考虑的就是资金成本的高低。

再次,资金成本是企业选择筹资方式的参考标准。企业可以利用的筹资方式是多种多样的,在选用筹资方式时,需要考虑的因素有很多,但必须考虑资金成本这一经济标准。

最后,资金成本是确定最优资金结构的主要参数。不同的资金结构会给企业带来不同的风险和成本,从而引起股票价格的变动。企业在确定最优资金结构时,考虑的因素主要包括资金成本和财务风险。

然而,资金成本并不是企业筹资决策中所要考虑的唯一因素。企业筹资还要考虑财务风险、资金期限、偿还方式和限制条件等。但资金成本作为一项重要的因素,直接关系到企业的经济效益,是企业进行筹资决策时需要考虑的一个首要问题。

（2）资金成本在投资决策中的作用。资金成本在企业评价投资项目的可行性、选择投资方案时也有重要作用。企业在计算投资评价指标——净现值时,常以资金成本为折现率。当净现值为正时,投资项目可行;反之,当净现值为负时,该项目不可行。因此,采用净现值指标评价投资项目时,离不开资金成本。在利用内部收益率指标进行项目可行性评价时,一般以资金成本为基准收益率。也就是说,只有当投资项目的内部收益率高于资金成本时,投资项目才可行;反之,当投资项目的内部收益率低于资金成本时,投资项目则不可行。因此,国际上通常将资金成本视为投资项目的"最低收益率"或是否采用投资项目的取舍率,是比较、选择投资方案的主要标准。

3. 个别资金成本

个别资金成本是指各种筹资方式的成本。其中,主要包括债券成本、银行借款成本、优先股成本、普通股成本和留存收益成本,前两者可统称为负债资金成本,后三者可统称为权益资金成本。现分别说明如下:

（1）债券成本。债券成本中的利息在税前支付,具有减税效应。债的筹资费用一般较高,这类费用主要包括申请发行债券的手续费、注册费、印刷费、上市费以及推销费用等。债券成本的计算公式为:

$$K_b = \frac{I(1-T)}{B_0(1-f)} = \frac{B \times i \times (1-T)}{B_0(1-f)}$$

式中,K_b 为债券成本;I 为债券每年支付的利息;T 为所得税税率;B 为债券面值;i 为债券票面利息率;B_0 为债券筹资额,按发行价格确定;f 为债券筹资费率。

[例5-29] 某企业发行一笔期限为10年的债券,债券面值为1 000万元,票面利率为12%,每年付息一次,发行费率为3%,企业所得税税率为25%,债券按面值等价发行。则该笔债券的成本为:

$$K_b = \frac{1\,000 \times 12\% \times (1-25\%)}{1\,000 \times (1-3\%)} \times 100\% \approx 9.27\%$$

（2）银行借款成本。银行借款成本的计算与债券一致,其计算公式为:

$$K_l = \frac{I(1-T)}{L(1-f)} = \frac{L \times i \times (1-T)}{L(1-f)}$$

式中,K_l 为银行借款成本;I 为银行借款年利息;T 为所得税税率;L 为银行借款总额;i 为银行借款利息率;f 为银行借款筹资费率。

由于银行借款的手续费很低,上式中的 f 常常可以忽略不计,因此上式可简化为:

$$K_l = i(1-T)$$

（3）优先股成本。企业发行优先股,既要支付筹资费用,又要定期支付股利。与债券不同的是,股利在税后支付,且没有固定到期日。优先股成本的计算公式为:

$$K_p = \frac{D}{P_0(1-f)}$$

式中，K_p 为优先股成本；D 为优先股每年的股利；P_0 为发行优先股总额；f 为优先股筹资费率。

[**例 5-30**]　某企业按面值发行 100 万元的优先股，筹资费率为 4%，每年支付 12% 的股利，则优先股的成本为：

$$K_p = \frac{100 \times 12\%}{100 \times (1-4\%)} = 12.5\%$$

当企业破产时，优先股股东的求偿权位于债券持有人之后，优先股股东的风险大于债券持有人的风险，这就使得优先股的股利支付率一般大于债券的利息率。另外，优先股股利要从净利润中支付，不减少公司的所得税，所以，优先股成本通常高于债券成本。

（4）普通股成本。普通股成本的计算有多种方法，其主要方法为估价法，它是利用估算普通股现值的公式，来计算普通股成本的一种方法。普通股现值的计算公式为：

$$V_0 = \left[\sum_{i=1}^{n} \frac{D_i}{(1+K_s)^i}\right] + \frac{V_n}{(1+K_s)^n}$$

由于股票没有到期日，那么当 $n \to \infty$ 时，$\frac{V_n}{(1+K_s)^n} \to 0$，所以，普通股的现值为：

$$V_0 = \sum_{i=1}^{n} \frac{D_i}{(1+K_s)^i}$$

式中，V_0 为普通股现值，即发行价格；D_i 为第 i 期支付的股利；V_n 为普通股终值；K_s 为普通股股本。

这样，可以利用以上两个公式求出 K_s，即普通股成本。以上两个公式计算都比较复杂，如果每年股利固定不变，假定为 D，则可视为永续年金，计算公式可简化为：

$$K_s = \frac{D}{V_0}$$

普通股筹资费率为 f 时，则有：

$$K_s = \frac{D}{V_0(1-f)}$$

许多公司的股利都是不断增加的，假设年增长率为 g，则普通股成本的计算公式为：

$$K_s = \frac{D_1}{V_0(1-f)} + g$$

式中，D_1 为第 1 年的股利。

[**例 5-31**]　东方公司普通股每股发行价为 100 元，筹资费率为 5%，第一年年末发放股利 12 元，以后每年增长 4%，则：

$$普通股成本 = \frac{12}{100 \times (1-5\%)} + 4\% \approx 16.63\%$$

（5）留存收益成本。一般企业都不会把全部收益以股利形式分给股东，所以，留存收益是企业资金的一种重要来源。企业留存收益等于股东对企业进行追加投资，股东对这部分投资与以前缴给企业的股本一样，也要求具有一定的报酬，所以，留存收益也要计算

成本。留存收益成本的计算与普通股基本相同,但不用考虑筹资费用。其计算公式为:

$$K_e = \frac{D}{V_0}$$

股利不断增加的企业则为:

$$K_e = \frac{D_1}{V_0} + g$$

式中,K_e 为留存收益成本;其他符号含义与普通股成本计算公式相同。

普通股与留存收益都属于所有者权益,股利的支付不固定。企业破产后,股东的求偿权位于最后,与其他投资者相比,普通股股东所承担的风险最大,因此,普通股的报酬也应最高。所以,在各种资金来源中,普通股的成本最高。

4. 加权平均资金成本

企业可以从多种渠道、以多种方式筹集资金,而各种方式的筹资成本是不一样的。为了正确进行筹资和投资决策,企业必须计算加权平均资金成本。加权平均资金成本是指分别以各种资金成本为基础,以各种资金占全部资金的比重为权数计算出来的综合资金成本。其计算公式为:

$$K_w = \sum W_j K_j$$

式中,K_w 为加权平均资金成本;W_j 为第 j 种资金占总资金的比重;K_j 为第 j 种资金的成本。

[例 5-32] 某企业共有资金 100 万元,其中债券 30 万元,优先股 10 万元,普通股 40 万元,留存收益 20 万元,各种资金的成本分别为:$K_b = 6\%$,$K_p = 12\%$,$K_s = 15.5\%$,$K_e = 15\%$。试计算该企业加权平均资金成本。

计算各种资金所占的比重:

$$W_b = \frac{30}{100} \times 100\% = 30\%$$

$$W_p = \frac{10}{100} \times 100\% = 10\%$$

$$W_s = \frac{40}{100} \times 100\% = 40\%$$

$$W_e = \frac{20}{100} \times 100\% = 20\%$$

计算加权平均资金成本:

$$\begin{aligned} K_w &= W_b K_b + W_p K_p + W_s K_s + W_e K_e \\ &= 30\% \times 6\% + 10\% \times 12\% + 40\% \times 15.5\% + 20\% \times 15\% \\ &= 12.2\% \end{aligned}$$

以上计算过程也可通过表 5-5 来展示。

表 5-5 加权平均资金成本

筹资方式	资金成本(%)	资金数额(万元)	所占比重(%)	加权平均资金成本(%)
债券	6.0	30	30	1.8
优先股	12.0	10	10	1.2

(续表)

筹资方式	资金成本(%)	资金数额(万元)	所占比重(%)	加权平均资金成本(%)
普通股	15.5	40	40	6.2
留存收益	15.0	20	20	3.0
合计	—	100	100	12.2

5. 资金的边际成本

资金的边际成本是指资金每增加一个单位而增加的成本。这是财务管理中的重要概念，也是企业追加投资、筹资过程中必须加以考虑的问题。

加权平均资金成本是企业过去筹集的或目前使用的资金的成本。但是，企业各种资金的成本是随时间的推移或筹资条件的变化而不断变化的，加权平均资金成本也不是一成不变的。一个企业进行投资，不能仅仅考虑目前所使用的资金的成本，还要考虑为投资项目新筹集的资金的成本，这就需要计算资金的边际成本。

资金的边际成本需要采用加权平均法计算，其权数应为市场价值权数，不应使用账面价值权数。

现举例说明资金边际成本的计算。

[例5-33] 华西公司目前有资金1 000 000元，其中长期债务200 000元，优先股50 000元，普通股750 000元。现在公司为满足投资要求，准备筹集更多的资金。试计算确定资金的边际成本。

这一计算过程须按如下步骤进行：

（1）确定公司最优的资金结构。华西公司的财务人员经过认真分析，认为目前的资金结构即为最优资金结构，因此，在今后筹资时，继续保持长期债务占20%、优先股占5%、普通股占75%的资金结构。

（2）确定各种筹资方式的资金成本。华西公司的财务人员认真分析了目前金融市场状况和公司筹资能力，认为随着公司筹资规模的不断扩大，各种筹资成本也会增加，详细情况如表5-6所示。

表5-6 华西公司筹资资料

筹资方式	目标资金结构(%)	新筹资的范围(元)	资金成本(%)
长期债务	20	0～10 000	6
		10 000～40 000	7
		大于40 000	8
优先股	5	0～2 500	10
		大于2 500	12
普通股	75	0～22 500	14
		22 500～75 000	15
		大于75 000	16

(3) 计算筹资总额分界点。根据目标资金结构和各种筹资方式资金成本变化的分界点,计算筹资总额的分界点,其具体计算公式为:

$$BP_i = \frac{TF_i}{W_i}$$

式中,BP_i 为筹资总额分界点;TF_i 为第 i 种筹资方式的成本分界点;W_i 为目标资金结构中第 i 种筹资方式所占的比例。

华西公司计算的筹资总额分界点如表 5-7 所示。

表 5-7 筹资总额分界点计算表

筹资方式及 目标资金结构	资金 成本(%)	特定筹资方式 的筹资范围(元)	筹资总额分界点 (元)	筹资总额的范围 (元)
长期债务 20%	6%	0~10 000	10 000/0.2 = 50 000	0~50 000
	7%	10 000~40 000	40 000/0.2 = 200 000	50 000~200 000
	8%	大于 40 000	—	大于 200 000
优先股 5%	10%	0~2 500	2 500/0.05 = 50 000	0~50 000
	12%	大于 2 500	—	大于 50 000
普通股 75%	14%	0~22 500	22 500/0.75 = 30 000	0~30 000
	15%	22 500~75 000	75 000/0.75 = 100 000	30 000~100 000
	16%	大于 75 000	—	大于 100 000

在表 5-7 中,分界点是指特定筹资方式成本变化的分界点。例如,对长期债务而言,在 10 000 元以内,其成本为 6%,而在目标资金结构中,债务的比重为 20%,这表明在债务成本由 6% 上升到 7% 之前,企业可筹集 50 000 元(10 000/0.2)的资金。当筹资总额在 50 000~200 000 元时,债务成本上升到 7%。

(4) 计算资金的边际成本。根据第二步计算的分界点,可得出五组新的筹资范围:①0~30 000 元;②30 000~50 000 元;③50 000~100 000 元;④100 000~200 000 元;⑤200 000 元以上。对以上五个筹资范围计算加权平均资金成本,便可得到各种筹资范围的资金的边际成本。这一计算过程可通过表 5-8 来进行。

表 5-8 资金边际成本计算表

序号	筹资总额的范围	筹资方式	目标资金结构 ①	资金成本 ②	资金的边际成本 ③ = ① × ②
1	0~30 000 元	长期债务	20%	6%	1.20%
		优先股	5%	10%	0.50%
		普通股	75%	14%	10.50%
			第一个范围的资金边际成本 = 12.20%		

(续表)

序号	筹资总额的范围	筹资方式	目标资金结构 ①	资金成本 ②	资金的边际成本 ③ = ① × ②
2	30 000~50 000 元	长期债务	20%	6%	1.20%
		优先股	5%	10%	0.50%
		普通股	75%	15%	11.25%
		第二个范围的资金边际成本 = 12.95%			
3	50 000~100 000 元	长期债务	20%	7%	1.40%
		优先股	5%	12%	0.60%
		普通股	75%	15%	11.25%
		第三个范围的资金边际成本 = 13.25%			
4	100 000~200 000 元	长期债务	20%	7%	1.40%
		优先股	5%	12%	0.60%
		普通股	75%	16%	12.00%
		第四个范围的资金边际成本 = 14.00%			
5	200 000 元以上	长期债务	20%	8%	1.60%
		优先股	5%	12%	0.60%
		普通股	75%	16%	12.00%
		第五个范围的资金边际成本 = 14.20%			

5.2 资本预算决策的方法

企业在进行资本预算决策时,必须对各备选方案的经济效益进行评价,择其有利者而行,这就需要采用一定的方法。这些方法,按其是否考虑货币的时间价值可以分为静态分析方法与动态分析方法两大类。

静态分析方法不考虑货币的时间价值,也可称为非贴现的现金流量法。这类方法的特点是分析、评价投资方案时,对各个不同时期的现金流量,不按货币的时间价值进行统一换算,而直接按投资项目所形成的现金流量进行计算,主要包括静态投资回收期法、投资报酬率法和追加投资回收期法。

动态分析方法是结合货币的时间价值来决定方案的取舍,也可称为贴现的现金流量法。这类方法的特点是把现金流出量、现金流入量和时间这三个基本因素联系起来进行分析、评价,主要包括净现值法、净现值率法、现值指数法、内含报酬率法和外部收益率法等。

5.2.1 静态分析方法

1. 静态投资回收期法

静态投资回收期法(Payback Period Method)是根据回收全部原始投资总额的时间长

短来评价方案优劣的一种方法。在采用这种方法时,根据每年的现金净流量情况,又有两种具体计算办法:

(1) 当每年的现金净流量相等时,只需将原始投资总额除以每年的现金净流量,即

静态投资回收期 = 原始投资总额 ÷ 每年的现金净流量

(2) 当每年的现金净流量不等时,需要逐年测试,累计每年的现金净流量,到年末累计现金净流量达到原始投资额的那一年为止。

[例 5-34] 现有甲、乙、丙三种投资方案,有关资料如表 5-9 所示。试计算各方案的投资回收期。

表 5-9 各投资方案的现金流量分布　　　　　　　　　　　　　单位:元

期限（年）	现金净流量	投资方案		
		甲	乙	丙
0	投资额	60 000	60 000	60 000
1	净流量	20 000	10 000	40 000
2	净流量	20 000	15 000	40 000
3	净流量	20 000	20 000	20 000
4	净流量	20 000	30 000	
5	净流量	20 000	25 000	
现金净流量合计		100 000	100 000	100 000

甲方案的投资回收期 = 60 000 ÷ 20 000 = 3(年)

乙方案每年的现金流量不等,需逐年测试。其前三年的累计现金流量为 45 000 元,第四年的为 30 000 元。可见其投资回收期在第三年和第四年之间。

乙方案的投资回收期 = 3 + (60 000 - 45 000) ÷ 30 000 = 3.5(年)

同理可得丙方案的投资回收期为:

丙方案的投资回收期 = 1 + (60 000 - 40 000) ÷ 40 000 = 1.5(年)

结果表明:丙方案的投资回收期最短,甲、乙方案的次之,因此应选择丙方案。

静态投资回收期指标以年为单位,包括以下两种形式:包括建设期的投资回收期(记作 PP)和不包括建设期的投资回收期(记作 PP′)。显然,在建设期为 s 时,PP = PP′ + s。只要计算出其中一种形式,就可以很方便地推算出另一种形式。

如果一项投资方案满足以下特殊条件,即投资均集中发生在建设期(s)内,投产后前若干年(假设为 m 年)每年经营现金净流量相等,且有以下关系成立:

m × 投产后前 m 年每年相等的经营现金净流量(NCF) ≥ 原始投资总额(I)

则可按以下简化公式直接求出不包括建设期的投资回收期 PP′:

$$PP' = \frac{\left|\sum_{t=0}^{s} NCF_t\right|}{NCF_{(s+1)-(s+m)}}$$

式中,$NCF_{(s+1)-(s+m)}$ 为投产后 1—m 年每年相等的经营现金净流量。m 必须满足以下关系:

$$m \times \text{NCF}_{(s+1)-(s+m)} \geq I \text{ 或 } \left| \sum_{t=0}^{s} \text{NCF}_t \right|$$

式中，I 为投资额。在计算出不包括建设期的投资回收期（PP'）的基础上，将其与建设期（s）代入公式 $PP = PP' + s$，即可求得包括建设期的投资回收期（PP）。

[例 5-35] 已知某固定资产项目需要一次投入价款 100 万元，资金来源系银行借款，年利率为 10%，建设期为 1 年，发生资本化利息 10 万元。该固定资产可使用 10 年，按直线法计提折旧，期满有净残值 10 万元。项目投入使用后，可使经营期第 1—7 年每年产品营业收入（不含增值税）增加 80.39 万元，第 8—10 年每年产品营业收入（不含增值税）增加 69.39 万元，同时使第 1—10 年每年经营成本增加 37 万元。该企业的所得税税率为 25%，不享受减免税优惠。投资后第 7 年年末，用净利润归还借款的本金，在还本之前的经营期内每年年末支付借款利息 11 万元（考虑所得税）。试计算项目投资回收期。

注意：在全部投资条件下，无论按照哪种方法所确定的经营现金净流量，都不包括归还借款本金的内容。

解：

项目计算期（n） = 建设期（s） + 生产经营期（P） = 1 + 10 = 11（年）

固定资产原值 = 固定资产投资 + 资本化利息 = 100 + 10 = 110（万元）

原始投资额（I） = 100（万元）

经营期第 1—7 年每年总成本 = 37 + 10 + 11（利息支出） = 58（万元）

经营期第 8—10 年每年总成本 = 37 + 10 + 0（利息支出） = 47（万元）

经营期第 1—7 年每年营业利润 = 80.39 − 58 = 22.39（万元）

经营期第 8—10 年每年营业利润 = 69.39 − 47 = 22.39（万元）

每年应交所得税 = 22.39 × 25% ≈ 5.60（万元）

每年净利润 = 22.39 − 5.60 = 16.79（万元）

按简化公式计算的建设期现金净流量为：

$\text{NCF}_0 = -100$

$\text{NCF}_1 = 0$

按简化公式计算的经营期现金净流量为：

$\text{NCF}_{2-8} = 16.79$（年净利润） + 10（年折旧额） + 11（利息费用） = 37.79（万元）

$\text{NCF}_{9-10} = 16.79 + 10 + 0 = 26.79$（万元）

$\text{NCF}_{11} = 16.79 + 10 + 0 + 10 = 36.79$（万元）

因为 $m = 7$，$m \times \text{NCF}_{2-8} = 7 \times 37.79 > 100$（原始投资总额）

所以 $PP' = \dfrac{100}{37.79} \approx 2.65$（年）

$PP = PP' + s = 2.65 + 1 = 3.65$（年）

以上介绍的计算投资回收期的简化方法所要求的应用条件比较特殊，包括：

$$\text{NCF}_{(s+1)} = \text{NCF}_{s+2} = \text{NCF}_{s+3} = \cdots = \text{NCF}_{s+m}$$

如果不能满足上述条件，就无法采用这种方法，但可以通过列表计算"累计现金净流量"的方式来确定包括建设期的投资回收期，这就是所谓的确定静态投资回收期的一般方

法。该方法的原理是:按照回收期的定义,包括建设期的投资回收期(PP)满足以下关系式,即

$$\sum_{t=0}^{PP} \text{NCF}_t = 0$$

这表明在财务现金流量表的累计现金净流量一栏中,包括建设期的投资回收期恰好是累计现金净流量为零的年限。在计算时,无非有两种可能:

第一,在累计现金净流量栏上可以直接找到零,那么读出零所在列的 t 值即为所求的包括建设期的投资回收期。否则应按第二种情况处理。

第二,无法在累计现金净流量栏上找到零,则可按如下公式计算包括建设期的投资回收期(PP):

$$PP = m' + \frac{\left|\sum_{t=0}^{m'} \text{NCF}_t\right|}{\text{NCF}_{(m'+1)}}$$

式中,m' 为现金净流量由负变正的前一年,即现金流量表的累计现金净流量一栏中最后一项负值所对应的年数,且 m' 满足以下关系:$\sum_{t=0}^{m'} \text{NCF}_t < 0$, $\sum_{t=0}^{m'+1} \text{NCF}_t > 0$;$\left|\sum_{t=0}^{m'} \text{NCF}_t\right|$ 为第 m' 年年末尚未回收的投资额;$\text{NCF}_{(m'+1)}$ 为($m'+1$)年的现金净流量。

根据例 5-35 的计算结果可编制该项目现金流量表如表 5-10 所示。

表 5-10 某固定资产投资项目现金流量表(全部投资) 单位:万元

项目	建设期		经营期							合计
	0	1	2	3	……	8	9	10	11	
1.0 现金流入量										
1.1 营业收入	0.00	0.00	80.39	80.39	…	80.39	69.39	69.39	69.39	770.90
1.2 回收固定资产余值	0.00	0.00	0.00	0.00	…	0.00	0.00	0.00	10.00	10.00
1.3 现金流入量合计	0.00	0.00	80.39	80.39	…	80.39	69.39	69.39	79.39	780.90
2.0 现金流出量										
2.1 固定资产投资	100	0.00	0.00	0.00	…	0.00	0.00	0.00	0.00	100.00
2.2 经营成本	0.00	0.00	37.00	37.00	…	37.00	37.00	37.00	37.00	370.00
2.3 所得税	0.00	0.00	5.60	5.60	…	5.60	5.60	5.60	5.60	56.00
2.4 现金流出量合计	100	0.00	42.60	42.60	…	42.60	42.60	42.60	42.60	526.00
3.0 净现金流量	-100	0.00	37.79	37.79	…	37.79	26.79	26.79	36.79	254.90
4.0 累计现金净流量	-100	-100	-62.21	24.42	…	164.53	191.32	218.11	254.90	254.90

[例 5-36] 某企业准备投资 500 000 元购入一套设备,该设备可使用 10 年,按直线法计提折旧,无残值。该设备投产后,企业每年可增加营业收入 300 000 元,除折旧外,发生经营费用 180 000 元,企业所得税税率为 25%。则:

该投资项目每年税后净收益 = (300 000 − 180 000 − 500 000/10) × 75%
= 52 500(元)

每年现金净流量 = 52 500 + 500 000/10 = 102 500(元)

PP = 500 000/102 500 = 4.88(年)

若初始投资分期投入或者每年现金净流量不相等,那么投资回收期应根据每年年末尚未回收的投资额加以计算确定。

[例 5-37] 甲、乙两投资项目的初始投资额均为 10 000 元,它们各年的现金净流量如表 5-11 所示。

表 5-11 投资项目及其各年现金净流量状况

项目	1	2	3	4	5	6
甲	3 000	3 000	4 000	6 000	6 000	6 000
乙	6 000	4 000	2 000	2 000	2 000	2 000

则甲项目的投资回收期为 3 年,乙项目的投资回收期为 2 年。

利用投资回收期法对投资方案进行决策的原则如下:将独立投资方案的投资回收期(PP)与部门或行业的基准投资回收期(PP_0)进行比较,若 $PP<PP_0$,则说明该投资方案的回收速度较快,可以接受该投资方案;否则,该投资方案不可行,应拒绝该投资方案。对于多项投资方案的评价,一般认为投资回收期最短的方案是最佳的方案。

综上所述,静态投资回收期是一个非折现的绝对数指标。在评价投资方案的可行性时,包括建设期的投资回收期比不包括建设期的投资回收期用途更广泛。各投资方案的回收期确定以后,进行决策的标准是,投资回收期最短的方案为最佳方案。因为投资回收期越短,投资风险越小。从这一角度来看,还应将各方案的静态投资回收期与基准投资回收期进行对比,只有投资回收期小于或等于基准投资回收期的方案才是可行方案,否则为不可行方案。

静态投资回收期能够直观地反映原始投资总额的返本期限,便于理解,计算也不难,能尽快收回投资,避免市场风险,是应用较为广泛的传统评价指标。但由于它没有考虑货币的时间价值因素,也没有考虑回收期满后继续发生的现金流量的变化情况,也就是说,它只反映了投资的回收速度,而没有反映投资的经济效益。它对项目生命周期不同、资金投入时间不同和所提供的盈利总额不同的方案缺乏选优能力,故存在一定弊端。因此,该方法只能作为初选的方法。

2. 投资报酬率法

投资报酬率法是根据投资方案预期的投资报酬率的高低来评价投资方案优劣的一种方法。它反映了利润与投资额之间的关系。

投资者总是希望投资所获得的利润越多越好,因此投资报酬率越高,表明经济效益越好。

[例5-38] 某企业有A、B两种方案可供选择,A方案的投资额为50 000元,可以使用5年,每年可以获得净利润7 500元;B方案的投资额为60 000元,可以使用4年,每年可以获得的净利润为:第一年7 500元,第二年11 250元,第三年11 250元,第四年7 500元。则A、B方案的投资报酬率计算如下:

A方案的投资报酬率 = 7 500 ÷ 50 000 × 100% = 15%

B方案的投资报酬率 = [(7 500 + 11 250 + 11 250 + 7 500) ÷ 4]
÷ 60 000 × 100% = 15.625%

以上计算结果表明,B方案的投资报酬率高于A方案。

投资报酬率又称投资利润率(ROI),是指企业经营期正常年度利润或年平均利润或年平均净利润占投资总额的百分比。其计算公式为:

$$ROI = \frac{P(\text{或 } P')}{I'} \times 100\%$$

式中,P为经营期一个正常年度的利润总额;P'为经营期年平均利润;I'为投资总额。

[例5-39] 某企业拟购建一项固定资产,需投资100万元,设备按直线法计提折旧,使用寿命为10年,期满有净残值10万元。企业在建设起点一次投入借入资金100万元,建设期为1年,发生资本化利息10万元。预计项目投产后企业每年可获营业利润10万元。在经营期前3年,每年归还借款利息11万元(假定营业利润不变,不考虑所得税因素)。试计算项目投资报酬率。

解:

固定资产原值 = 100 + 10 = 110(万元) = 投资总额(I')

年利润总额(P) = 10(万元)

$$ROI = \frac{P}{I'} \times 100\% = \frac{10}{110} \times 100\% = 9.09\%$$

投资报酬率的决策标准是:投资方案的投资报酬率越高越好,低于无风险投资报酬率的方案为不可行方案。

[例5-40] 假设某公司目前存在三个投资机会,公司要求的最低期望报酬率为10%。有关资料如表5-12所示。

表5-12 投资项目及其现金流量状况   单位:元

期间	A方案		B方案		C方案	
	净收益	现金流量	净收益	现金流量	净收益	现金流量
0		(20 000)		(9 000)		(12 000)
1	1 800	11 800	(1 800)	1 200	600	4 600
2	3 240	13 240	3 000	6 000	600	4 600
3			3 000	6 000	600	4 600
合计	5 040	5 040	4 200	4 200	1 800	1 800

以上述资料为例,各方案的投资报酬率计算如下:

$$A 方案投资报酬率(ROI) = \frac{(1\,800 + 3\,240) \div 2}{20\,000} \times 100\% = 12.60\%$$

$$B 方案投资报酬率(ROI) = \frac{(-1\,800 + 3\,000 + 3\,000) \div 3}{9\,000} \times 100\% = 15.56\%$$

$$C 方案投资报酬率(ROI) = \frac{(600 + 600 + 600) \div 3}{12\,000} \times 100\% = 5.00\%$$

投资报酬率同静态投资回收期一样,也是一个无量纲指标,本身无法判断投资方案的优劣,需要一个参照系。这个参照系就是企业对投资方案要求达到的最低期望报酬率。

对于独立投资方案,若投资方案的投资报酬率大于最低期望报酬率,则投资方案可以接受;反之,若投资方案的投资报酬率小于最低期望报酬率,则投资方案不可以接受。例5-40中,若公司要求达到的最低期望报酬率为10%,则A方案和B方案可以接受,C方案不可以接受。对于互斥投资方案,应从可行方案中选择投资报酬率最高的方案。例5-40中,公司应该选择B方案。

投资报酬率法的优点是简单、明了、易于掌握,且该指标不受建设期的长短、投资的方式、回收额的有无以及现金净流量的大小等条件的影响,能够说明各投资方案的收益水平。该方法的缺点有:①没有考虑货币的时间价值,不能正确地反映建设期长短及投资方式不同对项目的影响;②该指标分子、分母的时间特征不一致(分子是时期指标,分母是时点指标),因而在计算口径上可比基础较差;③投资收益中不含折旧,没有完整地反映现金流入量,并且该指标的计算无法直接利用现金净流量信息。因此,该方法不能准确地反映投资方案的真实效益,投资报酬率只能作为辅助性指标加以运用。

3. 追加投资回收期法

当对某一项目存在多个不同方案而需要进行决策和分析评价时,可以采用追加投资回收期法。

所谓追加投资回收期法,是指利用追加投资回收期进行分析评价的方法。这里的追加投资回收期是指投资规模大的投资方案以每年增加的现金净流量或所节省的生产成本来补偿或回收追加投资(规模大的投资方案的投资额与规模小的投资方案的投资额的差额)所需要的时间,其计算公式为:

$$追加投资回收期 = \frac{追加投资额}{成本节约额}$$

即

$$\Delta PP = \frac{C_1 - C_2}{Y_1 - Y_2}$$

[例5-41] 某项工程有A、B两个投资方案,A方案采用一般技术设备,投资为200万元,年产品总成本为150万元;B方案采用高新技术设备,投资为400万元,年产品总成本为120万元。则B方案较A方案追加投资 = 400 - 200 = 200(万元),每年成本节约额 = 150 - 120 = 30(万元)。追加投资回收期(T)为:

$T = 200/30 = 6.67(年)$

追回投资回收期的决策标准是:当追加投资回收期小于标准追加投资回收期时,说明追加部分的投资效果较好,因此,规模大的投资方案有利;否则,规模小的投资方案有利。

采用追加投资回收期法进行多方案的决策时,首先按投资额从小到大将方案排序,然后从规模大的投资方案开始两两比较选优,最终选出一个最优方案。追加投资回收期法适用于对多个方案进行比较。

5.2.2 动态分析方法

1. 净现值法

净现值(Net Present Value)是指一项投资在整个存续期内现金流入量的现值与现金流出量的现值的差额。对于任何一个投资项目,决策者总是期望未来报酬的总金额比原始投资金额要多,这样才能体现价值的增值,但未来报酬的现金流入量和原始投资的现金流出量发生在不同时期,依据货币的时间价值观念,不同时期货币的价值是不相等的,只有将二者统一在同一个时点上(即原始投资的时间),才能对二者进行对比。用公式表示如下:

净现值 = 投资项目未来现金流入量的总现值 - 投资项目现金流出量的总现值

但以上说法并没有指出有关现值是按什么折现率计算的。所以净现值应该是指在项目计算期内,按行业基准收益率或其他设定折现率计算的各年现金净流量现值的代数和,记作 NPV。净现值的基本公式为:

$$NPV = \sum_{t=0}^{n} NCF_t \cdot (P/F, i_c, t)$$

式中,i_c 为项目的行业基准折现率;$(P/F, i_c, t)$ 为第 t 年、折现率为 i_c 的复利现值系数。

投资项目净现值的计算包括以下步骤:

(1) 计算投资项目每年的现金净流量;
(2) 选用适当的折现率,将投资项目各年的折现系数通过查表确定下来;
(3) 将各年现金净流量乘以相应的折现系数求出现值;
(4) 汇总各年的现金净流量现值,得出投资项目的净现值。

[例 5-42] 已知某工业投资项目需要原始投资 125 万元,其中固定资产投资 100 万元,开办费投资 5 万元,流动资金投资 20 万元。建设期为 1 年,建设期资本化利息为 10 万元。固定资产投资和开办费投资于建设起点投入,流动资金于完工时(即第 1 年年末)投入。该项目生命周期为 10 年,固定资产按直线法计提折旧,期满有净残值 10 万元;开办费于投产当年一次摊销完毕。从经营期第 1 年起连续 4 年每年归还借款利息 11 万元;流动资金于终结点一次回收。投产后每年利润分别为 1 万元、11 万元、16 万元、21 万元、26 万元、30 万元、35 万元、40 万元、45 万元和 50 万元。用列表的方法计算该方案的净现值如表 5-13 所示,为 110.32 万元(假定折现率为 10%)。

表 5-13 某工业投资项目现金流量表(全部投资) 单位:万元

项目	建设期		经营期							合计
	0	1	2	3	4	5	…	10	11	
…	…	…	…	…	…	…	…	…	…	…
现金净流量	-105	-20	27	32	37	42	…	55	90	329

(单位:万元)(续表)

项目	建设期		经营期							合计
	0	1	2	3	4	5	…	10	11	
10%的复利现值系数	1	0.9091	0.8264	0.7513	0.6830	0.6209	…	0.3855	0.3505	—
折现的现金净流量	−105	−18.18	22.31	24.04	25.27	26.08	…	21.20	31.55	110.32

由于项目各年的现金净流量 $NCF_t(t=0,1,\cdots,n)$ 属于系列款项,所以当项目的全部投资均于建设期投入,经营期不再追加投资,投产后的经营现金净流量表现为普通年金或递延年金的形式时,就可视以下不同情况分别按不同的简化公式计算净现值指标:

(1) 当全部投资在建设起点一次投入,建设期为零,投产后每年经营现金净流量相等时,投产后的经营现金净流量表现为普通年金形式,简化公式为:

净现值 = − 原始投资额 + 投产后每年相等的经营现金净流量 × 年金现值系数

或

$$NPV = -NCF_0 + NCF_{1-n} \times (P/A, i_c, n)$$

[例 5-43] 某企业拟购建一项固定资产,需投资 100 万元,固定资产按直线法计提折旧,使用寿命为 10 年,期满无残值。该项目于当年投产,预计投产后每年可获利 10 万元。假定该项目的行业基准折现率为 10%。则其净现值计算如下:

原始投资额(NCF_0) = 100(万元)

投产后每年相等的经营现金净流量(NCF_{1-10}) = 10 + 100 ÷ 10 = 20(万元)

净现值(NPV) = −100 + 20 × (P/A,10%,10) = 22.88(万元)

(2) 当全部投资在建设起点一次投入,建设期为零,投产后每年经营现金净流量(不含回收额)相等,但终结点有回收额 R_n(如残值)时,可按两种方法计算净现值。

方法一:将 1—(n−1) 年每年相等的经营现金净流量视为普通年金,第 n 年现金净流量现值单独计算。公式如下:

$$NPV = -NCF_0 + NCF_{1-(n-1)} \times (P/A, i_c, n-1) + NCF_n \times (F/P, i_c, n)$$

方法二:将 1—n 年每年相等的经营现金净流量按普通年金处理,第 n 年发生的回收额现值单独计算。公式如下:

$$NPV = -NCF_0 + NCF_{1-n} \times (P/A, i_c, n) + R_n \times (F/P, i_c, n)$$

[例 5-44] 假定有关资料与例 5-43 相同,但固定资产报废时有 10 万元残值,则其净现值计算如下:

方法一:$NPV = -100+19\times(P/A,10\%,9)+29\times(F/P,10\%,10)$
$\approx 20.6(万元)$

方法二:$NPV = -100+19\times(P/A,10\%,10)+10\times(F/P,10\%,10)$
$\approx 20.6(万元)$

(3) 若建设期为 s,全部投资在建设起点一次投入,投产后 (s+1)—n 年每年现金净流量相等,则后者具有递延年金的形式,其现值之和可按递延年金现值求得。公式如下:

$$NPV = -NCF_0 + NCF_{(s+1)-n} \times [(P/A, i_c, n) - (P/A, i_c, s)]$$

或

$$NPV = -NCF_0 + NCF_{(s+1)-n} \times (P/A, i_c, n-s) \times (F/P, i_c, s)$$

[例 5-45] 假定有关资料与例 5-43 相同,但建设期为 1 年,则其净现值计算如下:

$$NPV = -100 + 20 \times [(P/A, 10\%, 11) - (A/P, 10\%, 1)]$$
$$\approx 11.72(万元)$$

或 $NPV = -100 + 20 \times (P/A, 10\%, 10) \times (F/P, 10\%, 1)$
$$\approx 11.72(万元)$$

(4) 若建设期为 s，全部投资在建设期内分次投入，投产后 $(s+1)—n$ 年每年现金净流量相等，则公式如下：

$$NPV = -NCF_0 + NCF_1 \times (P/F, i_c, 1) + \cdots + NCF_s \times (P/F, i_c, s) + NCF_{(s+1)-n} \times [(P/A, i_c, n) - (P/A, i_c, s)]$$

[例 5-46] 假定有关资料与例 5-43 相同，但建设期为 1 年，建设资金分别于年初、年末各投入 50 万元，期末无残值。则其净现值为：

$$NPV = -50 - 50 \times (P/F, 10\%, 1) + 20 \times [(P/A, 10\%, 11) - (P/A, 10\%, 1)]$$
$$\approx 16.265(万元)$$

应当指出的是，在项目评价中，正确地选择折现率至关重要，它直接影响项目评价的结论。如果选择的折现率过低，则会导致一些经济效益较差的项目得以通过，从而浪费了有限的社会资源；如果选择的折现率过高，则会导致一些经济效益较好的项目不能通过，从而使有限的社会资源不能充分发挥作用。在实务中，一般有以下几种方法确定项目的折现率：①以投资项目的资金成本为折现率。②以投资的机会成本为折现率。③根据不同阶段采用不同的折现率。在计算项目建设期现金净流量现值时，以贷款的实际利率为折现率；在计算项目经营期现金净流量现值时，以全社会平均资金收益率为折现率。④以行业平均资金收益率为折现率。

采用净现值法的决策标准是：如果投资方案的净现值大于或等于零，则该方案为可行方案；如果投资方案的净现值小于零，则该方案为不可行方案；如果几个方案的投资额相同，且净现值均大于零，那么净现值最大的方案为最优方案。

[例 5-47] 现有三个投资方案，其有关数据如表 5-14 所示。

表 5-14 各方案的利润与现金流量分布   单位：元

年度	方案 A		方案 B		方案 C	
	年净利润	现金净流量	年净利润	现金净流量	年净利润	现金净流量
0	—	(40 000)	—	(40 000)	—	(40 000)
1	3 000	23 000	4 000	14 000	5 000	15 000
2	3 000	23 000	4 000	14 000	4 000	14 000
3	—	—	4 000	14 000	3 000	13 000
4	—	—	4 000	14 000	3 000	13 000

假定贴现率 = 10%，则方案 A、B、C 的净现值分别为：

方案 A 净现值 = $23\,000 \times (P/A, 10\%, 2) - 40\,000$
$$= 23\,000 \times 1.735 - 40\,000$$
$$= -95(元)$$

方案 B 净现值 = 14 000 × (P/A,10%,4) - 40 000
            = 14 000 × 3.169 - 40 000
            = 4 366(元)

方案 C 净现值 = 15 000 × (P/F,10%,1) + 14 000 × (P/F,10%,2) + 13 000 ×
            (P/F,10%,3) + 13 000 × (P/F,10%,4) - 40 000
            = 15 000 × 0.909 + 14 000 × 0.826 + 13 000 × 1.434 - 40 000
            = 3 841(元)

方案 A 净现值小于零,说明该方案的利润率小于预定的利润率 10%。如果该项目要求的最低利润率或资金成本为 10%,则该方案无法给企业带来收益,在进行投资项目决策时,可以放弃该方案。方案 B 和方案 C 的净现值均大于零,表明两个方案皆可取。如果方案 B 和方案 C 为互斥方案,即企业决策者只能在二者中选择一个,其原因可能是受资金来源或用量的限制,则应选择方案 B。

净现值的优点有三:一是考虑了货币的时间价值,增强了投资经济性的评价;二是考虑了项目计算期的全部现金净流量,体现了流动性与收益性的统一;三是考虑了投资风险性,因为折现率的大小与风险大小有关,风险越大,折现率就越高。

净现值法的缺点也是明显的:一是不能从动态的角度直接反映投资项目的实际收益率水平,当各项目投资额不等时,仅用净现值无法确定投资方案的优劣;二是现金净流量的测量和折现率的确定比较困难,而它们的正确性对计算净现值有着重要的影响;三是净现值法计算麻烦,且较难理解和掌握。

2. 净现值率法

净现值率(NPVR)是指投资项目的净现值占原始投资现值的百分比。计算公式为:

$$净现值率 = \frac{投资项目净现值}{原始投资现值} \times 100\%$$

$$NPVR = \frac{NPV}{\left| \sum_{t=0}^{s} NCF_t \times (1 + i_c)^{-t} \right|} \times 100\%$$

式中,$\left| \sum_{t=0}^{s} NCF_t \times (1 + i_c)^{-t} \right|$ 为原始投资现值。

[例 5-48] 以例 5-46 中的净现值数据为例,可计算其净现值率如下:

净现值(NPV) = 16.265(万元)

原始投资现值 = $\left| -50 - 50 \times (P/F,10\%,1) \right|$
            = 95.455(万元)

净现值率(NPVR) = $\frac{16.265}{95.455} \times 100\% \approx 17.04\%$

净现值率评价指标的优点在于可以从动态的角度反映投资项目的资金投入与净产出之间的关系,比其他动态相对数指标更容易计算;其缺点与净现值指标相似,同样无法直接反映投资项目的实际收益率。

3. 现值指数法

现值指数(Present Value Index)是指投资方案的现金流入量的总现值同现金流出量的

总现值之比,用以说明每一元的现金流出量的现值可以获得的现金流入量的现值是多少,亦称现值比率或获利指数或贴现后收益成本比率。利用现值指数来评价投资方案优劣的方法称为现值指数法。其计算公式为:

$$现值指数 = \frac{投资方案现金流入量的总现值}{投资方案现金流出量的总现值}$$

$$PI = \frac{\sum_{t=s+1}^{n} NCF_t \times (P/F, i_c, t)}{\left|\sum_{t=0}^{s} NCF_t \times (P/F, i_c, t)\right|}$$

式中,$\sum_{t=s+1}^{n} NCF_t \times (P/F, i_c, t)$ 为投产后各年现金净流量的现值合计。

当原始投资在建设期内全部投入时,现值指数(PI)与净现值率(NPVR)有如下关系:

$$现值指数(PI) = 1 + 净现值率(NPVR)$$

[例5-49] 以例5-42中的现金净流量资料为例,假定该项目的行业基准折现率为10%,其现值指数计算如下:

$$\sum_{t=s+1}^{n} NCF_t \times (P/F, i_c, t) = NCF_2 \times (P/F, 10\%, 2) + NCF_3 \times (P/F, 10\%, 3) + NCF_4 \times$$
$$(P/F, 10\%, 4) + NCF_5 \times (P/F, 10\%, 5) + \cdots + NCF_{10} \times$$
$$(P/F, 10\%, 10) + NCF_{11} \times (P/F, 10\%, 11)$$
$$= 27 \times 0.8264 + 32 \times 0.7513 + 37 \times 0.6830 + 42 \times 0.6209 + 36 \times$$
$$0.5645 + 40 \times 0.5132 + 45 \times 0.4665 + 50 \times 0.4241 + 55 \times$$
$$0.3855 + 90 \times 0.3505$$
$$\approx 233.50(万元)$$

$$\left|\sum_{t=0}^{s} NCF_0 \times (1+i_c)^{-t}\right| = \left|NCF_0 \times (P/F, 10\%, 0) + NCF_1 \times (P/F, 10\%, 1)\right|$$
$$= \left|-105 \times 1 - 20 \times 0.9091\right|$$
$$\approx 123.18(万元)$$

现值指数(PI) = $\frac{233.50}{123.18} \approx 1.896$

现值指数(PI)与净现值率(NPVR)的关系验证如下:

项目 NPVR = $\frac{110.32}{123.18} = 0.896$

$1 + NPVR = 1 + 0.896 = 1.896 = PI$

现值指数也是一个折现的相对数评价指标,利用这一指标进行投资项目决策的标准是:如果投资方案的现值指数大于或等于1,则该方案为可行方案;如果投资方案的现值指数小于1,则该方案为不可行方案;如果几个方案的现值指数均大于1,那么现值指数越大,投资方案越好。但在采用现值指数法进行互斥方案的选择时,其正确的选择标准不是选择现值指数最大的方案,而是在保证现值指数大于1的条件下,使追加投资所得的追加收入最大化。

[例 5-50] 以例 5-47 中的有关资料为例,方案 A、B、C 的现值指数为:

方案 A 现值指数 = (40 000 - 95) ÷ 40 000 = 0.998

方案 B 现值指数 = (40 000 + 4 366) ÷ 40 000 = 1.109

方案 C 现值指数 = (40 000 + 3 841) ÷ 40 000 = 1.096

从上述计算结果可以看出,方案 B 的现值指数最大,其次是方案 C,方案 A 的现值指数最小。由于三个方案的原始投资额相同,因而其排序与净现值法下的排序是一致的。

现值指数法的优缺点与净现值法基本相同,但有一个重要区别是,现值指数法可从动态的角度反映投资项目的资金投入与净产出之间的关系,可以弥补净现值法在投资额不同方案之间不能比较的缺陷,使投资方案之间可直接用现值指数进行比较。其缺点除无法直接反映投资项目的实际收益率外,计算起来比净现值率指标复杂,计算口径也不一致。因此,在实务中通常并不要求直接计算现值指数。如果需要考核这一指标,则可在求得净现值率的基础上推算出来。

4. 内含报酬率法

内含报酬率(IRR)又称内部收益率,即项目投资实际可望达到的报酬率,亦可将其定义为能使投资项目的净现值等于零的折现率。显然,内含报酬率满足下列等式:

$$\sum_{t=0}^{n} NCF_t \times (P/F, IRR, t) = 0$$

当项目满足以下特殊条件时,可按简便算法计算内含报酬率。

(1) 全部投资均于建设起点一次投入,建设期为零,即建设起点第 0 期现金净流量等于原始投资的负值($NCF_0 = -I$);

(2) 投产后每年现金净流量相等,即第 1 期至第 n 期每期现金净流量取得了普通年金的形式($NCF_1 = NCF_2 = \cdots = NCF_n$)。

内含报酬率可按下式确定:

$$(P/A, IRR, n) = \frac{I}{NCF}$$

式中,I 为在建设起点一次投入的原始投资;$(P/A, IRR, n)$ 为以 IRR 为折现率、n 期的年金现值系数;NCF 为投产后 1—n 期每期相等的现金净流量。

具体计算程序如下:

(1) 计算年金现值系数:

$$年金现值系数(C) = \frac{原始投资}{年均现金净流量}$$

即

$$(P/A, IRR, n) = \frac{I}{NCF}$$

(2) 根据计算出来的年金现值系数 C,查 n 期的年金现值系数表;

(3) 若在年金现值系数表上恰好能找到年金现值系数值 C,则该系数所对应的折现率即为所求的内含报酬率;

(4) 若在年金现值系数表上找不到事先计算出来的系数值 C,则可利用年金现值系数表上同期略大及略小于该数值的两个临界值 C_m 和 C_{m+1} 以及相对应的两个折现率 r_m 和 r_{m+1},应用内插法计算近似的内含报酬率,即如果以下关系成立:

$$(P/A, r_m, n) = C_m > C$$
$$(P/A, r_{m+1}, n) = C_{m+1} < C$$

就可按下列具体公式计算内含报酬率：

$$IRR = r_m + \frac{C_m - C}{C_m - C_{m+1}} \times (r_{m+1} - r_m)$$

为了缩小误差，按照有关规定，r_{m+1} 与 r_m 之间的差不得大于 5%。

[例 5-51]　某投资项目在建设起点一次投资 254 580 元，当年完工并投产，经营期为 15 年，每年可获得现金净流量 50 000 元。按简单方法计算该项目的内含报酬率如下：

$NCF_0 = -I$

$NCF_{1-15} = 50\ 000(元)$

$$(P/A, IRR, 15) = \frac{254\ 580}{50\ 000} = 5.0916$$

查 15 年的年金现值系数表，$(P/A, 18\%, 15) = 5.0916$，则 $IRR = 18\%$，即该方案的内含报酬率为 18%。

[例 5-52]　根据例 5-43 中的现金净流量信息，可计算其内含报酬率如下：

$$(P/A, IRR, 10) = \frac{100}{20} = 5.0000$$

查 10 年的年金现值系数表，因为 $(P/A, 14\%, 10) = 5.2161 > 5.0000$，$(P/A, 16\%, 10) = 4.8332 < 5.0000$，所以 $14\% < IRR < 16\%$，应用内插法：

$$IRR = 14\% + \frac{5.2161 - 5.0000}{5.2161 - 4.8332} \times (16\% - 14\%) \approx 15.13\%$$

[例 5-53]　某项目投资总额为 5 万元，有效期为 10 年，采用直线法计提折旧，期满无残值，项目投产后每年可获得净收益 0.5 万元。该方案的内含报酬率为：

$$项目年折旧额 = \frac{50\ 000}{10} = 5\ 000(元)$$

项目年经营现金净流量 = 年净收益 + 年折旧额
　　　　　　　　　 = 5 000 + 5 000
　　　　　　　　　 = 10 000(元)

年金现值系数 = 50 000 ÷ 10 000 = 5.0000

查年金现值系数表，在第 10 年中，找到与年金现值系数 5.0000 相邻的两个年金现值系数分别为 5.0188 和 4.8332，其相应的贴现率分别为 15% 和 16%。应用内插法：

$$IRR = 15\% + \frac{(5.0188 - 5.0000)}{(5.0188 - 4.8332)} \times (16\% - 15\%)$$

$$= 15\% + 0.10\%$$

$$= 15.10\%$$

从以上计算可知，该项目的内含报酬率为 15.10%。

若项目的现金净流量不属于上述特殊情况，无法应用简便算法，则必须按定义采用逐次测试逼近法，计算能使净现值等于零的折现率，即内含报酬率。具体步骤如下：

(1) 先行设计一个折现率 r_1，代入有关计算净现值的公式，求出以 r_1 为折现率的净现

值 NPV_1，并进行下面的判断。

（2）若净现值 $NPV_1 = 0$，则内含报酬率 $IRR = r_1$，计算结束；若净现值 $NPV_1 > 0$，则内含报酬率 $IRR > r_1$，应重新设定 $r_2 > r_1$，再将 r_2 代入有关计算净现值的公式，求出 r_2 为折现率的净现值 NPV_2，继续进行下一轮的判断；若净现值 $NPV_1 < 0$，则内部收益率 $IRR < r_1$，应重新设定 $r_2 < r_1$，再将 r_2 代入有关计算净现值的公式，求出 r_2 为折现率的净现值 NPV_2，继续进行下一轮的判断。

（3）经过逐次测试判断，有可能找到内含报酬率 IRR。每一轮判断的原则相同。若设 r_j 为第 j 次测试的折现率，NPV_j 为按 r_j 计算的净现值，则有：

当 $NPV_j > 0$ 时，$IRR > r_j$，继续测试；

当 $NPV_j < 0$ 时，$IRR < r_j$，继续测试；

当 $NPV_j = 0$ 时，$IRR = r_j$，测试完成。

（4）若经过有限次测试，已无法继续利用有关资金时间价值系数表，但仍未求得内含报酬率，则可利用最为接近零的两个净现值正负临界值 NPV_m 和 NPV_{m+1} 以及相应的折现率 r_m 和 r_{m+1}，应用内插法计算近似的内含报酬率，即如果以下关系成立：

$$NPV_m > 0$$
$$NPV_{m+1} < 0$$
$$r_m < r_{m+1}$$
$$r_{m+1} - r_m < 5\%$$

就可按下列具体公式计算内含报酬率：

$$IRR = r_m + \frac{NPV_m - 0}{NPV_m - NPV_{m+1}} \times (r_{m+1} - r_m)$$

[例 5-54] 某投资方案（购买一台设备）的投资总额为 30 000 元，一次投入。该设备预计使用 5 年，采用直线法计提折旧，期满有残值 5 000 元。预计该设备投产后第一年可获得净收益 2 000 元，以后每年递增 2 000 元。试测算该方案的内含报酬率。

根据题意可知每年的折旧额为：

年折旧额 = (30 000 - 5 000) ÷ 5 = 5 000(元)

由于每年的现金流量不等，应逐步测试其内含报酬率，如表 5-15 所示。

表 5-15 投资方案内含报酬率测试

年次	年现金流入量（元）	折现率 22%		折现率 24%	
		现值系数	现值（元）	现值系数	现值（元）
1	7 000	0.820	5 740	0.806	5 642
2	9 000	0.672	6 048	0.650	5 850
3	11 000	0.551	6 061	0.524	5 764
4	13 000	0.451	5 863	0.423	5 499
5	20 000	0.370	7 400	0.341	6 820
合计			31 112		29 575
原始投资		30 000		30 000	
净现值		+1 112		-425	

应用内插法：

$$\text{内含报酬率} = 22\% + \frac{1\ 112}{1\ 112 + 425} \times (24\% - 22\%)$$
$$= 23.45\%$$

内含报酬率是一个折现的相对数正指标，采用这一指标的决策标准是，将所测算的各方案的内含报酬率与其资金成本进行比较，如果方案的内含报酬率大于其资金成本，则该方案为可行方案；如果方案的内含报酬率小于其资金成本，则为不可行方案；如果各方案的内含报酬率均大于其资金成本，且各方案的原始投资相同，那么内含报酬率与资金成本差异最大的方案为最优方案；如果各方案的内含报酬率均大于其资金成本，但各方案的原始投资不等，那么"原始投资×（内含报酬率－资金成本）"最大的方案为最优方案。

内含报酬率法的优点是非常注重货币的时间价值，能够从动态的角度直接反映投资项目的实际收益率水平，且不受行业基准收益率的影响，比较客观。但该指标的计算过程十分麻烦，当经营期大量追加投资时，又有可能导致多个内含报酬率出现，或偏高偏低，缺乏实际意义。另外，内含报酬率法在计算时是基于这样的假设条件：项目是先投资（不论投资是一年还是多年）后收回。投资时现金净流量是负值，回收时现金净流量是正值，在项目生命周期内各年现金净流量的正负号只改变一次（通常称为常规方案）。而在实际工作中，有的方案的投资支出和投资收入是交替发生的，在项目生命周期内各年的现金净流量在开始年份出现负值，以后各年有时为正值，有时为负值，正负号的改变在一次以上（通常称为非常规方案）。这样，就有可能计算出多个内含报酬率，给项目的评价带来一定的困难。因此，在利用这一方法时，要十分注意该方法存在的这一缺陷。

5. 外部收益率法

外部收益率是使一个投资方案的原始投资的终值与各年的现金净流量按所要求的利润率或所设定的折现率计算的终值之和相等的收益率。它可以使所有项目按统一的折现率（或所要求的利润率）计算各年现金净流量的增值部分，又可以避免非常规方案的多个内含报酬率的问题。

[例5-55] 某企业现有投资方案M，投资总额为80 000元，项目有效使用期为8年，采用直线法计提折旧，期满有残值8 000元，项目投产后预计每年可获得净收益10 500元。该企业要求的最低投资报酬率为14%。试计算M方案的外部收益率。

解：

设M方案的外部收益率为i。

$$\text{项目年折旧额} = \frac{80\ 000 - 8\ 000}{8} = 9\ 000(\text{元})$$

项目年经营现金净流量 = 10 500 + 9 000
$$= 19\ 500(\text{元})$$

$$19\ 500 \times (F/A, 14\%, 8) + 8\ 000 = 80\ 000 \times (F/P, i, 8)$$
$$(F/P, i, 8) = 266\ 043.5 \div 80\ 000$$
$$= 3.3255$$

应用内插法可以计算出M方案的外部收益率为16.2%。

6. 折现指标之间的关系

净现值(NPV)、净现值率(NPVR)、现值指数(PI)和内含报酬率(IRR)指标之间存在以下数量关系,即

当 NPV > 0 时,NPVR > 0,PI > 1,IRR > i_c;

当 NPV = 0 时,NPVR = 0,PI = 1,IRR = i_c;

当 NPV < 0 时,NPVR < 0,PI < 1,IRR < i_c。

此外,净现值率的计算需要在已知净现值的基础上进行,内含报酬率在计算时也需要利用净现值的计算技巧或形式。这些指标都会受到建设期长短、投资方式,以及各年现金净流量的数量特征的影响。所不同的是,净现值为绝对数指标,其余为相对数指标,计算净现值、净现值率和现值指数所依据的折现率都是事先已知的 i_c,而内含报酬率的计算本身与 i_c 的高低无关。

5.2.3 资本预算决策评价指标的运用

计算评价指标的目的,是为项目投资提供决策的定量依据,进行项目的评价与优选。由于评价指标的运用范围不同,评价指标的自身特征不同,评价指标之间的关系比较复杂,因此必须根据具体运用范围确定如何运用评价指标。

1. 单一的独立投资项目的财务可行性评价

在只有一个投资项目可供选择的条件下,需要利用评价指标考查该独立投资项目是否具有财务可行性,从而做出接受或拒绝该项目的决策。当有关正向指标大于或等于某些特定数值,反向指标小于特定数值时,则该项目具有财务可行性;反之,则不具有财务可行性。具体应注意以下各要点:

(1) 如果某一投资项目的评价指标同时满足以下条件,则可以断定该项目无论从哪个方面来看都具有财务可行性,应当接受该项目。这些条件是:

NPV ≥ 0

NPVR ≥ 0

PI ≥ 1

IRR ≥ i_c

PP ≤ $\frac{n}{2}$(即项目计算期的一半)

PP′ ≤ $\frac{p}{2}$(即项目经营期的一半)

ROI ≥ i(事先给定)

(2) 如果某一投资项目的评价指标同时不满足上述条件,即同时发生 NPV<0,NPVR<0,PI<1,IRR<i_c,PP>$\frac{n}{2}$,PP′>$\frac{p}{2}$,ROI<i,就可以断定该投资项目无论从哪个方面来看都不具有财务可行性,应当放弃该项目。

(3) 当 PP、PP′(次要指标)或 ROI(辅助指标)的评价结论与 NPV 等主要指标的评价结论发生矛盾时,应当以主要指标的评价结论为准。

如果在评价过程中发现某项目的主要指标 NPV≥0, NPVR≥0, PI≥1, IRR≥i_c，但次要或辅助指标 PP>$\frac{n}{2}$, PP′>$\frac{p}{2}$ 或 ROI<i，则可断定该项目基本上具有财务可行性；相反，如果出现 NPV<0, NPVR<0, PI<1, IRR<i_c 的情况，则即使 PP≤$\frac{n}{2}$, PP′≤$\frac{p}{2}$ 或 ROI≥i，也可基本断定该项目不具有财务可行性。

（4）利用 NPV、NPVR、PI 和 IRR 指标对同一个独立投资项目进行评价，会得出完全相同的结论。

[例 5-56] 某固定资产投资项目的原始投资为 100 万元，项目计算期为 11 年（其中生产经营期为 10 年），基准投资利润率为 9.5%，行业基准折现率为 10%。有关投资决策评价指标分别为：ROI = 10%，PP = 6 年，PP′ = 5 年，NPV = 16.2648 万元，NPVR = 111.04%，PI = 1.1704，IRR = 12.73%。

依题意：

ROI = 10% > 9.5%

PP = 6 年，$\frac{n}{2}$ = 5.5 年，PP > $\frac{n}{2}$

PP′ = 5 年 = $\frac{p}{2}$

NPV = 16.2648 万元 > 0

NPVR = 111.04% > 0

PI = 1.1704 > 1

IRR = 12.73%，i_c = 10%，IRR > i_c

计算表明，该项目各项主要评价指标均达到或超过相应标准，所以它具有财务可行性，只是包括建设期的投资回收期较长，具有一定风险。

2. 多个互斥方案的比较与优选

项目投资决策中的互斥方案是指在决策时涉及的多个相互排斥、不能同时并存的投资方案。互斥方案决策过程就是在每个入选方案已具有财务可行性的前提下，利用具体决策方法比较各个方案的优劣，运用评价指标从各个备选方案中最终选出一个最优方案的过程。

在项目投资的多方案比较决策理论中，利用某一特定评价指标作为决策标准或依据的方法被称为以该项指标命名的方法，如以净现值为互斥方案择优依据的方法就是净现值法，同理还有净现值率法、差额内含报酬率法和年等额净回收额法等。

净现值法和净现值率法适用于原始投资相同且项目计算期相等的多方案比较决策，即可以选择净现值或净现值率大的方案作为最优方案。

[例 5-57] 某固定资产投资项目需要原始投资 100 万元，现有 A、B、C、D 四个互相排斥的备选方案可供选择，各方案的净现值分别为 22.8914 万元、11.7194 万元、20.6020 万元和 16.2648 万元。按净现值法进行比较决策如下：

因为 A、B、C、D 四个备选方案的净现值均大于零，所以这些方案均具有财务可行性。又因为 22.8914>20.6020>16.2648>11.7194，所以 A 方案最优，其次为 C 方案，再次为 D 方案,B方案最差。

差额内含报酬率法是指在两个原始投资不同方案的差量现金净流量(ΔNCF)的基础上,计算出差额内含报酬率(ΔIRR),并据以判断方案孰优孰劣的方法。在此方法下,当差额内含报酬率指标大于或等于基准收益率或设定折现率时,原始投资额大的方案较优;反之,则原始投资额小的方案较优。ΔIRR 的计算过程同 IRR 一样,只是所依据的是 ΔNCF。该方法还经常被用于更新改造项目的投资决策,当项目的差额内含报酬率指标大于或等于基准收益率或设定折现率时,应当进行更新改造;反之,就不应当进行更新改造。

[例 5-58] 某企业拟投资新建一条生产线。现有三个方案可供选择:甲方案的原始投资为 125 万元,项目计算期为 11 年,净现值为 110.32 万元;乙方案的原始投资为 110 万元,项目计算期为 10 年,净现值为 105 万元;丙方案的原始投资为 100 万元,项目计算期为 9 年,净现值为-1.25 万元。行业基准折现率为 10%。按年等额净回收额法进行决策分析如下(计算结果保留两位小数):

因为甲方案和乙方案的净现值均大于零,所以这两个方案具有财务可行性;因为丙方案的净现值小于零,所以该方案不具有财务可行性。

甲方案的年等额净回收额 = 甲方案的净现值×[1/(P/A,10%,11)]
$$= 110.32 \times [1/6.4951] \approx 16.99(万元)$$

乙方案的年等额净回收额 = 乙方案的净现值×[1/(P/A,10%,10)]
$$= 105 \times [1/6.1446] \approx 17.09(万元)$$

因为 17.09>16.99,所以乙方案优于甲方案。

3. 多个投资方案组合的决策

这类决策涉及的多个方案不是相互排斥的关系,它们之间可以实现任意组合,存在两种情况:

(1) 在投资总额不受限制的情况下,可按每一方案的净现值大小排序,确定优先考虑的方案顺序。

(2) 在投资总额受到限制的情况下,则需按方案净现值率的大小,结合净现值进行各种组合排序,从中选出能使 $\sum NPV$ 最大的最优组合。

具体程序如下:

第一,按各方案净现值率的大小排序,逐项计算累计投资额,并与限定投资额进行比较。

第二,当截止到某项投资项目(假定为第 j 项)的累计投资额恰好达到限定的投资额时,则第 1 至第 j 项结合为最优的投资组合。

第三,若在排序过程中未能直接找到最优组合,则必须按下列方法进行必要的修正。

(1) 当排序中发现 j 项的累计投资额首次超过限定投资额,而删除该项后,按顺延的项目计算的累计投资额却小于或等于限定投资额时,可将第 j 项与第 (j+1)项交换位置,继续计算累计投资额,这种交换可连续进行。

(2) 当排序中发现 j 项的累计投资额首次超过限定投资额,又无法与下一项进行交换,第 (j-1)项的原始投资大于第 j 项的原始投资时,可将第 j 项与第 (j-1)项交换位置,继续计算累计投资额,这种交换亦可连续进行。

(3) 当经过反复交换,已不能再进行交换,但仍未找到能使累计投资额恰好等于限定投资额的项目组合时,可将最后一次交换后的项目组合作为最优组合。

总之,在主要考虑投资效益的条件下,多方案组合决策的主要依据就是保证在充分利用资金的前提下获得尽可能多的净现值总量。

[例 5-59] 设有 A、B、C、D、E 五个投资项目,有关原始投资、净现值、净现值率和内含报酬率数据如表 5-16 所示。试分两种情况确定最优投资组合:①投资总额不受限制;②投资总额受到限制,分别为 200 万元、300 万元、400 万元、450 万元、500 万元、600 万元、700 万元、800 万元和 900 万元。

表 5-16　项目数据(一)

项目	原始投资(万元)	净现值(万元)	净现值率(%)	内含报酬率(%)
A	300	120	40	18
B	200	40	20	21
C	200	100	50	40
D	100	22	22	19
E	100	30	30	35

依题意,按各方案净现值率的大小排序,并计算累计原始投资和累计净现值数据。其结果如表 5-17 所示。

表 5-17　项目数据(二)　　　　　　　　　　单位:万元

顺序	项目	原始投资	累计原始投资	净现值	累计净现值
1	C	200	200	100	100
2	A	300	500	120	220
3	E	100	600	30	250
4	D	100	700	22	272
5	B	200	900	40	312

根据表 5-17 的数据按投资组合决策原则做如下决策:

(1) 当投资总额不受限制或者限额大于或等于 900 万元时,最优投资组合为 A + C + B + E + D。

(2) 当限定投资额为 200 万元时,只能上马 C 项目,可获得净现值 100 万元,大于 E + D 组合的净现值 52 万元。

(3) 当限定投资额为 300 万元时,最优投资组合为 C + E,可获得净现值 130 万元,大于其他组合:A,C + D,E + B,D + B。

(4) 当限定投资额为 400 万元时,最优投资组合为 C + E + D,可获得净现值 152 万元,大于其他组合:A + E,A + D,C + B,E + D + B。

(5) 当限定投资额分别为 500 万元、600 万元和 700 万元时,最优投资组合分别为:C + A,C + A + E,C + A + E + D。

(6) 当限定投资额为 800 万元时,最优投资组合为 C + A + E + B,可获得净现值 290 万元,大于 C + A + B + D 组合的净现值 282 万元。

（7）当限定投资额为 450 万元时,最优投资组合仍为 C + E + D,此时累计投资总额为 200 + 100 + 100 = 400 万元 < 450 万元,但实现的净现值比其他所有组合的要多。

5.3 资本预算决策方法的具体应用及其案例

前面介绍了各种资本预算决策的分析、评价方法,它们从不同侧面反映了投资方案的经济效益,各有特点和局限性。因此,企业必须根据具体范围、目的和用途,采用不同的方法来评价投资方案的优劣。

5.3.1 固定资产应否新建的决策

企业在生产经营过程中,要想提高自身的生产能力,增加产品产出,常常会遇到原有生产设备能力不足等问题。为了满足生产扩张的需求,企业必须扩建或新购有关设备。固定资产应否新建的决策就是指通过计算新增生产设备所花费的原始投资并将其与设备生命周期内所增加的现金流入量的现值进行对比,如果预计现金流入量的现值大于原始投资的现值,则说明新建该固定资产的方案是可行的;反之,则不可行。现举例说明如下:

[例 5-60] 某企业生产一种甲产品,目前该产品在市场上供不应求,但以该企业现有的生产设备不能满足大量增产的需要,故该企业管理层拟购买一套新的生产设备,其购买价格为 2 000 000 元,安装费及运输费共计 200 000 元。假设该设备的生命周期为 10 年,期满有残值 50 000 元,每年可加工甲产品 200 000 件,甲产品的边际贡献为 2 元。假设未来 10 年内产销平衡,如果该企业规定该投资方案的投资报酬率为 10%。试问该投资方案是否可行。

解:

首先,计算购买该套设备后第 1 年的现金流出量:

现金流出量 = 2 000 000 + 200 000 = 2 200 000(元)

其次,计算建成这套设备后各年现金流入量的现值之和。

现金流入量的现值之和 = (200 000 × 2) × $(P/A,10\%,10)$ + 50 000 × $(P/F,10\%,10)$

$\qquad\qquad\qquad\quad$ = 400 000 × 6.145 + 50 000 × 0.386

$\qquad\qquad\qquad\quad$ = 2 477 300(元)

最后,计算该投资方案的净现值:

净现值 = 2 477 300 - 2 200 000 = 277 300(元)

以上计算结果表明,通过购置该套设备可以为该企业带来经济效益 277 300 元,故该企业在进行投资决策时可以考虑采用该投资方案。

[例 5-61] 某企业拟购置一条生产线,现有两种可供选择的方案:一是购买甲公司的一条旧生产线;二是自行新建。详细资料如下:

如果购买旧生产线,买价为 2 000 000 元,并且在购入时急需进行一次大修,修理费用为 100 000 元。预计第 3 年年末还需大修一次,估计大修成本为 50 000 元。估计该生产线的生命周期为 5 年,期满有残值 100 000 元,每年的维护费为 50 000 元。

如果自行新建,成本为2 200 000元,使用年限为5年,期满有残值100 000元。预计新建的生产线在第4年年末需大修一次,估计大修成本为40 000元。每年的维护费为30 000元。

若该企业要求的投资报酬率为10%,对上述两种方案进行评价,试问哪一个为最优方案。

解:

首先,计算自行新建生产线与购买旧生产线的原始投资的差额:

原始投资的差额 = 2 200 000 - 2 100 000 = 100 000(元)

其次,计算上述两个投资方案的大修成本的现值:

新建生产线的大修成本的现值 = 40 000 × $(P/F,10\%,4)$
$$= 40\ 000 \times 0.683$$
$$= 27\ 320(元)$$

购买旧生产线的大修成本的现值 = 50 000 × $(P/F,10\%,3)$
$$= 50\ 000 \times 0.751$$
$$= 37\ 550(元)$$

注:购买旧生产线的大修支出已作为原始投资的组成部分。

大修成本的现值差额 = 27 320 - 37 550 = -10 230(元)

再次,自行新建新生产线的年维护费的节约可以视同一项现金流入,其现值为:

新建生产线年维护费节约现值 = 20 000 × $(P/A,10\%,5)$
$$= 20\ 000 \times 3.791$$
$$= 75\ 820(元)$$

因为两个方案的期末残值相等,故可以忽略不计。

所以,新建生产线增加的净现值 = 75 820 + 10 230 - 100 000
$$= -13\ 950(元)$$

上述结果表明,购买旧生产线的方案所产生的净现值比自行新建生产线的方案所产生的净现值多13 950元,故该企业选择购买旧生产线在经济上是可行的。

5.3.2 新产品开发的决策

开发新产品,不仅关系到整个国民经济的发展,而且关系到企业自身竞争能力的增强与经济效益的提高,对企业今后相当长时期内的生产经营活动具有极其深远的影响。为此,企业在开发某种新产品时,必须在进行技术方面论证的同时,对产品的功能、需要量、能源与原材料供应以及成本费用水平和经济效益的大小进行科学分析,做出正确决策。

[**例5-62**] 某企业准备开发一种新产品,估计产品行销期为5年,在固定资产上投资100 000元,在流动资产上投资50 000元,新产品年产销量为2 400件,单位售价为50元,单位成本为35元,设备期满有残值10 000元。假定该企业要求的最低投资报酬率为12%,该企业适用的所得税税率为25%。试采用净现值法和内含报酬率法对该企业开发新产品的方案进行决策分析。

依题意可知:

生产新产品的年税前利润 = 2 400 × (50 - 35) = 36 000(元)

年税后净利 = 36 000 × (1 - 25%) = 27 000(元)

固定资产年折旧额 = $\frac{100\ 000 - 10\ 000}{5}$ = 18 000(元)

营业现金净流量 = 27 000 + 18 000 = 45 000(元)

（1）采用净现值法进行分析：

现金流入量总现值 = 45 000 × (P/A,12%,5) + (50 000 + 10 000) × (P/F,12%,5)
      = 45 000 × 3.605 + 60 000 × 0.567
      = 196 245(元)

现金流出量总现值 = 100 000 + 50 000 = 150 000(元)

净现值 = 196 245 - 150 000 = 46 245(元)

（2）采用内含报酬率法进行分析：由于各年的现金净流量不等，所以只能采用逐次测试逼近法计算内含报酬率。先假定初始折现率为22%，计算其净现值：

净现值 = 45 000 × (P/A,22%,5) + 60 000 × (P/F,22%,5) - 150 000
   = 45 000 × 2.864 + 60 000 × 0.311 - 150 000
   = 147 540 - 150 000
   = -2 460(元)

由于净现值为负数，表明方案本身的投资报酬率低于22%，应按较低的折现率进一步折现。当折现率为20%时，计算净现值：

净现值 = 45 000 × (P/A,20%,5) + 60 000 × (P/F,20%,5) - 150 000
   = 45 000 × 2.991 + 60 000 × 0.402 - 150 000
   = 158 715 - 150 000
   = 8 715(元)

应用内插法计算出内含报酬率为20.027%。

5.3.3 购买设备自制半成品的决策

企业所需的半成品（或零部件）是自制还是外购的问题，在不需要增加投资的情况下，如何决策已在"4.5 产品生产决策"中做过介绍，这里介绍的是自制半成品需要增加投资的情况下的决策。

[例5-63] 某机械厂为了生产甲产品，每年需要零件8 000件，外购价（包括运费）为每件15元，甲产品估计可以行销8年以上。如果自制，则该厂需投资120 000元购置专用设备，8年后设备残值为20 000元；另外，还需垫支流动资金30 000元。自制零件单位变动成本为8元，每年需增加固定制造费用（不包括设备折旧）15 000元，资金成本为10%，企业所得税税率为25%。试问该厂应否做出购置设备自制半成品的决策。

解：

自制需增加投资 = 120 000 + 30 000 = 150 000(元)

购置设备年折旧费 = (120 000 - 20 000) ÷ 8 = 12 500(元)

自制年成本 = 8 × 8 000 + 15 000 + 12 500
    = 64 000 + 15 000 + 12 500
    = 91 500(元)

外购年成本 = 15 × 8 000 = 120 000(元)

自制较外购增加的年经营现金净流量 =

(120 000 - 91 500) × (1 - 25%) + 12 500 = 33 875(元)

自制增加的净现值 = 33 875 × (P/A,10%,8) + (20 000 + 30 000) ×

　　　　　　　　(P/F,10%,8) - 150 000

　　　　　　　 = 33 875 × 5.335 + 50 000 × 0.467 - 150 000

　　　　　　　 = 180 723.13 + 23 350 - 150 000

　　　　　　　 = 54 073.13(元)

由以上计算可知,与外购半成品相比,购置设备自制半成品(增量投资)的净现值大于零,说明购置设备自制半成品优于外购半成品。

5.3.4　固定资产租赁或购买的决策

企业在进行固定资产租赁或购买的决策时,由于所用固定资产相同,即固定资产的生产能力与产品的销售价值相同,同时固定资产的运行费用也相同,因此只需比较两种方案的成本差异及成本对企业所得税产生的影响的差异即可。

固定资产租赁是指固定资产的经营租赁,与购买固定资产相比,租赁固定资产每年将多支付一定的租赁费用;另外,由于租赁费用是在成本中列支的,因此企业可以少缴纳所得税,即得到纳税利益。购买固定资产是一种投资行为,企业将支出一笔可观的设备价款,但与此同时,每年可以计提折旧费予以补偿,并且折旧费为成本的一个组成部分,也能使企业得到纳税利益;此外,企业在项目结束或生命终结时,还能够得到设备的残值变现收入。

[例 5-64]　某企业在生产中需要一种设备。企业若自己购买该设备,则需支付设备价款 200 000 元。该设备的使用寿命为 8 年,预计残值率为 5%。企业若采取租赁的方式进行生产,则每年将支付租赁费用 40 000 元,租赁期为 8 年。假设折现率为 10%,企业所得税税率为 25%。现分析、计算如下:

(1) 假如所需设备由企业自行购买,则:

设备残值 = 200 000 × 5% = 10 000(元)

年折旧额 = $\frac{200\ 000 - 10\ 000}{8}$ = 23 750(元)

购买设备支出 = 200 000(元)

因折旧而减少的税负的现值 = 23 750 × 25% × (P/A,10%,8)

　　　　　　　　　　　　 = 23 750 × 25% × 5.335

　　　　　　　　　　　　 = 31 676.56(元)

设备残值的现值 = 10 000 × (P/F,10%,8)

　　　　　　　 = 10 000 × 0.467

　　　　　　　 = 4 670(元)

购置设备现金流出总现值 = 200 000 - 31 676.56 - 4 670

　　　　　　　　　　　 = 163 653.44(元)

(2) 假如所需设备采取租赁方式,则:

租赁支出的总现值 = 40 000 × (P/A,10%,8)
                = 40 000 × 5.335
                = 213 400(元)

因租赁而减少的税负的现值 = 40 000 × 25% × (P/A,10%,8)
                       = 40 000 × 25% × 5.335
                       = 53 350(元)

租赁设备现金流出总现值 = 213 400 - 53 350
                     = 160 050(元)

从上述计算结果可以看出,购买设备的总支出大于租赁设备的总支出 3 603.44 元 (163 653.44 - 160 050),因此,该企业应采取租赁方式取得设备。

5.3.5　固定资产更新的决策

工业企业的固定资产由于发生有形损耗和无形损耗,使用一定年限后,必须进行更新,否则,成本将逐年提高,产品质量也得不到保证,从而削弱企业的竞争能力。但是,更新固定资产需要资金,盲目更新固定资产会造成经济上的重大损失。所以,对固定资产的更新,必须认真地进行分析和决策。

1. 更新决策的现金流量分析

更新决策不同于一般的投资决策。一般说来,设备更新并不改变企业的生产能力,不增加企业的现金流入。更新决策的现金流量主要是现金流出,即使有少量的现金流入,也属于支出的抵减,而非实质性的流入的增加,这为采用折现的现金流量分析带来了困难。另外,新旧设备未来使用年限不同、投资额不同,无法通过总成本的比较来评价投资方案的优劣。通常,企业应树立正确的局外观,选择年平均成本最低的方案为最优方案。

[例 5-65] 某企业旧机器的原价为 22 000 元,预计可使用 10 年,现已使用 4 年,期满有残值 1 200 元,每年的运行费用为 800 元。新机器的原价为 25 000 元,期满有残值 1 500 元,每年的运行费用为 500 元。旧机器若于目前出售,则变现价值为 7 000 元。企业要求的投资报酬率为 14%。

为了便于正确地进行比较,企业要从"局外人"的角度出发对新、旧机器进行考察,即在"局外人"看来,目前可以用 7 000 元购置旧机器,也可以用 25 000 元购置新机器,因此,旧机器的变现价值可以作为继续使用旧机器的现金流出,并以此计算年平均成本。

所谓固定资产年平均成本,是指使用该固定资产所引起的现金流出量的年平均值。

如果考虑货币的时间价值,则年平均成本有三种计算方法:

(1) 计算现金流出的总现值,然后分摊给每一年。

$$旧机器的年平均成本 = \frac{7\ 000 + 800 \times (P/A,14\%,6) - 1\ 200 \times (P/F,14\%,6)}{(P/A,14\%,6)}$$

$$= \frac{7\ 000 + 800 \times 3.889 - 1\ 200 \times 0.456}{3.889}$$

$$= 2\ 459(元)$$

$$新机器的年平均成本 = \frac{25\,000 + 500 \times (P/A,14\%,10) - 1\,500 \times (P/F,14\%,10)}{(P/A,14\%,10)}$$

$$= \frac{25\,000 + 500 \times 5.216 - 1\,500 \times 0.270}{5.216}$$

$$= 5\,215(元)$$

（2）由于各年已有相等的运行成本，将原始投资和残值摊销到每年，然后求和，也可以得到年平均成本。

年平均成本 = 原始投资摊销 + 运行成本 − 残值摊销

$$旧机器的年平均成本 = \frac{7\,000}{(P/A,14\%,6)} + 800 - \frac{1\,200}{(F/A,14\%,6)}$$

$$= \frac{7\,000}{3.889} + 800 - \frac{1\,200}{8.536}$$

$$= 2\,459(元)$$

$$新机器的年平均成本 = \frac{25\,000}{(P/A,14\%,10)} + 500 - \frac{1\,500}{(F/A,14\%,10)}$$

$$= \frac{25\,000}{5.216} + 500 - \frac{1\,500}{19.337}$$

$$= 5\,215(元)$$

（3）将残值在原始投资中扣除，视同每年承担相应的利息，然后与净原始投资摊销及年运行成本相加后求出年平均成本。

$$旧机器的年平均成本 = \frac{7\,000 - 1\,200}{(P/A,14\%,6)} + 1\,200 \times 14\% + 800$$

$$= \frac{5\,800}{3.889} + 168 + 800$$

$$= 2\,459(元)$$

$$新机器的年平均成本 = \frac{25\,000 - 1\,500}{(P/A,14\%,10)} + 1\,500 \times 14\% + 500$$

$$= \frac{23\,500}{5.216} + 210 + 500$$

$$= 5\,215(元)$$

2. 大修还是更新的决策

企业的生产设备或房屋等建筑物因长期使用而效率降低，需要通过大修来提高或恢复原有性能、精度和效率，而购置新设备的投资一般高于旧设备的大修费用，不过新设备比旧设备的寿命长，在性能、精度、效率和消耗等方面都有优势，因此，必须对设备是大修还是更新的问题进行分析、决策。

[例5-66] 某企业有一台旧设备，该设备已不能正常使用。如果经过大修，则可以延长使用年限5年，但需支付大修成本15 000元，大修后每年还需支付日常修理费500元。如果购置一台新设备，则总投资为35 000元，新设备每年的日常修理费为300元，可使用15年，期满有残值2 000元。此外，新设备在第5年和第10年年末各需正常大修一

次,大修费用分别为 5 000 元和 7 000 元。使用新设备每年可以节约原材料 400 元,节约人工成本 300 元。假设资金成本为 10%,试分析该企业应该做出大修还是更新的决策。

大修年平均成本为:

大修成本年摊销额 = 15 000 ÷ (P/A,10%,5)
                 = 15 000 ÷ 3.791
                 = 3 956.74(元)

年日常修理费 = 500(元)

大修年平均成本 = 3 956.74 + 500 = 4 456.74(元)

购置新设备年平均成本为:

投资年摊销额 = (35 000 − 2 000) ÷ (P/A,10%,15) + 2 000 × 10%
           = 33 000 ÷ 7.606 + 200
           = 4 538.68(元)

$$\text{大修成本摊销} = \frac{5\,000 \times \dfrac{1}{(1+10\%)^5} + 7\,000 \times \dfrac{1}{(1+10\%)^{10}}}{(P/A,10\%,15)}$$

              = (5 000 × 0.621 + 7 000 × 0.386) ÷ 7.606
              = 5 807 ÷ 7.606
              = 763.48(元)

年日常维修费 = 300(元)

年节约材料和人工成本 = 400 + 300 = 700(元)

购置新设备年平均成本 = 4 538.68 + 763.48 + 300 − 700
                     = 4 902.16(元)

上述计算结果表明,与更新相比,大修每年可以节约成本 445.42 元(4 902.16 − 4 456.74)。因此,该企业应先将旧设备修好,使用 5 年后再来考察设备更新方案。

3. 继续使用旧设备还是"售旧购新"的决策

所谓继续使用旧设备还是"售旧购新"的决策,是指从经济效益上来分析设备该不该更新,以及如何从各更新方案中选择最优方案。

[例 5-67] 某企业于一年前购置了一台设备。该设备的原价为 70 000 元,预计还可以使用 10 年,期满有残值 4 000 元。原制造商最近又向该企业推销了一种电脑控制的最新设备,售价为 100 000 元。该企业若购进新设备,则可使年总收入从原来的 250 000 元增加到 300 000 元,但每年的付现成本也将从原来的 215 000 元增加到 240 000 元。该新设备的使用年限为 10 年,期满后残值为 10 000 元。

目前该企业原有设备的账面价值为 64 000 元(已计提折旧 6 000 元)。若该企业购买新设备,则制造商可以将原有设备作价 20 000 元(以旧换新)。该企业考虑使用新设备的风险较大,在计算、分析时要求投资报酬率必须达到 18%。试用净现值法对该企业是"继续用旧"还是"售旧购新"做出评价(为简化核算,本例不考虑所得税的影响)。

如果继续使用旧设备,则:

年经营现金净流入量 = 250 000 − 215 000
                  = 35 000(元)

年经营现金净流入量的现值 = 35 000 × (P/A,18%,10)
            = 35 000 × 4.494
            = 157 290(元)
第 10 年残值折现 = 4 000 × (1 + 18%)$^{-10}$
            = 4 000 × 0.191
            = 764(元)
现金流入量的总现值 = 157 290 + 764 = 158 054(元)
准备投资额 = 20 000(元)
净现值 = 158 054 - 20 000 = 138 054(元)
如果采用"售旧购新"方案,则:
年经营现金净流入量 = 300 000 - 240 000
            = 60 000(元)
年经营现金净流入量的现值 = 60 000 × (P/A,18%,10)
            = 60 000 × 4.494
            = 269 640(元)
第 10 年残值折现 = 10 000 × (1 + 18%)$^{-10}$
            = 10 000 × 0.191
            = 1 910(元)
现金流入量的总现值 = 269 640 + 1 910 = 271 550(元)
准备投资额 = 100 000(元)
净现值 = 271 550 - 100 000 = 171 550(元)

由以上计算结果可知,"售旧购新"方案的净现值比继续使用旧设备方案的净现值多33 496 元(171 550 - 138 054),因此,该企业应选择"售旧购新"方案。

在本例中,有一个特别之处在于,新旧设备的未来使用年限相同,因而既可以采用净现值法进行分析、判断,又可以将净现值法与差量分析结合起来进行决策。

沿用上例中的资料,可以编制差量分析表,如表 5-18 所示。

表 5-18 差量分析表 单位:元

摘要	售旧购新	继续用旧	差量
设备投资额	100 000	20 000	80 000
年营业收入	300 000	250 000	50 000
年付现成本	240 000	215 000	25 000
设备残值	10 000	4 000	6 000

新设备年折旧额 = (100 000 - 10 000) ÷ 10 = 9 000(元)
旧设备年折旧额 = (64 000 - 4 000) ÷ 10 = 6 000(元)
差量现金流入量现值 = (50 000 - 25 000) × (P/A,18%,10) + (10 000 - 4 000) ×
            (P/F,18%,10)
            = 25 000 × 4.494 + 6 000 × 0.191
            = 112 350 + 1 146 = 113 496(元)

差量现金流出量现值 = 100 000 − 20 000 = 80 000(元)

差量净现值 = 113 496 − 80 000 = 33 496(元)

上述计算结果表明,使用该方法所得出的结论与使用净现值法所得出的结论完全相同,证明"售旧购新"方案是有利的。

4. 固定资产经济寿命的决策(即固定资产何时更新的决策)

前面我们已经讨论固定资产应否更新的决策分析方法。至于固定资产何时需要更新,这就需要计算固定资产的经济寿命及其相应的最低年平均成本。

经济寿命是指固定资产能够提供经济效益的期限,它与自然寿命的区别在于,自然寿命是指固定资产从投入使用到完全报废为止的整个期限,经济寿命则是指能使固定资产的年平均成本达到最低值的使用期限。因此,经济寿命又可以称为最优更新期或最低年平均成本期。一般情况下,固定资产的经济寿命总是短于其自然寿命。

决定固定资产经济寿命的两个成本因素是:

(1)持有成本。它是指用于固定资产投资的成本。随着固定资产价值的逐渐降低,持有成本会逐渐降低。

(2)运行成本。它是指固定资产由于逐年使用和自然损耗,其效率和精度逐渐降低,性能逐渐变差,导致其维护费用、修理费用、能源消耗逐渐增加。

随着时间的推移,运行成本和持有成本呈反方向变化,二者之和呈马鞍型。这样,就必然存在一个最经济的使用年限,如图5-5所示。

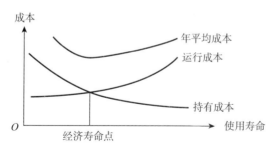

图5-5 年平均成本与运行成本和持有成本的关系

按是否考虑货币的时间价值,对固定资产经济寿命的计算可有两种不同的方法:

(1)不考虑资金成本和残值变动。将生产设备按年计算的折旧额加上各年发生的递增成本,先求出各年的平均成本,然后对生产设备使用年限内的各年平均成本进行比较,从而得出年平均成本最低的年份就是生产设备的经济寿命。其计算公式为:

$$T = \frac{c}{n} + S_1 + \frac{(n-1)g}{2}$$

式中,c 为资产成本,即固定资产原价减去残值后的余额;n 为固定资产的使用年限;g 为使用费年增加额;S_1 为第1年的使用费;T 为生产设备的年平均成本。

[例5-68] 某企业有一台设备A。该设备的购买价格和安装费共计30 000元,可以使用10年,无残值,年使用费为3 000元,以后的使用费每年递增800元。试计算该设备的经济寿命和最低年平均成本,以便进行设备最优更新期的决策分析。

第一,采用逐年测试列表法。依据已知资料,编制年平均成本计算表,如表5-19所示。

表 5-19 A 设备年平均成本计算表   单位:元

年份	年使用费	累计年使用费	使用 n 年的年平均使用费	使用 n 年的年平均折旧额	使用 n 年的年平均成本
1	3 000	3 000	3 000	30 000.00	33 000.00
2	3 800	6 800	3 400	15 000.00	18 400.00
3	4 600	11 400	3 800	10 000.00	13 800.00
4	5 400	16 800	4 200	7 500.00	11 700.00
5	6 200	23 000	4 600	6 000.00	10 600.00
6	7 000	30 000	5 000	5 000.00	10 000.00
7	7 800	37 800	5 400	4 285.71	9 685.71
8	8 600	46 400	5 800	3 750.00	9 550.00
9	9 400	55 800	6 200	3 333.33	9 533.33
10	10 200	66 000	6 600	3 000.00	9 600.00

由表 5-19 的计算结果可知,该设备的经济寿命为 9 年,最低年平均成本为 9 533.33 元。

第二,采用公式法。如前所述,该设备的年平均成本 $T = \dfrac{c}{n} + S_1 + \dfrac{(n-1)g}{2}$。以 n 为自变量,求 T 对 n 的一阶导数,并让它等于 0,可以得到经济寿命 n 的计算公式:

$$T = \dfrac{-c}{n^2} + \dfrac{g}{2} = 0$$

$$n = \sqrt{\dfrac{2c}{g}}$$

将本题所提供的有关资料代入公式可得:

$$n = \sqrt{\dfrac{2 \times 30\,000}{800}} = 8.66(年)$$

$$年平均成本 = \dfrac{30\,000}{8.66} + 3\,000 + \dfrac{(8.66 - 1) \times 800}{2}$$

$$= 3\,464.20 + 3\,000 + 3\,064$$

$$= 9\,528.20(元)$$

采用公式法计算出的结果与采用列表法计算出的结果基本相同,即该设备的经济寿命为 8.66 年,最低年平均成本为 9 528.20 元。

(2)考虑资金成本和残值变动。正确的资本预算决策必须考虑货币的时间价值,也就是要考虑资金成本或利息因素对其的影响。此外,在固定资产残值较大而使用年限较短时,使用年限的长短对残值的影响较大。使用年限较短,残值较大而资金成本较小;使用年限较长,残值较小而资金成本较大。因此,考虑到资金成本和残值会随着使用年限变动,可以使所确定的经济寿命更符合客观实际情况。在这种决策环境下,固定资产经济寿命的计算公式为:

$$\text{UAC} = \frac{C - \dfrac{S_n}{(1+i)^n} + \sum \dfrac{C_n}{(1+i)^n}}{(P/A, i, n)}$$

式中,C 为固定资产原值;S_n 为 n 年后固定资产余值;C_n 为第 n 年运行成本;n 为预计使用年限;i 为投资最低报酬率;$(P/A, i, n)$ 为年金现值因子,UAC 为固定资产的年平均成本。

[例 5-69]　某企业拟购置一台设备。该设备的买价和安装费共计 10 000 元。该设备可以使用 8 年,运行成本将逐年增加,剩余价值将逐年下降,有关数据见表 5-20。试求该设备的经济寿命和最低年平均成本,以便进行设备最优更新期的决策分析。

该固定资产如果在使用 7 年后更新,则年平均成本为 3 384.87 元,比其他年份更新的成本低,因此,其经济寿命是 7 年。

表 5-20　某设备年平均成本计算表　　　　　　　　单位:元

更新年限	原值①	余值②	折现系数($i=10\%$)③	余值现值④=②×③	运行成本⑤	运行成本现值⑥=⑤×③	更新时运行成本现值⑦=∑⑥	现值总成本⑧=①-④+⑦	年金现值系数($i=10\%$)⑨	年平均成本⑩=⑧÷⑨
1	10 000	8 000	0.909	7 272.0	1 000	909.00	909.00	3 637.00	0.909	4 001.10
2	10 000	6 200	0.826	5 121.2	1 100	908.60	1 817.60	6 696.40	1.736	3 857.37
3	10 000	4 600	0.751	3 454.6	1 250	938.75	2 756.35	9 301.75	2.487	3 740.15
4	10 000	3 200	0.683	2 185.6	1 500	1 024.50	3 780.85	11 595.25	3.170	3 657.81
5	10 000	2 200	0.621	1 366.2	1 700	1 055.70	4 836.55	13 470.35	3.791	3 553.24
6	10 000	1 600	0.564	902.4	2 000	1 128.00	5 964.55	15 062.15	4.355	3 458.59
7	10 000	1 200	0.513	615.6	2 200	1 128.60	7 093.15	16 477.55	4.868	3 384.87
8	10 000	600	0.467	280.2	3 000	1 401.00	8 494.15	18 213.95	5.335	3 414.05

▶▶ 本章小结

影响资本预算决策的重要因素有四个,即货币的时间价值、现金流量、投资风险价值和资金成本。其中,货币的时间价值可以通过复利现值、复利终值、年金现值和年金终值进行评估。现金流量是评价投资方案经济效益的必备资料,具体内容包括现金流入量、现金流出量和现金净流量。投资风险价值通过经营风险和财务风险进行评估。资金成本包括用资费用和筹资费用两方面费用。

资本预算决策的方法主要分为静态分析法和动态分析法。其中,静态分析法又包括静态投资回收期法、投资报酬率法和追加投资回收期法。而净现值法、净现值率法、现值指数法等方法属于动态分析方法。

▶▶ 复习思考题

1. 影响资本预算决策的因素有哪些?

2. 什么是货币的时间价值？资本预算决策中为什么要考虑货币的时间价值？

3. 什么是资金成本，它包括哪些内容，在决策中有何作用？

4. 列举资本预算决策的各种方法，试评价各种方法的局限性。

▶ 作业练习

1. 光明橡胶化工公司正召开会议，为下一年的资本预算做计划。近年来，市场对该公司大部分产品的需求激增，整个行业正经历着生产能力不足的情况。在过去的两年里，公司生产能力稳步上升，由于需求量较大，产品价格已有所上升。

本次会议的参加者有公司董事长林欣、财务总监李立以及四个部门的负责人等。大家从财务和市场的角度对资本支出的需要进行考虑。

经过一番讨论，根据公司的整体目标和长远发展规划，大家把主要提案集中在四个项目上，每个部门一个项目，然后对每一提案进行评估和分析。董事长让财务总监李立主要从财务的角度对这四个项目进行分析。

回到办公室，李立对四个项目认真地做了如下分析：

项目 A：化学部门，生产设施扩建；

项目 B：轮胎部门，增加一条生产线；

项目 C：国际部门，额外的仓储空间，来满足国际市场的需求；

项目 D：财务部门，将目前负责开票、应收应付款管理的计算机系统更新。

表 5-21 是四个项目的一些预计情况：

表 5-21 四个项目的预计情况

项目	投资（万元）	年	税前折旧前利润（万元）
A	500	1—10	1 300
B	400	1—10	1 000
C	200	1—8	600
D	100	1	300
		2	400
		3	70
		4	500
		5	300

各项目预计期满无残值，在预计使用年限内使用直线法计提折旧。

根据预测的下一年的现金流量表，公司可从内部融资 700 万元，而目前从外部融资的成本过高，因此公司不予以考虑。公司的资金成本为 10%，所得税税率为 25%。

李立感到每一个项目对公司的发展而言都是有益的。化学部门由于生产设施不足正面临失去销售额的状况；轮胎产品越来越受欢迎，公司正试图保持公司的市场份额；国外市场对公司是极为重要的，额外的仓储空间能够使公司经营效率更高；计算机系统的更新能够提高效率，降低人力成本。

要求:帮助李立回答以下问题:

(1) 计算每个项目的 NPV 和 IRR。

(2) 对这四个项目进行排序,在投资总额受到限制的情况下,应进行哪些项目投资?

(3) 采用 NPV 和 IRR,排序是否会一致?

(4) 在进行决策时,是否需要考虑其他因素?

2. B 公司是一家造纸及生产纸制品的公司。该公司历史悠久,产品质量上乘,销售遍及全国。目前,由于市场对公司产品需求的增长,以及政府对环境污染治理的要求,公司正在考虑购置新设备问题。现有两种方案可供选择:项目 A 或项目 B。

项目 A 预计要花费 200 万元,安装成本 20 万元。新设备预计使用年限为 20 年,残值为 0。项目 A 将取代一已使用了 18 年的旧设备。旧设备最初的成本为 150 万元,按 20 年计提折旧,残值为 0,该设备目前的市价为 20 万元。使用新设备预计所带来的税前折旧前现金净流量在第 1—10 年内为每年 43 万元,在第 11—20 年内为每年 50 万元。

项目 B 预计要花费 120 万元,安装成本 60 万元。新设备预计使用年限为 20 年,无残值。项目 B 将取代一已使用了 16 年的旧设备。旧设备最初的成本为 100 万元,按 20 年计提折旧,残值为 0,目前可按 30 万元出售。使用新设备预计所带来的税前折旧前现金净流量在第 1—20 年内为每年 30 万元。

公司要求的报酬率为 10%,所得税税率为 25%。公司对所有设备均按直线法计提折旧。

要求:

(1) 计算每一项目的初始现金净流量和经营现金净流量。

(2) 计算每一项目的回收期和净现值。

(3) 应采用哪一项目?为什么?

3. 某公司现在有闲置资金 40 万元,如何有效地使用这笔资金,公司经理要求各有关部门提供决策资料。

信息中心从近期收集的资料中经过初步筛选,提供以下信息供公司参考:

(1) 目前国内市场上中档照相机紧缺,预计今后 15 年内总需求为 600 万架,目前国内的年生产能力为 20 万架,而且品种单一,功能不全。我公司有生产中档照相机的能力,力量雄厚,不仅可以保证产品质量,而且对改进功能、增加花色品种有潜力,对顾客有吸引力。

(2) 生产照相机需要新建生产车间一幢,新增流水线一条。新建车间厂房预计投资 15.5 万元,可以使用 15 年,15 年后报废残值约为 0.5 万元。构建生产流水线有以下两个方案可供选择:

第一,从国内市场购入生产流水线,并请设备安装公司施工安装,投资额为 31 万元,预计整个工程工期为 2 年,2 年后可正式投产,投产后年生产能力为 0.6 万架。该流水线可连续使用 10 年,预计 10 年后报废残值约为 1 万元。

第二,国际市场现有一条中档照相机生产流水线装置待售,售价折合人民币为 15 万元,如购买该流水线,则还需支付进口关税、运杂费和安装费,合计人民币 9.6 万元,预计建设安装工程需施工 1 年,1 年后可正式投产,投产后年生产能力为 0.5 万架。该流水线可连续使用6年,预计6年后报废残值约为0.6万元。

生产流水线不论从国内市场购入,还是从国际市场购入,一切投资费用支出均需预先支付。

(3) 某上市公司目前产品销路好,该公司为了扩大生产规模,正准备发行5年期公司债券,债券年利息率为18%。

公司销售部门经过市场调查,证实公司信息中心提供的信息基本正确,中档照相机市场需求量很大,公司如生产该种产品,则在能够保证产品质量的前提下,定价305元/架,年销售量有望达到1.5万架。

财会部门根据上述部门提供的资料,进行了成本预测,为投资决策提供以下资料:

(1) 如从国内市场购入流水线进行生产,则年固定成本为12万元;如从国际市场购入流水线进行生产,则年固定成本增加0.4万元。

(2) 照相机生产的变动成本为252元/架(两条流水线一样)。

(3) 公司的所得税税率为25%,设定折现率为10%。

(4) 车间厂房使用6年后,如不使用,则可转让其他厂,预计收回价款9.5万元;如使用10年后不再使用,则可转让收回价款5.5万元。

要求:根据上述有关资料,应如何进行决策?

▶▶ 延伸阅读与写作

市场经济的繁荣给企业带来了更多的投资热情,但同时也存在投资风险。因此,企业的长期投资决策决定着企业的命运。然而,企业在做长期投资决策时因考虑不周而失误,导致企业陷入困境的情况数不胜数。选择近年来发展迅速的企业作为案例公司进行详细研究,对其长期投资决策进行评价,并提出相应的建议。

▶▶ 参考文献

[1] 孙养学,吴修乾,杨少青.不完美资本市场条件下资本预算与公司战略匹配研究[J].经济论坛,2011(8):180-183.

[2] 周琦深,邱英,严良,等.投资者非理性行为与企业资本预算决策研究:基于黄金投资的实证[J].财会通讯,2015(2):7-9.

第三篇

规划与控制

第 6 章　利润规划

第 7 章　变动成本法

第 8 章　标准成本法

第 9 章　作业成本法

第 10 章　作业基础预算

第 11 章　预算管理制度

第 12 章　责任会计

第 13 章　风险清单法

第6章 利润规划

【学习目标】
1. 掌握本—量—利分析的三种数学表达式。
2. 掌握本—量—利图的绘制方法及意义。
3. 熟悉各因素变动对利润的影响。

【导入指引】
利润是企业赖以生存和发展的重要保障,是企业向国家、股东、管理者、职工分配价值的直接来源;是潜在的投资者和债权人可以依赖的重要信息,它可以给予投资者和债权人信心,从而促进企业的经营。寻求利润是企业价值增长的主要方式,也是企业管理者乐于展现自身管理价值的表现。基于利润对企业的重要意义,利润规划在企业中也具有举足轻重的作用。在企业规划中,利润规划是基本的规划之一,也是现代企业科学管理方法之一。它通过对企业未来一段时间内,经过努力应达到的最优化利润即目标利润进行科学的预测、控制和规划,掌握其影响因素及变化规律,为管理者日后的决策提供有用的信息——在决定任何生产经营问题时,都应事先分析拟采取的行动对利润有何影响。做好利润规划,是现代企业管理的基本要求,也是顺应社会经济发展的必然趋势。

6.1 利润的计算与规划

成本、销量和利润的关系可以统一于一个数学模型,本—量—利关系的数学表达主要有三种形式,即利润方程式、边际贡献方程式和本—量—利图。

6.1.1 利润方程式

1. 基本的利润方程式

目前多数企业都使用利润法来计算利润,即首先确定一定期间的收入,然后计算与这些收入相配合的成本,二者之差即为期间利润:

利润 = 销售收入 − 总成本

由于总成本 = 变动成本 + 固定成本 = 单位变动成本 × 产量 + 固定成本,销售收入 = 单价 × 销量,假定产量和销量相同,则有:

利润 = 单价 × 销量 − 单位变动成本 × 销量 − 固定成本

这个方程式是明确表达本—量—利之间数量关系的基本方程式,它含有五个相互联系的变量,给定其中任意四个变量的值,便可求出另一个变量的值。

我们在规划期间利润时,通常把单价、单位变动成本和固定成本视为稳定的常量,只有销量和利润两个自由变量。在给定销量时,可利用方程式直接计算出预期利润;在给定目标利润时,可直接计算出应达到的销量。

[例6-1] 某企业生产一种产品,每月固定成本为1 000元,产品单价为10元,单位变动成本为6元,本月计划销售500件,则预期利润是多少?

将有关数据代入利润方程式:

利润 = 单价 × 销量 − 单位变动成本 × 销量 − 固定成本
　　 = 10 × 500 − 6 × 500 − 1 000
　　 = 1 000(元)

这个方程式是最基本的形式,它可以根据所需计算的问题变换成其他形式,或者根据企业具体情况增加一些变量,成为更复杂、更接近实际的方程式。利润方程式实际上是利润表的模型化表达,根据不同的利润表可以构造出不同的模型。

2. 利润方程式的变换形式

基本的利润方程式把"利润"放在等号的左边,把其他变量放在等号的右边,这种形式便于计算预期利润。如果待求的数值是其他变量,则可以将方程式进行恒等变换,使等号左边是待求的变量,其他参数放在等号右边,由此可得出四个利润方程式的变换形式:

(1) 计算销量的方程式:

销量 = (固定成本 + 利润)/(单价 − 单位变动成本)

假设前例企业欲实现目标利润1 100元,则应销售多少产品?

销量 = (1 000 + 1 100)/(10 − 6) = 525(件)

(2) 计算单价的方程式:

单价 = (固定成本 + 利润)/销量 + 单位变动成本

假设前例企业计划销售600件,欲实现目标利润1 640元,则单价应定为多少?

单价 = (1 000 + 1 640)/600 + 6 = 10.40(元)

(3) 计算单位变动成本的方程式:

单位变动成本 = 单价 − (固定成本 + 利润)/销量

假设前例企业每月固定成本为1 000元,产品单价为10元,计划销售600件,欲实现目标利润800元,则单位变动成本应控制在什么水平?

单位变动成本 = 10 − (1 000 + 800)/600 = 7(元)

(4) 计算固定成本的方程式:

固定成本 = 单价 × 销量 − 单位变动成本 × 销量 − 利润

假设前例企业产品单位变动成本为6元,单价为10元,计划销售600件,预实现目标利润740元,则固定成本应控制在什么水平?

固定成本 = 10 × 600 − 6 × 600 − 740 = 1 660(元)

3. 包含期间成本的利润方程式

为了符合多步式利润表的结构,我们不但要分解产品成本,而且要分解销售费用、管理费用等期间成本。将它们分解以后,方程式变为:

税前利润 = 销售收入 −（变动产品成本 + 固定产品成本）−（变动销售和管理费用 + 固定销售和管理费用）

= 单价 × 销量 −（单位产品变动成本 + 单位变动销售和管理费用）× 销量 −（固定产品成本 + 固定销售和管理费用）

[例 6-2]　某企业每月发生固定制造成本 1 000 元,固定销售费用 100 元,固定管理费用 150 元;单位变动制造成本 6 元,单位变动销售费用 0.70 元,单位变动管理费用 0.30 元。该企业产销一种产品,单价 10 元;本月计划销售 500 件产品,则预期利润是多少?

利润 = 10 × 500 −（6 + 0.70 + 0.30）× 500 −（1 000 + 100 + 150）= 250(元)

4. 计算税后利润的利润方程式

所得税是根据利润总额和所得税税率计算得出的,并会从利润总额中减除,所以它既不是变动成本也不是固定成本。

税后利润 = 利润总额 − 所得税
= 利润总额 − 利润总额 × 所得税税率
= 利润总额 ×（1 − 所得税税率）

将利润方程式代入上式的"利润总额",则:

税后利润 =（单价 × 销量 − 单位变动成本 × 销量 − 固定成本）×（1 − 所得税税率）

此方程式经常被用来计算实现目标利润所需的销量,为此常用下式表达:

销量 =［固定成本 + 税后利润/(1 − 所得税税率)］/(单价 − 单位变动成本)

例如,前述企业每月发生固定制造成本 1 000 元,固定销售费用 100 元,固定管理费用 150 元;单位变动制造成本 6 元,单位变动销售费用 0.70 元,单位变动管理费用 0.30 元。该企业产销一种产品,单价 10 元,本月计划产销 600 件产品;企业所得税税率为 25%,则预期利润是多少? 如拟实现净利润 500 元,则应产销多少件产品?

税后利润 =［10 × 600 −（6 + 0.70 + 0.30）× 600 −（1 000 + 100 + 150）］×（1 − 25%）
= 412.5(元)

销量 =［(1 000 + 100 + 150) + 500/(1 − 25%)］/(10 − 7) = 639(件)

6.1.2　边际贡献方程式

1. 定义

边际贡献是指销售收入减去变动成本后的余额,即

边际贡献 = 销售收入 − 变动成本

如果用单位产品表示,即

单位边际贡献 = 单价 − 单位变动成本

[例 6-3]　某企业只产销一种产品,单价 6 元,单位变动成本 3 元,销量 600 件,则:

边际贡献 = 6 × 600 − 3 × 600 = 1 800(元)

单位边际贡献 = 6 − 3 = 3(元)

边际贡献是产品扣除自身变动成本后给企业所做的贡献,它首先用于收回企业的固定成本,其次如果还有剩余则成为利润,如果不足以收回固定成本则发生亏损。

由于变动成本既包括生产制造过程的变动成本(即产品变动成本),又包括销售、管理

费用中的变动成本(即期间变动成本),因此边际贡献也可以具体分为制造边际贡献(生产边际贡献)和产品边际贡献(总营业边际贡献)。

$$制造边际贡献 = 销售收入 - 产品变动成本$$
$$产品边际贡献 = 制造边际贡献 - 销售和管理变动成本$$

[例6-4] 某企业只产销一种产品,单价6元,单位制造变动成本2元,单位销售和管理变动成本1元,销量600件,则:

制造边际贡献 = 6 × 600 - 2 × 600 = 2 400(元)

产品边际贡献 = 2 400 - 1 × 600 = 1 800(元)

2. 边际贡献率

边际贡献率是指边际贡献在销售收入中所占的百分比。

$$边际贡献率 = 边际贡献/销售收入 × 100\%$$

使用例6-4中的资料计算:

制造边际贡献率 = (6 - 2)/6 × 100% = 67%

产品边际贡献率 = (6 - 3)/6 × 100% = 50%

通常,边际贡献率一词是指产品边际贡献率。

边际贡献率可以理解为每一元销售收入中边际贡献所占的比重,它反映产品给企业做出贡献的能力。

与边际贡献率相对应的概念是"变动成本率",即变动成本在销售收入中所占的百分比。

$$变动成本率 = 变动成本/销售收入 × 100\%$$
$$= (单位变动成本 × 销量)/(单价 × 销量) × 100\%$$
$$= 单位变动成本/单价 × 100\%$$

仍然使用例6-4中的资料计算:

制造变动成本率 = 2/6 × 100% = 33%

产品变动成本率 = 3/6 × 10% = 50%

通常,变动成本率一词是指产品变动成本率。

由于销售收入被分为变动成本和边际贡献两部分,前者是产品自身的耗费,后者是对企业的贡献,二者百分比之和应当为1。

证明过程如下:

变动成本率 + 边际贡献率 = 单位变动成本/单价 + 单位边际贡献/单价
$$= [单位变动成本 + (单价 - 单位变动成本)]/单价 = 1$$

根据例6-4中的资料计算:

变动成本率 + 边际贡献率 = 50% + 50% = 1

3. 基本的边际贡献方程式

由于创造了"边际贡献"这个概念,上面介绍的基本的利润方程式就可以改写成新的形式。

因为利润=销售收入-变动成本-固定成本=边际贡献-固定成本,所以利润=销量×单位边际贡献-固定成本,这一方程式也可以明确地表达本—量—利之间的数量关系。

[例 6-5] 某企业只产销一种产品,单价 6 元,单位变动成本 3 元,销量 600 件,固定成本 1 000 元,则:

$$利润 = (6 - 3) \times 600 - 1\,000 = 800(元)$$

这一方程式可以根据需要变换成其他形式:

$$销量 = (固定成本 + 利润)/单位边际贡献$$
$$单位边际贡献 = (固定成本 + 利润)/销量$$
$$固定成本 = 销量 \times 单位边际贡献 - 利润$$

4. 边际贡献率方程式

上述边际贡献方程式还可以利用"边际贡献率"改写成下列形式。

因为:

$$边际贡献率 = 边际贡献 / 销售收入 \times 100\%$$
$$利润 = 边际贡献 - 固定成本$$

所以:

$$利润 = 销售收入 \times 边际贡献率 - 固定成本$$

根据例 6-5 中的资料计算:

边际贡献率 = (6 - 3)/6 × 100% = 50%

利润 = (6 × 600) × 50% - 1 000 = 800(元)

这一方程式也可以用于多品种企业。由于多种产品的销售收入可以直接相加,因此问题的关键是计算多种产品的加权平均边际贡献率。

$$加权平均边际贡献率 = \frac{\sum 各产品销售收入边际贡献}{\sum 各产品销售收入} \times 100\%$$

[例 6-6] 某企业生产 A、B、C 三种产品,固定成本 2 000 元,有关资料见表 6-1,试计算其预期利润。

表 6-1 销售和成本计划资料

产品	单价(元)	单位变动成本(元)	单位边际贡献(元)	销量(件)
A	10	8	2	100
B	9	6	3	300
C	8	4	4	500

根据表 6-1 的资料计算:

$$加权平均边际贡献率 = \frac{(2 \times 100 + 3 \times 300 + 4 \times 500)}{(10 \times 100 + 9 \times 300 + 8 \times 500)} = 40.26\%$$

预期利润 = (10 × 100 + 9 × 300 + 8 × 500) × 40.26% - 2 000 = 1 100(元)

6.1.3 本—量—利图

将成本、销量、利润三者的关系反映在直角坐标系中,即为本—量—利图,因其能清晰地显示企业不盈利也不亏损时应达到的产销量,故又称盈亏临界图或损益平衡图。用图示表示本—量—利的相互关系,不仅清晰直观,而且便于理解。

根据资料的多少和目的的不同,本—量—利图有多种形式。

1. 基本的本—量—利图

图 6-1 是根据例 6-1 中有关数据绘制的基本的本—量—利图。

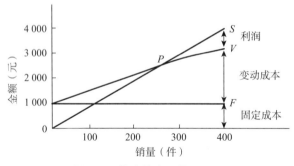

图 6-1　基本的本—量—利图

基本的本—量—利图的绘制步骤如下：首先，选定直角坐标系，以横轴表示销量，纵轴表示成本和销售收入的金额。然后，在纵轴上找出固定成本值，以此点(0,固定成本值)为起点，绘制一条与横轴平行的固定成本线 F。之后，以点(0,固定成本值)为起点，以单位变动成本为斜率，绘制变动成本线 V。最后，以坐标原点(0,0)为起点，以单价为斜率，绘制销售收入线 S。

基本的本—量—利图表达如下意义：固定成本线与横轴之间的距离为固定成本值，在相关范围内，它不因产量增减而变动；变动成本线与固定成本线之间的距离为变动成本，它随产量而成正比例变化；变动成本线与横轴之间的距离为总成本，它是固定成本与变动成本之和；销售收入线与总成本线的交点(P)是盈亏临界点，它在横轴上对应的销量是 250 件，表明企业在此销量下总收入与总成本相等，既没有利润，也不发生亏损。在此基础上，增加销量，销售收入超过总成本，S 和 V 的距离为利润值，形成利润区；反之，形成亏损区。

图 6-1 中的销量（横轴）不仅可以使用实物量，还可以使用金额来表示，其绘制方法与上面介绍的大体相同。通常，这种图画成正方形，如图 6-2 所示。

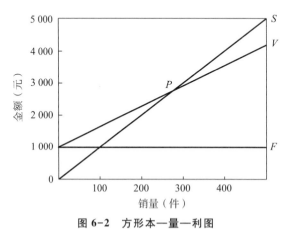

图 6-2　方形本—量—利图

在绘制时，销售收入线 S 为从原点出发的直线，其斜率为 1；变动成本线 V 从点(0,固定成本值)出发，斜率为变动成本率。这种图不仅可以用于单一产品，还可以用于多种产品的情况，只不过需要计算加权平均变动成本率。

2. 边际贡献式的本—量—利图

图 6-3 是根据例 6-1 中的有关资料绘制的边际贡献式的本—量—利图。

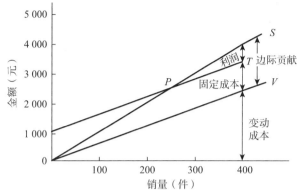

图 6-3 边际贡献式的本量利图

这种图绘制的特点是先画变动成本线 V，然后在此基础上以点（0,固定成本值）为起点画一条与变动成本线 V 平行的总成本线 T。其他部分绘制方法与基本的本—量—利图相同。

这种图的主要优点是可以表示边际贡献的数值。企业的销售收入 S 随销量成正比例增长。这些销售收入首先用于弥补产品自身的变动成本，剩余的是边际贡献（即 SOV 围成的区域）。边际贡献随销量增加而扩大，当其达到固定成本值（即到达 P 点）时，企业处于盈亏临界状态，当其超过固定成本后，企业进入盈利状态。

6.2 分析各因素的变动对利润的影响

盈亏临界分析是本—量—利分析的一项基本内容，亦称损益平衡分析或保本分析。它主要研究如何确定盈亏临界点以及有关因素变动对盈亏临界点的影响等问题，并可以为决策提供在何种业务量下企业将盈利，以及在何种业务量下会出现亏损等信息。

6.2.1 盈亏临界点的确定

盈亏临界点是指企业收入和成本相等时的经营状态，即边际贡献等于固定成本时企业所处的既不盈利又不亏损的状态。通常用一定的业务量来表示这种状态。

1. 盈亏临界点销售量

就单一产品企业来说，盈亏临界点的计算并不困难。

由于计算利润的公式为：

利润 = 单价 × 销售量 − 单位变动成本 × 销售量 − 固定成本

令利润等于零，此时的销售量为盈亏临界点销售量：

0 = 单价 × 盈亏临界点销售量 − 单位变动成本 × 盈亏临界点销售量 − 固定成本

盈亏临界点销售量 = 固定成本 /（单价 − 单位变动成本）

又由于：

单价−单位变动成本=单位边际贡献

因此上式又可以写成:
$$盈亏临界点销售量 = 固定成本 / 单位边际贡献$$

[例 6-7] 某企业生产一种产品,单价 2 元,单位变动成本 1.20 元,固定成本 1 600 元,计算其盈亏临界点销售量。

盈亏临界点销售量 = 1 600/(2 - 1.20) = 2 000(件)

2. 盈亏临界点销售额

单一产品企业在现代经济中只占少数,大部分企业产销多种产品。多品种企业的盈亏临界点大多采用销售额来表示。

由于计算利润的公式为:
$$利润 = 销售额 \times 边际贡献率 - 固定成本$$

令利润等于零,此时的销售额为盈亏临界点销售额:
$$0 = 盈亏临界点销售额 \times 边际贡献率 - 固定成本$$

$$盈亏临界点销售额 = \frac{固定成本}{边际贡献率}$$

根据例 6-7 中的资料,盈亏临界点销售额 = 4 000(元)。

根据例 6-6 中的资料,盈亏临界点销售额 = 4 968(元)。

3. 盈亏临界点作业率

盈亏临界点作业率是指盈亏临界点销售量占企业正常销售量的比重。所谓正常销售量,是指正常市场和正常开工情况下企业的销售量,也可以用销售额来表示。盈亏临界点作业率的计算公式如下:

$$盈亏临界点作业率 = 盈亏临界点销售量 / 正常销售量 \times 100\%$$

这一比率表明企业保本的业务量在正常业务量中所占的比重。由于多数企业的生产经营能力是按正常销售量来规划的,生产经营能力与正常销售量基本相同,因此盈亏临界点作业率还表明保本状态下企业生产经营能力的利用程度。

若例 6-7 中企业正常销售额为 5 000 元,盈亏临界点销售额为 4 000 元,则:

盈亏临界点作业率 = 4 000/5 000 × 100% = 80%

计算结果表明,该企业的作业率必须达到正常作业的 80%以上才能取得盈利,否则就会发生亏损。

6.2.2 安全边际和安全边际率的计算

安全边际是指正常销售额超过盈亏临界点销售额的差额,它表明销售额下降多少后企业仍不致亏损的临界点。安全边际的计算公式如下:

$$安全边际 = 正常销售额 - 盈亏临界点销售额$$

根据例 6-7 中的有关数据计算:

安全边际 = 5 000 - 4 000 = 1 000(元)

有时企业为了考察当年的生产经营安全情况,可以用本年实际订货额代替正常销售额来计算安全边际。企业生产经营的安全性,还可以用安全边际率来表示,即安全边际与正常销售额(或当年实际订货额)的比值。安全边际率的计算公式如下:

安全边际率 = 安全边际 / 正常销售额（或实际订货额）× 100%

根据例 6-7 中的有关资料计算：

安全边际率 = 1 000/5 000 × 100% = 20%

安全边际和安全边际率的数值越大，企业发生亏损的可能性越小，企业就越安全。安全边际率是相对指标，便于不同企业和不同行业进行比较。企业安全性的经验标准如表 6-2 所示。

表 6-2 安全性检验标准

安全边际率	40%以上	30%～40%	20%～30%	10%～20%	10%以下
安全等级	很安全	安全	较安全	值得注意	危险

6.2.3 分析有关因素变动对利润的影响

企业在决定任何生产经营问题时，都应事先分析拟采取的行动对利润有何影响。如果该行动产生的收益大于它所需要的支出，可以增加企业的盈利，则该行动在经济上是可取的。虽然企业在决策时需要考虑各种非经济因素，但是经济分析总是最基本的，甚至是首要的分析。影响利润诸因素的变动分析，主要方法是将变化了的参数代入利润方程式，测定其造成的利润变动。

[例 6-8] 某企业目前的损益状况如下：

销售收入（1 000 件 × 10 元 / 件）	10 000 元
销售成本：	8 000 元
变动成本（1 000 件 × 6 元 / 件）	6 000 元
固定成本	2 000 元
销售和管理费用（全部固定）	1 000 元
利润	1 000 元

显然，销量、单价、单位变动成本、固定成本诸因素中的一项或多项同时变动，都会对利润产生影响。

通常，企业在遇到下列三种情况时，常要测定利润的变化：

1. 外界单一因素发生变化

当外界某一因素发生变化时，企业需要测定其对利润的影响，预计未来期间的利润。例 6-8 中的损益状况，如果用方程式来表示，则可以写成下列形式：

利润 = 销售收入 - 变动成本 - 固定成本

　　 = 1 000 × 10 - 1 000 × 6 - (2 000 + 1 000)

　　 = 1 000（元）

假设由于原材料价格上涨，使单位变动成本上升到 7 元，则利润将变为：

利润 = 100 × 10 - 1 000 × 7 - (2 000 + 1 000) = 0

由于单位变动成本上升 1 元，从而使企业最终利润减少 1 000 元(1 000-0)。企业应根据这种预见到的变化，采取措施，设法抵消这种影响。如果价格、固定成本或销量发生变动，那么也可以用上述同样的方法测定其对利润的影响。

2. 企业拟采取某项行动

当企业采取某项行动将使有关因素发生变动时,企业需要测定其对利润的影响,作为评价该行动经济合理性的尺度。

(1) 假设例6-8中的企业拟采取更有效的广告方式,从而使销量增加10%。利润将因此变为:

利润 = 1 000 × (1 + 10%) × 10 - 1 000 × (1 + 10%) × 6 - (2 000 + 1 000)
     = 1 400(元)

这项行动将使企业利润增加400元(1 400-1 000),它是广告开支的上限。如果这次广告宣传的支出超过400元,企业就可能得不偿失。

(2) 假设该企业拟实施一项技术培训计划,以提高工作效率,使单位变动成本由目前的6元降至5.75元。利润将因此变为:

利润 = 1 000 × 10 - 1 000 × 5.75 - (2 000 + 1 000) = 1 250(元)

这项行动将使企业利润增加250元(1 250-1 000),它是培训计划开支的上限。如果培训计划的开支不超过250元,则可从当年新增利润中得到补偿,并可获得长期收益;如果开支超过250元,则企业要慎重考虑这项计划是否有意义。

(3) 假设该企业拟自建门市部,产品单价由目前的10元提高到11.25元,且维持销量不变。利润将因此变为:

利润 = 1 000 × 11.25 - 1 000 × 6 - (2 000 + 1 000) = 2 250(元)

这项行动将使企业利润增加1 250元(2 250-1 000),它是门市部每年开支的上限。

由于企业的任何经济活动都要消耗财物,因此评价其对利润的影响,权衡得失总是必要的。利用利润方程式,可以具体计算出其对企业最终利润的影响,有利于经营者决策。

3. 有关因素发生相互关联的变化

由于外界因素发生变化或企业拟采取某项行动,有关因素发生相互关联的影响,企业需要测定其引起的利润变动,以便选择决策方案。

假设例6-8中的企业按国家规定普调工资,使单位变动成本增加4%,固定成本增加1%,结果将会导致利润下降。为了抵消这种影响,企业有两个应对方案:一是提高价格5%,而提价会使销量减少10%;二是增加产量20%,为了使这些产品能够销售出去,要追加500元广告费。

调整工资后不采取措施的利润为:

利润 = 1 000 × [10 - 6 × (1 + 4%)] - (2 000 + 1 000) × (1 + 1%)
     = 730(元)

采取第一方案的预计利润为:

利润 = 1 000 × (1-10%) × [10 × (1+5%) - 6 × (1+4%)] - (2 000+1 000) × (1+1%)
     = 804(元)

采取第二方案的预计利润为:

利润 = 1 000 × (1 + 20%) × [10 - 6 × (1 + 4%)] - [(2 000 + 1 000) × (1 + 1%) + 500]
     = 982(元)

通过比较可知,第二个方案较好。

6.2.4 分析实现目标利润的有关条件

上面的分析以影响利润的诸因素为已知数,利润是待求的未知数。企业有时会碰到另一种相反的情况,即利润是已知数,而其他因素是待求的未知数。例如,经营承包合同规定了利润目标,主管部门下达了利润指标,或者根据企业长期发展和职工生活福利的需要,企业必须达到特定的利润水平等。在这种情况下,应当研究如何利用企业现有资源,合理安排产销量、收入和成本支出,以实现特定利润,也就是分析实现目标利润所需要的有关条件。

1. 采取单项措施以实现目标利润

假设例 6-8 中的企业欲使利润增加 50%,即达到 1 500 元,则可以从以下几个方面着手,采取相应的措施:

(1) 减少固定成本。减少固定成本可使利润相应增加。而现在的问题是确定需减少多少固定成本,才能使原来的利润增加 50%,达到 1 500 元。

现将固定成本作为未知数,目标利润 1 500 元作为已知数,其他因素不变,代入利润方程式:

1 500 = 1 000 × 10 - 1 000 × 6 - 固定成本

固定成本 = 2 500(元)

若其他条件不变,固定成本从 3 000 元降低到 2 500 元,降低 16.7%,则可保证实现目标利润。

(2) 减少变动成本。按上述同样方法,将单位变动成本作为未知数代入利润方程式:

1 500 = 1 000 × 10 - 1 000 × 单位变动成本 - 3 000

单位变动成本 = 5.50(元)

若其他条件不变,单位变动成本从 6 元降低到 5.50 元,降低 8.3%,则可保证实现目标利润。

(3) 提高售价。按上述同样方法,将单位产品的售价作为未知数代入利润方程式:

1 500 = 1 000 × 单位产品的售价 - 1 000 × 6 - 3 000

单位产品的售价 = 10.50(元)

若其他条件不变,单位产品的售价从 10 元提高到 10.50 元,提高 5%,则可保证实现目标利润。

(4) 增加产销量。按上述同样方法,将产销量作为未知数代入利润方程式:

1 500 = 产销量 × 10 - 产销量 × 6 - 3 000

产销量 = 1 125(件)

若其他条件不变,产销量从 1 000 件增加到 1 125 件,增加 12.5%,则可保证实现目标利润。

2. 采取综合措施以实现目标利润

在现实经济生活中,影响利润的诸因素是相互关联的。为了提高产量,往往需要增加固定成本,与此同时,为了把它们顺利地销售出去,有时又需要降低售价或增加广告费等固定成本。因此,企业很少采取单项措施来提高利润,而大多采取综合措施以实现利润目标,这就需要进行综合计算和反复平衡。

企业可按下述步骤落实目标利润:

假设例6-8中的企业有剩余生产能力,可以进一步增加产量,但由于产品售价偏高,使销路受到限制。为了打开销路,销售经理拟降价10%,采取薄利多销的办法,争取实现利润1 500元。

(1) 计算降价后实现目标利润所需的产销量:

产销量 = (固定成本 + 目标利润)/单位边际贡献
　　　 = 1 500(件)

如果销售部门认为,降价10%后可使销量达到1 500件,生产部门也可以将其生产出来,则目标利润就可以落实了。否则,还需要继续分析并进一步落实。

(2) 计算既定销量下实现目标利润所需要的单位变动成本:

假设销售部门认为,上述1 500件的销量是达不到的,降价10%后只能使销量增至1 300件。为此,需要在降低成本上下功夫。

单位变动成本 = [单价 × 销量 − (固定成本 + 目标利润)]/销量
　　　　　　 = 5.54(元)

为了实现目标利润,在降价10%的同时,还须使单位变动成本从6元下降至5.54元。如果生产部门认为,通过降低原材料和人工成本,这个目标是可以实现的,则预定的利润目标可以落实。否则,还要在固定成本的节约方面想办法。

(3) 计算既定产销量和单位变动成本下实现目标利润所需的固定成本:

假定生产部门认为,通过努力,单位变动成本可望降低到5.60元。为此,企业还需要缩减固定成本支出。

固定成本 = 销量 × 单位边际贡献 − 目标利润
　　　　 = 2 920(元)

为了实现目标利润,在降价10%后,使销量增至1 300件,单位变动成本降至5.60元的同时,还须压缩固定成本80元(3 000−2 920),则目标利润可以实现;否则,可以返回去再次协商,寻找进一步增收节支的办法,重新分析计算并分别落实,或者向经理汇报,请其考虑修改目标利润。

6.2.5　敏感分析

敏感分析是一种有广泛用途的分析技术,其应用领域不仅限于本—量—利分析。通常,它是指研究与分析一个系统因周围条件发生变化,而引起其状态或输出结果变化的敏感程度的方法。敏感分析是在求得某个模型的最优解后,研究模型中某个或若干参数允许变化到多大,仍能使原最优解的条件保持不变;或者当参数变化超出允许范围,原最优解已不能保持最优性时,提供一套简捷的计算方法,重新求得最优解。

在前面的盈亏临界分析和变动分析中,曾认为除待求变量外,其他参数都是确定的。但实际上,由于市场的变化(原材料价格、产品价格、供求数量等波动)和企业技术条件的变化(原材料消耗和工时消耗水平波动),会引起模型中的参数发生变化,使得原来计算出来的盈亏临界点、目标利润或目标销量失去可靠性。经营者希望事先知道哪一个参数影响小,哪一个参数影响大,影响程度如何,他们掌握这些数据有重要的实用意义,可使其在情况发生变化后及时采取对策,调整企业计划,使生产经营活动被控制在最有利的状态之下。

本—量—利关系的敏感分析,主要研究与分析有关参数发生多大变化会使盈利转为亏损,各参数变化对利润变化的影响程度,以及各因素变动时如何调整销量,以保证原目标利润的实现。

[例6-9]　某企业只产销一种产品,单价2元,单位变动成本1.20元,预计明年固定成本40 000元,产销量计划达100 000件。预计明年利润为:

利润 = 100 000 × (2 - 1.20) - 40 000 = 40 000(元)

有关的敏感分析如下:

1. 有关参数发生多大变化使盈利转为亏损

单价、单位变动成本、产销量和固定成本的变化会影响利润的高低。这种变化达到一定程度会使企业利润消失,进入盈亏临界状态,使企业的经营状况发生质变。敏感分析的目的之一,就是提供能引起经营状况发生质变的各参数变化的界限,其方法称为最大最小法。

(1) 单价的最小值。单价下降会使利润下降,下降到一定程度时,利润将变为零,此时的单价是企业能够忍受的最小值。以例6-9为例,设单价为SP:

100 000 × (SP - 1.2) - 40 000 = 0

SP = 1.60(元)

单价降低至1.60元,即降低20%时,企业由盈利转为亏损。

(2) 单位变动成本的最大值。单位变动成本上升会使利润下降,并逐渐趋近于零,此时的单位变动成本是企业能够忍受的最大值。以例6-9为例,设单位变动成本为VC:

100 000 × (2 - VC) - 40 000 = 0

VC = 1.60(元)

单位变动成本上升至1.60元,即上升33%时,企业由盈利转为亏损。

(3) 固定成本的最大值。固定成本上升也会使利润下降,并趋近于零。以例6-9为例,设固定成本为FC:

100 000 × (2 - 1.20) - FC = 0

FC = 80 000(元)

固定成本增加至80 000元,即增加100%时,企业由盈利转为亏损。

(4) 销售量的最小值。销售量的最小值是指使企业利润为零的销售量,即盈亏临界点销售量,其计算方法在前面已介绍过。以例6-9为例,设销售量为B:

B = 40 000/(2 - 1.20) = 50 000(件)

销售计划如果只完成50%,则企业利润为零。

2. 各参数变化对利润变化的影响程度

各参数变化都会引起利润的变化,但其影响程度各不相同。有的参数发生微小变化就会使利润发生很大的变动,利润对这些参数的变化十分敏感,我们称之为敏感因素。与此相反,有些参数发生变化后,利润的变化不大,反应比较迟钝,我们称之为不敏感因素。

反应敏感程度的指标是敏感系数,其计算公式为:

$$敏感系数 = 目标值变动百分比 / 参量值变动百分比$$

下面仍以例 6-9 中的数字为基础,进行敏感程度的分析:

(1) 单价的敏感程度。设单价增长 20%,则:

$SP = 2 \times (1 + 20\%) = 2.40(元)$

按此单价计算,利润为:

$P = 100\ 000 \times (2.4 - 1.2) - 40\ 000 = 80\ 000(元)$

利润原来是 40 000 元,其变化率为:

目标值变动百分比 $= (80\ 000 - 40\ 000)/40\ 000 = 100\%$

单价的敏感系数 $= 100\%/20\% = 5$

这就是说,单价对利润的影响很大,从百分比来看,利润以 5 倍的速率随单价变化。涨价是提高盈利的最有效手段,价格下跌也将是企业的最大威胁。经营者根据敏感系数可知,产品每降价 1%,企业将失去 5% 的利润,对此必须格外予以关注。

(2) 单位变动成本的敏感程度。设单位变动成本增长 20%,则:

$VC = 1.20 \times (1 + 20\%) = 1.44(元)$

按此单位变动成本计算,利润为:

$P = 100\ 000 \times (2 - 1.44) - 40\ 000 = 16\ 000(元)$

利润原来是 40 000 元,其变化率为:

目标值变动百分比 $= (16\ 000 - 40\ 000)/40\ 000 = -60\%$

单位变动成本的敏感系数 $= -60\%/20\% = -3$

由此可见,单位变动成本对利润的影响比单价要小,单位变动成本每上升 1%,利润将减少 3%。但是,单位变动成本敏感系数的绝对值大于 1,说明单位变动成本的变化会造成利润更大的变化,仍属于敏感因素。

(3) 固定成本的敏感程度。设固定成本增长 20%,则:

$FC = 40\ 000 \times (1 + 20\%) = 48\ 000(元)$

按此固定成本计算,利润为:

$P = 100\ 000 \times (2 - 1.20) - 48\ 000 = 32\ 000(元)$

原来的利润为 40 000 元,其变化率为:

目标值变动百分比 $= (32\ 000 - 40\ 000)/40\ 000 = -20\%$

固定成本的敏感系数 $= -20\%/20\% = -1$

这说明固定成本增加时,利润将等量减少。

(4) 销售量的敏感程度。设销售量增长 20%,则:

$V = 100\ 000 \times (1 + 20\%) = 120\ 000(件)$

按此销售量计算,利润为:

$P = 120\ 000 \times (2 - 1.20) - 40\ 000 = 56\ 000(元)$

利润原来是 40 000 元,其变化率为:

目标值变动百分比 $= (56\ 000 - 40\ 000)/40\ 000 = 40\%$

销售量的敏感系数 $= 40\%/20\% = 2$

这说明销售量每上升 1%,利润将增加 2%。

就例 6-9 而言,影响利润的诸因素中最敏感的是单价(敏感系数为 5),其次是单位变动成本(敏感系数为-3),再次是销售量(敏感系数为 2),最后是固定成本(敏感系数为-1)。其中,敏感系数为正值的,表明它与利润同向增减;敏感系数为负值的,表明它与利润反向增减。

敏感系数提供了各因素变动百分比和利润变动百分比之间的比例,但不能直接显示变化后利润的值。为了弥补这种不足,有时需要编制敏感分析表,列示各因素变动百分比及相应的利润值,如表 6-3 所示。

表 6-3 敏感分析表 单位:元

项目	变动百分比				
	−20%	−10%	0	+10%	+20%
单价	0	20 000	40 000	60 000	80 000
单位变动成本	64 000	52 000	40 000	28 000	16 000
固定成本	48 000	44 000	40 000	36 000	32 000
销售量	24 000	32 000	40 000	48 000	56 000

注:变动百分比是影响利润的各因素变动百分比,单元格内是各因素变动后利润的金额。

通常情况下,各因素变动百分比通常以 20% 为范围,即可满足实际需求。表 6-3 以 10% 为间隔,也可以根据实际需要改为 5%。

列表法的缺点是不能连续表示变量之间的关系,为此,人们又设计了敏感分析图,如图 6-4 所示。

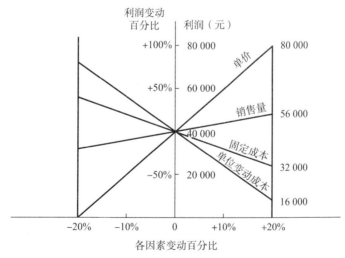

图 6-4 各因素对利润的敏感分析

图 6-4 中横轴代表单位变动成本、固定成本、销售量、单价等各因素变动百分比;纵轴代表利润。根据原来的目标利润点(0,40 000)和单位变动成本变化后的点(+20%, 16 000),画单位变动成本线。这条直线反映单位变动成本不同变化水平下所对应的利润值。其他因素的直线画法与单位变动成本线类似。这些直线与利润线的夹角越小,表明对利润的敏感程度越高。

本章小结

1. 利润方程式包括基本的利润方程式、利润方程式的变换形式、包含期间成本的利润方程式,以及计算税后利润的利润方程式。

2. 边际贡献是指销售收入减去变动成本后的余额,即边际贡献=销售收入-变动成本。用单位产品表示,即单位边际贡献=单价-单位变动成本。

3. 边际贡献率是指边际贡献在销售收入中所占的百分比,即边际贡献率=边际贡献/销售收入×100%。

4. 利润可以分别用"边际贡献"和"边际贡献率"计算,公式分别为:利润=销量×单位边际贡献-固定成本;利润=销售收入×边际贡献率-固定成本。

5. 将成本、销量、利润的关系反映在直角坐标系中,即成为本—量—利图,因其能清晰地显示企业不盈利也不亏损时应达到的产销量,故又称盈亏临界图或损益平衡图。

6. 盈亏临界分析是本—量—利分析的一项基本内容,亦称损益平衡分析或保本分析。它主要研究如何确定盈亏临界点、有关因素变动对盈亏临界点的影响等问题,并可以为决策提供在何种业务量下企业将盈利,以及在何种业务量下会出现亏损等信息。

7. 敏感分析是一种有广泛用途的分析技术,其应用领域不仅限于本—量—利分析。通常,它是指研究与分析一个系统因周围条件发生变化,而引起其状态或输出结果变化的敏感程度的方法。敏感分析是在求得某个模型的最优解后,研究模型中某个或若干参数允许变化到多大,仍能使原最优解的条件保持不变;或者当参数变化超出允许范围,原最优解已不能保持最优性时,提供一套简捷的计算方法,重新求得最优解。

复习思考题

1. 什么是边际贡献?它与销售利润有什么区别?
2. 什么是本—量—利分析图?其绘制步骤和意义是什么?
3. 分析实现目标利润的有关条件。

作业练习

1. 某厂目前产销甲产品 40 000 件,单位售价为 20 元,单位变动成本为 12 元,全年固定成本总额为 300 000 元。

要求:

(1) 计算现有条件下的利润。

(2) 若使目标利润提高 50%,在其他条件不变的情况下,销量、单位变动成本、固定成本、单位售价应达到什么水平,才能保证目标利润的实现?

2. 星海美声乐器厂设置甲、乙两个车间,分别生产小提琴和中提琴两种乐器。生产费用均能按车间划分,企业管理费用按固定比例分配给两个车间。乐器生产工人可按任务在车间之间调动。车间每加工一把小提琴需要 30 小时,中提琴需要 60 小时。一般小提琴年生产 1 000 把以下,中提琴生产 600 把以下,销量没有问题。2020 年该厂有关生产和销售资料如表 6-4 所示。

表 6-4　2020 年星海美声乐器厂生产和销售资料

项目	小提琴	中提琴	合计
产销量(把)	800	500	
销售收入(元)	600 000	600 000	1 200 000
销售成本(元)			
原材料	280 000	200 000	480 000
工资	72 000	90 000	162 000
其他费用	72 000	150 000	222 000
小计	424 000	440 000	864 000
利润(元)	176 000	160 000	336 000
销售利润率(%)	29.33	26.67	28.00

厂长认为生产小提琴利润比较高,2021 年安排小提琴多生产 100 把,中提琴少生产 100 把,乙车间调一部分工人支援甲车间。年终有关生产和销售资料如表 6-5 所示。

表 6-5　2021 年星海美声乐器厂调整后的生产情况

项目	小提琴	中提琴	合计
产销量(把)	900	400	
销售收入(元)	675 000	480 000	1 155 000
销售成本(元)			
原材料	315 000	160 000	475 000
工资	81 000	81 000	162 000
其他费用	78 000	144 000	222 000
小计	474 000	385 000	859 000
利润	201 000	95 000	296 000
销售利润率(%)	29.78	19.79	25.63

对于这一结果,厂长大为吃惊,这两年费用的耗用水平并没有变化,为什么多生产了利润高的小提琴,总利润反而低了呢？对于来年计划如何安排,厂长感到困惑。

要求:分析利润下降的原因,帮助厂长制定 2022 年生产计划,并预计其利润。

3. 甲公司拟加盟乙快餐集团,乙快餐集团对加盟企业采取不从零开始的加盟政策,即将已运营 2 年以上、达到盈亏平衡条件的自营门店整体转让给符合条件的加盟商,加盟经营协议期限为 15 年,加盟时一次性支付 450 万元加盟费,加盟期内,加盟商每年按年营业额的 10% 向乙快餐集团支付特许经营权使用费和广告费。甲公司预计将于 2021 年 12 月 31 日正式加盟,目前正进行加盟店 2022 年度的盈亏平衡分析。

其他相关资料如下:

(1) 餐厅面积为 400 平方米,仓库面积为 100 平方米,每平方米年租金为 2 400 元。

(2) 为了扩大营业规模,甲公司新增一项固定资产,该资产原值为 300 万元,按直线法计提折旧,折旧年限为10年(不考虑残值)。

(3)快餐每份售价为40元,变动制造成本率为50%,每年正常销售15万份。

假设固定成本、变动成本率保持不变。

要求:

(1)计算加盟店年固定成本总额、单位变动成本、盈亏临界点销售额及正常销售量下的安全边际率。

(2)如果计划目标税前利润达到100万元,计算快餐销售量;假设其他因素不变,如果快餐销售价格上浮5%,以目标税前利润100万元为基数,计算目标税前利润变动的百分比及目标税前利润对单价的敏感系数。

(3)如果计划目标税前利润达到100万元且快餐销售量达到20万份,计算加盟店可接受的快餐最低销售价格。

▶ 延伸阅读与写作

2020年新冠肺炎疫情的暴发,使整个社会运转受阻,企业的经营战略环境也因疫情而发生许多改变。疫情对企业的长期和短期影响并存,且对不同企业实际影响的程度也各不相同,不应一概而论。但对企业管理者而言,已经到了重新思考一些重要命题和或多或少做出改变的时机。与此同时,中美贸易摩擦的持续发酵也不断给企业施压。针对疫情、贸易摩擦等外部冲击,企业的经营战略需随之做出调整。

谈谈在不确定条件下企业的利润规划应如何进行。

▶ 参考文献

[1] 颉茂华,王瑾,牛月生.边际贡献分析法在蒙牛乳业产品生命周期管理中的应用[J].财务与会计,2015(22):34-35.

[2] 沙秀娟,王满.管理会计工具研究综述:回顾和展望[J].财会月刊,2019(9):62-67.

[3] 温素彬,张自东.管理会计工具及应用案例:本量利分析模型的决策指标及应用[J].会计之友,2016(6):130-133.

[4] 薛凯华.管理会计分析方法:本量利分析[J].中国城市经济,2011(20):98-99.

[5] 张金昌,马萌.管理会计:研究热点、存在问题及前景展望[J].会计之友,2016(12):24-28.

第 7 章 变动成本法

【学习目标】
1. 了解变动成本法与完全成本法的区别。
2. 了解变动成本法与完全成本法的优缺点。
3. 掌握变动成本法的核算方法及其对损益的影响。
4. 熟悉变动成本法及完全成本法各自的适用范围。

【导入指引】
从 20 世纪 80 年代开始,我国很多专家学者对变动成本法的应用和改造问题进行了深入研究并提出了许多见解,使其成为成本核算改革研究的重要课题和发展方向。变动成本法与完全成本法属于管理会计体系中非常重要的方法,是企业进行预测和决策的工具,关系到企业存货成本、利润等问题。如何正确理解这两种方法的差异,是否有行之有效的调节方式,关系到管理会计人员的工作思维、效率和业绩。管理会计人员只有充分理解三者之间的联系和区别,才能正确地应用它们,为企业管理决策提供技术支持。

7.1 完全成本法与变动成本法的含义和特点

7.1.1 完全成本法与变动成本法的含义

完全成本法又称全部成本法,是指在产品成本的计算上,不仅包括产品生产过程中所消耗的直接材料、直接人工,还包括全部的制造费用。正因为完全成本法是将所有的生产成本,不论是固定的还是变动的都包括在内,因而也被称为成本吸收法。我国将此法称为制造成本法。

变动成本法又称直接成本法,是指在产品成本的计算上,只包括产品生产过程中所消耗的直接材料、直接人工和变动制造费用,而不包括固定制造费用。固定制造费用作为期间成本,全部列入利润表,并从相应期间的收入中全部扣除。

变动成本法于 20 世纪 30 年代起源于美国,20 世纪 30 年代末的那场资本主义社会前所未有的经济危机对变动成本法由理论到实践的发展起到了极大的推进作用。第二次世界大战后,随着科学技术的迅猛发展和企业环境的改变,预测、决策和控制的重要性日益突出,人们认识到变动成本法不仅有利于企业加强成本管理,而且对预测及经营决策十分有用。于是,变动成本法作为一种非传统的计算方法,被广泛地应用于西方企业的内部管理方面。

7.1.2 完全成本法与变动成本法的特点

完全成本法与变动成本法的根本不同点在于如何看待固定制造费用,这一区别也决定了两种不同成本计算方法各自的特点。

1. 完全成本法的特点

(1) 符合公认会计准则的要求。完全成本法强调持续经营假设下经营的"平衡性",认为会计分期是对持续经营的人为分割,这种分割取决于企业内部和外部多种因素的共同影响。因此,固定制造费用转销的时间选择并不十分重要,它应该是一种可以在将来换取收益的资产。

(2) 强调成本补偿上的一致性。完全成本法认为,只要是与产品生产有关的耗费,均应从产品销售收入中得到补偿,固定制造费用也不例外。因为从成本补偿的角度来讲,用于直接材料的成本与用于固定制造费用的支出并无区别。所以,固定制造费用应与直接材料、直接人工和变动制造费用一起共同构成产品的成本,而不能人为地将它们割裂开来。

(3) 强调生产环节对企业利润的贡献。由于完全成本法下固定制造费用也被归集于产品并随产品流动,因此本期已销产品和期末未销产品在成本负担上是完全一致的。在销量一定的条件下,产量大则利润高,所以,客观上完全成本法有刺激生产的作用。这也就是说,从一定意义上讲,完全成本法强调了固定制造费用对企业利润的影响。

2. 变动成本法的特点

(1) 以成本性态分析为基础计算产品成本。变动成本法按成本性态将产品的制造成本划分为变动制造费用和固定制造费用两部分,认为只有变动制造费用才构成产品成本,而固定制造费用应作为期间成本处理。变动成本法认为,固定制造费用转销的时间选择十分重要,它应该属于为取得收益而已然丧失的资产。

(2) 强调不同的制造成本在补偿方式上存在差异性。变动成本法认为,产品的成本应该在其销售收入中获得补偿,而固定制造费用由于只与企业的经营有关,与经营的"状况"无关,因此应该在其发生的同期收入中获得补偿,这与特定产品的销售行为无关。

(3) 强调销售环节对企业利润的贡献。由于变动成本法将固定制造费用列为期间成本,所以在产量一定的条件下,损益对销量的变化更为敏感,这在客观上有刺激销售的作用。产品销售收入与变动成本(包括变动制造费用和其他变动成本)的差量是管理会计中的一个重要概念,即贡献毛益。以贡献毛益减去期间成本(包括固定制造费用和其他固定费用)就是利润。由贡献毛益这个概念不难看出,变动成本法强调的是变动成本对企业利润的影响。

7.2 完全成本法与变动成本法的比较

完全成本法与变动成本法对固定制造费用的不同处理,导致了两种不同方法下的一系列差异。这主要表现在产品成本的构成内容不同、存货成本的构成内容不同以及各期损益不同三个方面。

7.2.1 完全成本法与变动成本法的不同

1. 产品成本的构成内容不同

完全成本法将所有成本分为制造成本(包括直接材料、直接人工和制造费用)和非制造成本(包括管理费用和销售费用)两大类,将制造成本完全计入产品成本,而将非制造成本作为期间成本,全额计入当期损益。变动成本法则是按照成本性态将制造成本划分为变动制造费用和固定制造费用两类,将变动制造费用计入产品成本,将固定制造费用与非制造成本一起列为期间成本。当然,按照变动成本法的要求,非制造成本也应划分为固定与变动两部分,并在利润表上分别列为减项。完全成本法与变动成本法在产品成本计算上的差异可以从下面的描述中更清楚地看出。

完全成本法下,制造成本与非制造成本的内容见图7-1(a)。

变动成本法下,制造成本与非制造成本的内容见图7-1(b)。

图7-1 完全成本法与变动成本法的比较

现举例说明两种成本法下产品成本计算的差异。

[例7-1] 某企业月初没有在产品和产成品存货。当月某种产品共生产50件,销售40件,月末结存10件。该种产品的制造成本资料和企业的非制造成本资料如表7-1所示。

表7-1 成本资料　　　　　　　　　　　　　　　　　　　单位:元

成本项目	单位产品项目成本	项目总成本
直接材料	200	10 000
直接人工	60	3 000
变动制造费用	20	1 000
固定制造费用		2 000
管理费用		4 000
销售费用		3 000
合计		23 000

根据表7-1,采用变动成本法,单位产品成本为280元(200+60+20);采用完全成本法,则单位产品成本为320元(200+60+20+2 000/50)。

由于变动成本法将固定制造费用处理为期间成本,所以单位产品成本相较于完全成本法低。当然,变动成本法下的期间成本相较于完全成本法就高了。例 7-1 中,变动成本法下的期间成本为 9 000 元(2 000 + 4 000 + 3 000),而完全成本法下则为 7 000 元(4 000 + 3 000)。

产品成本构成内容上的区别,是完全成本法与变动成本法的主要区别,其他方面的区别均由此产生。

2. 存货成本的构成内容不同

采用变动成本法时,不论是库存产成品、在产品还是已销产成品,其成本均只包括制造成本中的变动部分,固定制造成本没有结转至下期,所以期末存货也没有负担固定成本。采用完全成本法时,全部的制造成本在已销产成品、库存产成品和在产品之间分摊,所以期末产成品和在产品存货中包含了变动的制造成本和一部分固定制造成本。所以,变动成本法下的期末存货计价必然小于完全成本法下的期末存货计价。例 7-1 中,若假设该月末无在产品,当按变动成本法计算时,期末存货的成本为 2 800 元(280 × 10);而当按完全成本法计算时,期末存货的成本则为 3 200 元(320 × 10)。

完全成本法与变动成本法下"产品成本的构成内容不同"与"存货成本的构成内容不同"是相关联的两个问题,可以说是同一问题的两个方面。产品成本的构成内容不同,自然存货成本的构成内容不同,而存货成本上的差异又对损益的计算产生影响。

3. 各期损益不同

如前所述,变动成本法下的产品成本只包括变动制造费用,而将固定制造费用当作期间成本,对固定成本的补偿由当期销售的产品承担。而完全成本法下的产品成本既包括变动成本,又包括固定成本,即完全成本法下对固定成本的补偿是由当期生产的产品承担,期末未销售的产品与当期已销售的产品承担着相同的份额。由于固定制造费用的处理方式不同,对两种成本法下的损益计算也就不同,影响的程度取决于产量和销量的均衡程度,产销越均衡,两种成本法下所计算的损益相差就越小,反之则越大。只有当产成品实现所谓的"零存货",即产销绝对均衡时,两种成本法下损益计算上的差异才会消失。而事实上,产销绝对均衡只是个别的、相对的和理想化的,不均衡才是普遍的、绝对的和现实化的,这也是研究本问题的意义所在。下面举例来具体说明这一问题。

[例 7-2] 仍以表 7-1 中的数据和所设条件为资料,再假设每件产品售价为 500 元;销售费用中的变动部分为每销售一件产品 20 元。当分别采用变动成本法和完全成本法时,所计算出的当期税前利润如表 7-2 所示。

表 7-2　当期税前利润表　　　　　　　　　　　　　　　　单位:元

损益计算过程	变动成本法	完全成本法
销售收入(40 × 500)	20 000	20 000
销售成本		
期初存货成本	0	0
当期产品成本		

(单位:元)(续表)

损益计算过程	变动成本法	完全成本法
50 × 280	14 000	
50 × 320		16 000
期末存货成本		
10 × 280	2 800	
10 × 320		3 200
销售成本		
40 × 280	11 200	
40 × 320		12 800
贡献毛益(生产阶段)或毛利	8 800	7 200
管理费用		4 000
销售费用		3 000
变动销售费用(40 × 20)	800	
贡献毛益(全部)	8 000	
固定成本		
固定制造费用	2 000	
固定管理费用和销售费用	6 200	
小计	8 200	
税前利润	-200	200

可以看出,不同成本法下所计算出的税前利润不同。采用变动成本法时为-200元(亏损),采用完全成本法时则为200元(盈利),相差400元。这400元正是完全成本法所确认的应由期末存货成本负担的固定制造费用部分(2 000/50 × 10),而在变动成本法下,这400元全部作为期间成本进入了当期损益。换句话说,这400元在完全成本法下被视为"一种可以在将来换取收益的资产"列入了资产负债表,而在变动成本法下则被视为"为取得收益而已然丧失的资产"列入了利润表。

例7-1和例7-2中假设企业期初没有存货,那么当企业所生产的产品未全部销售出去时按变动成本法计算的损益就小于按完全成本法计算的损益。就产品的整个生命周期而言,销售总量最多只能等于生产总量,但就某个或某些会计期间而言,当然也可能出现销量大于产量的情况,即销售了以前会计期间生产而未销售的产品。为了较全面地说明变动成本法与完全成本法对损益计算的影响,再举以下两种情况进行分析。

第一,连续各期产量相同而销量不同的情况。

[例7-3]　我们假设某企业从事单一产品生产,连续3年的产量均为600件,而3年的销量分别为600件、500件和700件。单位产品售价为150元。管理费用与销售费用年度总额为20 000元且全部为固定成本。其他与产品成本计算有关的数据如下:单位产品变动成本(包括直接材料、直接人工和变动制造费用)为80元;固定制造费用为12 000元(完全成本法下每件产品分摊20元,即12 000/600)。

当分别采用变动成本法和完全成本法时,所计算的税前利润如表 7-3 所示。从表中可以看出由产量与销量的相互关系所导致的两种成本法下税前利润的变化规律。

表 7-3 税前利润表　　　　　　　　　　　　　　　　　　　　单位:元

损益计算	年份 1	年份 2	年份 3	合计
变动成本法:				
销售收入	90 000	75 000	105 000	270 000
销售成本	48 000	40 000	56 000	144 000
贡献毛益	42 000	35 000	49 000	126 000
固定成本				
固定制造费用	12 000	12 000	12 000	36 000
管理费用和销售费用	20 000	20 000	20 000	60 000
小计	32 000	32 000	32 000	96 000
税前利润	10 000	3 000	17 000	30 000
完全成本法:				
销售收入	90 000	75 000	105 000	270 000
销售成本				
期初存货成本	0	0	10 000	
当期产品成本	60 000	60 000	60 000	180 000
可供销售产品成本	60 000	60 000	70 000	
期末存货成本	0	10 000	0	
销售成本	60 000	50 000	70 000	180 000
毛利	30 000	25 000	35 000	90 000
管理费用和销售费用	20 000	20 000	20 000	60 000
税前利润	10 000	5 000	15 000	30 000

第 1 年,在产销均衡的情况下(均为 600 件),两种成本法下的税前利润是相等的,均为 10 000 元。这是因为变动成本法下和完全成本法下固定制造费用都计入了当期损益,两种成本法在销售收入一样的情况下,扣减数一样,所以税前利润也相等。

第 2 年,产量(600 件)大于销量(500 件),按变动成本法计算的税前利润比按完全成本法计算的税前利润少了 2 000 元。这是因为在变动成本法下,全部固定制造费用(12 000 元)从销售收入中扣除;在完全成本法下,本期生产的产品没有全部销售出去,产成品的期末存货增加,而期末存货又会负担一部分本期发生的固定制造费用,即只有已实现销售的产品所负担的固定制造费用 10 000 元(12 000/600 × 500)计入了当年损益,另外 2 000 元固定制造费用则作为存货成本的构成内容,期末列入了资产负债表。在销售收入相同的情况下,采用变动成本法扣除了全部的固定制造费用,而采用完全成本法仅扣除了部分固定制造费用,所以采用变动成本法计算的利润自然就少了。

第3年,情况则正好相反,产量(600件)小于销量(700件),按变动成本法计算的税前利润比按完全成本法计算的税前利润多了2 000元。这是因为变动成本法下计入第3年损益的固定制造费用仍为12 000元;而在完全成本法下,本期销售的产品不仅包括本期生产的产成品,而且包括上期结转的产成品,即第2年年末存货成本中的那2 000元固定制造费用随着存货的销售计入了第3年的销售成本中,从而导致税前利润少了2 000元。

从表中"合计"一栏可以看出,两种成本法下税前利润的3年合计数是相等的。也就是说,从较长时期来看,由各期产销量之间的关系所决定的两种成本法下税前利润的差异可以相互抵消。这也正是变动成本法主要用于短期决策的原因所在。

第二,连续各期销量相同而产量不同的情况。

[例7-4] 我们仍假设某企业从事单一产品生产,连续3年的销量均为600件,而3年的产量分别为600件、700件和500件。其他条件与例7-3相同,即单位产品售价为150元;管理费用与销售费用年度总额为20 000元且全部为固定成本;单位产品变动成本(包括直接材料、直接人工和变动制造费用)为80元;固定制造费用为12 000元。

在变动成本法下,单位产品成本仍为80元,但在完全成本法下,由于各期产量变了,所以单位产品所负担的固定制造费用的份额也就变了。具体来说,第1年的单位产品成本为100元(80 + 12 000/600),第2年的单位产品成本为97.14元(80 + 12 000/700);第3年的单位产品成本则为104元(80 + 12 000/500)。

根据以上资料,当分别采用变动成本法和完全成本法时,所计算出的税前利润如表7-4所示。

表7-4 税前利润表 单位:元

损益计算	年份			合计
	1	2	3	
变动成本法:				
销售收入	90 000	90 000	90 000	270 000
销售成本	48 000	48 000	48 000	144 000
贡献毛益	42 000	42 000	42 000	126 000
固定成本				
固定制造费用	12 000	12 000	12 000	36 000
管理费用和销售费用	20 000	20 000	20 000	60 000
小计	32 000	32 000	32 000	96 000
税前利润	10 000	10 000	10 000	30 000
完全成本法:				
销售收入	90 000	90 000	90 000	270 000
销售成本				
期初存货成本	0	0	9 714	
当期产品成本	60 000	68 000	52 000	180 000
可供销售产品成本	60 000	68 000	61 714	

(单位:元)(续表)

损益计算	年份			合计
	1	2	3	
期末存货成本	0	9 714	0	
销售成本	60 000	58 286	61 714	180 000
毛利	30 000	31 714	28 286	90 000
管理费用和销售费用	20 000	20 000	20 000	60 000
税前利润	10 000	11 714	8 286	30 000

从表 7-4 中可以看出:

(1) 在产销均衡的情况下,两种成本计算法所计算的各年的税前利润相等,均为 10 000 元。这是因为尽管各年的产量不同,但由于各年的固定制造费用全部作为固定成本计入了当期损益,因此当其他条件未变时,税前利润当然也不会改变。

(2) 由于各年的产量发生了变化,固定制造费用需要在所生产的产品中进行分摊,因此按完全成本法所计算的各年的税前利润完全不同。第 2 年的税前利润最大,这是因为第 2 年的产量(700 件)大于当年的销量(600 件),期末产成品存货(100 件)成本中负担了相应份额的固定制造费用 1 714 元,从而使当期的销售成本减少了 1 714 元,税前利润比第 1 年也就增加了 1 714 元。第 3 年的情况则正好相反:由于第 3 年的销售成本中不仅包括由当年产品所负担的固定制造费用,还包括伴随着年初存货的销售而递延到本期的固定制造费用,所以第 3 年的税前利润比第 1 年减少了 1 714 元。

(3) 如果将第 3 年的税前利润与第 2 年的进行比较,则二者相差 3 428 元。也就是说,在产销不均衡的情况下,相邻年度税前利润的差量是它们与产销均衡年度税前利润差量的 2 倍。这是因为当产销不均衡时,产量大于销量对税前利润的影响与销量大于产量对税前利润的影响是完全相同的。

综上所述,变动成本法与完全成本法对各期损益计算的影响,依照产量与销量的相互关系,可以归纳为以下三种情况:

(1) 当产量等于销量时,两种成本法下计算的损益完全相等。

(2) 当产量大于销量时,采用完全成本法计算的损益大于采用变动成本法计算的损益。这是因为在变动成本法下固定制造费用全部被列作了当年的成本;而在完全成本法下,固定制造费用部分被列作了当年的资产。

(3) 当产量小于销量时,采用变动成本法计算的损益大于采用完全成本法计算的损益。

7.2.2 对变动成本法与完全成本法的评价

1. 变动成本法的优缺点

变动成本法的主要特点是产品成本中只包括变动生产成本,而把固定制造费用作为期间成本处理。变动成本法的优点体现在以下几个方面:

(1) 变动成本法增强了成本信息的有用性,为预测前景、参与决策、规划未来、控制现在服务,有利于企业的经营决策。从前面的例子中可以看出,完全成本法下计算的利润受到存货变动的影响,而这种影响是有违逻辑的:尽管产品的生产是企业实现利润的必要条件之一,但不是充分条件,只有产品销售出去其价值才算为社会所承认,企业也才能取得收入和利润。产品的销售,不仅是企业实现收入和利润的必要条件,而且是充分条件,多销售才会多得利润。而在完全成本法下,多生产即可多得利润,这当然有违逻辑。至于在产销均衡的条件下,多生产当然会多得利润,但这在变动成本法和完全成本法下计算的结果是完全相等的。完全成本法下由于产量变动而导致的利润变动,有时会达到令人无法忍受的程度,即当期增加销售不仅不会提高利润,反而会使利润下降。也就是说,完全成本法下提供的成本信息不仅无助于企业进行正确的决策,有时还可能是有害的。而在变动成本法下则可以完全避免上述问题的发生。

(2) 变动成本法从理论上说更符合"配比原则"的要求,即一定时期内发生的收入和费用归属于这一会计期间,以此来计算这一期间的收益。变动成本法的基本原理就是将当期确认的费用按照成本性态分为两大部分:一部分是将与产量相关的直接材料、直接人工和变动制造费用等计入产品成本。这部分成本中由已销售产品负担的相应部分需要与销售收入相配比,由未销售产品负担的相应部分需要与未来收益相配比。另一部分则是与产量无直接联系,但与会计期间有关的成本,即固定制造费用。这部分成本与企业生产能力的利用程度无关,是一种为取得收益而丧失的成本,应全部计入当期损益,同当期的收益相配比。

(3) 变动成本法有利于进行各部门的业绩评价。由于产品的变动成本不受固定成本的影响,因此变动成本的变化能反映出供应部门、生产部门的业绩,便于进行不同期间的业绩评价。变动成本是供应部门和生产部门的可控成本,可以通过制定标准成本和费用预算、考核执行情况、兑现奖惩来加强企业管理。其中,对供应部门的业绩评价主要有两个方面:一是供应总成本,这部分资金占用越小越好,因此应当实行总量控制;二是单位供应成本,包括采购成本和保管成本。采购成本包括买价、包装费、运输费、途中保险费、途中损耗、入库前的挑选整理费、差旅费等;保管成本则主要包括保险费、财产税以及库中损耗等。上述单位供应成本基本上是变动成本法下的变动成本概念,企业应建立标准成本进行控制和业绩评价。至于供应部门的其他费用,如工资、办公费、维修费等可控程度不高;而自设仓库折旧费、水电费、空调费、取暖费等根本不可控,与存货的供应数量没有关系,属于固定成本,对供应部门的业绩评价也基本上不包括上述内容。生产部门对生产产品的物耗水平负责,直接材料、直接人工和变动制造费用等方面的变动会立即从产品的变动生产成本上反映出来。变动成本法便于业绩评价这一优点在生产部门表现得最为突出。

(4) 变动成本法促进企业管理者更注重销售环节,防止盲目生产。采用变动成本法后,将与产量变化无关的固定制造费用作为期间费用处理,排除了产量变动对企业利润的影响,在产品销售结构、销售价格和单位变动成本不变的情况下,企业利润将与销售数量的变化同方向变化。这样促使管理者重视销售环节,搞好销售预测,开拓销售渠道,做到以销定产,避免盲目生产带来损失。

(5) 变动成本法简化了成本核算,便于企业加强日常成本管理。采用变动成本法,将固定成本全额从当期的销售收入中扣除,不计入产品成本,简化了固定制造费用的分摊工作和成本计算工作,并且避免了固定制造费用分摊中的主观随意性。在多品种生产的企业,变动成本法的上述优点尤为突出。

与完全成本法相比,应该说变动成本法的优点是全面的,但是变动成本法也有一定的局限性,这主要表现在:

(1) 变动成本法计算不符合传统财务会计的产品成本概念。按照美国会计学会的成本概念和世界各国财务会计原则的要求,产品成本应当包括固定生产成本,而变动成本法下的产品成本不能反映生产过程的全部耗费,因而无法用来衡量企业的管理水平。

(2) 按成本性态将成本划分为固定成本与变动成本,这种划分在很大程度上是假设的结果,不是精确的计算,因此有一定的局限性。

(3) 变动成本法无法适应企业长期决策的需要。固定成本是有一定的相关范围的,超过这一相关范围,固定成本也会发生变动。而企业长期决策是要在一个较长的时间范围内解决企业的生产规模与生产能力问题,相关范围会发生变化,固定成本也不得不发生变化。从长期来看,由于产业结构调整、技术进步以及通货膨胀等因素的影响,单位变动成本和固定成本总额很难保持不变,变动成本法提供的管理信息一般只能满足短期决策的需要,而不能解决诸如增加或减少生产能力等长期决策问题。

2. 完全成本法的优缺点

完全成本法的优缺点是相对于变动成本法而言的。完全成本法目前之所以仍在实际中广泛应用,是因为其具有一定的必要性,如完全成本法下的产品成本符合传统财务会计的成本概念;有利于企业编制对外报表;变动成本法使人们更加重视销售环节,而完全成本法使人们重视生产环节,有利于刺激企业加速发展生产的积极性。

无论是变动成本法还是完全成本法,其决策都是面向过去的,都是有关过去经济活动的反映,这是它们共同的局限性。

3. 变动成本法的应用

变动成本法与完全成本法这两种成本法各有其适应性和局限性,二者的优缺点在某种意义上可以相互转化,双方的不足之处可以通过对方来弥补。比如,完全成本法对企业内部的经营管理有很大的局限性,特别是不利于企业的短期决策;而变动成本法对企业内部的经营管理有很大的帮助,有利于企业的短期决策。再如,变动成本法不适用于编制对外财务报表,而完全成本法适用。这说明变动成本法与完全成本法不应是排斥的,而应是相互结合、相互补充的。企业会计既要为企业内部提供信息,又要定期提供财务报表,为了满足这两方面的需要,应将两种成本法结合起来使用,需要以一种成本法为基础,对它进行调整和变通,既不能搞两套平行的成本计算系统,又不能以一种成本法代替另一种成本法。那么,应该以哪一种成本法为基础呢?如前所述,变动成本法的优点是主要的,而且是多方面的,这一方法下的成本信息可以满足企业内部经营管理多方面的需要;而完全成本法的优点主要表现在编制对外财务报表上,但这只是一项非经常性的工作(真正意义上的对外财务报表——年报一年只编制一次)。所以,企业应以变动成本法为基础建立统一的成本计算系统。以变动成本法为基础还有另外一个理由:变动成本法将固定制造费用全部作为期间成本,只是在编制对外财务报表时做适当的分配调整,以确定应由当期已销产品和期末存货分别负担的份额。这样做不仅可以大大减轻工作量,而且从手法上讲,这种"顺分"法也更合乎逻辑。

以变动成本法为基础建立统一的成本计算系统,其具体做法是:

(1) 日常核算以变动成本法为基础,"在产品(生产成本)""产成品"账户均登记变动成本。

(2) 设置"变动制造费用"账户,借方用以核算生产过程中发生的变动制造费用,期末则将其发生额转入"在产品"账户。也可以将"变动制造费用"账户作为"在产品"账户的二级账户处理,这样做更符合传统的成本计算习惯。

(3) 设置"固定制造费用"账户,借方用以归集当期发生的固定制造费用,期末则将应由已销产品负担的部分自贷方转入"销售成本"账户的借方而列入利润表;该账户的期末余额则为期末在产品和产成品所应负担的固定制造费用,期末与"在产品"和"产成品"账户的余额一起合计列入资产负债表的"存货"项下。

(4) 设置"变动非制造费用"和"固定非制造费用"账户,借方用以分别归集销售费用与管理费用中的变动部分和固定部分,期末则如数由贷方转入"本年利润"账户。

下面通过一个简单的例子来说明以变动成本法为基础的成本计算系统的账务处理程序。

[例 7-5] 某企业生产单一产品,且期末无在产品,其他有关资料如下:

期初存货	0 件
当期产量	5 000 件
当期销量	4 000 件
期末存货	1 000 件
单位变动成本	
直接材料	10 元
直接人工	6 元
变动制造费用	4 元
固定制造费用	30 000 元
变动非制造费用(设随销量变动)	16 000 元
固定非制造费用	50 000 元
单位产品售价	45 元

以变动成本法为基础的成本计算系统的账务处理程序可以用T形账户反映,如图7-2所示。

按照上述账务处理程序计算的结果,列入利润表的产品销售成本为104 000元(变动制造成本80 000元 + 由已销产品负担的固定制造费用24 000元)与完全成本法下计算的结果[4 000 × (10 + 6 + 4 + 30 000/5 000) = 104 000]完全一致;而"固定制造费用"的期末余额(即6 000元)则作为期末存货成本的一部分,与"产成品"期末余额一起列入了资产负债表。

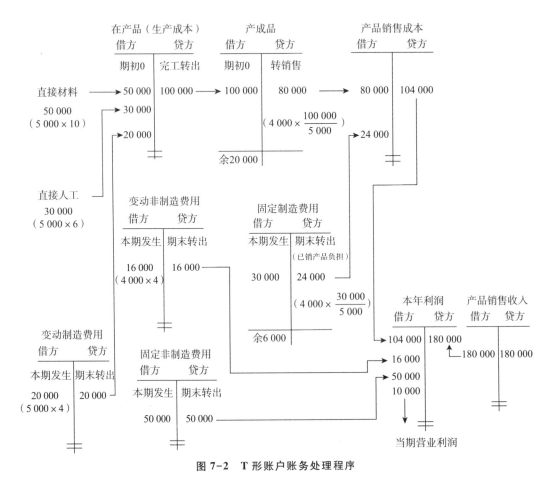

图 7-2 T 形账户账务处理程序

建立以变动成本法为基础的统一的成本计算系统,还需要注意以下几个问题(这些问题在例 7-5 中被简化了):

(1) 企业如为多品种生产,对于某些变动性的共同费用,如服装厂联合剪裁的布料费,则仍需首先在各种产品之间进行划分,而且在以这种成本信息进行决策时,还应考虑关联产品。这是一项基础工作,在完全成本法下也得这样做。

(2) 企业期末如有在产品,则需要对在产品的成本进行计算,基本做法仍与完全成本法下一样(如采用约当产量法),只不过"在产品"账户本身只核算变动制造成本。

(3) 企业期末如有存货(在产品、产成品或兼而有之),则在计算应列入利润表的销售成本时,应注意在连续各期中"固定制造费用"与存货之间的匹配关系。

此外,在以变动成本法为基础时,企业应结合自身的经营特点设置账户。例如,将直接材料、直接人工和变动制造费用直接作为"在产品(生产成本)"的二级账户;再如,对销售费用和管理费用(它们的绝大多数属于固定成本)仍可延用企业通常所采用的多栏式记账方式,只不过对其中的变动费用需要单独列项登记。

7.2.3 变动成本法在实际工作中的应用

我国现代企业制度日益完善,大多数企业有待于进一步提高经济效益,变动成本法正是加强企业内部经营管理、提高企业经济效益的重要工具。变动成本法从其产生到被人们普遍接受和重视,经历了艰难的过程,它突破了传统的成本观点,在强化企业内部经营管理、提高经济效益方面开创了新的思路,运用变动成本法对于管理当局预测前景、规划未来、应对竞争、开拓市场都是非常必要的。

两种成本法各有其特点,如前所述,按完全成本法核算的会计资料能够满足企业外部利益相关者的要求,但不能满足企业内部经营管理的需要。相反,变动成本法虽能满足企业内部经营管理的需要,却难以得到外界认可,学习和应用变动成本法时应与我国现行会计制度所规定的完全成本法结合起来,切实可行的做法是把日常核算工作建立在变动成本法的基础上,对产成品和在产品均按变动成本法核算。同时,将日常发生的固定制造费用记入专设的"存货中的固定制造费用"账户,每期期末,按当期产品销量的比例,将属于本期已销产品的部分转入"销售成本"账户,并列入利润表作为本期销售收入的扣减项目,另将账户中属于本期期末未销部分的仍留在"存货中的固定制造费用"账户上,并将其余额按实际比例分配给资产负债表上的产成品和在产品项目,使它们仍按全部成本列示。

▶ 本章小结

1. 完全成本法不仅包括产品生产过程中所消耗的直接材料、直接人工,还包括全部的制造费用;变动成本法只包括产品生产过程中所消耗的直接材料、直接人工和变动制造费用,而不包括固定制造费用。

2. 完全成本法的特点:符合公认会计准则的要求,强调成本补偿上的一致性,强调生产环节对企业利润的贡献。

3. 变动成本法的特点:以成本性态分析为基础计算产品成本,强调不同的制造成本在补偿方式上存在差异性,强调销售环节对企业利润的贡献。

4. 变动成本法与完全成本法对固定制造费用的不同处理,表现在产品成本的构成内容不同、存货成本的构成内容不同以及各期损益不同三个方面。

5. 变动成本法与完全成本法对各期损益计算的影响,依照产量与销量的相互关系,可以归纳为以下三种情况:当产量等于销量时,两种成本法下计算的损益完全相等;当产量大于销量时,采用完全成本法计算的损益大于采用变动成本法计算的损益;当产量小于销量时,采用变动成本法计算的损益大于采用完全成本法计算的损益。

6. 变动成本法和完全成本法有各自的优缺点和适用范围,但无论是变动成本法还是完全成本法,其决策都是面向过去的,都是有关过去经济活动的反映,这是它们共同的局限性。

▶ 复习思考题

1. 简述变动成本法与完全成本法的含义。
2. 完全成本法与变动成本法各有何特点?
3. 变动成本法与完全成本法之间的差异主要表现在哪些方面?
4. 简述完全成本法与变动成本法各自的优缺点。

作业练习

1. A 企业只产销一种产品,第一年、第二年、第三年的产量(基于其正常生产能力)都是 8 000 件,而销量则分别为 8 000 件、7 000 件和 9 000 件。每单位产品的售价为 12 元。生产成本如下:单位变动成本(包括直接材料、直接人工和变动制造费用)5 元;固定制造费用基于正常生产能力 8 000 件,共计 24 000 元,每件产品应分摊 3 元(24 000 ÷ 8 000);销售与管理费用假定全部是固定成本,每年发生额均为 25 000 元。

   要求:根据上述资料,不考虑销售税金,分别采用变动成本法和完全成本法计算各年税前利润。

2. B 企业生产一种产品,2020 年和 2021 年的有关资料如表 7-5 所示。

表 7-5 B 企业 2020 年与 2021 年生产情况

项目	2020 年	2021 年
销售收入(单价为 5 元/吨)(元)	1 000	1 500
产量(吨)	300	200
年初产成品存货数量(吨)	0	100
年末产成品存货数量(吨)	100	0
固定生产成本(元)	600	600
销售和管理费用(全部固定)(元)	150	150
单位变动生产成本(元)	1.8	1.8

要求:

(1) 采用完全成本法为该企业编制这两年的比较利润表,并说明为什么销量增加了 50%,营业利润反而大为减少。

(2) 采用变动成本法根据同样的资料编制比较利润表,并将它同上一比较利润表做一比较,指出哪一种成本法比较重视生产,哪一种成本法比较重视销售。

3. 2021 年 3 月 12 日,某医药工业公司的财务总监根据本公司各单位的财务报表及有关文字说明,写了一份公司年度经济效益分析报告送交经理室。总经理翻阅后,对报告中提及的两个单位的情况颇感困惑:一个是专门生产输液原料的甲制药厂,另一个是生产制药原料的乙制药厂。甲制药厂 2019 年产销不景气,库存大量积压,贷款不断增加,资金频频告急。2020 年该厂想方设法广开渠道,扩大销量,减少库存,但财务报表上反映的利润比 2019 年有所下降。而乙制药厂的情况则正好相反,2020 年市场不景气,该厂销量比 2019 年下降,但财务报表上几项经济指标除资金外,都比 2019 年要好。于是总经理将财务总监召去,让他重新对财务报表进行分析、研究。

甲制药厂的有关资料如表 7-6 所示。

表 7-6 甲制药厂资料

项目	2019 年	2020 年
销售收入(元)	1 855 000.00	2 597 000.00
减:销售成本(元)	1 272 000.00	2 234 162.00

(续表)

项目	2019年	2020年
销售费用(元)	85 000.00	108 000.00
净利润(元)	498 000.00	254 838.00
库存资料		
期初存货数(瓶)	16 000	35 000
本期生产数(瓶)	72 000	50 400
本期销售数(瓶)	53 000	74 200
期末存货数(瓶)	35 000	11 200
单位售价(元)	35.00	35.00
单位成本(元)	24.00	30.11
材料(元)	7.00	7.00
工资(元)	4.00	5.71
燃料和动力(元)	3.00	3.00
制造费用(元)	10.00	14.40

甲制药厂工资和制造费用两年分别为 288 000 元、720 000 元,销售成本采用后进先出法核算。该厂在分析其利润下降的原因时,认为这是生产能力没有被充分利用,工资和制造费用等固定费用未能得到充分摊销所致。

乙制药厂的有关资料如表 7-7 所示。

表 7-7 乙制药厂资料

项目	2019年	2020年
销售收入(元)	1 200 000.00	1 100 000.00
减:销售成本(元)	1 080 000.00	964 700.00
销售费用(元)	30 000.00	30 000.00
费用合计(元)	1 110 000.00	994 700.00
净利润(元)	90 000.00	105 300.00
库存资料		
期初存货数(公斤)	100.00	100.00
本年生产数(公斤)	12 000.00	13 000.00
本年销售数(公斤)	12 000.00	11 000.00
期末存货数(公斤)	100.00	2 100.00
单位售价(元)	100.00	100.00
单位成本(元)	90.00	87.70
原材料(元)	50.00	50.00
工资(元)	15.00	13.85

(续表)

项目	2019 年	2020 年
燃料和动力(元)	10.00	10.00
制造费用(元)	15.00	13.85

乙制药厂工资和制造费用两年均为 180 000 元，销售成本也采用后进先出法核算。该厂在分析其利润上升的原因时，认为这是在市场不景气的情况下，为多交利润、保证国家利润不受影响，全厂职工一条心，充分利用现有生产能力增产节支的结果。

要求：

(1) 甲、乙制药厂的分析结论对吗，为什么？

(2) 如果你是财务总监，你将得出何种结论，并如何向你的经理解释？

4. 某洗衣机厂连续两年亏损，厂长召集有关部门的负责人开会研究扭亏为盈的办法。会议要点如下：

厂长：我厂上年亏损 250 万元，已连续亏损两年，如果今年再不扭亏为盈，银行将停止贷款，我厂也就面临被迫停产的危险。

销售部部长：问题的关键是我们的洗衣机以每台 1 800 元的价格出售，而每台洗衣机的成本是 1 850 元，如果提高售价，面临竞争，洗衣机就卖不出去，出路只有降低成本，否则销售越多，亏损越大。

生产部部长：我不同意销售部部长的说法。我厂每台洗衣机的制造成本只有 1 650 元，设备、工艺和技术均为国内一流，之所以出现亏损，原因在于生产能力利用严重不足，上年只生产并销售 5 万台，而生产线原设计生产能力为 10 万台。

财务部部长：我厂的产品成本构成中，每台洗衣机的变动成本为 1 350 元，全厂固定制造费用总额为 1 500 万元，推销及管理费用总额为 1 000 万元。我建议，生产部门满负荷生产，通过提高产量来降低单位产品负担的固定制造费用。这样即使不提价、不扩大销量也能使企业扭亏为盈，渡过难关。另外，从企业长远生存发展的角度考虑，今年费用应计入固定制造费用，同时再追加 10 万元做广告宣传，追加 40 万元作为销售奖励，扩大产品销量。

要求：

(1) 分析上年亏损 250 万元是怎样计算出来的。

(2) 如果采纳财务部部长的意见，则今年能够盈利多少？为什么？

(3) 你是否同意财务部部长的意见？为什么？

(4) 你认为该厂应如何扭亏为盈？

▶▶ 延伸阅读与写作

随着我国经济的快速增长，供需结构性失衡的矛盾日益突出，供给侧能力过剩，经济面临较大的下行压力，经济发展进入"新常态"。试探讨在去产能、去库存、供给侧结构性改革政策背景下，变动成本法在资产密集型高消耗行业经营管理中的具体应用，相较于完全成本法又有何优势。

参考文献

[1] 刘智英,崔仙玉.变动成本法与完全成本法损益差异及规律分析:基于四种情境的横向、纵向对比分析[J].会计之友,2017(11):16-24.

[2] 马玉洁.变动成本法与完全成本法利润差异分析:基于存货计价方法的角度[J].财会通讯,2014(17):107-108.

[3] 唐恒书,梁丽.完全成本法与变动成本法下净利润差异探析[J].财会月刊,2015(14):62-63.

第8章 标准成本法

【学习目标】
1. 了解标准成本制度的形成,以及标准成本的特点、作用、种类及制定方法。
2. 掌握标准成本差异的计算分析。
3. 掌握标准成本在我国的应用。
4. 重点掌握标准成本的账务处理。

【导入指引】
　　随着时代的不断进步,企业若要紧随时代的步伐,就必须做出对内调整。成本管理在企业经营管理中占据重要地位。标准成本系统是为克服实际成本计算系统的缺陷,尤其是不能提供有助于成本控制的确切信息的缺陷而研究出来的一种成本计算系统。标准成本法融合了管理思想和经济思想,能及时反馈不同成本项目的差异和动因,为企业提供可依据的标准,使企业的成本核算更快,成本评估有据可依,也使企业的预算编制更加科学可行,有助于企业进行经营决策。

8.1 标准成本法概述

8.1.1 实际成本制度的缺陷

　　(1)责任不清。实际成本制度是以产品为唯一计算对象的单一的成本核算方法。它分不清生产经营过程中的成本责任,因而奖惩制度就无法与成本责任相联系,企业内部的各车间、部门及职工对降低成本既缺少动力,又没有压力,致使成本工作处于被动局面。

　　(2)核算与分析脱节。按实际成本制度计算出来的产品成本不便于进行成本分析。这是因为本期生产成本没有进行成本差异的核算,本期完工产品成本又受到期初在产品成本的影响,因而也就无法直接依据成本核算信息确定影响成本升降的各种因素。

　　(3)反应迟钝,控制性差。实际成本制度着重于事后核算,而不是事前、事中控制。当生产成本发生时,它没有及时地进行差异的核算。它提供的数据一般都是在月末,不能及时地向管理部门提供成本信息。

　　(4)不便于成本预测和决策。在实际成本制度下,不区分变动成本与固定成本,人们无法据以确定成本与产量的函数关系,使管理者难以掌握不同生产能力条件下的成本和利润水平,给企业成本预测带来很大的困难。

8.1.2 标准成本制度的形成

标准成本制度的产生与 1903 年弗雷德里克·泰勒(Frederick Taylor)的《工厂管理》一书有着密切的关系。该书中提出了产品的标准操作程序及时间定额,给标准成本制度的产生提供了启示。1904 年,泰勒理论的继承者——美国效率工程师哈林顿·埃默森(Harrington Emerson)首先在美国铁道公司应用标准成本制度,并对该制度进行了更为详尽的研究,认为由实际成本制度获得的数据既过时又缺乏正确性,而标准成本制度能随时显示实际成本对标准成本的超额部分,使管理者对标准的效率予以关注。因为埃默森不是会计师,所以他没有提出差异的分析及会计的账务处理方法。1911 年,美国会计师卡特·哈里森(Charter Harrison)第一次设计出一套完整的标准成本制度。1923 年,随着间接费用差异分析方法的确定,标准成本制度真正形成并进入了实施阶段。标准成本制度作为一种成本核算和管理的方法,是适应科学管理的需要而产生和形成的,有利于克服实际成本制度的缺陷。

标准成本是在正常生产经营条件下应该实现的,可以作为控制成本开支、评价实际成本、衡量工作效率的依据和尺度的一种目标成本。标准成本是根据对实际情况的调查,采用科学的方法制定的,它是企业在现有的生产技术和管理水平下,经过努力可以达到的成本。

标准成本制度由标准成本、差异分析和差异处理三部分组成。标准成本制度将实际发生的成本分为标准部分和偏离标准的部分,通过实际成本和标准成本的比较,揭示成本差异,进而对差异进行分析,以便及时发现问题,区分责任,分析原因,使成本在生产过程中得到有效控制。

实行成本控制是企业内部控制成本、评价和考核成本管理水平、降低成本、提高经济效益的重要途径。与实际成本制度相比,标准成本制度将事前成本计划、日常成本控制和最终产品成本确定有机结合,对成本控制具有重要意义。标准成本的作用主要有以下几点:

(1)有利于企业编制预算和控制预算。标准成本可以作为企业编制预算的基础。

(2)有利于企业控制成本,提高成本控制水平。标准成本作为事前和事中控制的依据,能够使企业及时发现成本管理中存在的问题,及时纠偏,以降低成本,提高效益。

(3)有利于企业各部门的业绩考核,为有效管理提供数据。标准成本作为业绩计量的尺度,能够对员工的工作起到考核和激励作用。以标准成本为基础与实际成本进行比较产生的差异,是企业进行管理的必要信息。

(4)有利于企业对新产品进行市场价格决策和预测。企业在给新产品定价时,通常可以在标准成本的基础上加一定的利润来确定价格。

(5)有利于简化产品成本的计算以及成本核算的账务处理工作。标准成本下,原材料、在产品、产成品的销售成本均以标准成本入账,所产生的差异可由发生期负担,这样可以减少成本计算方面的工作量。

8.2 标准成本的制定

8.2.1 标准成本的重要性及制定原则

1. 标准成本的重要性

标准成本就是通过精确的调查、分析与技术测定来制定的,用以评价实际成本,衡量工作效率的一种预计成本,基本上排除了不应该发生的浪费。标准成本可以作为控制成本支出的依据、考核成本支出的尺度,以及用于衡量产品制造过程的工作效率,也可以用于存货和销货的成本计价。制定标准成本是实施整个标准成本制度的开端,具有非常重要的意义。如果标准成本可以轻易达到,那么在成本控制方面就失去了意义;反之,如果标准成本制定得过高,从而难以完成,那么生产人员就会认为高不可攀,以致失去信心。

2. 标准成本的制定原则

标准成本应该制定在比较先进的水平上,即员工只要努力就可以达到甚至超过,以激励员工挖掘降低成本的潜力。但当大多数员工都能轻易达到时,标准成本就应提高。如果长期不加调整,那么先进标准也会落后。企业制定标准成本应遵循下列原则:

（1）适时调整。多长时间制定一次标准成本?这应该根据实际情况确定。如果修订频繁,则既费人力,又不利于评价企业内部各成本核算单位的工作业绩;相反,如果多年修订一次,则由于产品生产技术、工作效率和经营条件的不断变化,这种标准成本会日益过时,以致不能有效发挥成本控制的作用。

（2）考虑未来。制定标准成本不仅要依据历史成本资料,还应预测经济情况的变动、供需市场的动向、职工熟练程度的提高和改革技术等因素,在历史成本的基础上进行调整。

（3）多方参与。企业在制定标准成本时,除了需要管理者收集和整理资料,参与制定,还应让标准成本的执行者,即生产第一线直接控制成本的人员参与。这样制定出的标准成本,才能充分发挥其应有的激励作用。

8.2.2 标准成本的制定方法

管理会计通常采用以下三种方法制定标准成本:

（1）历史数据分析法。历史成本数据可以用来估计未来成本。在成熟的生产过程中,企业积累了大量的生产经验,历史成本能为企业预测未来成本提供一个良好的基础,通常企业通过划分成本性态的方法来预测成本。企业还需要适时地调整这些预测,以反映物价水平的变动或生产过程的技术改变。例如,生产轮胎时,除非轮胎的生产过程发生重大变化,否则今年生产一定产量的轮胎所需耗用的橡胶数量应该与上年一样。但是今年橡胶的价格可能与上年不同,轮胎的新标准成本就必须反映出这个事实。

（2）任务分析法。这种方法就是分析产品的生产过程,以确定应发生的成本。其重点从研究产品过去发生多少成本转移到未来应该发生多少成本。会计人员在使用任务分析法制定标准成本时,通常应与熟悉生产过程的技术人员一起工作,共同研究确定生产过程需要多少直接材料和怎样使用机器设备,以确定员工完成每步工作需要多少材料或时间。

（3）混合法。会计人员在制定标准成本时,常常可以综合使用历史数据分析法和任务分析法。例如,当只有生产过程中一个步骤发生技术变化时,会计人员和技术人员可以共同为生产过程中发生技术变化的步骤重新制定标准成本,其余步骤仍采用历史成本数据。

8.2.3 标准成本的种类

在制定标准成本时,根据所要达到的效率不同,标准成本可以分为现实标准成本、正常标准成本和理想标准成本。

（1）现实标准成本。现实标准成本是指以企业现有的生产经营条件为基础应该达到的成本水平,它考虑了企业现实所采用的价格水平、生产耗用量以及生产能力利用情况。因为现实标准成本最接近实际成本,最切实可行,所以这类标准成本能够激励员工努力达到所制定的标准,在实际工作中被广泛应用。在经济形势发生变化的情况下,这种标准成本最为合适。与正常标准成本不同的是,它需要根据现实情况不断修改,而正常标准成本则在较长时间内固定不变。

（2）正常标准成本。正常标准成本是指以企业正常的生产经营条件为基础应该达到的成本水平,它考虑了企业正常的价格水平、生产耗用量以及生产能力利用情况。正常标准成本采用企业过去较长时间内实际成本水平的平均值,并估计未来企业平均生产能力和技术能力的变动趋势。在生产技术水平稳定的情况下,正常标准成本可以在较长时间内被采用。

（3）理想标准成本。理想标准成本是指以企业的最佳生产经营条件为基础可以达到的最高成本水平,它排除了机器故障、材料浪费、工人不熟练等因素,是根据理论上的价格水平、生产耗用量以及最高的生产能力制定的标准成本。由于理想标准成本要求过高,因而会因达不到而影响员工的积极性,同时让管理者感到无改进的余地,因此其在实际工作中很少被采用。

8.3 标准成本差异分析

成本差异是指实际成本与标准成本之间的差额,也称标准差异。成本差异根据构成内容可分为直接材料成本差异、直接人工成本差异和制造费用成本差异。其中,制造费用成本差异又分为变动制造费用成本差异和固定制造费用成本差异。直接材料成本、直接人工成本和变动制造费用都属于变动成本,决定变动成本数额的因素是价格和耗用数量。所以,对于直接材料成本差异、直接人工成本差异和变动制造费用成本差异按其形成原因又可分为价格差异和数量差异。固定制造费用是固定成本,不随业务量的变动而变动,其差异不能简单地分为价格因素和耗用数量因素。固定制造费用成本差异可分为耗费差异、效率差异和生产能力利用差异。

8.3.1 直接材料成本差异

直接材料成本差异是指现有的生产技术条件下,一定产量产品直接材料实际成本与直接材料标准成本之间的差额:

$$直接材料成本差异 = 直接材料实际成本 - 直接材料标准成本$$
$$直接材料实际成本 = 实际价格 \times 实际用量$$
$$直接材料标准成本 = 标准价格 \times 标准用量$$
$$实际用量 = 直接材料单位实际耗用量 \times 实际产量$$
$$标准用量 = 直接材料耗用标准 \times 实际产量$$

直接材料成本按照成本差异形成的原因又分为价格差异和数量差异。其中,价格差异是实际价格脱离标准价格所产生的差异:

$$直接材料价格差异 = (实际价格 - 标准价格) \times 实际用量$$
$$= (实际价格 - 标准价格) \times 实际产量 \times 直接材料单位实际耗用量$$

数量差异是直接材料单位实际耗用量脱离单位标准耗用量所产生的差异:

$$直接材料数量差异 = (直接材料单位实际耗用量 - 直接材料单位标准耗用量) \times 标准价格$$

现将以上公式综合如下:

$$直接材料价格差异 = 实际价格 \times 实际用量 - 标准价格 \times 实际用量$$
$$直接材料数量差异 = 标准价格 \times 实际用量 - 标准价格 \times 标准用量$$
$$直接材料成本差异 = 实际价格 \times 实际用量 - 标准价格 \times 标准用量$$

当然,有些因素是企业无法控制的。例如,通货膨胀因素的影响,国家对原材料价格的调整等。因此,对直接材料价格差异,企业应做深入的分析和研究,查明产生差异的真正原因,分清各部门的经营责任,在科学分析的基础上,进行有效的控制。影响直接材料数量差异的因素也是多种多样的,包括生产工人的技术熟练程度和对工作的责任感、材料的质量、生产设备的状况等。一般来说,用量超过标准大多是生产工人粗心大意、缺乏培训或技术素质较低等原因造成的,应由生产部门负责,但数量差异有时也会由其他部门的原因造成。例如,采购部门购入了低质量的材料,致使生产部门用料过多,由此而产生的直接材料数量差异应由采购部门负责;再如,出于设备管理部门的原因致使生产设备不能完全发挥其生产能力,造成直接材料数量差异,则应由设备管理部门负责。找出和分析造成差异的原因是进行有效控制的基础。

8.3.2 直接人工成本差异

直接人工成本差异是指一定产量产品的直接人工实际成本与直接人工标准成本之间的差额:

$$直接人工成本差异 = 直接人工实际成本 - 直接人工标准成本$$
$$直接人工实际成本 = 实际工资率 \times 实际工时$$
$$直接人工标准成本 = 标准工资率 \times 标准工时$$
$$标准工时 = 单位产品工时耗用标准 \times 实际工时$$

直接人工属于变动成本,其成本差异又分为直接人工工资率差异和直接人工效率差异。直接人工工资率差异也称直接人工价格差异,类似直接材料价格差异;直接人工效率差异类似直接材料数量差异。所以,直接人工成本差异的分析方法类似直接材料成本差异的分析方法。直接人工工资率差异是指实际工资率脱离标准工资率所产生的差异:

$$直接人工工资率差异 = (实际工资率 - 标准工资率) \times 实际工时$$

直接人工效率差异是指单位实际人工工时耗用量脱离单位标准人工工时耗用量所产生的差异：

直接人工效率差异 =（实际工时 – 标准工时）× 标准工资率

现将以上公式综合如下：

直接人工工资率差异 = 实际工资率 × 实际工时 – 标准工资率 × 实际工时

直接人工效率差异 = 标准工资率 × 实际工时 – 标准工资率 × 标准工时

直接人工成本差异 = 实际工资率 × 实际工时 – 标准工资率 × 标准工时

实际工资率高于标准工资率，可能是由于生产过程中使用了工资级别较高、技术水平较高的工人从事了要求较低的工作，从而造成了浪费，而人工效率差异是考核每个工时生产能力的重要指标，降低单位产品成本的关键就在于不断提高单位工时的生产能力。影响人工效率的因素是多方面的，包括生产工人的技术水平、生产工艺过程、原材料质量以及设备状况等。所以，找出差异的同时只有分析产生差异的具体原因，分清不同的责任部门，才能采取有效的控制措施。

8.3.3 变动制造费用成本差异

变动制造费用成本差异是指一定产量产品的实际变动制造费用与标准变动制造费用之间的差额：

变动制造费用成本差异 = 实际变动制造费用 – 标准变动制造费用

实际变动制造费用 = 实际分配率 × 实际工时

标准变动制造费用 = 标准分配率 × 标准工时

实际分配率 = 实际变动制造费用 ／ 实际工时

变动制造费用是变动制造费用分配率与直接人工工时之乘积，因此变动制造费用差异包括变动制造费用分配率差异和变动制造费用效率差异。

变动制造费用分配率差异类似于直接材料价格差异和直接人工工资率差异，变动制造费用效率差异类似于直接材料数量差异和直接人工效率差异。

变动制造费用分配率差异 =（实际分配率 – 标准分配率）× 实际工时

变动制造费用效率差异 = 标准分配率 ×（实际工时 – 标准工时）

变动制造费用成本差异 = 实际变动制造费用 – 标准变动制造费用

= 变动制造费用分配率差异 + 变动制造费用效率差异

现将以上公式综合如下：

变动制造费用分配率差异 = 实际分配率 × 实际工时 – 标准分配率 × 实际工时

变动制造费用效率差异 = 标准分配率 × 实际工时 – 标准分配率 × 标准工时

变动制造费用成本差异 = 实际分配率 × 实际工时 – 标准分配率 × 标准工时

由于变动制造费用是由许多明细项目组成的，且与一定的生产水平相联系，因而仅通过举例中的差异计算来反映变动制造费用成本差异总额，并不能满足日常控制和考核的需要。因此，实际工作中企业通常将变动制造费用各明细项目的弹性预算与实际发生数进行对比分析，并实施必要的控制措施。

8.3.4 固定制造费用成本差异的计算、分析和控制

1. 固定制造费用成本差异的计算

固定制造费用成本差异是指一定期间的实际固定制造费用与标准固定制造费用之间的差额:

固定制造费用成本差异 = 实际固定制造费用 − 标准固定制造费用

标准固定制造费用 = 固定制造费用标准分配率 × 标准工时

固定制造费用标准分配率 = 预算固定制造费用 / 预算工时

固定制造费用是在相关范围内不随业务量增减变动的费用,因此固定制造费用差异不能简单地分为价格差异和数量差异,固定制造费用一般用固定预算进行控制。为了计算固定制造费用标准分配率,需要设定一个预算工时,预算工时是根据企业正常生产能力人为确定的工时总数。实际工时与预算工时的差异会相对造成固定制造费用相对地超支或节约。因此,实际工时与预算工时的差异造成的固定制造费用差异称为固定制造费用生产能力利用差异,即在固定制造费用成本差异中,不仅包括像变动制造费用的耗费差异和效率差异,还包括生产能力利用差异。这三种差异有如下关系:

固定制造费用耗费差异 = 实际分配率 × 实际工时 − 标准分配率 × 预算工时

固定制造费用效率差异 = 标准分配率 × 实际工时 − 标准分配率 × 标准工时

固定制造费用生产能力利用差异 = 标准分配率 × 预算工时 − 标准分配率 × 实际工时

固定制造费用成本差异 = 实际分配率 × 实际工时 − 标准分配率 × 标准工时

2. 固定制造费用成本差异的分析和控制

企业对固定制造费用的分析和控制通常是通过编制固定制造费用预算与实际发生数进行对比来进行的。由于固定制造费用是在各个部门发生的,固定制造费用预算由各个部门分别进行编制,实际固定制造费用也由各个部门分别进行记录,因此固定制造费用成本差异的分析和控制应由各个部门分别进行。将各个部门的固定制造费用耗费差异、效率差异和生产能力利用差异分别汇总,即可得出企业的固定制造费用成本差异。

固定制造费用耗费差异产生的原因主要是:固定资产的临时增加,服务人员的增加,过高或过低摊销或提取待摊费用。

固定制造费用效率差异产生的原因与直接人工效率差异产生的原因相同,因为其分配率是按直接人工工时计算的。

固定制造费用生产能力利用差异产生的原因可能是:资源价格的变动及资源的数量比预算有所增减等。就生产能力利用差异来说,它只反映计划生产能力的利用偏差可能是产销量达不到一定规模造成的,一般不能说明固定制造费用的超支或节约。

企业只有对不同的差异分别进行分析和控制,才能明显提高经济效益。

8.4 标准成本差异账务处理系统

作为一个完整的标准成本制度,标准成本的制定和成本差异的计算、分析、控制应该与成本核算结合起来,成为一种成本核算和成本控制相结合的完整体系。企业在采用标准成本法进行账务处理时,对产品的标准成本与成本差异应分别进行核算。

8.4.1 成本差异账户

企业在采用标准成本法时,针对各种成本差异,应另设各个成本差异账户进行核算。在直接材料成本差异方面,应设置"直接材料价格差异"和"直接材料数量差异"两个账户;在直接人工成本差异方面,应设置"直接人工工资率差异"和"直接人工效率差异"两个账户;在变动制造费用成本差异方面,应设置"变动制造费用分配率差异"和"变动制造费用效率差异"两个账户;在固定制造费用成本差异方面,应设置"固定制造费用耗费差异""固定制造费用效率差异"和"固定制造费用生产能力利用差异"三个账户,分别核算三种不同的固定制造费用成本差异。各种成本差异账户的借方核算发生的不利差异,贷方核算发生的有利差异。

8.4.2 成本差异的归集

企业在采用标准成本法进行核算时,由于成本差异的计算、分析工作要到月底实际费用发生后才能进行,因此对于平时领用的原材料、发生的直接人工费用和各种变动及固定制造费用应先在"直接材料""直接人工"和"制造费用"账户进行归集。月底计算、分析成本差异后,再将实际费用中的标准成本部分从"直接材料""直接人工"和"制造费用"账户转入"生产成本"账户;将完工产品的标准成本从"生产成本"账户转入"产成品"账户。随着产品的销售,再将已售产品的标准成本从"产成品"账户转入"销售成本"账户。对于各种成本差异,将其从"直接材料""直接人工"和"制造费用"账户转入各个相应的成本差异账户。

8.4.3 期末成本差异的账务处理

在前面的举例中,我们介绍了月底将各种成本差异记入各成本差异账户的账务处理,在各个成本差异账户中对发生的成本差异进行了归集,在"在产品""产成品"和"销售成本"账户中只核算了产品的标准成本。随着产品的出售以及产品成本的结转,期末对所发生的成本差异也应进行结转和处理。期末成本差异的账务处理主要有直接处理法和递延法两种。

1. 直接处理法

直接处理法是指将本期发生的各种成本差异全部转入"销售成本"账户,由本期的销售产品负担,并全部从利润表的销售收入项下扣减,不再分配给期末在产品和期末库存产成品。这时,期末资产负债表的在产品和产成品项目只反映标准成本。随着产品的出售,应将本期已销产品的标准成本由"产成品"账户转入"销售成本"账户,而各成本差异账户的余额,则应于期末直接转入"销售成本"账户。这种方法可以避免期末的成本差异分配工作,同时本期发生的成本差异全部反映在本期的利润上,使利润指标能如实地反映本期生产经营工作和成本控制工作的全部成效,符合权责发生制的要求。但这种方法要求标准成本的制定合理、切合实际并不断地进行修订,这样期末资产负债表上的在产品和产成品项目反映的成本才能切合实际。

2. 递延法

递延法是将本期的各种成本差异按标准成本的比例分配给期末在产品、期末产成品和本期已销产品。这样分配后,期末资产负债表上的在产品和产成品项目反映的都是实际成本,利润表的产品销售成本反映的也是本期已销产品的实际成本。这种方法期末的成本差异分配工作非常复杂,不便于产品成本计算的简化;另外,期末资产负债表上的在产品和产成品项目反映的都是实际成本,利润表的产品销成本反映的也是本期已销产品的实际成本,这样就不便于本期成本差异的分析和控制。所以,西方企业一般都采用第一种方法。

8.5 标准成本法在我国应用的探讨

8.5.1 我国实行标准成本法的前提条件

标准成本法作为一种成本管理方法,它确有值得借鉴之处。结合我国企业具体情况,要实行标准成本法必须首先满足以下前提条件:

(1) 树立正确的成本核算指导思想。在指导思想上,企业应当认识到成本核算的目的不只是计算产品的实际成本,满足编制报表的需要,更为重要的是充分发挥它在成本预测、成本控制、成本分析和提高经济效益方面的作用,以适应企业本身的经营管理。

(2) 冲破传统成本核算观念的束缚,改变传统的"差异结转必须与实物运动相结合"的思想。长期以来,为了满足这一要求,企业不惜成本大量耗费劳动于差异的分配和结转上,认为只有这样,成本才能真实。其实,所谓成本真实,只有相对意义上的真实。企业应当认识到,成本差异是对当期工作业绩的反映,计算差异的目的是及时发现生产耗费是超支还是节约,了解差异原因,明确差异责任者,实行事中成本控制。因此,企业不应过于强调差异结转与实物运动相结合,当期差异尽可能在当期完工产品中反映出来。企业只有冲破传统成本核算观念的束缚,才能解放思想,对建立标准成本制度有自觉的行动。

(3) 健全成本管理的基础工作。企业内部管理必须首先实行标准化,要有先进合理的定额、完备的计量和检验制度;否则,就难以制定出合理的标准成本,实行标准成本制度也就成了一句空话。此外,企业还要注意在全体员工中树立成本意识,进行各种教育和培训,使他们重视标准成本制度。

(4) 实行电算化。电算化是企业管理现代化不可缺少的手段,如果仍实行手工操作,则已不适合当代生产环境的需要。而且实行标准成本法需要大量的基础数据和各种繁多的标准差异,计算复杂,如果没有电算化,则不能为企业及时提供有用信息和成本差异分析,工作量之大是难以想象的。

8.5.2 标准成本法下产品实际成本的计算

在实行标准成本法时,要不要计算各种产品的实际成本以及如何处理各种成本差异,是标准成本法在我国应用中需要探讨的重要问题。理论界的观点各不相同,企业的做法也各不一样。

一种观点认为计算实际成本是必要的。其理由是:首先,《企业会计准则》要求企业产品按实际成本入账。其次,我国许多大型工业企业是相对独立的商品生产者,仍接受国家的统一管理,为宏观经济管理服务,要向上级主管部门提供各种产品的实际成本资料。此外,为了满足全国同行业产品成本水平的比较,掌握各种产品的实际成本水平,也必须计算每种产品的实际成本。

另一种观点认为没有计算实际成本的必要。其理由是:首先,本期的标准成本总额加上成本差异总额就等于实际成本总额,这与《企业会计准则》不矛盾。其次,目前企业财务部门花费大量精力和时间计算出来的每种产品的实际成本,其准确性与可靠性值得怀疑。因为企业通常是将间接成本如制造费用以直接人工(工时)为基础进行分摊,但它并不能代表企业生产的每一种产品对生产资源的需要,不少企业各种产品的费用还要在完工产品和在产品之间进行分配。这说明间接成本与各种产品之间的关系是人为确定的,分配标准带有很大的假定性。

目前,在实行标准成本法的实践中,有些企业由于产品品种较多、生产工艺复杂,一般不计算实际成本;而有些企业由于产品品种不多、生产工艺简单,通常计算各种产品的实际成本。综合前两种观点,我国企业实行标准成本法,可以在平时采用标准成本法核算,期末再将标准成本和成本差异调整为实际成本,以满足财务报表和宏观管理的需要。

8.5.3 成本差异的归集和分配

企业在计算各种产品实际成本的过程中,归集成本差异有总的原则,即成本差异应按责任单位计算,各成本责任单位只应计算本身工作形成的差异;非本身责任的成本差异,不应转给各责任单位,而应由财务部门直接记入或分配记入各完工产品成本中。至于各成本责任单位如何将当期发生的成本差异分配给各种产品,这个问题有两种处理方法:

(1) 各成本责任单位的成本差异不必在各种产品之间进行分配,可将这些差异平行结转到财务部门,再将各种成本差异按各种完工产品相关成本项目的标准成本比例进行分配。

(2) 各成本责任单位的成本差异凡能直接按产品品种划分的,直接记入各产品品种;不能直接按产品品种划分的,按各产品实际产量的该成本项目的标准成本比例进行分配。

月末,各成本责任单位将各产品成本差异和其他不按品种划分的成本差异结转到财务部门,财务部门对按产品品种划分差异的按产品品种汇总,其他部分产品的成本差异可分别按成本差异的种类和按各产品完工产量相关成本项目的标准成本比例进行分配,计算已完工产品的实际成本。

8.5.4 成本差异的处理

我国企业对成本差异的处理方式不尽相同,归纳起来主要有两种:第一,调整销售成本与存货成本法,即按比例将成本差异在当期销售成本和存货成本之间进行分配;第二,结转本期损益法,即将成本差异按月全部结转到"销售成本"账户。

成本差异究竟采用哪种方法处理为好呢?下面我将分别分析这两种处理方法:

(1) 在调整销售成本与存货成本法下,企业将成本差异在当期销售成本和存货成本之间进行分配,具体计算方法如下:

$$成本差异分配率 = \frac{期初存货留存的成本差异 + 本期发生的成本差异}{期末存货(在产品、产成品)的标准成本 + 产成品销售标准成本}$$

结转销售成本或本年利润的成本差异 = 产成品销售标准成本 × 成本差异分配率

存货留存的成本差异 = 期末存货(在产品、产成品)的标准成本 × 成本差异分配率

期末将结转销售成本的成本差异从"生产成本差异"科目结转至"销售成本"科目；存货留存的成本差异可仍然留在"生产成本差异"科目，在编制资产负债表时，同存货项目合并反映。采用这种方法的依据是税法和会计制度均要求以实际成本反映销售成本和存货成本。本期发生的成本差异，应由销售成本和存货成本共同负担。当然，这种做法会增加一些计算分配的工作量。此外，这种方法有些不妥，原因是有些费用计入存货成本不一定合理，例如固定制造费用生产能力利用差异是一种损失，并不能在未来换取收益，作为资产计入存货成本明显不合理，不如作为期间费用在当期结转。

（2）在结转本期损益法下，期末企业将所有成本差异直接转入"销售成本"账户，再随同已销产品的标准成本一同转入"本年利润"账户。采用这种方法的依据是确信标准成本是真正正常的成本，成本差异是不正常的低效率和浪费造成的，是已经发生的损失或收益而不是资产，应当直接体现在本期损益中，使利润能够体现本期工作业绩的好坏。把成本差异直接转入"销售成本"账户，将有利于分别计算标准成本制度和实际成本制度下的营业利润，从而能够将利润同企业当期生产经营、成本控制的效果直接挂钩，正确反映当期各级管理部门、人员的工作业绩。同时，按照权责发生制的要求，把当期成本差异计入当期销售成本也更有利于收入和费用的配比。因此，正常情况下企业不妨直接把标准成本作为真实的正常的成本，期末将成本差异全部直接转入"销售成本"账户，并可以列示于利润表"营业利润"之中，以便把标准成本制度下的营业利润调整为实际成本下的营业利润，从而有利于成本控制和业绩评价。但是，如果成本标准已经陈旧，与实际成本偏差太大的话，结转本期损益法则会使财务报表反映失实。这时，企业必须对成本标准进行修订，以使其符合实际。这种方法必须要求标准成本的制定合理、切合实际并不断地修订。

8.5.5 标准成本法下的账务处理

如果在我国推行标准成本法，则应根据我国企业的现状与经济核算的实际需要设计会计科目和账务处理方案。

（1）设置"原材料""生产成本""库存商品"等存货科目，其借、贷方都按实际数量的标准成本记账，余额反映这些资产的标准成本。

（2）设置"生产成本差异"科目，用来核算制造产品的料、工、费的各种差异。各成本项目的各种原因差异额可以通过设置二级科目来反映，如"直接材料价格差异""直接材料数量差异""直接人工工资率差异""直接人工效率差异""变动制造费用分配率差异""变动制造费用效率差异""固定制造费用耗费差异""固定制造费用效率差异"和"固定制造费用生产能力利用差异"等。

企业在登记"原材料""生产成本""库存商品"科目时，应将实际成本分离为标准成本和有关的成本差异，标准成本数据记入"原材料""生产成本""库存商品"科目，而有关的差异分别记入各成本差异科目。

为了有利于设计"生产成本差异"科目的明细科目，并使一级科目和明细科目的登记

方法统一,企业可以将当期差异发生额一律登记在该科目的借方,不利差异用蓝字登记,有利差异用红字登记;贷方登记差异结转额,不利差异用蓝字结转,有利差异用红字结转。

"生产成本差异"科目应按责任单位设置多栏明细账,各责任单位还应按差异原因设置多栏明细账,以方便考核。这两个明细账的差异发生额也可以是一律登记在借方,超支用蓝字登记,节约用红字登记;差异结转额登记在贷方,超支用蓝字结转,节约用红字结转。明细账格式如表8-1、表8-2所示。

表8-1 生产成本差异明细账1

成本项目	借方发生额				贷方发生额
	甲责任单位	乙责任单位	丙责任单位	合计	
直接材料					
直接人工					
制造费用					
其中:固定制造费用					
变动制造费用					

表8-2 生产成本差异明细账2

成本项目	借方发生额							贷方发生额
	数量差异	价格差异	效率差异	工资率差异	耗费差异	能量差异	合计	
直接材料								
直接人工								
制造费用								
其中:固定制造费用								
变动制造费用								

在以上账务处理下,本期完工产品的实际总成本根据"库存商品"科目借方反映的本期完工入库产品的标准成本和"生产成本差异"科目借方反映的成本差异额相加而求得。产品销售实际成本由产品销售标准成本和成本差异两部分组成。这样,利润表可以如表8-3列示。

8-3 利润表

一、营业收入
  减:营业成本
    其中:标准成本
      生产成本差异
        其中:直接材料价格差异
          直接材料数量差异
          ……
    税金及附加
二、营业利润
  ……

本章小结

1. 实际成本制度的缺陷有:责任不清;核算与分析脱节;反应迟钝,控制性差;不便于成本预测和决策。

2. 制定标准成本的原则有:适时调整,考虑未来,多方参与。

3. 管理会计通常采用以下三种方法制定标准成本:历史数据分析法,任务分析法,混合法。

4. 在制定标准成本时,根据所要达到的效率不同,标准成本可以分为现实标准成本、正常标准成本和理想标准成本。

5. 成本差异根据构成内容可分为直接材料成本差异、直接人工成本差异和制造费用成本差异。其中,制造费用成本差异又分为变动制造费用成本差异和固定制造费用成本差异。

直接材料成本差异包括:直接材料价格差异,直接材料数量差异。

直接人工成本差异包括:直接人工工资率差异,直接人工效率差异。

变动制造费用成本差异包括:变动制造费用分配率差异,变动制造费用效率差异。

固定制造费用成本差异包括:固定制造费用耗费差异,固定制造费用效率差异,固定制造费用生产能力利用差异。

6. 成本差异核算账户的设置:直接材料成本差异设置"直接材料价格差异"和"直接材料数量差异"两个账户;直接人工成本差异设置"直接人工工资率差异"和"直接人工效率差异"两个账户;变动制造费用成本差异设置"变动制造费用分配率差异"和"变动制造费用效率差异"两个账户;固定制造费用成本差异设置"固定制造费用耗费差异""固定制造费用效率差异"和"固定制造费用生产能力利用差异"三个账户。

7. 成本差异的处理方法主要有直接处理法和递延法两种。

直接处理法是指将本期发生的各种成本差异全部转入"销售成本"账户,由本期的销售产品负担,并全部从利润表的销售收入项下扣减,不再分配给期末在产品和期末库存产成品。

递延法是将本期的各种成本差异按标准成本的比例分配给期末在产品、期末产成品和本期已销产品。

复习思考题

1. 实际成本制度的缺陷是什么?
2. 标准成本的作用是什么?
3. 标准成本的重要性及制定标准成本的原则是什么?
4. 根据所要达到的效率的不同,标准成本的种类有哪些?
5. 直接材料成本差异的影响因素有哪些?怎样计算各因素的影响?
6. 直接人工成本差异的影响因素有哪些?怎样计算各因素的影响?
7. 制造费用成本差异的影响因素有哪些?怎样计算各因素的影响?
8. 标准成本法的账务处理有什么特点?成本差异的处理方法是什么?
9. 标准成本法在我国的应用有何特点?

作业练习

1. 某公司生产和销售甲产品,耗用 A、B 两种材料。有关标准成本资料如表 8-4 所示。

表 8-4　某公司甲产品耗用材料标准成本资料

项目	材料名称	用量标准	价格标准	金额(元)
直接材料	A	10 千克	10 元/千克	100
	B	20 千克	9 元/千克	180
直接人工		15 工时	4 元/工时	60
变动制造费用		15 工时	2 元/工时	30
固定制造费用		15 工时	3 元/工时	45
单位产品标准成本				415

已知本月投产甲产品 3 600 件,全部于本月完工入库,其实际成本资料如表 8-5 所示。

表 8-5　某公司甲产品耗用材料当月实际成本资料

项目	材料名称	实际用量	实际价格(元/千克)	实际成本(元)
直接材料	A	34 000 千克	11.0	374 000
	B	74 000 千克	8.5	629 000
直接人工		56 000 工时		229 600
变动制造费用				103 600
固定制造费用				173 600
产品实际成本				1 509 800

又知本月固定制造费用预算数为 180 000 元,产能标准总工时为 60 000 工时。

要求:根据上述资料,计算各种成本差异,其中直接材料价格差异在领用材料时计算,固定制造费用按三分法计算确定成本差异。

2. 万节工厂是一个生产某种汽车零件的专业工厂,产品成本计算采用标准成本计算系统,有关资料如下:

(1) 成本差异账户包括:直接材料价格差异、直接材料数量差异、直接人工工资率差异、直接人工效率差异、变动制造费用效率差异、变动制造费用分配率差异、固定制造费用生产能力利用差异、固定制造费用耗费差异、固定制造费用效率差异。

(2) 原材料在生产开始时一次投入,除直接材料外的其他费用陆续发生,其在产品约当产成品的系数为:月初在产品 0.6,月末在产品 0.4。

(3) 成本差异采用结转本期损益法,在每月末结转至"主营业务成本"账户。

(4) 单位产品标准成本为 56 元,其中:直接材料 30 元(10 千克×3 元/千克),直接人工 16 元(4 小时×4 元/小时),变动制造费用 6 元(4 小时×1.5 元/小时),固定制造费用 4 元(4 小时×1 元/小时)。

(5) 本月生产能力为 11 000 小时；月初在产品数量为 600 件，本月投产 2 500 件，月末在产品数量为 700 件；月初产成品数量为 100 件，月末产成品数量为 120 件。

(6) 期初库存原材料为 1 000 千克，本月购入原材料 30 000 千克，实际成本为 88 500 元（已用支票支付）；本月生产领用原材料 25 500 千克。

(7) 本月实际耗用工时 9 750 小时；应付生产工人工资 40 000 元；实际发生变动制造费用 15 000 元；实际发生固定制造费用 10 000 元。

要求：

(1) 编制以下业务的会计分录：①购入原材料；②领用原材料；③将生产工人工资记入有关成本计算账户；④结转本期变动制造费用；⑤结转本期固定制造费用；⑥完工产品入库；⑦期末结转本期成本差异。

(2) 计算本月的主营业务成本。

(3) 计算期末存货成本。

延伸阅读与写作

随着 ERP（企业资源计划）系统在企业中的普遍运用，企业成本管理手段发生了变化，这改变了企业传统的运行模式，要求企业能够合理配置资源，尽可能多地创造社会财富。试在梳理 ERP 系统下成本管理思想的基础上，重点分析 ERP 环境下的标准成本管理模式，指出其优越性和局限性，提出如何将标准成本法运用到 ERP 系统的成本管理中，更好地发挥 ERP 环境下成本管理的功能。

参考文献

[1] 崔健波,罗正英.标准成本法、工作地轮换与动态激励[J].审计与经济研究,2019,34(1):65-70.

[2] 刘钟敏,李端生.作业成本法与标准成本法的结合应用：标准作业成本法[J].财会月刊,2015(31):32-35.

[3] 温素彬,韦海钦.标准成本法：解读与应用案例[J].会计之友,2020(24):151-156.

第9章 作业成本法

【学习目标】

1. 理解作业成本法的理论框架及与传统成本法的区别。
2. 掌握作业成本法的内容与实质。
3. 掌握作业成本法的计算步骤及方法。

【导入指引】

20世纪80年代后期,随着MRP①、CAD②、CAM③、MIS④的广泛应用,以及MRPII⑤、FMS⑥和CIMS⑦的兴起,美国实业界普遍感到产品成本处理与现实脱节,成本扭曲普遍存在,且扭曲程度令人吃惊。美国芝加哥大学罗宾·库珀(Robin Cooper)和哈佛大学教授罗伯特·卡普兰(Robert Kaplan)注意到这种情况,在对美国公司调查研究之后,提出了以作业为基础的成本计算(Activity Based Costing, ABC)方法。目前,作业成本法受到了广泛的关注,新型的咨询公司扩展了作业成本法的应用范围并研发出相应的软件。作业成本法的指导思想是:"成本对象消耗作业,作业消耗资源。"作业成本法把直接成本和间接成本(包括期间费用)作为产品(服务)消耗作业的成本同等地对待,拓宽了成本的计算范围,使计算出来的产品(服务)成本更加准确、真实。作业成本法在精确成本信息,改善经营过程,为资源决策、产品定价及组合决策提供完善的信息等方面,受到了广泛的赞誉。

9.1 作业成本法概述

作业成本法也称ABC法,20世纪七八十年代,随着科学技术的发展,高新技术不断投入生产领域,资本的有机构成不断提高,许多企业的生产环境发生了彻底的改变。西方国家开始研究和应用一种全新的以作业为基础的企业管理理论和方法,即一个以作业为基

---

① MRP:Material Requirement Planning,物料需求计划。
② CAD:Computer Aided Design,计算机辅助设计。
③ CAM:Computer Aided Manufacturing,计算机辅助制造。
④ MIS:Management Information System,管理信息系统。
⑤ MRPII:Manufacturing Resource Planning,制造资源计划。
⑥ FMS:Flexible Manufacturing System,自动化机械制造系统。
⑦ CIMS:Computer Integrated Making System,计算机集成制造系统。

础的科学信息系统,并将它贯穿于作业管理的始终。

传统成本计算法把产品成本分为直接材料、直接人工和制造费用三项。其中,制造费用是产品生产过程中发生的、不能直接归属于产品的间接费用,它的分配与直接生产过程相关,通常以业务量为基础进行分配。这种传统的成本计算方法适合传统的生产环境,而在现代制造业中,环境的变化使间接制造费用发生了相应的变化。首先,高新技术和计算机在生产过程中的广泛应用,使间接制造费用的比重极大增加。20世纪70年代前,间接费用仅为直接人工成本的50%～60%,而今天,大多数公司的间接制造费用为直接人工成本的400%～500%,以往直接人工成本占产品成本的40%～50%,而今天则不到10%。其次,市场要求个性化产品,不同产品要求的工艺流程不同,这导致产品工艺技术流程复杂,作业链交错,采用单一的分配基础无法反映不同作业成本与不同产品的关系,必须改为多基础分配的方式来分配各相关的间接制造费用。同时,单一的分配间接制造费用的方法忽视了导致间接制造费用发生的多种原因的影响。最后,间接制造费用的结构发生了改变,间接制造费用中有一些发生在制造过程之外,如组织订单费用。以上种种表明,传统的成本计算方法已不能适应新制造环境的变化,而作业成本法的应用将成为新制造环境对成本计算方法改革的迫切要求。

在现代制造业中,企业对成本信息的需求是多方面的,主要包括:①成本信息应有助于相对准确地确定期末存货价值,从而有助于提供企业的财务状况信息;②成本信息应有助于相对准确地确定已销商品成本,从而有助于核定企业的期间损益;③在企业按照不同需求层次组织多品种产品生产时,成本信息应有助于确定某些特殊用户订货产品的价格;④成本信息应有助于考核业绩,衡量企业在各个制造环节的耗费并进一步为降低产品成本提供依据。

9.2 作业成本法的理论框架

作业成本法是指以作业为基础将间接成本和辅助资源正确地分配到作业、生产过程、产品、服务和顾客中去的一种成本计算方法。生产导致作业的发生,而作业量的大小决定了资源的消耗水平,也决定了制造费用支出的多少。因此,以作业量而不是生产量为基础对制造费用进行分配更合理、更科学。

传统成本计算法认为,成本的经济实质是企业生产经营过程中所耗费的生产资料转移的价值和劳动者为自己所创造价值的货币表现,即 $C+V$。

作业成本法认为,企业向顾客提供使之满意的产品或服务的经营活动是由完成一定功能的活动——作业——构成的,这些作业按照一定的关系相连接,构成企业经营活动的价值链。每完成一项作业就要消耗一定的资源,而作业的产出又形成一定的价值,转移给下一个作业,按此逐步推移,直到最终把产品提供给企业外部的顾客,以满足他们的需要。要计算产品成本,不能就成本论成本,而是要确认产生作业的成本动因,先计算作业对资源的消耗,再按产品对作业的消耗来计算产品成本。按照这一原理,产品消耗作业,作业消耗资源,而作业转移的同时也伴随着价值在企业内部的逐步积累和转移,最后形成转移给外部顾客的总价值,这个总价值即是产品的成本。作业成本法本质上是一种直接成本计算法,它消除了人为设立的分配标准的影响,是一种先进的成本计算方法。

传统成本计算法下,产品成本是指其生产成本,就其经济内容来看,只包括产品生产过程中与生产产品直接有关的费用,而用于管理和组织生产的费用支出则作为期间费用处理。传统成本计算法下,产品成本按经济用途设置成本项目。

作业成本法下,产品成本则是完全成本。作业成本法认为,就某一个制造中心而言,该制造中心所有的费用支出只要是合理的、有效的,都是对最终产品有益的支出,因而都应计入产品成本。也就是说,作业成本法强调费用支出的合理有效性,而不论其是否与产品直接有关。虽然作业成本法也使用期间费用的概念,但此时期间费用汇集的是所有无效的、不合理的支出,而不是与生产无直接关系的支出。作业成本法认为,并非所有的资源消耗都是有效的资源消耗,也并非所有的作业都可以增加转移给顾客的价值。一般而言,对最终产品有意义的资源消耗称为有效资源消耗,能增加转移给顾客价值的作业称为增值作业;否则,称为无效资源消耗和非增值作业。非增值作业消耗计入期间费用是希望通过作业管理消除这些消耗。另外,作业成本法下的成本项目是按照作业类别设置的。

传统成本计算法一般以产品为中心,与传统制造系统相适应,并受传统会计信息目标的制约。传统成本计算法的目标主要是满足计算存货成本的需要,进而提供有关企业财务状况和经营成果的会计信息。

作业成本法适用于弹性制造系统下适时制生产方式,生产组织中作业的可分辨性极大地增强,同时,企业成本控制观念和控制手段也提升到了新的高度。这种变化要求成本信息不仅要反映企业财务状况和经营成果,还要满足成本控制和生产分析的要求。当作业成本法将资源、作业、作业中心、制造中心等概念引入成本控制时,就形成了一个完整的作业成本计算体系。

在作业成本法下,成本计算的对象是多层次的,大体上可以分为资源、作业、作业中心和制造中心这几个层次。

1. 资源

如果把作业或作业链视为一个与外界进行物质和能量交换的投入—产出系统,则所有该系统的人力、物力、财力等都属于资源。资源具体可分为货币资源、材料资源、人力资源和动力资源等。作业成本法把资源作为成本计算对象,是要在价值形成的最初形态上反映被最终产品吸纳的有意义的资源消耗价值。也就是说,在这个环节,成本计算要处理两个方面的问题:一是区分有用消耗和无用消耗,把无用消耗的资源价值单独汇集为非增值作业价值,把有用消耗的资源价值分解到作业中去。二是要区别消耗资源的作业状况,看资源是如何被消耗的,找到资源动因,按资源动因把有用消耗的资源价值分解计入吸纳这些资源的不同作业中去。

资源动因是将资源价值分配到各个作业的基础。它主要包括与作业有关的各种资源,如作业占用的机器设备的价值、员工人数、消耗的动力和能源等。资源耗用量的多少取决于作业量的大小。

2. 作业

作业是作业成本法计算模式和作业管理的核心,是企业为提供一定量的产品或服务所消耗的人力、技术、原材料、方法和环境的集合体。作业成本法视作业为基本的成本对象,把作业成本作为将成本分配给其他成本对象的基础。根据服务的层次和范围,作业可分为单位作业、批次作业、产品维持作业、经营作业和顾客作业。

从管理的角度来看,作业是指企业生产过程中的各工序和环节。但从作业成本法的角度来看,作业是指基于一定的目的、以人为主体、消耗一定资源的特定范围内的工作。作业应具备如下特征:

(1) 作业是以人为主体的。

(2) 作业消耗一定的资源。作业至少要消耗一定的人力资源,此外,作业是人力作用于物的工作,因而也要消耗一定的物质资源。

(3) 区分不同作业的标志是作业目的。在一个完备的制造业中,其现代化程度越高,生产程序设计和人员分工越合理,企业制造过程的可区分性就越强。据此我们可以把企业制造过程按照每一部分工作的特定目的区分为若干作业,每个作业负责该作业职权范围内的每一项工作,这些作业互补,构成了完整的经营过程。作业目的不同于某一具体工作的目的,如采购作业负责适时为生产提供材料,但从该作业内部来看仍然包括若干具体工作:有人负责与供应商建立固定联系,有人负责处理款项结算与材料交接,有人负责材料运输,等等。之所以把这些工作确定为一项作业则有其深层次的原因,这个原因就是作业动因,因为这些具体工作都因该作业动因而发生。

(4) 对于一个生产程序不尽合理的制造业,作业可以区分为增值作业和非增值作业。这里,非增值作业虽然也消耗资源,但并不是合理消耗,对生产产品本身并不直接做出贡献,如企业内部产品的搬运作业,传统作业成本法以搬运距离为其动因消耗资源,但作业成本法认为,这种搬运作业可以采用缩短搬运距离即紧凑制造过程的方式予以逐步消除。

(5) 作业的范围可以被限定。从管理的角度来看,设定作业往往基于某一特定企业的生产状况,既可以做粗略的划分,又可以把作业区分得很细,这要视管理的要求而定。作业成本法虽然试图提供精细的成本管理信息,可是精细到何种程度并无特定的标准,但由于作业区分的依据是作业动因,而作业动因对于特定企业而言是客观的,因此作业范围是能够得到本质上的限定的。

在上述分析中我们看到,作业作为成本计算对象,不仅有利于相对准确地计算产品成本,还有利于成本考核和分析工作。既然作业吸纳了资源,那么搞清作业状况也就搞清了资源耗费状况,减少作业也就堵塞了资源消耗的渠道,这都为降低产品成本提供了基本依据。

3. 作业中心

作业中心是负责完成某一特定产品生产功能的一系列作业的集合。作业中心既是成本汇集中心,又是责任考核中心。一般说来,作业中心是基于管理的目的而不是成本计算设置或划定的,传统制造企业的经营过程被习惯地分为材料采购、产品生产和产品销售三个环节,而按照作业成本法理论,这三个环节都可以被称为作业中心。但是,作业成本法面临变化了的制造环境,使得这种划分显得过于简单,已经不能满足成本计算和成本管理的需要。这是因为:

(1) 在适时制生产方式下,一个大型企业通常分设若干制造中心。这些制造中心既可能生产直接对外销售的产品,又可能为下一个制造中心生产半成品,成为制造过程的独立环节。因而,作业中心是相对制造中心而划定设立的。

(2) 在适时制生产方式下,材料采购并不构成独立的生产环节。此时,材料采购的目的非常明确,就是保证某一个作业中心生产的适时需要,材料采购工作由制造环节外的工作演化为制造环节内的工作,每一个作业中心都设有专门负责材料供应工作的人员和手段。

(3) 依据工作组合的可独立性和工作组合内容的可分解性,我们可以也只能据此把一个制造中心划定为若干作业中心。正因为工作组合的可独立性,作业中心可以成为作业责任考核的对象,而工作组合内容的可分解性则反映了制造中心包含若干作业中心的状况。强调作业中心是作业成本计算的对象,是基于作业责任考核的目的。因为作业成本法既是一种成本计算方法,又是一种责任考核方法。

另外,将作业中心作为成本计算对象,还有利于汇集资源消耗价值。由于管理手段的限制,以及成本核算本身的"成本效益原则",及时地把资源汇集到每项作业既无必要也无可能。因此,作业中心成为计算资源消耗价值必不可少的一个环节。我们在计算成本时,应先在作业中心中汇集该中心范围内所消耗的各种资源价值,然后把汇集的资源价值按照资源动因分解到各种作业。之所以要把资源价值分解到各种作业,是因为各种作业对最终产品贡献的方式与原因不同。

4. 制造中心

制造中心作为成本计算对象,实质上是指计算制造中心产出的产品的成本。

一般地,一个大型制造企业总可以划定为若干制造中心,划定制造中心的依据是各制造中心只生产某一种产品或某个系族多种产品。如某制笔厂按照产品类别可以划定为铅笔、钢笔、圆珠笔等多个制造中心,某机床厂按照机床种类划定制造中心,等等。制造中心所生产的产品只是相对于该制造中心而言的,未必是企业的最终产品。如多生产步骤的大型制造企业可以按生产步骤划定制造中心,此时,这些制造中心前后相接,共同构成完整的制造过程,前一个制造中心只是为后一个制造中心生产提供进一步加工的半成品而已。

如果某制造中心只生产某一特定型号的标准产品,则其成本计算过程是简单的,只需把该制造中心所含各作业中心汇集的资源消耗价值全部计入该产品的生产成本,期末在完工产品与在产品之间进行分配即可。

作业成本法在间接费用的分配上见长于传统成本计算法,因而该方法更适合生产多种产品的制造中心。由于在适时制生产方式下,企业一般要成立专门的机构进行生产组织程序设计工作,因而无论是从设计安排上,还是从经济效益上看,由某制造中心生产同一系族产品是合理的。所谓同一系族产品,是指生产工艺相似、制造手段一致而产品结构和用途又有明显差别的各种产品。如制笔厂的圆珠笔制造中心,其所生产的圆珠笔可以认为是同一系族产品。由于制造中心包含若干作业中心,我们又可以将圆珠笔制造中心划定为笔壳和笔芯这两个作业中心。按照作业成本法理论,我们要按制造中心计算各种圆珠笔的成本,按作业中心考核生产责任,也就是说,我们要在该制造中心追踪由这两个作业中心生产组合形成的每一型号圆珠笔的生产状况进而计算产品成本。由于现代消费者的个性化特征和选择性,该制造中心可能需要生产很多类型的圆珠笔,每种数量可能并不大,而且每种产品在生产中所消耗的作业并不相同,结构简单的产品包含较少的作业,结构复杂的产品则包含较多的作业。显然,按传统成本计算法把间接费用按同一标准分配给这些复杂程度不同的产品是不合适的。在这个问题上,作业成本法显示了其优势。

作业成本法下,作业既可以是多种产品的共同作业,也可以是某种特定产品的专属作业。当把作业中心成本分配给作业后,需要借助作业动因把作业成本分配给不同的产品。当然,对于某种特定产品的专属作业,只需把该作业成本汇集到该特定产品中去即可。

以上分四个层次论述了作业成本法的成本计算对象。在作业成本法理论中,还有一个引人注目的概念,即顾客。顾客这个概念虽不是一种成本计算对象,但能使我们深化对作业成本计算对象的理解。就整个企业而言,企业的顾客即是向企业发出需求信息的用户。而从企业内部来看,顾客是接受价值的"吸纳器",这样看来,作业是资源的顾客,作业中心是作业的顾客,制造中心又是作业中心的顾客。强调这一概念又与适时制生产方式有关,在适时制生产方式下,前一个顾客要适时地为后一个顾客服务。

作业成本法与其他成本计算方法的关系如下:

第一,作业成本法不是一种单一的成本计算方法,而是成本计算与成本管理的结合。作业成本法是一个以作业为基础的科学的信息系统,它通过对所有的作业活动进行追踪并进行动态反映,把资源的消耗价值和作业联系起来,进而把作业和产品与顾客联系起来,贯穿于作业管理体系的始终,为有效地进行作业管理提供信息支持,以促进企业生产经营的不断改进。

第二,作业成本法与其他成本计算方法既有必然的联系,又有根本的区别。传统成本计算法向作业成本法发展是成本会计科学发展的必然趋势。成本会计发展史上先有完全成本法,后有变动成本法。用变动成本法否定完全成本法曾是成本会计的进步;成本性态、变动成本、半变动成本、固定成本等概念的发现,丰富了管理会计。但是当人们对管理会计实务做深入、具体的分析之后,却发现实务界又对完全成本法产生了兴趣,并想用完全成本法取代变动成本法,实现成本计算方法否定之否定。

9.3 作业成本计算

9.3.1 作业成本法下的成本计算程序

作业成本法的基本原理是产品或服务消耗作业;基本程序是根据不同的资源动因设置作业成本库,再根据不同的作业动因将各作业汇集的资源消耗价值分配给最终产品或服务。这一过程可以分为三个步骤。

1. 确认作业和作业中心,将资源消耗价值归集到各作业中心

这是价值归集过程。在作业成本法下,价值归集的方向受两方面因素的限制:一是资源种类,二是作业中心种类。在实务操作中,对某制造中心的每一作业中心都按资源类别将制造中心所耗资源价值归集到各资源库。如对前述圆珠笔制造中心,分别对笔芯和笔壳两个作业中心设立材料费、动力费、折旧费、办公费等资源库。这样可以从资源消耗的最初形态上把握各种资源消耗价值归集到各作业中心的状况。

2. 确认作业,将作业中心汇集的各资源消耗价值予以分解并分配到各作业成本库中

在作业成本法逐渐形成的过程中,各国学者试图提供一些标准的作业确认方法供实务界采纳。

杰弗·米勒(Jeff Miller)和汤姆·沃尔曼(Tom Vollman)把作业分为逻辑性作业、平衡性作业、质量作业和变化作业四类:

(1) 逻辑性作业,订购、执行和确保资源移动的作业;
(2) 平衡性作业,将原材料、人工和机器供应与需求配比的作业;
(3) 质量作业,确保生产和规范一致的作业;
(4) 变化作业,使生产信息现代化的作业。

罗宾·库珀(Robin Cooper)把作业按成本层次分为单位作业、批别作业、产品作业和过程作业四类:

(1) 单位作业,使单位产品受益的作业,如机器的折旧;
(2) 批别作业,使一批产品受益的作业,如订单的处理;
(3) 产品作业,使某种产品的每个单位都受益的作业;
(4) 过程作业,计算加工成本的基础。

彼得·托尼(Peter Torney)按成本可归属性把作业分为成本对象作业和维持性作业两类:

(1) 成本对象作业,使产品和顾客受益的作业;
(2) 维持性作业,使某个机构和部门受益的作业,与产品的种类、多少无关。

以上分类理论性太强,缺乏实务操作性。确认作业的理论依据是作业特性,实务依据则是作业贡献于产品的方式和原因即作业动因。按照作业动因可以把作业分为非增值作业、专属作业和共同消耗作业三大类:

(1) 非增值作业,把那些企业希望消除且能够消除的作业认定为非增值作业。
(2) 专属作业,把为某种特定产品提供专门服务的作业认定为专属作业。专属作业成本直接结转计入该特定产品的生产成本。
(3) 共同消耗作业,共同消耗作业是为多种产品生产提供服务的作业。共同消耗作业又可按其为产品服务的方式和原因分为如下几小类:①批别动因作业,即服务于每批产品并使每一批产品都受益的作业。例如,分批获取订单的订单作业,分批运送原材料或产品的搬运作业,等等。②产品数量动因作业,即使每种产品的每个单位都受益的作业。例如,包装作业等,每件产品都均衡地受益。③工时动因作业,即资源消耗与工时成比例变动的作业,每种产品按其所耗工时吸纳作业成本,如机器加工作业等。④价值管理作业,即那些负责综合管理工作的部门作业。例如,作业中心总部作为一项作业就是价值管理作业。

作业确认后一般不轻易发生变动。这样企业在对资源库中的资源消耗价值进行分配时,面临的是已确定的作业种类。假如我们为每一项作业设立一个成本库,则该成本计算步骤就演化为如何将资源库中的资源消耗价值结转到成本库这一具体分配问题。解决这一分配问题要贯彻作业成本计算的基本规则:作业量的多少决定着资源的消耗量,资源消耗量的高低与最终的产出量没有直接关系。

企业确立资源动因的原则如下：

第一，如果某项资源消耗能够直观地确定为某一特定产品所耗，则可以直接计入该特定产品的成本，此时资源动因也是作业动因，该动因可以认为是"终结消耗"，材料费往往适用于该原则。

第二，如果某项资源消耗可以从发生领域划分为各作业所耗，则可以直接计入各作业成本库，此时资源动因可以认为是"作业专属消耗"，各作业发生的办公费适用于该原则，各作业按实付工资额核定应负担工资费时，也适用于该原则。

第三，如果某项资源消耗从最初消耗上就呈混合消耗形态，则需要选择合适的量化依据将资源消耗价值分解并分配到各作业，这个量化依据就是资源动因，如动力费一般按各作业实用电力度数分配等。

在成本分配过程中，各资源库中的资源消耗价值要根据资源动因一项一项地分配到各作业中。这样我们可以为每个作业按资源类别设立作业资源要素，将每个作业各作业资源要素价值相加就形成了作业成本库价值。

3. 将各作业成本库价值分配计入最终产品成本计算单，计算完工产品成本

与传统成本计算法一样，我们为制造中心投产的每一种产品设立成本计算单。在每一张成本计算单中我们还应按该产品生产所涉及作业种类开立作业成本项目。这样该成本计算步骤就是要把各作业成本库的价值结转到各产品成本计算单上，这一步骤反映的作业成本计算规则是：产出量的多少决定着作业的消耗量。专家们将这种作业消耗量与产出量之间的关系描述为作业动因。所谓作业动因，是指各作业被最终产品或服务消耗的方式和原因。

可见，作业动因是将作业成本库成本分配到产品或服务中的标准，也是将作业消耗与最终产出相沟通的中介。既然作业是依据作业动因确认的，就每一项作业而言，其动因也就已经确立，成本计算在这一步骤并无障碍。如订单作业是一种批别动因作业，我们只需将该作业成本除以当期订单份数即可得到分配率。将此分配率乘以某批产品所用订单份数即可得到应计入该批产品成本计算单"订单"这个成本项目中的价值。

在把作业成本库成本计入各产品成本计算单以后，如何得出完工产品成本是一个简单的问题。如果把作业成本法应用于财务会计，则在期末有必要在完工产品与在产品之间分配成本，如果认为作业成本法只是一种管理会计手段，则用成本计算单追踪到产品全面完工即可。

9.3.2 作业成本计算举例

新华公司生产 A、B、C 三种电子产品。产品 A 是三种产品中工艺最简单的一种，公司每年销售 10 000 件；产品 B 工艺相对复杂一些，公司每年销售 20 000 件，在三种产品中销量最大；产品 C 工艺最为复杂，公司每年销售 4 000 件。公司设有一个生产车间，主要工序包括零部件排序准备、自动插件、手工插件、压焊、技术冲洗烘干、质量检测和包装。原材料和零部件均外购。新华公司一直采用传统成本计算法计算产品成本。

1. 采用传统成本计算法

公司有关的成本资料如表 9-1 所示。

表 9-1　成本资料（一）

项目	产品 A	产品 B	产品 C	合计
产量（件）	10 000	20 000	4 000	34 000
直接材料（元）	500 000	1 800 000	80 000	2 380 000
直接人工（元）	580 000	1 600 000	160 000	2 340 000
制造费用（元）				3 894 000
年直接人工工时（小时）	30 000	80 000	8 000	118 000

在传统成本计算法下，新华公司以直接人工工时为基础分配制造费用如表 9-2 所示。

表 9-2　成本资料（二）

项目	产品 A	产品 B	产品 C	合计
年直接人工工时（小时）	30 000	80 000	8 000	118 000
分配率	3 894 000/118 000＝33			
制造费用（元）	990 000	2 640 000	264 000	3 894 000

采用传统成本计算法计算的产品成本资料如表 9-3 所示。

表 9-3　成本资料（三）

项目	产品 A	产品 B	产品 C
直接材料（元）	500 000	1 800 000	80 000
直接人工（元）	580 000	1 600 000	160 000
制造费用（元）	990 000	2 640 000	264 000
合计（元）	2 070 000	6 040 000	504 000
产量（件）	10 000	20 000	4 000
单位产品成本（元）	207	302	126

2. 公司的定价策略及产品销售方面的困境

（1）公司的定价策略。公司采用成本加成定价法作为定价策略，按照产品成本的 125% 设定目标售价，如表 9-4 所示。

表 9-4　目标及实际售价　　　　　　　　　　　　　　　　单位：元

项目	产品 A	产品 B	产品 C
产品成本	207.00	302.00	126.00
目标售价（产品成本×125%）	258.75	377.50	157.50
实际售价	258.75	328.00	250.00

（2）产品销售方面的困境。近年来，公司在产品销售方面出现了一些问题。产品 A 按照目标售价正常出售；来自外国公司的竞争迫使公司将产品 B 的售价降低到 328.00 元，远远低于目标售价 377.50 元；产品 C 的售价原定于 157.50 元时，但由于公司收到的

订单数量非常多,超过其生产能力,因此公司将产品 C 的售价提高到 250.00 元。即使在 250.00 元这一价格下,公司收到的订单依然很多,其他公司在产品 C 的市场上无力与公司竞争。上述情况表明,产品 A 的销售及盈利状况正常;产品 C 是一种高盈利、低产量的优势产品;而产品 B 是公司的主要产品,年销量最高,但现在面临困境,因此产品 B 成为公司管理人员关注的焦点。在分析过程中,管理人员对传统成本计算法提供的成本资料的正确性产生了怀疑。他们决定使用作业成本法重新计算产品成本。

3. 采用作业成本法

管理人员经过分析,认定了公司发生的主要作业并将其划分为几个同质作业成本库,然后将间接费用归集到各作业成本库中。归集的结果如表 9-5 所示。

表 9-5 重新归集的作业成本库　　　　　　　　　　单位:元

作业名称	制造费用
装配	1 212 600
材料采购	200 000
物料处理	600 000
启动准备	3 000
质量控制	421 000
产品包装	250 000
工程处理	700 000
管理	507 400
合计	389 4000

管理人员认定各作业成本库的成本动因并计算各产品作业量和各作业成本如表 9-6、表 9-7 所示。

表 9-6 各产品作业量

制造费用	成本动因	作业量			
		产品 A	产品 B	产品 C	合计
装配	机器小时(小时)	10 000	25 000	8 000	43 000
材料采购	订单数量(张)	1 200	4 800	14 000	20 000
物料处理	材料移动(次数)	700	3 000	6 300	10 000
启动准备	准备次数(次数)	1 000	4 000	10 000	15 000
质量控制	检验小时(小时)	4 000	8 000	8 000	20 000
产品包装	包装次数(次)	400	3 000	6 600	10 000
工程处理	工程处理时间(小时)	10 000	18 000	12 000	40 000
管理	直接人工(小时)	30 000	80 000	8 000	118 000

表 9-7　各作业成本

制造费用	成本动因	年制造费用(元)	年作业量	单位作业成本(元)
装配	机器小时(小时)	1 212 600	43 000	28.20
材料采购	订单数量(张)	200 000	20 000	10.00
物料处理	材料移动(次数)	600 000	10 000	60.00
启动准备	准备次数(次数)	3 000	15 000	0.20
质量控制	检验小时(小时)	421 000	20 000	21.05
产品包装	包装次数(次)	250 000	10 000	25.00
工程处理	工程处理时间(小时)	700 000	40 000	17.50
管理	直接人工(小时)	507 400	118 000	4.30

将作业成本库的制造费用按单位作业成本分摊到各产品如表 9-8 所示。

表 9-8　各产品制造费用

制造费用	单位作业成本(元)	A 产品 作业量	A 产品 作业成本(元)	B 产品 作业量	B 产品 作业成本(元)	C 产品 作业量	C 产品 作业成本(元)
装配	28.20	10 000	282 000	25 000	705 000	8 000	225 600
材料采购	10.00	1 200	12 000	4 800	48 000	14 000	140 000
物料处理	60.00	700	42 000	3 000	180 000	6 300	378 000
启动准备	0.20	1 000	200	4 000	800	10 000	2 000
质量控制	21.05	4 000	84 200	8 000	168 400	8 000	168 400
产品包装	25.00	400	10 000	3 000	75 000	6 600	165 000
工程处理	17.50	10 000	175 000	18 000	315 000	12 000	210 000
管理	4.30	30 000	129 000	80 000	344 000	8 000	34 400
合计			734 400		1 836 200		1 323 400

经过重新计算,管理人员得到的产品成本资料如表 9-9 所示。

表 9-9　各产品成本分布　　　　　　　　　　　　　　金额单位:元

项目	产品 A	产品 B	产品 C
直接材料	500 000	1 800 000	80 000
直接人工	580 000	1 600 000	160 000
装配	282 000	705 000	225 600
材料采购	12 000	48 000	140 000
物料处理	42 000	180 000	378 000
启动准备	200	800	2 000

(金额单位:元)(续表)

项目	产品 A	产品 B	产品 C
质量控制	84 200	168 400	168 400
产品包装	10 000	75 000	165 000
工程处理	175 000	315 000	210 000
管理	129 000	344 000	34 400
合计	1 814 400	5 236 200	1 563 400
产量(件)	10 000	20 000	4 000
单位产品成本	181.44	261.81	390.85

4. 问题的解决

采用作业成本法取得的产品成本资料令人吃惊。产品 A 和产品 B 在作业成本法下的产品成本都远远低于传统成本计算法下的产品成本。这为公司目前在产品 B 方面遇到的困境提供了很好的解释。

表 9-10 为不同成本计算方法取得的产品成本资料结果对比。

表 9-10 不同成本计算方法结果的对比

单位:元

项目	产品 A	产品 B	产品 C
产品成本(传统成本计算法)	207.00	302.00	126.00
产品成本(作业成本法)	181.44	261.81	390.85
目标售价(传统成本计算法下产品成本 × 125%)	258.75	377.50	157.50
目标售价(作业成本法下产品成本 × 125%)	226.80	327.26	488.56
实际售价	258.75	328.00	250.00

如表 9-10 所示,根据作业成本法计算的产品成本,产品 B 的目标售价是 327.26 元,公司原定的 377.50 元的目标售价显然是不合理的,公司现有的 328.00 元的实际售价与重新确定的目标售价基本吻合。产品 A 的实际售价 258.75 高于重新确定的目标售价 226.80 元,是一种高盈利的产品。产品 C 在传统成本法下的产品成本显然被低估了,公司制定的目标售价过低,导致实际售价 250 元低于采用作业成本法计算得到的产品成本 390.85 元;如果售价不能提高或产品成本不能降低,那么公司应考虑放弃生产产品 C。

新华公司的管理人员利用作业成本法取得了较传统成本计算法更为准确的产品成本信息,对公司的定价策略进行了及时调整,提高了公司的经济效益。

9.3.3 作业成本控制的意义

1. 与需求拉动型生产方式相适应

现代企业生产是需求拉动型生产,企业根据顾客订单以销定产,因此,传统的计划经济会造成资源的极大浪费。作业成本法认为,企业实质上是一个为了满足顾客需要而建立的一系列有序的作业集合体,作业成本管理面向市场,最终产品凝聚了在各个作业上形成并最终转移给顾客的价值。作业消耗资源(即每完成一个作业要消耗一定量的资源),作业的产出又形成价值,价值转移给下一个作业,并最终通过提高各项作业效率、改善作业质量来提高企业效益,因此,作业成本控制是与需求拉动型生产方式相适应的。

2. 为管理者提供全面的成本信息

作业成本法下,人们更关注成本形成的过程和形成的原因,其成本计算对象是多层次、多角度的,包括资源、作业、作业中心、制造中心等,作业成本法把作业、作业中心、顾客、市场纳入了成本计算的范围,形成了以作业为核心的成本计算对象体系,便于企业合理计算成本,增强成本意识。在对制造费用的分配方法上,作业成本法采用多元分配基准,并且强调非财务变量的作用,这种"量变与质变"及"财务变量与非财务变量"相结合的分配基础将制造费用等间接成本更准确地分配到产品中,为管理者提供了相对准确的产品成本信息。

3. 提高企业竞争力

作业成本控制通过对所有与产品相关联作业活动的追踪分析,尽可能地消除非增值作业,优化作业链和价值链,增加顾客价值,提供有利信息,使损失降至最低,提高决策、计划、控制的科学性和有效性,最终达到提高企业竞争力的目的。实施作业成本管理,将使现代企业的新产品开发能力和市场应变能力有一个大的提高,增强其在国际市场上的生存能力。

4. 有利于落实责任

以作业中心为基础设置责任中心,跨越了组织结构的界线,克服了以组织结构划分责任中心所带来的不利因素。同时,动态多样化的业绩考核指标代替了传统相对稳定的、单一的价值指标,考虑了时间、质量、效率等非价值指标,能够更加客观地评价企业员工的工作行为,激励员工提高效率。企业的作业链同时也是一条责任链,以作业为单位使得各作业员工的奖惩与其作业责任成本挂钩,从而使各作业员工齐心合力寻求降低作业成本的途径,进而有利于改进作业方式,提高作业质量和作业效率。

▶ 本章小结

1. 作业成本法也称 ABC 法,20 世纪七八十年代,随着科学技术的发展,高新技术不断投入生产领域,资本的有机构成不断提高,许多企业的生产环境发生了彻底的改变。西方国家开始研究和应用一种全新的以作业为基础的企业管理理论和方法,即一个以作业为基础的科学信息系统,并将它贯穿于作业管理的始终。作业成本法在成本的经济实质、产品成本和对应的制造系统等方面与传统成本计算法有着显著的不同,作业成本法更适合现代社会中的弹性制造系统,因此也就更有利于科学、全面地反映成本。在作业成本法下,成本的计算具有层次性,分为资源、作业、作业中心和制造中心。

2. 作业成本法的基本原理是产品或服务消耗作业;基本程序是根据不同的资源动因设置作业成本库,再根据不同的作业动因将各作业汇集的资源消耗价值分配给最终产品或服务。这一过程可以分为三个步骤:第一,确认作业和作业中心,将资源消耗价值归集到各作业中心;第二,确认作业,将作业中心汇集的各资源消耗价值予以分解并分配到各作业成本库中;第三,将各作业成本库价值分配计入最终产品成本计算单,计算完工产品成本。

3. 作业成本法具有重大的现实意义,主要原因在于作业成本法在以下四个方面体现出了与传统成本计算法相比具有更大的优越性:第一,与需求拉动型生产方式相适应;第二,为管理者提供全面的成本信息;第三,提高企业竞争力;第四,有利于落实责任。

▶▶ 复习思考题

1. 简述作业成本法中的作业有何特点。
2. 论述为什么说按照传统的经营环境来划分作业中心不能满足成本计算和成本管理的需要。
3. 概括说明作业成本计算的基本程序及步骤。
4. 简述作业成本法的成本计算对象。

▶▶ 作业练习

1. 由于市场竞争压力,大华制造厂需重新分析成本数据和定价策略。该厂到目前为止一直按直接人工小时及预定分配率分配制造费用,预计产量的直接人工小时为50 000小时。为了为定价提供更为可靠的成本资料,该厂准备采用作业成本法。通过分析制造费用,按同质归类,该厂预计下年度制造费用如表9-11所示。

表9-11 大华制造厂预计下年度制造费用

同质成本库	预计成本(元)	预计业务量
材料处理	100 000	材料搬运次数(次):1 000
设备维修保养	200 000	机器维修保养小时(小时):1 000
质量检验	200 000	检验次数(次):5 000
合计	500 000	

该厂目前正准备参加一项政府采购投标,该投标产品的预计成本及有关部门资料如表9-12所示。

表9-12 大华制造厂投标产品的预计成本及有关部门资料

成本项目	预计成本	业务量项目	预计业务量
直接材料	87 000元	材料搬运次数(次)	20
直接人工(1 000小时)	40 000元	机器维修保养小时(小时)	50
制造费用	?	检验次数(次)	10
成本合计	?		

要求:

(1) 按直接人工小时分配制造费用,计算该投标总成本。如果该厂以完全制造成本加成30%确定投标价,则该项投标价是多少?

(2) 采用作业成本法分配制造费用,计算该投标总成本。如果该厂以完全制造成本加成30%确定投标价,则该项投标价是多少?

（3）哪种制造费用分配方法提供的成本数据更适合定价决策?为什么?

2. 宏光机械制造公司有一个多功能机加工部,为飞机部件提供专门机械加工处理服务。该部门产品成本采用分批成本计算,有两个直接成本项目:直接材料和直接人工;一个间接制造费用成本库。以往间接制造费用一直按直接人工小时分配。如仍按以往做法,则每一直接人工小时分配间接制造费用115元。

最近公司的产品设计、机械工程和会计等部门通过对生产过程进行考察,提出成本计算采用作业成本法。两项直接成本项目仍然保留,间接制造费用分为五个成本库,分别归集该部门五个作业项目成本,每个作业项目有一个负责人,负责成本预算管理。有关作业成本分配的资料如表9-13所示。

表9-13 宏光机械制造公司有关作业成本分配资料

作业项目	成本动因(分配基础)	分配率
材料整理准备	部件数(元/件)	0.40
激光处理	转数(元/转)	0.20
钻洗	机加工小时(元/小时)	20.00
磨光	部件数(元/件)	0.80
检试	检试件数(元/件)	15.00

目前公司有两批产品正在生产过程中,有关资料如表9-14所示。

表9-14 宏光机械制造公司两批产品资料

项目	产品	
	JOB511	JOB512
直接材料成本(元)	9 700	59 900
直接人工成本(元)	750	11 250
直接人工小时(小时)	25	375
批量(部件数)	500	2 000
激光处理(转数)	20 000	60 000
机加工时(小时)	150	1 050
检试件数(件)	10	200

要求:

（1）按以往的成本计算方法,计算每批产品的生产总成本和产品单位成本。

（2）采用作业成本法,计算每批产品的生产总成本和产品单位成本。

（3）为什么以上两种计算方法的结果不同?这种不同对企业是否重要?

3. 吉祥公司制造的产品A有两款型号——标准型号和豪华型号。两款产品的详细资料如表9-15所示。

表 9-15 吉祥公司两款产品资料

项目	标准型号	豪华型号
年销量(件)	12 000	12 000
每件售价(元)	130	174
每批件数(件)	1 000	50
每件所需工时(小时)	2	2
每小时工资率(元)	16	16
每件所需材料成本(元)	44	64
每件所需特别零部件数量(个)	1	4
每批所需设置次数(次)	1	3
每批所需发出材料次数(次)	1	1
每年发出的销售发票数目(张)	50	240

最近数月来,吉祥公司一直尝试说服购买标准型号的客户转为购买豪华型号。吉祥公司编制的间接制造费用分析表如表 9-16 所示。

表 9-16 吉祥公司间接制造费用分析表

作业活动	间接制造费用(元)	成本动因
设置成本	146 400	设置次数
特别零部件处理成本	120 000	特别零部件数量
出具发票成本	58 000	发票数量
材料处理成本	126 000	材料发出次数
其他间接费用	216 000	工时
合计	666 400	

要求:

(1) 使用下列方法,计算标准和豪华两款型号产品的每件利润及销售利润率:①传统的按人工基础的间接制造费用分配法;②作业成本法。

(2) 就(1)的计算结果,简单归纳你对管理部门的建议。

(3) 简单描述一家公司在什么情况下采用作业成本法会有好处,并评论其可能产生的问题。

▶▶ 延伸阅读与写作

产业是经济之本。自改革开放以来,我国充分发挥劳动力资源丰富和市场需求潜力巨大等优势,通过对内放权搞活和对外扩大开放,产业发展取得了举世瞩目的成就。网络查询并阅读相关文章,结合我国国情,对作业成本法的应用实例进行总结,并选取当今热门行业完成一篇有关作业成本法应用研究的小论文。

参考文献

[1] 陈小龙,朱文贵,张显东.ABC成本法在企业物流成本核算和管理中的应用[J].物流技术,2002(6):14-18.

[2] 林斌,刘运国,谭光明,等.作业成本法在我国铁路运输企业应用的案例研究[J].会计研究,2001(2):31-39.

[3] 欧佩玉,王平心.作业分析法及其在我国先进制造企业的应用[J].会计研究,2000(2):46-51.

[4] 张蕊,饶斌,吴炜.作业成本法在卷烟制造业成本核算中的应用研究[J].会计研究,2006(7):59-65.

[5] 朱璇,张田田.作业成本法理论发展与应用研究综述[J].财会通讯,2011(34):8-10.

[6] 朱云,陈工孟.作业成本法在香港应用的调查分析[J].会计研究,2000(8):60-65.

第 10 章 作业基础预算

【学习目标】
1. 理解作业基础预算的理论框架。
2. 掌握作业基础预算的应用程序。
3. 掌握作业基础预算的优缺点。

【导入指引】

作业基础预算是近年来诞生的一种新型预算管理方法。为了充分发挥作业成本管理的作用,解决预算管理与作业管理"两张皮"的现象,有必要将作业成本原则扩展到预算领域。作业基础预算可以帮助企业更好地理解与管理所从事的作业和业务流程,可以为每一项流程或作业制定一套平衡的绩效衡量和目标体系,并把目标和职责落实到流程的分级体系,从而实现对预算执行过程的分析与控制以及对预算执行结果的评价与考核。与传统的预算编制按职能部门确定预算编制单位不同,作业基础预算法关注作业(特别是增值作业)并按作业成本确定预算编制单位。作业基础预算法更有利于企业加强团队合作、协同作业、提升客户满意度。作业基础预算主要适用于具有作业类型较多且作业链较长、管理层对预算编制的准确性要求较高、生产过程多样化程度较高,以及间接或辅助资源费用所占比重较大等特点的企业。

10.1 作业基础预算概述

20世纪80年代中后期以来,作业成本计算蓬勃发展,随后在此基础上诞生了一系列理论。随着市场的逐渐发展,近年来一种建立在作业成本计算基础上的新型预算管理方法——作业基础预算(Activity-Based Budget,ABB)——开始引起理论界和实务界的关注。这种预算方法相较于传统预算方法按工时比例分配间接费用的方案,能够为企业的生产经营提供更具科学性的成本数据信息。从企业生产的产品或服务的市场需求以及企业的发展战略的角度来看,作业基础预算是指对预算进行编制、执行、控制与考核。

作业基础预算法与传统预算方法的差异非常大,该方法侧重于成本发生的前因后果,预算编制的出发点为成本动因,能够依照作业成本明确预算编制单位。所以,在企业的经营以及发展过程中,将作业基础预算法合理地融入其中,不仅可以有效地提升预算管理的精准性,还可以提高资源需求以及预算松弛的识别度,从整体的角度降低企业的成本,不断地提升企业的经济效益,使企业的整体战略管理能力得到综合提升。在企业的发展过程中，相较于传统预算方法，作业基础预算法的应用价值更为明显。一方面，作业基础预算法能够依托于流程作业以及价值链等，通过对资源实际需求的精准预测，科学地对有限的资源进行协调和安排，让企业的资源得到全面的整合，让有限的资源得到高效的配置，从而更好地促进企业发展和进步；另一方面，有效地应用作业基础预算法，可以从企业战略层面着手，结合企业内部环境的实际变化，从战略目标角度出发和考量，逐渐地渗透到企业深层次作业中，确保进一步增强企业核心竞争力，进而让预算与战略规划之间的关系越来越密切。此外，作业基础预算法在企业的业务活动中侧重于产品的研发以及生产等，并且可以不断地对其进行全生命周期规划，节约企业的成本，确保企业的预算信息变得更加完善和健全，并最终实现成本管控的目标。

10.2　作业基础预算的理论框架

进入21世纪，无论是会计理论界还是实务界，作业成本计算都已成为研究的一个热门话题。大量的国内外研究案例表明作业成本计算已成为众多企业成本核算改革的新起点。我国一些上市公司（如许继电气）已经按月编制按作业成本计算的成本报表，为企业的成本管理提供了有价值的成本信息，而且更多的企业在为设计作业成本计算系统而努力。然而，要真正发挥作业成本计算的优势，实现作业成本计算系统的最终目标，我们必须从作业管理的源头抓起，而作业基础预算则是实现这一目标的必经之路。

作业基础预算是以作业成本计算为基础的一种新型预算管理方法。作业基础预算方法是由罗宾·库珀在传统预算方法的基础上，结合经实践证明行之有效的全面质量管理、作业成本法、作业管理的理念设计而成的一种新的预算管理方法。

美国会计学家埃里克·科勒（Eric Kohler）教授于1941年第一次提出作业的概念，乔治·斯托布斯（George Staubus）在1971年出版的《作业成本计算和投入产出会计》一书中第一次全面、系统地阐述了作业、成本、作业会计、作业投入—产出系统等概念，标志着作业成本法的基本成型。哈佛大学青年学者罗宾·库珀和罗伯特·卡普兰又将斯托布斯的思想进一步发展，提出了以作业为基础的成本计算方法，又称作业成本法。作业成本法最初是为了解决间接费用分配导致成本计算失真的问题，但是它提供的信息可用于预算管理、生产管理、产品定价、新产品开发、顾客盈利能力分析等很多方面，使得作业成本理论很快超越了成本计算本身，上升成为以价值链分析为基础的、服务于企业经营管理决策的作业成本管理。不论企业是否使用作业成本法进行成本计算和管理，将作业成本法中的基本思想和概念应用于预算管理都十分有意义。作业成本法的基本思想是"作业消耗资源，产品消耗作业"，作业实际上是一个组织内基于特定目的所进行的能够单独识别的消耗资源的活动或事项，它代表组织所实施的工作，是连接资源和成本标的的桥梁。由此可见，通过对所有的作业活动进行追踪并进行动态反映，借助作业这一中介可以使各种产品信息和成本信息连接成有机的整体。

同传统预算方法一样，作业基础预算法也需要在每个季度甚至每月结束后将企业实际发生的各项数据同预算数据进行对比，从中找出差距，查明原因，为实现年度预算目标提供基础，也为业绩考评提供相关依据。

作业基础预算的差异分析与传统预算方法的差异分析的区别主要有以下两点：①作

业基础预算是以作业成本法为基础的,而在作业成本法中大量使用与成本有因果关系的作业动因,因此预算执行结果的差异分析更具有说服力。②作业成本管理强调消除非增值作业,所以作业基础预算中单位作业标准成本是在管理层确认的价值增值的基础上制定的,而且将预算执行结果与预算数据做比较分析可以为进一步查找无效作业提供依据。

此外,企业应具有满足作业管理、资源费用管理要求的信息系统,能够可靠、完整、及时地获取企业作业消耗标准、资源费用标准等基础数据。

10.3 作业基础预算的计算、应用与意义

10.3.1 作业基础预算法下的成本计算程序及分析

作业基础预算的基础是作业成本法,而作业基础预算的编制路径正好与作业成本计算的路径相逆,即先确定预算年度预计产品/服务销量,据此确定生产过程中所涉及各作业的预计需求量;根据资源动因和其他相关条件确定单位作业费用率,或者说单位作业标准成本;再根据前两项资料计算汇总预算年度资源需求量。将该需求量与企业实际资源量比较,并进行适当调整以实现平衡,完成费用的作业基础预算。由于在作业成本法下,费用是基于作业的划分进行分配的,而不再仅仅依据单一标准进行分配。所以在作业基础预算中,费用部分的预算可基于不同销量情况下作业量的预测进行弹性预算,而不是在上年数据的基础上进行增量预算。而且在作业基础预算法下,由于作业动因和资源动因的引入,在知道了企业产品或服务的销售预测后,可以根据相应的单位产品消耗的作业动因量形成各作业动因量的预算数据,然后再根据各作业的资源动因来确定提供计划销售产品和服务所需要的资源,当资源需求量与企业拥有的资源量相符时,企业就可以实现经营预算的平衡。因此,在作业基础预算法下,在产生财务预算之前可以先实现经营预算的平衡。这是作业基础预算法较之传统预算方法的区别之一。企业编制作业基础预算一般按照确定作业需求量、确定资源需求量、平衡资源需求量与供给量、确定并审核最终预算等程序进行。

1. 确定作业需求量

一般来说,企业应先计算主要作业的需求量,再计算次要作业的需求量。企业应根据预测期销量和销售收入预测各相关作业中心的产出量(或服务量),进而按照作业与产出量(或服务量)之间的关系,分别按产量级作业、批别级作业、品种级作业、客户级作业、设施级作业等分类计算各类作业的需求量,作业类别的划分可以参考以下内容:

(1) 产量级作业,该类作业的需求量一般与产品(或服务)的数量成正比例变动,有关计算公式如下:

$$产量级作业需求量 = \sum 各产品(或服务)预测的产出量(或服务量) \times 该产品(或服务)作业消耗率$$

(2) 批别级作业,该类作业的需求量一般与产品(或服务)的批次数成正比例变动,有关计算公式如下:

$$批别级作业需求量 = \sum 各产品(或服务)预测的批次数 \times 该批次作业消耗率$$

（3）品种级作业，该类作业的需求量一般与品种类别的数量成正比例变动，有关计算公式如下：

品种级作业需求量 = $\sum$ 各产品（或服务）预测的品种类别数 × 该品种类别作业消耗率

（4）客户级作业，该类作业的需求量一般与特定类别客户的数量成正比例变动，有关计算公式如下：

客户级作业需求量 = $\sum$ 预测的每类特定客户数 × 该类客户作业消耗率

（5）设施级作业，该类作业的需求量在一定产出量（或服务量）范围内一般与每类设施投入量成正比例变动，有关计算公式如下：

设施级作业需求量 = $\sum$ 预测的每类设施投入量 × 该类设施作业消耗率

在以上公式中，作业消耗率是指单位产品（或服务）、批次、品种类别、客户、设施等消耗的作业数量。

2. 确定资源需求量

企业应依据作业消耗资源的因果关系确定作业对资源的需求量。

有关计算公式如下：

资源需求量 = $\sum$ 各类作业需求量 × 资源消耗率

其中，资源消耗率是指单位作业消耗的资源数量。

资源供给量是指企业目前经营期间所拥有并能投入作业的资源数量。

3. 平衡资源需求量与供给量

企业应检查资源需求量与供给量是否平衡，如果没有达到基本平衡，则需要通过增加或减少资源供给量或降低资源消耗率等方式，使二者的差额处于可接受的区间内。

4. 确定并审核最终预算

企业一般以作业中心为对象，按照作业类别编制资源费用预算。有关计算公式如下：

资源费用预算 = $\sum$ 各类资源需求量 × 该类资源预算价格

资源的预算价格一般来源于企业建立的资源价格库。企业应收集、积累多个历史时期的资源成本价、行业标杆价、预期市场价等，建立企业的资源价格库。

作业基础预算初步编制完成后，企业应组织相关人员进行预算评审。预算评审小组一般应由企业预算管理部门、运营与生产管理部门、作业及流程管理部门、技术定额管理部门等组成。评审小组应从业绩要求、作业效率要求、资源效益要求等多个方面对作业基础预算进行评审，评审通过后上报企业预算管理决策机构进行审批。与此同时，企业应按照作业中心和作业进度进行作业预算控制，通过把预算执行的过程控制精细化到作业管理层次，把控制重点放在作业活动驱动的资源上，实现生产经营全过程的预算控制。

企业作业基础预算分析主要包括资源动因分析和作业动因分析。资源动因分析主要揭示作业消耗资源的必要性和合理性，发现减少资源浪费、降低资源消耗成本的机会，提高资源利用效率；作业动因分析主要揭示作业的有效性和增值性，减少无效作业和非增值作业，不断地进行作业改进和流程优化，提高作业产出效果。

10.3.2 作业基础预算的应用

作业基础预算在实际工作中有着非常重要的意义,为了便于理解,在此以某汽车制造行业 A 企业为例,简单介绍作业基础预算的实际应用与设计流程。

A 企业编制作业基础预算的思路主要分为以下七个步骤:

(1) 依据企业的市场需求情况并结合企业自身的发展战略,预测未来一定周期市场需求的产品或服务的数量。

(2) 依照企业自身的生产经营情况,通过准确、科学地记录并计算所生产的产品或服务消耗的作业量,从而确定其单位产品或服务的作业消耗率。在步骤(2)中,作业消耗率的确定是最为关键的。首先需要通过分析,将企业中的作业分成增值作业和非增值作业。对于增值作业的具体判定条件主要包含以下几个方面:第一,此项作业必须具有明确并清晰的功能;第二,此项作业可以有效地为企业最终生产出来的产品或服务提供一定的价值;第三,在产品的生产过程中,此项作业是不可以被其他作业替代的,并且是生产工艺流程中必不可少的。只有同时符合上述三个条件,才能确认该项作业为增值作业。

(3) 用作业消耗率乘以预测出的市场需求的产品或服务的数量,从而计算出企业总体的作业需求量。

(4) 依据企业生产经营中的实际资源消耗量并结合企业参照的技术参数,综合确定企业内作业的资源消耗率。

(5) 计算出总的资源消耗量,即步骤(3)中计算出来的作业需求总量乘以资源消耗率。

(6) 用企业资源供应量乘以资源的预计单价,从而计算出企业生产经营消耗资源的总成本。

(7) 把计算出来的资源成本分配到预测的产品和服务中。这一步利用作业成本法的基本计算原理,把计算出来的企业所需资源的总成本合理地分配到产品或服务中,并且通过计算相关的财务指标(利润增长率、净资产收益率)与企业设定的财务指标相对比,如果计算得出的数据大于等于企业所设定的财务指标,那么可以认定企业此次实施作业基础预算使得企业达到了财务平衡;如果计算得出的数据小于企业所设定的财务指标,则需要重新回到之前的步骤(5),并对步骤(1)—(4)进行修订,直到计算得出的利润增长率等财务指标大于等于企业所设定的指标值,认定企业达到了财务平衡,才终止步骤的实施。

从以上步骤可以得知,这些步骤是让企业内部达到经营平衡与财务平衡的不断循环往复的闭环的过程,作业基础预算的实施过程是通过调整企业内资源的供给量和资源的需求量并达到相对平衡来实现的。

A 企业所在汽车制造行业需要多个职能部门分工配合进行生产作业。假设此处分为 a、b、c、d 四个一级作业中心,并将费用归类为以下几种:

(1) 折旧费,包括车间生产制造设备的折旧费。

(2) 水电费,生产制造过程中机器设备以及辅助作业使用的水费及电费。

(3) 动力及燃料费,生产制造过程中使用高频率以及需要高热量供应的机器设备所需要的动力及燃料费,例如烘干作业中所需要的庞大能源消耗。

(4)人工费,包括企业内参与生产经营工作的员工的各项薪酬与补贴(如交通补贴、高温补贴等)。

具体的数据预算方法如下所示:

$$整车生产总成本 = \sum 各项作业标准成本$$

$$各项作业标准成本 = 标准作业量 \times 标准作业价格$$

$$标准作业价格 = (标准资源量 \times 标准资源价格) \div 标准作业量$$

所以
$$各项作业标准成本 = 标准资源量 \times 标准资源价格$$

我们以折旧费为例进行计算,设备折旧费标准的确定依据是生产制造设备原值及折旧年限,按照平均年限法计算生产制造设备月折旧额,作为生产制造设备折旧费标准。生产制造设备月折旧费标准计算公式为:

$$月折旧费标准 = 同类型生产制造设备平均原值 \div 折旧年限 \div 12。$$

作业基础预算的具体编制流程如下:

(1)确定作业消耗量。根据市场环境对企业生产经营的影响以及往年的生产数据,再结合企业的生产规划,从而确定企业内每项作业的消耗量。

(2)确定资源消耗率。根据往年企业对数据的综合测定与分析以及市场经济环境的变化来确定资源消耗率。

(3)确定各项作业的资源消耗预算。每项作业的资源消耗预算依照每项作业的作业消耗数量与资源消耗率的乘积来确定。企业生产总预算是其各作业中心资源消耗预算的累加,而企业内各作业中心的资源消耗预算则是其中包含的作业的资源消耗预算的累加,其计算公式如下:

$$每项作业资源消耗预算 = 作业消耗数量 \times 资源消耗率$$

$$一级作业资源消耗预算 = \sum 每项一级作业的二级作业资源消耗预算$$

$$企业生产总预算 = \sum 每项一级作业资源消耗预算$$

在实施之后,企业可通过平衡计分卡的方式进行检验,但企业在设计指标类型与指标分值时,需要注意以下事项:

(1)平衡计分卡各方面的考核指标需要"因地制宜",设置合适的指标尤为关键。考核指标不能过多,以免企业管理层在执行职责时抓不住重点,不能有效地针对生产经营过程中发生的异常现象采取相应的措施,从而使得绩效考核达不到设想的作用。每一个方面需要有针对性地设计合适的指标来凸显其特点,这样绩效考核所获得的分值与结果才能够对企业生产经营效率的改善起到至关重要的指示作用。

(2)各个考核指标的权重不应设置得过高或过低,一般指标的权重在5%到35%的区间范围内进行设置,权重设置得过高或过低会对员工完成生产经营作业的行为产生不利影响,从而不利于企业实现其长期发展战略目标。指标权重的合理性在预算绩效考评中尤为关键。

10.3.3 作业基础预算的意义

作业基础预算以作业为成本管理的核心与起点,较之传统的以商品或劳务为核心的

成本管理是一次深层次的变革和质的飞跃。作为新时代浪潮下的见证,作业基础预算主要有以下几个方面的意义:

(1) 适应新经济技术环境的客观要求。随着全球经济一体化和资本国际化进程的加快,科学技术朝着信息化方向迅猛发展,市场需求的多样化、个性化,现代企业商品生产过程的自动化、信息化,以及制造系统的复杂化是当前不可逆转的大趋势。在这种新的经济技术环境下,若继续采用在商品成本中所占比重越来越小的直接人工去分配所占比重越来越大的制造费用,则必将导致商品成本信息的严重失真,进而误导企业的战略决策。以作业为成本分配对象,不仅能够科学合理地分配各种制造费用,提供较为客观的成本信息,而且能够通过作业分析,追根溯源,不断改进作业方式,合理地进行资源配置,实现持续降低成本的目标。因此,作业成本管理能够很好地适应新经济技术环境对成本管理的客观要求。

(2) 有利于加强成本控制。自20世纪80年代以来,现代企业间的市场竞争进入白热化。与此相适应,企业商品通常采用多品种、个性化、小批量的生产经营模式,以适应顾客日新月异的多样化需求。这使得传统的以商品为管理的核心与起点,以标准成本与实际成本的差异分析及控制为重点的成本管理,日益难以适应这种新的、动态的、不稳定的生产经营环境。而以作业中心为基础设置成本控制责任中心,将作业员工的奖惩与其作业责任直接挂钩,充分发挥了企业员工的积极性、创造性与合作精神,进而达到有效控制成本的目的。

(3) 有利于提高商品的市场竞争力。随着社会生产的发展和世界经济的一体化,现代企业间的市场竞争逐渐趋于激烈化和国际化。我国传统的成本管理模式只注重商品投产后与生产过程相关的成本管理,忽视了投产前商品开发与设计的成本管理,这已愈来愈难以适应当代社会经济发展的需要,极大地阻碍了企业商品市场竞争力的提高。而作业基础预算能够很好地适应现代企业在激烈的市场竞争中的发展需要,从一开始就特别重视商品设计、研究开发和质量成本管理,力求按照技术与经济相统一的原则,科学合理地配置相对有限的企业资源,不断改进商品设计、工艺设计以及企业价值链的构成,从而提高企业商品的市场竞争力。

作业基础预算作为一种适应时代发展的预算方法,同时存在优点与缺点,同其他预算方法相比,其主要优点包括:首先,基于作业需求量配置资源,有效地避免了资源配置的盲目性;其次,通过总体作业优化实现最低的资源消耗,创造最大的产出成果;最后,可以促进员工对业务和预算的支持,有利于预算的执行。

但是,作业基础预算也并不是一个十全十美的预算方法,其建立过程非常复杂,作业基础预算法需要详细地估算生产和销售对作业与资源的需求量,并测定作业消耗率和资源消耗率,数据收集成本较高,因此在数据收集方面可能会存在一定的困难。

▶ 本章小结

1. 随着市场的逐渐发展,近年来一种建立在作业成本法基础上的新型预算管理方法——作业基础预算——开始引起理论界和实务界的关注。作业基础预算法是由罗宾·库珀在传统预算方法的基础上,结合经实践证明行之有效的全面质量管理、作业成本法、作业管理的理念设计而成的一种新的预算管理方法。

2. 企业编制作业基础预算一般按照确定作业需求量、确定资源需求量、平衡资源需求量与供给量、确定并审核最终预算等程序进行。

3. 作业基础预算作为适应时代变化而产生的一种新型方法,主要有以下几个方面的意义:首先,它很好地适应了新经济技术环境的客观要求;其次,它有利于加强成本控制;最后,它有利于提高商品的市场竞争力。同其他预算方法相比,作业基础预算的主要优点包括:首先,基于作业需求量配置资源,有效地避免了资源配置的盲目性;其次,通过总体作业优化实现最低的资源消耗,创造最大的产出成果;最后,可以促进员工对业务和预算的支持,有利于预算的执行。

但是,作业基础预算也并不是一个十全十美的预算方法,其建立过程非常复杂,作业基础预算法需要详细地估算生产和销售对作业与资源的需求量,并测定作业消耗率和资源消耗率,数据收集成本较高,因此在数据收集方面可能会存在一定的困难。

复习思考题

1. 简述作业基础预算的特点。
2. 概括说明作业基础预算法下的成本计算程序,可以分为哪几个步骤。
4. 简述作业基础预算的优缺点及意义。

作业练习

A 公司近年来发展稳定,数据显示,产品销量总体呈小幅增长的趋势,利润率呈波动增长的趋势。通过对公司内外部环境进行分析,管理层确定了公司在作业基础预算下的目标可以分为两个方面:

(1) 增加销量,提高利润率。通过加强宣传、扩大市场规模等方式增加销量;成本方面,利用作业基础预算将成本划分到作业层面,仔细分析作业流程,通过作业分析、合并同质作业、避免浪费等方式降低制造费用。

(2) 提高生产效率,保证供货及时性。除成本方面,公司致力于提高客户的满意度,提高服务质量和生产效率,保证供货的及时性。现有预算不能划分到作业层次,而作业基础预算可以在生产计划、产品制造等流程方面进行详细的价值链分析,评估生产流程需要改进之处,评估标准成本的设定是否合理,进而改善生产流程,消除非增值作业,提高生产效率。

公司设定目标产能利用率为 85%。以机加中心的车床作业为例,可分为设备调试、备料、车/铣/刨/磨/焊/镗、线切割、热处理、焊接及检验等部分,如果将目标设为降低成本 3% 的话,则目标期间该作业消耗的平均资源成本总额为 29 443 元,车床每月可利用的产能为 1 428 个小时,机加中心车床作业成本表如表 10-1 所示。

表 10-1 机加中心车床作业成本表

作业项目	单位作业标准成本(元/小时)	单位产品成本动因量(小时/件)
设备调试	25	1
备料	2	0

(续表)

作业项目	单位作业标准成本(元/小时)	单位产品成本动因量(小时/件)
车/铣/刨/磨/焊/镗	3	2
线切割	20	0
热处理	6	4
焊接	12	0
检验	34	2

由于产品是不同作业的各种组合，因此可以按照以下公式进行作业基础预算体系下的产品间接成本预算：

$$y = \sum_{i=1}^{n} a_i X_i$$

其中，a_i 代表每项作业的成本动因量，x_i 代表成本动因率。

要求：根据以上信息写出作业基础预算编制的步骤，解释在每个步骤中需要完成的具体内容，并计单位车床产品作业成本。

▶ 延伸阅读与写作

为落实党中央、国务院的决策部署，严格执行十三届全国人大二次会议审查批准的预算，坚持稳中求进工作总基调，深入贯彻新发展理念，坚持以供给侧结构性改革为主线，推动高质量发展，扎实做好"六稳"工作，统筹推进稳增长、促改革、调结构、惠民生、防风险、保稳定，保持经济社会持续健康发展，完成全年主要目标任务，为全面建成小康社会打下决定性基础。围绕上述主题，结合我国国情，撰写一篇有关作业基础预算在我国产业中的实际应用的小论文。

▶ 参考文献

[1] 欧佩玉,王平心,汪应洛.作业基础预算流程分析[J].预测,2004(1):56-61.

[2] 欧佩玉,王平心.作业基础预算模型研究[J].当代财经,2004(6):22-124.

[3] 潘飞,郭秀娟.作业预算研究[J].会计研究,2004(11):48-52.

[4] 王平心,田光华.战略管理和作业基础预算研究[J].西安交通大学学报(社会科学版),2005(1):16-18.

[5] 张鸣,贾莉莉.战略管理和作业基础预算研究[J].财会通讯,2006(4):6-9.

第 11 章 预算管理制度

【学习目标】
1. 理解预算在企业经营管理活动中的地位与作用。
2. 理解并掌握全面预算编制的组织管理程序。
3. 理解并掌握不同预算制度下全面预算的编制方法及优缺点。

【导入指引】
随着我国市场经济体制的不断完善以及市场结构的持续演变,很多企业把握机会,实现飞速发展。然而,内部控制体系不健全以及管理粗放等是长期困扰很多企业的难题。对于企业来说,需要建立现代企业制度,加强内部管理,不断提升自身的市场竞争优势。全面预算管理是一种以预算为基础的管理模式,它使得企业更加科学地配置各种资源,制定和实施合理的运营规划,促进运营目标的顺利实现,加强自身的管理和控制。20 世纪初美国杜邦公司和通用汽车公司先后将预算管理引入企业管理,以分部为基础在预算管理中实行财务控制办法。全面预算管理是现代企业管理的重要组成部分,对企业的发展起着举足轻重的作用。在当今现代企业管理实践中,各种经济关系日趋复杂,企业管理者只有广泛采用现代管理理念,充分认识全面预算管理的重要意义,懂得如何科学地编制全面预算且善于运用全面预算管理,才能使企业不断提高经济效益,真正成长为现代化企业。

11.1 预算的含义、目的及类型

11.1.1 预算的含义

预算就是以货币为计量单位,把决策目标所涉及的各种经济资源的配置,用计划的形式具体、系统地反映出来,即预算就是将决策目标具体化。管理会计学中的预算是指企业生产经营计划的数量说明,这一概念具有广泛的含义。

首先,预算是用货币的形式对企业未来一定时期的经济活动进行系统而详细的描述。取得相应的收入是企业从事各种经济活动的最终目的,而为了取得这些收入,企业往往要伴随着一定量的成本费用的发生。因此,企业的各种经济活动都要涉及现金的收与支,所以只有货币形式才能准确地描述企业对未来各种经济活动的具体安排。

其次,预算是企业为了完成特定的决策目标而对其各种经济资源进行的配置。企业资源的含义非常广泛,既包括通常意义上的人、财、物等有形资源,又包括各种对责、权、利进行划分的制度资源。为了完成特定的决策目标,企业必须赋予相关的责任人和责任单位一定的指挥调度各种经济资源的权利,以保证计划工作的有效实施。所以,对种种经济资源的安排以及对责、权、利的划分也是预算管理的重要内容。

再次,预算是对企业的生产经营计划及预期的各种经济活动的数量描述。现代管理日益追求管理过程上的精准,对企业未来的各种经济活动都要求做出详细的计划和安排。通常这些计划和安排都是用文字、图形、数字等具体形式表现出来,如果用数量的形式对未来的计划和安排进行表述的话,就可以称之为预算。

最后,预算能够对各种经济活动进行有效的控制。预算可以从两个方面对企业的经济活动进行有效的控制。一方面,预算对企业的种种经济活动进行了安排,并规定了各相关责任人或责任单位的责、权、利以及各责任人或责任单位之间的关系,通过预算将经济活动的整个过程进行初步的规范,在经济活动的执行过程中,企业可以依据这些规范来纠正可能产生的偏差;另一方面,预算对经济活动的结果做了比较合理的预计,这些预计可以作为经济活动结束后的业绩考核标准,如果企业业绩的考核与预算挂钩,奖惩的实施又与预算考核结果挂钩,那么各责任人及责任中心出于对自身合理利益的追求,一定会促使企业的经济活动按预算的要求执行。

11.1.2 预算的目的

预算是企业各级各部门工作的奋斗目标、协调工具、控制标准和考核依据,在企业的经营管理中具有重大作用。

1. 认清现状

预算编制要求管理者认真研究企业可能面临的问题和存在的潜力,以及可能存在的瓶颈,借以合理配置和最经济、合理地利用企业的资源。

2. 明确目标

预算能够使企业在认清现状的基础上,为企业整体与各级各部门制定明确的目标和任务,使企业各级各部门的管理层都能够明确各自在业务量、成本、收入等方面应该达到的水平。

3. 控制日常经济活动

预算一经制定并付诸实施,各级各部门管理层就可以通过计量、比较实际经营成果与预算量,发现存在的差异并分析其产生的原因,必要时可采取一定的控制措施纠正偏差,以保证经济活动能够按预算目标完成。

4. 协调企业内部各部门间的工作

各部门的分支预算经有效组合,构成企业整体的总预算。而所有分支预算必须相互协调配合,才能保证总预算目标的实现。预算能够把企业内部各部门各项工作的各个环节严密地组织起来,使各部门紧密配合,以实现企业的总体目标。

5. 提供考核业绩的标准

预算的货币表达形式便于企业准确地衡量各责任人和责任单位在多大程度上完成或

未完成预定的计划,因而可以作为企业评价各级各部门工作业绩的标准,同时也是进一步分析脱离预算造成差异的原因及其效益的标准。

6. 激励员工实现预算目标

由于预算的编制吸收了预算编制人员的意见和建议,而编制人员又是自下而上来自企业不同的管理层,因此会得到企业各部门人员的广泛支持;而且在预算编制的过程中,企业明确了各环节责任人的职责,这样可以减少企业各环节工作过程中的拖沓扯皮现象,同时也为经营期末的奖罚活动明确了对象,从而提高员工完成预算的主动性和积极性。

11.1.3 预算的类型

从不同的角度进行分类,企业的预算包括多种类型。

1. 根据预算期所跨越的时间长短,预算可以分为短期预算和长期预算

短期预算是指年度或时间更短的季度、月度预算,而对于生产经营周期超过一年的企业,其预算期超过一年但在一个生产经营周期内的预算也属于短期预算。短期预算的内容主要涉及日常经营活动中的特定项目和具体业务。短期预算相对于长期预算而言具有预算准确、约束力强的特点。

长期预算是指预算期长于一年或一个生产经营周期的预算。长期预算既可以涉及某一开发项目的预算,又可以包括企业生产经营各方面的预算。

2. 根据预算所涉及的内容,预算可以分为业务预算、资本预算和财务预算

业务预算又称营业预算,是指企业日常发生的各项基本业务活动的预算。业务预算通常涉及的时间较短,预算的项目较为详细,并伴有具体的实施方式,主要包括销售预算、生产预算、销售与管理费用预算等。

资本预算是指企业不经常发生的一次性业务的预算,主要是针对企业长期投资决策编制的预算,如厂房扩建预算、购建固定资产预算等。这种预算一般具有涉及时间较长、不经常发生的特点,但要涉及大量的现金流入和流出,对企业长期经济效益有很大的影响,因此是十分重要的一种预算。

财务预算是企业在计划期内预计现金收支、经营成果和财务状况的预算,它是以业务预算、资本预算和其他生产经营计划为基础编制的,主要包括现金预算、预计利润表、预计资产负债表。财务预算汇集了业务预算中的各项现金收支,是企业各项经营业务的整体规划。

11.1.4 编制预算的原则与程序

预算编制是一项工作量大、涉及面广、时间性强、操作复杂的工作,为了保证预算编制工作顺利进行,企业必须遵循一些特定的原则和程序。

1. 编制预算的三个主要原则

(1) 明确的经营目标应作为编制预算的前提。例如,如果企业可以通过科学的经济预测对企业的利润做出较准确的预测,就能相应地确定目标成本,编制有关营业收入和成本费用的预算。

（2）编制预算时，一定要既全面又完整。凡是那些会影响到目标实现的业务和事项，企业均应以货币或其他计量形式具体地加以反映，尽量避免由于预算缺乏周详的考虑而影响目标的实现。

（3）预算应积极可靠，留有余地。积极可靠就是要充分估计目标实现的可能性，不能把预算指标定得过低或过高，以保证预算在实际执行过程中充分发挥其指导和控制作用。为了应对瞬息万变的环境，预算也要留有余地，具有灵活性，以免在意外事项发生时造成被动，影响平衡，以至影响到目标的实现。

2. 编制预算的一般程序

（1）在预测与决策的基础上，拟订企业预算的总方针、预算的政策以及企业总目标和分目标。

（2）组织基层各部门按照具体要求从自身出发草编本部门的预算。

（3）协调各部门的预算草案，并进行预算的汇总和分析。

（4）主要预算指标报告从审议机构到董事会或上级主管部门逐层讨论通过或驳回修改。

（5）批准后的预算下达给各部门执行。

11.2　固定预算——总预算的编制实例

固定预算是一种最基本的全面预算编制方法，是指根据预算期内正常的可能实现的某一业务量水平而编制的预算。固定预算的主要特征是：不考虑预算期内业务是否可能发生的变动，而只以预算期内计划预定的某一特定的业务量水平为基础；将实际经营成果与按预算期内计划预定的某一特定业务量水平所确定的预算数进行比较分析，并考核经营业绩。因此，固定预算又称静态预算。固定预算的编制方法较为简单，适用于业务量水平较为稳定的企业。但对于那些业务量水平经常变动的企业，固定预算就难以发挥其控制作用。对于固定预算的编制方法，现举例说明如下：

11.2.1　销售预算

全面预算的编制通常以销售预算为起点，它是所有其他经营预算和大多数财务预算的基础，而销售预算又必须以销售预测为基础。因此，销售预测的正确性对全面预算的正确性有着极大的影响。销售预测一般在分管销售的副总的指导下进行编制，在考虑了多方因素之后最后确定预计销量和销售单价，从而确定预计销售收入，即预计销售收入＝预计销售单价×预计销量。

[例11-1]　甲企业生产单一品种的 A 产品，市场售价为 500 元，根据销售部门的预测，明年预计各季度分别销售产品 400 件、450 件、600 件、300 件。根据财务部门的统计，以现金方式收回的货款占当季度销售额的 80%，其余货款将在下一季度收回。明年第一季度账面上有上年度第四季度的应收货款 30 000 元。

根据以上资料，可以编制甲企业明年销售预算，如表 11-1 所示。

表 11-1　甲企业明年销售预算

项目	季度				年度合计
	一	二	三	四	
预计销量(件)	400	450	600	300	1 750
单价(元)	500	500	500	500	
预计销售收入(元)	200 000	225 000	300 000	150 000	875 000

根据上述资料中货款收回情况可以进一步编制预计现金收入计算表,如表 11-2 所示。

表 11-2　甲企业明年预计现金收入计算表　　　　　　单位:元

项目	季度				年度合计
	一	二	三	四	
预计销售收入	200 000	225 000	300 000	150 000	875 000
预计本季度现金销货款	160 000	180 000	240 000	120 000	700 000
收回上季度应收货款	30 000	40 000	45 000	60 000	175 000
本季度现金收入合计	190 000	220 000	285 000	180 000	875 000

11.2.2　生产预算

生产预算就是计划为满足预算期的销量以及期末存货所需的资源。一般来说,生产预算还必须考虑期初、期末存货,其计算公式为:

$$预计生产量 = 预计销量 + 预计期末存货 - 预计期初存货$$

生产预算必须与企业生产能力相匹配,以避免生产能力不足或闲置而降低企业经济效益,因此,生产预算应先经生产管理部门审核通过之后再实行。

[例 11-2]　接上例,假设甲企业每个季度末的存货为下一季度预计销量的 20%,明年第一度的期初存货为 70 件,年末的期末存货为 80 件,则结合预计销量,可以编制明年的生产预算,如表 11-3 所示。

表 11-3　甲企业明年生产预算　　　　　　单位:元

项目	季度				年度合计
	一	二	三	四	
预计销量	400	450	600	300	1 750
加:预计期末存货	90	120	60	80	80
减:期初存货	70	90	120	60	70
预计生产量	420	480	540	320	1 760

1. 直接材料预算

以生产预算为基础,编制直接材料预算、直接人工预算和制造费用预算。直接材料预

算是一项采购预算,取决于生产材料的预计耗用量和原材料存货的需要量。直接材料预计采购量的计算公式为:

直接材料预计采购量 = 预计生产量 × 单位产品材料用量 + 预计期末直接材料存货 − 预计期初直接材料存货
= 预计生产需用量 + 预计期末直接材料存货 − 预计期初直接材料存货

直接材料预计采购金额的计算公式为:

直接材料预计采购金额 = 直接材料预计采购量 × 预计采购单价

预计采购单价一般为该材料的平均价格,此数据可以从采购部门获得。为了便于编制现金预算,直接材料预算下还常附有预计现金支出表。

[**例 11-3**] 接上例,假设 A 产品的生产只需要一种原材料,A 产品的单位原材料消耗定额为 6 千克,每千克的单位成本为 50 元,季度末原材料存货为下季度生产用量的 40%,每季度现金支付购料款的 80%,其余购料款在下个季度支付。预算年度第一季度账面未付购料款为 18 000 元,预计年度期初材料存量为 900 千克,期末材料存量为 960 千克。

根据生产预算以及上述资料中给出的数据可编制直接材料预算,如表 11-4 所示。

表 11-4 甲企业明年直接材料预算

项目	季度				全年合计
	一	二	三	四	
预计生产量(件)	420	480	540	320	1 760
单位产品原材料消耗定额(千克)	6	6	6	6	6
生产用原材料数量(千克)	2 520	2 880	3 240	1 920	10 560
加:期末材料存量(千克)	1 152	1 296	768	960	960
减:期初材料存量(千克)	900	1 152	1 296	768	900
材料采购数量(千克)	2 772	3 024	2 712	2 112	10 620

再根据直接材料预算和原材料单位成本、购料款支付情况可以进一步计算各季度的材料采购现金支出计算表,如表 11-5 所示。

表 11-5 甲企业明年材料采购预计现金支出计算表   金额单位:元

项目	季度				全年合计
	一	二	三	四	
预计材料采购数量(千克)	2 772	3 024	2 712	2 112	10 620
单位成本	50	50	50	50	50
预计材料采购金额	138 600	151 200	135 600	105 600	531 000
应付本季度现金采购款	110 880	120 960	108 480	84 480	424 800
应付上季度现金采购款	18 000	27 720	30 240	27 120	103 080
现金支出	128 880	148 680	138 720	111 600	527 880

2. 直接人工预算

直接人工预算列示了根据预计生产量进行生产所需的直接人工小时及相应的成本。与直接材料相同,直接人工小时的预算数由人工与产出的关系确定,直接人工成本的预算数通常从生产管理部门和工程技术部门获得。根据生产预算给定的每单位产出所需直接人工以及生产量,就可以编制直接人工预算,其计算公式为:

预计直接人工总成本 = 预计生产量 × 单位产品直接人工小时 × 单位工时工资率

[例 11-4] 接上例,假设甲企业在预算期内直接人工工资率为 10 元/小时,单位 A 产品的定额工时为 6 小时,并且甲企业以现金支付直接人工工资,于当期付款,再结合生产预算,可编制直接人工预算,如表 11-6 所示。

表 11-6 甲企业明年直接人工预算

项目	季度 一	季度 二	季度 三	季度 四	全年合计
预计生产量(件)	420	480	540	320	1 760
单位产品定额工时(小时)	6	6	6	6	6
总工时量(小时)	2 520	2 880	3 240	1 920	10 560
单位工时工资率(元/小时)	10	10	10	10	10
预计直接人工费用(元)	25 200	28 800	32 400	19 200	105 600

3. 制造费用预算

制造费用预算列示了所有间接制造费用项目的预计成本,与直接材料、直接人工不同,制造费用项目不存在易于辨认的投入产出关系,其预算需要根据生产水平、管理当局的意愿、长期生产经营能力、企业政策和国家税收政策等外部因素进行编制。为了简化预算的编制顺序,我们按成本性态把制造费用分为变动制造费用和固定制造费用两大类。

预计制造费用 = 预计变动制造费用 + 预计固定制造费用
= 预计业务量(机时、人工小时等) × 预计变动制造费用分配率 + 预计固定制造费用

其中,变动制造费用分配率按产量计算,并分配到每个产品的成本中。

$$变动制造费用分配率 = \frac{变动制造费用总额}{预算年度产量总数}$$

预计需要支付现金的制造费用 = 预计制造费用 - 折旧

[例 11-5] 接上例,经有关部门测算,预算期内甲企业各项变动制造费用如下:间接人工 12 000 元,间接材料费 11 000 元,水电费 14 000 元,维修费 1 720 元,合计 38 720 元;固定制造费用包括:管理人员工资 20 000 元,保险费 10 000 元,维护费 6 880 元,固定资产折旧费 30 000 元,合计 66 880 元。根据以上资料并结合生产预算可编制制造费用预计现金支出计算表,如表 11-7 所示。

表 11-7　甲企业明年制造费用预计现金支出计算表　　　　金额单位：元

项目	季度				全年合计
	一	二	三	四	
预计生产量（件）	420	480	540	320	1 760
变动制造费用现金支出	9 240	10 560	11 880	7 040	38 720
固定制造费用	16 720	16 720	16 720	16 720	66 880
减：折旧	7 500	7 500	7 500	7 500	30 000
制造费用现金支出合计	18 460	19 780	21 100	16 260	75 600

4. 期末产成品存货预算

期末产成品存货预算不仅提供了编制预计资产负债表所需的信息，同时为编制预计利润表提供了产品销售成本数据。其基本编制步骤为：先计算确定产成品单位成本（根据前述的直接材料、直接人工、变动和固定制造费用的预算资料），然后将产成品单位成本乘以预计期末产成品存货数量，即可得出预计期末产成品存货成本。

[例 11-6]　接上例，根据以上资料和预算可以归集分配并计算 A 产品单位成本，如表 11-8 所示。

表 11-8　甲企业明年 A 产品单位成本及期末存货预算　　　　金额单位：元

成本项目	单位价格	用量定额	合计
直接材料	50 元/千克	6 千克	300
直接人工	10 元/小时	6 小时	60
制造费用	10 元/小时	6 小时	60
A 产品单位成本	—	—	420
期末存货量（件）	—	—	80
A 产品期末存货成本			33 600

5. 销售及管理费用预算

[例 11-7]　假设预算期内甲企业的变动销售及管理费用总计 5 250 元，按销量计算分配率；固定销售及管理费用为 16 000 元。再根据以上资料和预算进一步编制销售及管理费用预算，如表 11-9 所示。

表 11-9　甲企业明年销售及管理费用预算　　　　金额单位：元

项目	季度				年度合计
	一	二	三	四	
预计销量（件）	400	450	600	300	1 750
变动销售及管理费用分配率	3	3	3	3	3
变动销售及管理费用现金支出	1 200	1 350	1 800	900	5 250
固定销售及管理费用现金支出	4 000	4 000	4 000	4 000	16 000
现金支出总额	5 200	5 350	5 800	4 900	21 250

6. 现金预算

为了保证生产经营的正常进行,企业经常持有足额现金是非常必要的。现金预算综合了所有预算活动对现金的预计影响,还列示了预算期内的现金流入和流出状况。现金预算一般由现金收入、现金支出、现金节余或短缺以及资金的筹集与运用等四部分组成,其基本关系是:

期初现金余额 + 现金收入 = 当前可动用现金合计

当前可动用现金合计 - 现金支出 = 现金节余(或短缺)

现金节余(或短缺) + 资金的筹集与运用 = 期末现金余额

预计现金收入是相应期间现金的所有来源,其中很重要的一部分就是赊销收入,因此在确定现金收入时的一个重要任务就是确定应收账款数额。

[例11-8] 接上例,假设甲企业预算期初现金余额为 50 000 元,期末现金余额不得少于 20 000 元,否则将向银行借款,借款年利率为 10%,预计在第二季度购置设备 100 000 元。根据以上资料和前例中的数据,可以按季度编制现金预算,如表 11-10 所示。

表 11-10 甲企业现金预算 单位:元

项目	季度				年度合计
	一	二	三	四	
期初现金余额	50 000	51 260	37 650	113 630	50 000
加:现金收入					
收回销货款和现销收入	190 000	220 000	285 000	180 000	875 000
当前可动用现金合计	240 000	271 260	322 650	293 630	925 000
减:现金支出					
直接材料费	128 880	148 680	138 720	111 600	527 880
直接人工费	25 200	28 800	32 400	19 200	105 600
制造费用	18 460	19 780	21 100	16 260	75 600
销售及管理费用	5 200	5 350	5 800	4 900	21 250
购置设备		100 000			100 000
所得税(估计值)	11 000	11 000	11 000	11 000	44 000
现金支出合计	188 740	313 610	209 020	162 960	874 330
现金节余或短缺	51 260	(42 350)	113 630	130 670	50 670
向银行借款		80 000			80 000
归还借款					
支付剩余					
期末现金余额	51 260	37 650	113 630	130 670	130 670

11.2.3 预计利润表

在经营分预算结果的基础上,根据权责发生制原则,即可编制预计利润表。预计利润表中的营业利润扣除利息费用和所得税后,即可求出净利润。所扣除的利息费用来自现金预算,应付所得税是根据当前的税法对利润总额调整后乘以所得税税率计算的。

[**例 11-9**] 根据前例各预算数据可编制预算期内甲企业的预计利润表和预计资产负债表,如表 11-11 和表 11-12 所示。

表 11-11　甲企业明年预计利润表　　　　　　　　　　　　单位:元

项目	金额
销售收入	875 000
减:销售成本	735 000
销售毛利	140 000
减:销售及管理费用	21 250
营业利润	118 750
减:利息费用	8 000
税前利润	110 750
减:所得税	44 000
净利润	66 750

表 11-12　甲企业明年预计资产负债表　　　　　　　　　　单位:元

资产	年初	年末	负债和所有者权益	年初	年末
流动资产			流动负债		
现金	50 000	130 670	应付账款	18 000	21 120
应收账款	30 000	30 000	长期负债		
原材料存货	45 000	48 000	负债合计	18 000	21 120
产成品存货	35 000	33 600	所有者权益		
流动资产合计	160 000	242 270	实收资本	300 000	381 100
固定资产			盈余公积	117 000	185 050
土地	75 000	75 000	所有者权益合计	417 000	566 150
房屋及设备	250 000	350 000			
减:折旧	50 000	80 000			
非流动资产合计	275 000	345 000			
资产总计	435 000	587 270	负债和所有者权益总计	435 000	587 270

11.3　弹性预算的编制方法

弹性预算也称动态预算,它是与固定预算相对而言的。弹性预算是指根据预算期内可以预见的各种业务量而编制的不同水平的预算。由于企业在实际的生产经营过程中会受市场因素变化的影响,预算期内各项指标都有可能发生变化,使固定预算的结果失去意义。因此，充分考虑预算期内各项指标可能发生的变化，编制出能够适应各预定指标不同变化情况下的预算，会使预算对预算期内企业的生产经营活动更具有针对性和指导性，更利于企业考核和评价各部门的经营业绩和成果。弹性预算主要用于编制成本预算、销售及管理费用预算和利润预算，下面举例说明这几种弹性预算的编制方法。

[例 11-10] 仍以上一节所举例子中的数据为基础，假设预算期内甲企业的年生产量分别为 1 500 件、1 750 件、2 000 件，而变动制造费用分别为 33 000 元、38 500 元、44 000 元，固定制造费用均为 16 720 元，折旧费均为 7 500 元。根据以上资料可编制成本弹性预算，如表 11-13 所示。

表 11-13　甲企业明年成本弹性预算　　　　　　　　　　　　　单位：元

成本项目	生产量			
	单位分摊率	1 500 件	1 750 件	2 000 件
直接材料	300	450 000	525 000	600 000
直接人工	60	90 000	105 000	120 000
变动制造费用	22	33 000	38 500	44 000
固定制造费用	—	16 720	16 720	16 720
合计	—	589 720	685 220	780 720

用弹性预算法编制成本预算时的关键是把所有的成本划分为变动成本和固定成本两部分，变动成本主要依据单位业务量来控制，固定成本要按总额来控制。成本的预算数可以按下式确定：

成本的弹性预算 = 固定成本预算数 + $\sum$（单位变动成本预算数 × 预计业务量）

销售及管理费用弹性预算的编制方法与成本弹性预算类似，但其中的变动销售费用是与销售收入而非业务量存在依存关系。

[例 11-11] 接上例，假设预算期内甲企业的产品销量分别为 1 500 件、1 750 件、2 000 件，变动销售及管理费用分别为 3 750 元、5 250 元、7 000 元，固定销售及管理费用为 16 000 元不变。根据以上资料可编制销售及管理费用弹性预算，如表 11-14 所示。

表 11-14　甲企业明年销售及管理费用弹性预算　　　　　　　　单位：元

项目	销量		
	1 500 件	1 750 件	2 000 件
变动销售及管理费用	3 750	5 250	7 000
固定销售及管理费用	16 000	16 000	16 000
销售及管理费用合计	19 750	21 250	23 000

根据成本弹性预算，可以编制利润弹性预算。利润弹性预算反映了预算期内企业在种种业务量（销售量）水平上获得的利润指标。

[例 11-12] 接上例，假设预算期内甲企业的产品销量分别为 1 500 件、1 750 件、2 000 件，售价仍为 500 元/件。根据以上资料和前例中的数据可编制利润弹性预算，如表 11-15 所示。

表 11-15 某年度甲企业利润弹性预算表　　　　　　　　　　　单位：元

项目	销量		
	1 500 件	1 750 件	2 000 件
销售收入	750 000	875 000	1 000 000
减：销售成本			
直接材料	450 000	525 000	600 000
直接人工	90 000	105 000	120 000
变动制造费用	33 000	38 500	44 000
固定制造费用	16 720	16 720	16 720
销售毛利	160 280	189 780	219 280
减：销售及管理费用	19 750	21 250	23 000
营业利润	140 530	168 530	196 280
减：利息费用	8 000	8 000	8 000
税前利润	132 530	160 530	188 280

11.4 零基预算的编制方法

从固定预算及弹性预算的编制方法中可以看出：这两种预算都是在执行上期预算的基础上，结合预算期内可能发生的各种变化情况并加以适当的调整而编制的。使用这两种预算编制方法也就等于承认了现状是基本合理的，而且在未来这些情况仍将持续下去。从发展的角度来看，这种方法存在不足。因为随着时间的推移、环境的改变，组织内部的工作条件也会发生变化，如果预算额总是一成不变，则会导致某些部门和环节的预算不足或浪费。为了克服上述缺点，1970 年美国得克萨斯州仪器公司的彼得·菲尔（Beter Pyhrr）提出了零基预算的编制方法。

零基预算又称零底预算，是指在编制预算时不考虑以往任何情况，对于所有的预算支出均以零为基数编制，从根本上研究和分析各项预算是否有支出的必要和支出数额的大小。

零基预算在编制过程中要根据生产经营的客观需要和一定期间内资金供应的实际情况再次对预算做合理的估计，并将其划分成不同的决策单元，分别提出预算方案。在对每个预算方案进行成本效益分析的基础上，按重要程度对各个预算方案进行排序，把有限的组织资源按最优化的方式进行配置和分配，形成最终的预算方案。

零基预算的编制过程可以分为以下几个步骤：

第一步，提出费用开支方案。企业内部各有关部门要根据企业的总体目标，结合本部门业务，提出各项费用开支，并再次对开支的性质、目的、必要性等做出详细的说明。

第二步，对各项费用开支进行成本效益分析。企业应设立一个预算委员会，预算委员会的工作内容是对各部门提出的预算方案进行汇总分析，按成本与效益对比的方法，对预算进行逐个审查，并对已经确定的工作按轻重缓急排序。

第三步,落实预算资金。对于排好的预算次序,结合企业资金的供给情况,分别落实预算资金。

下面按以上步骤举例说明零基预算的编制方法。

[例 11-13]　某企业预算期内可用于销售及管理费用的资金总额为 300 万元。销售及管理费用的零基预算编制过程如下:

第一步,企业内各相关部门提出销售及管理费用初步预算,总额为 380 万元,具体项目如表 11-16 所示。

表 11-16　各部门提出的销售及管理费用初步预算　　　　　　　　　　单位:万元

开支项目	金额
销售人员工资	60
销售佣金	70
差旅费	60
广告费	70
保险费	40
办公费	35
培训费	45
合计	380

第二步,经预算委员会审核,认为销售人员工资、销售佣金、差旅费、保险费是企业销售及管理业务中必不可少的开支,必须足额保证它们的资金需求;而培训费、广告费、办公费等开支可以根据情况适当安排。在满足前四项预算开支项目资金需求的前提下,剩余的资金将根据开支项目对企业收益的贡献大小来按比例分配。它们的重要性程度可以用成本效益分析来确定,如表 11-17 所示。

表 11-17　成本效益重要性程度分析　　　　　　　　　　单位:万元

开支项目	各期平均发生额	各期平均收益额	成本收益率	重要性程度
培训费	30	150	5	0.25
广告费	60	720	12	0.60
办公费	25	75	3	0.15
合计	—	—	20	1.00

将剩余资金 70 万元(300 - 230)在这三项支出预算中分配:

培训费应分配的资金数 = 70 × 0.25 = 17.5(万元)

广告费应分配的资金数 = 70 × 0.60 = 42.0(万元)

办公费应分配的资金数 = 70 × 0.15 = 10.5(万元)

培训费、广告费、办公费分别有 17.5 万元、42.0 万元、10.5 万元的资金可供使用,不足部分只有通过各部门提高自身工作效率、压缩业务量、精打细算、量入为出的办法来解决。

零基预算法有以下两个优点:首先是能够压缩经费开支,切实做到把有限的经费用到最需要的地方；其次是能够促进各级各部门精打细算，量力而行，合理使用资金，提高经济效益。但是由于每一次编制预算时都要以零为起点进行分析、研究，造成了预算工作量大、成本较高等问题，因此一般企业都是每隔若干年份编制一次零基预算，在以后几年内略做适当调整，这样既简化了预算编制程序，又能适当地控制费用。

11.5　滚动预算的编制方法

滚动预算又称永续预算或连续预算，它与前面介绍的几种预算方法的区别在于：前面介绍的几种预算方法是按照确定的预算期间（一般为一个会计年度）编制的，所以也称定期预算；而滚动预算是在一定期间预算的基础上，通过执行一段时间后，再立即补充一个相应期间的预算，并如此向后滚动，从而使预算始终都是一个事先约定的期间不断产生的预算。

由于定期预算一般与预算会计年度相吻合，便于预算数与实际数的对比，有利于对预算执行结果进行考核、分析和评价。但由于定期预算的预算期相对较长，预算的结果不能完全适应未来生产经营活动的变化，在执行完一段时间的预算后，管理人员关注的往往只是预算的后期，容易造成管理人员的短视和短期行为，而忽视长远打算，不利于企业长期稳定、有序地发展。滚动预算的提出正是为了弥补定期预算的这种不足。滚动预算月份滚动示例如图11-1所示。

2021年1月	2月	3月	4月	5月	6月	7月	8月	9月	10月	11月	12月	2022年1月	2月	3月

图11-1　月份滚动示意图

企业编制滚动预算的理论依据是：第一，以会计理论中的持续经营假设为前提，企业的生产经营活动是连续不断的，预算也应全面地反映这一连续不断的过程，预算的编制方法要与生产经营过程相适应；第二，要对企业生产经营活动的复杂性和人们对未来客观事物认知的局限性有充分的认识，随着时间的推移，现实情况会产生各种难以预料的变化，人们对未来将出现的情况的认识是一个由粗到细、由模糊到具体的过程，编制滚动预算能够帮助管理人员克服预算的盲目性，避免预算与实际有较大的差异。

相较于传统的定期预算来说，滚动预算有以下几个优点：第一，能够保持预算的完整性、连续性，便于企业从动态预算中把握未来的发展趋势；第二，能够使企业各级各部门的管理人员以长远的目光统筹规划企业的各项生产经营活动，将短期预算和长期预算很好地衔接起来，保证企业各项工作有条不紊地进行；第三，能够增加企业对外提供的信息量，便于外部相关单位和个人进一步了解企业的经营状况；第四，企业不断根据生产经营情况的变化对预算进行调整和修正，能够使预算更加符合实际，有利于充分发挥预算的指导和控制作用，同时，也有利于预算的实施。当然，采用滚动预算的方法加大了企业编制预算的工作量，在人力、物力方面花费的代价也比较大，这是滚动预算的不足之处。

[例11-14]　某企业是位于某市高新技术产业开发区的一家集研发、制造、营销、服务于一体的专业制造企业，产品市场占有率位居世界前列，现有员工约900人，年实现营业收入近5亿元。为了增强资金预算的执行效力，企业推行滚动预算法的管理模式。

首先，目标达成一致。资金预算分月列示，按月滚动。比如编制货款回收计划时，依据业务部门提供的收入预测区分国内、国外、人民币、外币，按客户整理成含税金额，根据信用账期预测当月或后续几个月的回款金额，因为有据可查，数据必须是确切的。有依据的月份要滚动更新，一般3个月外的可以保持不动。3个月的定长滚动对于多数企业是比较合适的。"固一预二"，固化一个月预测，后两个月更新，每次更新都要与最初的目标值比较，分析增减原因。另外，管理层一致认为，每月末资金余额要保持不少于2 000万元，以备不时之需。有基础的预算不盲目、可预见性强，服务于企业目标且能够提高资金的使用效率，创造更多的收益。

其次，梳理预算的项目，确定模板。①经营现金流是企业实现现金的源泉，预测经营现金流是编制资金预算的第一步。②第二步是预测分配股利或偿付利息支付的现金以及获得投资收益收到的现金，以便确定可自由支配的资金。这既要考虑当年的经营情况，更要关注过去几年的连续性，避免太突兀。③第三步是预测资本性支出，资本性支出主要是购买设备和基建的支出。④第四步是进行筹资预测，结合企业资金的短缺或盈余，计划筹资或提前偿还债务。这要考虑不同筹资方式的资金成本及相关因素，制订合理的筹资方案。⑤第五步是确定模板，按以上梳理的项目分别列示，确定成模板，每月期初与上月期末首尾相接，设定公式联动更新，一劳永逸。

最后，进行预算编制。企业各部门按责任分工编制相关的资金预算，财务部门汇总平衡，出具企业资金滚动预算结果。编制时按照月度滚动，收集销售部门、采购部门、建设部门等相关部门的基础数据，关注重点，分析填列，按照"固一预二"的原则滚动更新，预算的第一阶段结束后，根据差异对原预算进行调整，之后每次调整都使整个计划向前滚动一个阶段。另外，编制预算的同时要考虑业务填报数据的合理性，必要时可以从业务前端切入数据的收集。在具体工作中，采用"上月实际数+后3个月精确滚动预测+剩余期间粗略滚动预测"的模式，每月输出一套预测数据。

11.6 概率预算的编制方法

企业的生产经营活动在正常情况下都是比较稳定的，产销量、价格、成本等变量的数值一般也都比较平衡。但情况并不总是这样，在受到外界环境的干扰或企业自身因素的影响时，这些变量的数值也会发生变化，对其进行确定也就不是一件容易的事了。在这种情况下就需要根据客观条件，对有关变量做一些近似的估计，预计它们可能变动的范围，分析它们在这一范围内出现的概率，然后再对各变量进行调整，计算期望值，编制预算。这种运用概率来编制预算的方法叫作概率预算。

概率预算应根据不同的情况来编制。如果销量变动与成本变动没有直接联系，则应根据各自的概率分别计算收入、变动成本、固定成本等的期望值，据此直接计算利润的期望值。

[例11-15] 某企业只生产一种产品A，单价20元，在单价不变的情况下，销量为8 000件、10 000件、14 000件的概率分别为0.2、0.5、0.3；单位变动成本为9元、10元、12元的概率分别为0.3、0.6、0.1；固定成本为30 000元不变，已知销量变动与成本变动没有直接联系，则利润的期望值可计算如下：

销量期望值 = 8 000 × 0.2 + 10 000 × 0.5 + 14 000 × 0.3 = 10 800(件)
单位变动成本期望值 = 9 × 0.3 + 10 × 0.6 + 12 × 0.1 = 9.9(元)
利润期望值 = (20 - 9.9) × 10 800 - 30 000 = 79 080(元)

如果销量变动与成本变动的关系比较密切,就应该采用计算联合概率的方法来计算利润的期望值。

[例 11-16] 某企业只生产一种产品 A,单价 20 元,在单价不变的情况下,销量为 8 000 件的概率为 0.2,此时单位变动成本为 9 元、10 元、12 元的概率分别为 0.3、0.4、0.3;销量为 10 000 件的概率为 0.5,此时单位变动成本为 10 元、11 元、13 元的概率分别为 0.1、0.7、0.2;销量为 14 000 件的概率为 0.3,此时单位变动成本为 9 元、11 元、13 元的概率分别为 0.2、0.4、0.4;在此销量范围内固定成本为 30 000 元不变。采用联合概率编制的利润预算如表 11-18 所示。

表 11-18 联合概率利润预算

销量		单价（元）	单位变动成本		固定成本（元）	利润（元）	联合概率	利润期望值（元）
数量（件）	概率		金额（元）	概率				
8 000	0.2	20	9	0.3	30 000	58 000	0.06	3 480
			10	0.4		50 000	0.08	4 000
			12	0.3		34 000	0.06	2 040
10 000	0.5	20	10	0.1	30 000	70 000	0.05	3 500
			11	0.7		60 000	0.35	21 000
			13	0.2		40 000	0.10	4 000
14 000	0.3	20	9	0.2	30 000	124 000	0.06	7 440
			11	0.4		96 000	0.12	11 520
			13	0.4		68 000	0.12	8 160
合计							1.00	66 140

➤ 本章小结

1. 预算就是以货币为计量单位,把决策目标所涉及的各种经济资源的配置,用计划的形式具体、系统地反映出来,即预算就是将决策目标具体化。预算是用货币的形式对企业未来一定时期的经济活动进行系统而详细的描述,是企业为了完成特定的决策目标而对其各种经济资源的配置,是对企业的生产经营计划及预期的各种经济活动的数量描述,能够对各种经济活动进行有效的控制。

2. 预算的目的有:认清现状,明确目标,控制日常经济活动,协调企业内部各部门间的工作,提供考核业绩的标准,激励员工完成预算目标。预算的类型有:根据预算期所跨越的时间长短可以分为短期预算和长期预算;根据预算所涉及的内容可以分为业务预算、资本预算和财务预算。

3. 编制预算要遵循以下原则:明确的经营目标应作为编制预算的前提;编制预算时,一定要既全面又完整;预算应积极可靠,留有余地等。编制预算的一般程序包括:在预测与决策的基础上,拟订企业预算的总方针、预算的政策以及企业总目标和分目标;组织基层各部门按照具体要求从自身出发草编本部门的预算;协调各部门的预算草案,并进行预算的汇总和分析;主要预算指标报告从审议机构到董事会或上级主管部门逐层讨论通过或驳回修改;批准后的预算下达给各部门执行。

4. 固定预算是一种最基本的全面预算编制方法,是指根据预算期内正常的可能实现的某一业务量水平而编制的预算。它由销售预算和生产预算构成。其中,生产预算由直接材料预算、直接人工预算、制造费用预算、期末产成品存货预算、销售及管理费用预算、现金预算和预计利润表等构成。其他主要预算方法有弹性预算、零基预算、滚动预算、概率预算。

复习思考题

1. 简述预算在企业经营管理活动中的地位与作用。
2. 论述全面预算编制的组织管理程序。
3. 简述零基预算、滚动预算的优缺点。
4. 论述编制预算应遵循哪些原则。

作业练习

1. 一位运输车队的经理请你为其编制弹性预算。编制该预算的目的之一是确定车队为其他部门服务时应收取的平均每公里成本。

车队有8辆相同型号的车辆。每辆车的使用年限为4年,每年年初有2辆车被更新。8辆车的现行成本为每辆135 000元,预计残值为每辆27 000元。

每辆车每使用6个月或行驶10 000公里(哪种情况先发生便按哪种标准处理)的经常性修理费用为500元,第一年使用修理零配件的成本为100元。修理零配件的成本随着车辆使用时间的增加而增加,下一年修理零配件的成本是上一年的2倍。

有关车辆的其他资料为:每年牌照换新费用及保险费用合计为每辆车6 000元;每20 000公里需要更换四只轮胎,每只轮胎200元;每辆车每100公里消耗8升汽油,每升汽油预计2.5元。

依据费用与车辆行驶里程的关系,运输车队的管理费用(包含员工工资)可划分为固定费用和变动费用两部分,经过调查,预计的管理费用如表11-19所示。

表11-19 运输车队预计的管理费用

每年行驶里程(公里)	管理费用总额(元)
175 000	55 000
200 000	60 000
250 000	70 000

车队经理尚未确定该车队的年度工作量。出于编制预算的目的,他提出三种可能性,即每辆车分别可以行驶20 000公里、25 000公里或30 000公里。

要求:

(1) 根据上述资料,在考虑到车辆行驶里程这一因素的基础上,编制运输车队一年期的成本弹性预算。

(2) 解释说明这个弹性预算。为了提高预算编制的正确性,应考虑哪些信息资料?

2. 某企业经销单一产品,经营前景良好,为加强管理,决定于本年第二季度起建立全面的预算管理制度,为此企业收集了下列各项资料:

(1) 产品单位售价为16元,进价为10元,由于销路极好而进货较为困难,故要求期末存货应保持相当于次月销量90%的水平。

(2) 最近几个月的实际和预计销量如表11-20所示。

表11-20 销量资料   单位:件

项目	月份						
	1	2	3	4	5	6	7
销量	10 000（实际）	12 000（实际）	14 000（实际）	17 500（预计）	22 500（预计）	30 000（预计）	25 000（预计）

(3) 进货的价款于进货当月支付50%,其余部分于次月付清。

(4) 售货的价款于售货当月收得25%,次月收得50%,其余部分可于再次一月全数收回,坏账极少,可以不加考虑。

(5) 每月营业费用如下:变动销售费用每件2元,于售出货物的当月支付;固定销售及管理费用41 700元/月,其中折旧费用1 500元,预付保险费摊销1 200元。

(6) 预计于5月购置固定资产25 000元,以现金支付。

(7) 企业于每季度末宣布发放股利12 000元,于次季度的第一个月以现金支付。

(8) 3月末的资产负债表如表11-21所示。

表11-21 资产负债表   单位:元

项目	金额
资产	
现金	14 000
应收账款	216 000
存货(15 750件,10元/件)	157 500
预付保险费	14 400
固定资产(净值)	172 700
资产总计	574 600
负债和所有者权益	
应付账款(进货)	85 750
应付股利	12 000
股本	300 000
留存收益	176 850
负债和所有者权益总计	574 600

注:应收账款包括未收回的2月份售货款48 000元、3月份售货款168 000元。

(9) 每月的期末现金余额应至少保持 10 000 元,如有不足,则可向银行借款。

(10) 银行借款的年利率为 12%,按照企业惯例,借款在月初、还款在月底办理;借款与还款均以 1 000 元为单位(本金)。利息的计算和支付在还款时一并办理。

企业所得税税率为 25%。

要求:根据以上资料,为该企业编制第二季度(分月)的总体预算,其中包括:

(1) 销售预算;

(2) 销售及应收账款的现金收入预算;

(3) 商品采购预算;

(4) 采购及应付账款的现金支出预算;

(5) 现金预算;

(6) 第二季度的预计利润表;

(7) 6 月 30 日的预计资产负债表。

延伸阅读与写作

随着碳市场的建立以及政府对低碳经营的重视,碳全面预算对企业发展的作用日渐凸显。因此,设计和完善碳全面预算显得尤为重要。通过把碳交易模式引入碳全面预算,利用对碳排放权交易费用进行分析,利用碳交易模式对经营现金流计算公式进行改进,并以此为基础,设计和改进碳全面预算。根据以上思路,写一篇《基于碳排放权交易费用的碳全面预算》论文,并调研某一高耗能企业,编制该企业的碳全面预算,为生产经营提供决策支持。

参考文献

[1] 陈杨振.国有企业预算管理问题及措施探析[J].中国市场,2021(3):77.

[2] 李朝芳.论信息流下的资产管理与预算管理结合[J].财会月刊,2021(11):78-84.

[3] 李志明.企业全面预算管理问题研究[J].中国商论,2019(23):129-130.

[4] 彭怡.企业财务管理中精细化预算管理研究[J].中国商论,2021(3):134-135.

[5] 谭章禄,邱硕涵,李瑶.煤炭企业信息化全面预算管理体系研究[J].会计之友,2020(1):41-46.

第 12 章 责任会计

【学习目标】
1. 了解责任会计产生的背景及必要性。
2. 了解建立和实施责任会计的步骤及原则。
3. 熟悉责任中心划分的标准,掌握各责任中心的特点及其相互关系。
4. 掌握各责任中心的评价方法及标准。
5. 了解内部结算价格的作用及种类,掌握其制定原则。
6. 掌握对各责任中心评价的方法。

【导入指引】

责任会计制度是企业财务管理过程中一项不可缺少的关键制度。企业在财务管理过程中实施责任会计制度,可将责任、权力一一明确,分别下发到不同部门,最后通过考核的方式审查各个责任体系,确定责任一一落实,权利到位。责任会计制度可以明确划分企业的各种责任、权力、职能,既能够保证在财务管理过程中实时反映企业的实际经营情况,又能够避免相关部门在问题发生后互相推诿的行为。有大量研究明确指出,在企业财务管理过程中,责任会计制度是不可缺少的制度,并发挥着至关重要的作用。责任会计制度不仅可以辅助企业管理者有效管理企业,合理分配企业财务资源;而且是企业进行分权管理的一种主要表现。在企业内部建立责任会计制度,有利于明确企业管理者的责任,有效管理企业的所有资金,合理规划企业的实际经营活动,并且有效地控制企业的经营活动。但是,从实际应用情况来看,依然有很多管理者只能浅显地了解责任会计制度,并没有深入地探究其意义与价值,其应用价值并不理想,责任会计制度在企业内部管理中发挥的效果并不显著,难以有效计划、审核企业的经营活动。

12.1 责任会计概述

12.1.1 责任会计的概念

责任会计是指以完善经营管理为目标,以企业内部各个责任中心为会计主体,以责任中心可控的资金运动为对象,对各责任中心的经营活动与工作业绩进行规划、控制、考核和评价的一种企业内部控制制度。

责任会计是生产社会化、分权管理理论和企业内部经济责任制的产物。西方责任会计是西方现代管理会计中的重要内容,实行责任会计是西方企业将庞大的组织机构分而治之的一种做法。责任会计的产生可以追溯到19世纪末20世纪初。这个时期西方资本主义经济发展迅速，企业规模不断扩大。另外，以泰罗的科学管理理论为基础的标准成本制度的出现以及预算管理制度的出现使得责任会计的理论和方法得到了迅速发展，并在实践中发挥越来越重要的作用。第二次世界大战后，随着股份公司、跨行业公司和跨国公司的出现，这些公司就会涉及行业交叉、管理层次重叠、分支机构遍布等问题，传统的管理模式已不再适用或者效率低下，实行分权管理就显得尤为重要，这是因为：①信息的专门化使得企业的高级管理层在分享下级部门的信息时遇到了更多的困难，因为许多由观察得到的信息难以量化，甚至难以用语言表达；②分权管理模式下，下级管理部门在制定和实施决策的过程中能够迅速做出反应，避免高度集中式决策导致的某些决策的延误；③下级管理人员在执行任务时被赋予的自主权越大，他们对分配的任务的主动性、积极性就会越高。

各部门按权力和责任大小分为若干成本中心、利润中心和投资中心等责任中心，实行分权管理，其结果是各分权单位既有自身利益，又不被允许在所有方面像一个独立的组织那样进行经营。因此，如何协调各分权单位之间的关系，使各分权单位之间以及企业与分权单位之间在工作和目标上达成一致；如何对分权单位的经营业绩进行考核，就显得尤为重要。责任会计制度的产生就是为了适应这种要求而在企业内部建立若干责任中心，并对它们分工负责的经营活动进行规划、控制、考核和评价。

12.1.2 责任会计的基本内容

1. 责任会计制度的建立

利用会计信息系统进行业绩评价是责任会计的基本内容。企业要建立责任会计制度应经过以下步骤：

（1）将企业内部各单位划分为一定的责任中心，并赋予其一定的经济责任和权力。责任中心是指企业内部负有特定管理责任的部门和单位，每个责任中心都必须有明确的控制范围。按所负的责任和所控制的范围，责任中心可以分为成本中心、利润中心和投资中心。在责任会计中，事前的计划、事中的核算和事后的控制分析都是以责任中心为基础进行的。

（2）确定权责范围。将企业的总体目标逐级分解到不同层次、不同种类的责任中心，以此为各责任中心的责任目标，并制定各责任中心的责任预算，确定责任中心在成本费用、收入、利润、投资收益等责任目标要素方面的具体数额，同时分析决定各责任中心为完成其经济责任所应拥有的管理权力，并将这些必需的权力授予各责任中心。

（3）确定业绩评价方法。确定业绩评价方法的内容主要包括以下几个方面：①确定衡量责任中心目标的一般尺度，可以是可控成本和利润额等；②确定目标尺度的解释方法；③规定尺度的计量方法，如成本分摊、内部结算价格等；④选择预算或标准的形式，如固定预算或弹性预算；⑤确定报告的时间、内容和形式。

（4）根据经济责任完成情况制定相应的奖惩制度，并建立信息反馈机制。

2. 责任会计制度的实施

（1）编制责任预算。预算通常可按销售、生产、采购、人工、管理等职能以及资本支出等专门决策来编制,责任预算(按责任中心编制)和计划预算(按生产经营过程编制)可以并行,实现前者强调实现企业总体目标每个人应负的责任,后者强调实现目标的具体途径,各自从不同角度计划企业的经营活动,以实现企业的最终目标。

(2) 审核预算的执行情况。审核预算的执行情况要求对实际发生的成本、取得的收入和利润以及占用的资产按责任中心来归集与分类,并与预算口径相一致。同时,为了防止责任转嫁,应尽量减少收入和费用在各责任中心之间的盲目分配,对必须分配的共同收入和费用要合理分配,防止不可控因素进入各责任中心。内部提供服务应议定适当的结算价格,以利于单独考核各责任中心的业绩。

(3) 分析、评价和报告业绩。在预算期末要编制业绩报告,比较预算与实际的差异并分析产生差异的原因及其归属,据此评价和考核各责任中心的业绩,提出改进工作的措施及实行奖惩的建议等。此外,对预算中未规定的经济事项和超过预算限额的经济事项实行例外报告制度,及时向上报告,由适当的管理级别做出决策。

(4) 进行反馈控制。根据各责任中心的业绩报告,经常分析实际数与预算数产生差异的原因,及时通过信息反馈,控制和调节它们的经营活动,并督促各责任中心及时采取有效措施,纠正缺点,巩固成绩,不断降低成本,压缩资金占用,以扩大利润,提高经济效益。

(5) 制定合理而有效的奖惩制度。制定合理而有效的奖惩制度也就是根据各责任中心实际业绩的好坏进行奖惩,做到功过分明、奖惩有据。

3. 建立和实施责任会计制度应遵循的原则

(1) 责、权、利相结合原则,即要明确各责任中心应承担的责任,同时赋予它们相应的管理权力,还要根据其责任的履行情况给予适当的奖惩。责、权、利三者的关系是:各责任中心承担的责任是实现企业总体目标、提高企业经济效益,是衡量各责任中心工作成果的标准;赋予各责任中心相应的管理权力,是其能够顺利履行责任的前提条件;而根据各责任中心的责任履行情况给予的奖惩,是调动其积极性、提高企业经济效益的动力。

(2) 总体优化原则,即要求各责任中心目标的实现有助于企业总体目标的实现,二者要保持一致。建立责任会计的目的是有效促进各责任中心的工作,实现企业的总体目标。但由于各责任中心有不同的职责,甚至存在利益上的冲突,因此企业在制定预算和考核标准时应防止局部利益损害企业总体利益的情况出现。

(3) 公平性原则,即各责任中心之间经济关系的处理应该公平合理,应有利于调动各责任中心的积极性。根据这一原则,企业在编制责任中心的责任预算时,应注意预算水平的协调性,避免出现诸如因内部结算价格制定不当而导致的不等价交换等情况。

(4) 可控性原则,即各责任中心只能对其可控制和管理的经营活动负责,对其权力不及的、控制不了的经营活动不承担经济责任。

(5) 反馈性原则,即要求各责任中心对其经营活动提供及时、准确的信息。提供信息的主要形式是编制责任报告,通过责任报告,应能使有关负责人对发生的脱离责任预算的差异做出及时、恰当的调整,加强对各责任中心的控制,使企业的浪费或损失减少到最低限度。

(6) 重要性原则,也称例外管理原则,即要求各责任中心对其生产经营过程中发生的重点差异进行分析、控制。重点差异有两重含义：一是指对实现企业总体预算、责任中心责任预算或对社会效益有实质性影响的差异，如国家下达的指令性计划或供销合同完成情况等。这类差异无论数额大小均应列为重点进行分析、控制。二是指数额较大的差异。通过对这类差异的分析、控制，能够花费较少的精力解决较大的问题，达到事半功倍的效果。重点差异包括不利差异和有利差异，不论是不利差异还是有利差异，企业均应深入分析其产生的原因。

12.2 责任中心的划分

责任中心是指根据其管理权限承担一定的经济责任和享受相应的利益，并能反映其经济责任履行情况的企业内部单位。它是按照各自经营活动的特点以及各自能够控制的范围划分的。企业划分责任中心的标准通常包括：

（1）经营管理范围可明确划分的单位，各个责任中心要有明确的责任范围，承担完成一定财务指标的责任。

（2）经济责任可明确划分的单位，要通过定岗位、定职责、定任务给各个责任中心以压力，使之完成各自的财务指标。

（3）经营业绩可明确考核的单位，要有明确的相关会计指标来衡量各个责任中心的经营业绩。

按照上述标准，企业内的车间、班组以及销售、财务、采购、人力、行政管理等部门都有其责任范围，均可控制各自的费用、成本和收益，因此这些部门或单位均可划定为责任中心。按照责任对象的特点和责任范围的大小，责任中心可以分为成本中心、利润中心和投资中心。

12.2.1 成本中心

所谓成本中心，是指只着重考核其所发生成本（费用）而不取得或不考核收入的责任中心。这种责任中心往往没有收入或者有少量收入，但不成为主要的考核内容。成本中心的应用范围最广泛。任何只发生成本的责任领域都可以确定为成本中心。对这种责任中心只能考核成本，而不能考核其他内容。

1. 责任成本

成本中心所发生的各项成本，对成本中心来说，有些是可以控制的，即可控成本；有些则是无法控制的，即不可控成本。显然，成本中心只能对其可控成本负责。一般来讲，可控成本应同时符合以下三个条件：①能够通过一定的方式了解将要发生的成本；②能够对成本进行计量；③能够通过自己的行为对成本加以调节和控制。凡是不能同时符合上述三个条件的成本通常为不可控成本，一般不在成本中心的责任范围之内。

需要指出的是，成本的可控与不可控是相对而言的，这与成本中心所处管理层次的高低、管理权限的大小以及控制范围的大小有直接关系。对于企业来说，几乎所有成本都可以被视为可控成本，一般不存在不可控成本；而对于企业内部的各个部门、车间、工段、班组乃至职工个人来说，则既有其各自专属的可控成本，又有其各自的不可控成本。一项对于较高层次的责任中心来说的可控成本,对于其下属的较低层次的责任中心来说可能就是不可控成本;反过来,较低层次责任中心的可控成本,则一定是其所属的较高层次责任中心的可控成本。

责任成本与产品成本既有区别又有联系。就其区别而言,责任成本是以责任中心为对象归集的成本,其特征是谁负责,谁承担。产品成本包括从事产品生产的各个责任中心为生产该产品而发生的成本,其中既包括各责任中心的可控成本,又包括各责任中心的不可控成本。就责任成本与产品成本的联系而言,二者在性质上是相同的,同为企业在生产经营过程中的资源耗费。

2. 成本中心的分类

成本中心是应用最为广泛的责任中心,通常可以按以下标准分类。

(1) 按管理范围划分。企业内部各单位分别负责不同的业务,因而拥有各自的管理范围,成本中心据此可以分为以下几种:

生产车间或分厂。生产车间包括基本生产车间和辅助生产车间。在不同的企业中,生产车间的设置原则可能有所不同,管理权限也会有所差别,因此生产车间定为何种责任中心,应根据具体情况确定。不过生产车间通常只发生生产耗费,不取得收入,而且不拥有供、产、销等方面的管理权限,因而一般可以定为成本中心,即只对其可控的生产耗费及所占用的资金承担责任。

仓库。仓库包括材料仓库、半成品仓库和产成品仓库。这些仓库分别负责各自对象的收、发、保管业务。其共同特点是既要占用一定的资金,又会发生一些保管费用。通常归入成本中心。

管理部门。管理部门是指企业的大多数职能部门,包括供应部门、生产部门、会计部门等。其共同特点是既要对职能履行的结果负责,又要对自身的经费支出负责。就供应部门来说,其责任成本包括两方面内容:一是材料采购成本;二是本部门的可控经费支出。从考核的角度来说,对上述职能部门(包括前面的仓库)通常只是考核其费用支出的数额,因而它们往往也被称为费用中心。

(2) 按管理层次划分。如果说按管理范围划分成本中心是横向的,那么按管理层次划分则是在横向划分的基础上,对成本中心进行纵向划分。

车间—(工段)班组—个人三级成本中心。如前所述,车间一般应定为成本中心,企业在成本方面的目标能否完成,主要取决于企业内部各车间的工作情况。班组是车间的基层组织结构,客观上存在可控成本,所以如有可能,也应作为一级成本中心。班组所负责的责任成本可以进一步分解落实到每一个生产工人,建立以个人为单位的责任中心。一般来讲,只要生产工人个人的工作成果能够单独确认,就可以将其作为一级成本中心。

仓库—保管人员两级成本中心。企业的各种仓库分别属于不同的管理系统:材料仓库属于供应管理系统,半成品仓库属于生产管理系统,产成品仓库属于销售管理系统。从责任会计的角度来讲,仓库既要占用大量的资金,又要发生一定的费用,所以应定为一级成本中心。仓库保管人员个人的工作业绩如果可以单独确认,那么也应作为一级成本中心。

职能部门—职能人员两级成本中心。对职能部门的工作进行量化考核是一项具有相当难度的工作。首先是各职能部门的工作性质有很大差别;其次是各职能部门在履行职能时会出现交叉,尤其是在生产领域。此外,管理人员个人的能力和积极程度有较大弹性,也增加了考核的难度。对一般职能部门这种成本中心来说,通常采用费用总额控制的方法;而对于工作创造性较强的职能部门(如产品开发部门)这种成本中心,一般应采用弹性费用预算控制的方法。只要职能部门的管理人员的工作业绩可以单独考核,比如采购部门的各个采购员,就可以将其作为一级成本中心。

(3) 按考核指标划分。为了便于各成本中心的业绩评价,企业通常按考核指标的不同将成本中心分为如下两类:

标准成本中心,是指成本中心所生产的产品稳定且明确,且知道单位产品所需要的投入量。典型的代表是制造业的工厂、车间、工段、班组等。此种成本中心只对既定产量的投入量进行控制,而不对生产能力的利用程度负责,标准成本中心必须按规定的质量、时间标准和计划来进行生产,在保证产品质量和数量的前提下考核成本。所以,标准成本中心的考核指标是既定产品质量和数量条件下的标准成本。

费用中心,是指那些产出物不能用财务指标来衡量或者投入和产出之间没有密切关系的单位。一般情况下,企业的各级行政管理部门没有明确的、量化的指标,其产出在有限的时间内也无法明确,所以,通常使用费用预算来考核与评价费用中心的成本控制业绩。

成本中心根据层次的高低,其计算与考核的成本指标的具体内容不一,低层次的成本中心往往只涉及少数几个主要成本项目,而高层次的成本中心往往包括所有的成本项目。

3. 成本中心的考核指标

成本中心的考核指标不同于变动成本,也不同于财务会计中的产品成本,主要表现在:

(1) 核算责任成本的目的是控制单位成本;
(2) 责任成本的计算对象是责任中心;
(3) 其范围是各个责任中心的可控成本;
(4) 责任成本法将可控的变动制造费用和可控的固定制造费用都分配给责任中心。

另外,由于成本中心的职责比较单一,因此成本中心的考核也比较简单,往往集中于目标成本完成情况的考核,包括目标成本节约额和目标成本节约率,计算公式如下:

$$目标成本节约额 = 目标(或预算)成本 - 实际成本$$

$$目标成本节约率 = \frac{目标成本节约额}{目标成本} \times 100\%$$

[例12-1] 甲、乙、丙三个成本中心的责任成本预算分别为 87 000 元、62 500 元和 65 000 元,实际发生的成本分别为 86 000 元、62 000 元和 66 000 元,分别计算甲、乙、丙三个成本中心的目标成本节约额和节约率。

解:
甲目标成本节约额 = 87 000 - 86 000 = 1 000(元)
乙目标成本节约额 = 62 500 - 62 000 = 500(元)
丙目标成本节约额 = 65 000 - 66 000 = -1 000(元)

其中正数为节约额,负数为超支额。

甲目标成本节约率 $= \dfrac{1\ 000}{87\ 000} \times 100\% = 1.15\%$

乙目标成本节约率 $= \dfrac{500}{62\ 500} \times 100\% = 0.80\%$

丙目标成本节约率 $= \dfrac{-1\ 000}{65\ 000} \times 100\% = -1.54\%$

12.2.2 利润中心

所谓利润中心,是指既要发生成本,又能取得收入,还能根据成本与收入计算利润的责任中心。通常一个利润中心能够同时控制生产和销售,既要对成本负责,又要对收入负责,但没有责任或权力决定该责任中心资产投资的水平,因而该责任中心的评价标准是利润的多少。从根本目的上讲,利润中心是指管理人员有权对其供货的来源和市场的选择进行决策的单位。

1. 责任利润

利润中心的成本和收入对利润中心来说都必须是可控的。以可控收入减去可控成本就是利润中心的可控利润,即责任利润。一般来说,企业内部的各个单位都有自己的可控成本,所以成为利润中心的关键在于是否存在可控收入。责任会计中的可控收入通常包括以下三种:

(1) 对外销售产品取得的实际收入;

(2) 按照包含利润的内部结算价格转出本中心的完工产品而取得的内部销售收入;

(3) 按照成本型内部结算价格转出本中心的完工产品而取得的收入。

对利润中心工作业绩进行考核的重要指标是其可控利润,即责任利润。如果利润中心获得的利润中有该利润中心不可控的因素的影响,则必须进行调整。将利润中心的实际责任利润与预算责任利润进行比较,可以反映出利润中心责任利润预算的完成情况。

2. 利润中心的分类

根据产品销售范围,利润中心可以分为自然利润中心和人为利润中心两类。

(1) 自然利润中心,是指能够直接与外界发生经济业务往来,获得业务收入,并独立核算盈亏的责任中心。这类利润中心主要是企业内部管理层次较高、具有独立收入来源的分公司、下属工厂等。作为自然利润中心,它必须具备以下三个条件:①必须拥有产品销售权,能够根据市场需求决定销售什么产品、销售多少产品、在哪个地区销售以及采用什么方式销售等。②必须拥有采购权,这样才能保证它根据材料的市场价格进行选择,从而降低材料的采购成本,增加利润。③必须拥有生产决策权,这样它就可以根据自己对市场的判断来决定生产什么产品、生产多少产品,以保证取得产品销售收入。需要指出的是,如果自然利润中心满足上述三个条件,那么就可称之为完全的自然利润中心;如果只符合其中若干条件,则可称之为不完全的自然利润中心。一般来说,只有独立核算的企业才能具备作为完全的自然利润中心的条件,企业内部的自然利润中心应属于不完全的自然利润中心。

(2) 人为利润中心,是为明确划分责任中心的经济责任,考评其经营业绩而人为设立的,它是指为企业内部各责任中心提供产品和劳务,按企业内部结算价格进行独立核算的责任中心。人为利润中心不能直接对外销售产品和劳务。这类利润中心主要是企业中为其他责任中心提供产品或半成品的生产部门,或为其他责任中心提供劳务的动力、维修等部门。显然,当企业为各责任中心相互提供的产品或半成品、劳务规定了内部结算价格时,大多数成本中心可转化为人为利润中心。需要指出的,人为利润中心在计算收入时采用的内部结算价格一般有两种:一种是包含利润的内部结算价格,这种内部销售收入与该利润中心完工产品成本的差额,就是所谓的内部利润;另一种是成本型内部结算价格,以转出产品的计划成本为结算价格,这种形式的内部利润实际上是产品成本差异。

3. 利润中心的考核指标

利润中心既对收入负责,又对成本负责,因此其责任预算包括收入、成本和利润三个部分。由于利润指标本身并不是一个非常具体的概念,因此实务中随着所确认的责任成本范围的不同,利润指标的选择也有所不同。通常责任利润的考核指标有边际贡献、分部经理边际贡献和分部边际贡献等。分部经理边际贡献主要用于评价和考核责任中心负责人的经营业绩,反映的是分部经理(负责人)对其控制资源的利用程度。分部边际贡献主要用于评价和考核责任中心(分部)的经营业绩,反映了该责任中心对企业利润所做的贡献。

下面举例说明这几个利润中心考核指标的计算公式以及它们之间的区别。

[例12-2] 甲、乙、丙三个利润中心有关数据如表12-1所示,其考核指标计算过程如表12-2所示。

表12-1 利润中心资料   单位:元

项目	利润中心		
	甲	乙	丙
销售收入	45 000	30 000	50 000
变动成本	28 000	25 000	30 000
分部可控固定成本	6 000	5 000	7 000
分部不可控固定成本	3 000	3 000	3 000

表12-2 利润中心的考核指标   单位:元

项目	利润中心		
	甲	乙	丙
销售收入	45 000	30 000	50 000
减:变动成本	28 000	25 000	30 000
边际贡献	17 000	5 000	20 000
减:分部可控固定成本	6 000	5 000	7 000
分部经理边际贡献	11 000	0	13 000
减:分部不可控固定成本	3 000	3 000	3 000
分部边际贡献	8 000	-3 000	10 000

12.2.3 投资中心

1. 投资中心概述

投资中心是指既要对成本和利润负责,又要对资金的合理运用负责的责任中心。投资中心是企业最高层次的责任中心,不仅在产品的生产和销售上享有较大的自主权,而且具有一定的投资决策权,能够相对独立地运用其所掌握的资金,因而它既要对成本和利润负责,又要对资金的合理运用负责。整个企业本身就可作为一个投资中心,企业内部规模和管理权限较大的部门和单位,如事业部、分公司、分厂等,也可以成为投资中心。

2. 投资中心的考核指标

投资中心的负责人所拥有的自主权不仅包括制定价格、确定产品和生产方法等经营决策权,而且包括投资规模和投资类型等投资决策权,因此对投资中心的考核不仅要衡量其利润,而且要衡量其资产,并把利润与其所占用资产联系起来。所以,企业在考核投资中心工作业绩时,不仅要考核其成本、收入、利润,而且要将所获利润与所占用资产对比,考核资产的运用效果。

考核投资中心投资效果的指标有投资报酬率和剩余收益。

(1) 投资报酬率。投资报酬率亦称投资利润率,是反映投资获利能力的指标,其计算公式如下:

$$投资报酬率 = \frac{营业利润}{经营资产} = \frac{营业利润}{销售收入} \times \frac{销售收入}{经营资产} = 销售利润率 \times 经营资产周转率$$

式中,营业利润即销售利润,是指未扣除利息和所得税费用的利润,即息税前利润(EBIT);经营资产是指投资中心经营活动中占用的全部资产,包括固定资产和流动资产。由于营业利润是一个时期指标,为了使分子、分母保持一致从而具有可比性,因此分母经营资产也必须按平均占用额计算,通常为期初、期末的平均数。

[例 12-3] 某投资中心期初经营资产为 45 000 元,期末经营资产为 55 000 元,相应的负债为 20 000 元,与其相联系的利息费用为 1 000 元,本期税后净利润为 3 500 元,所得税税率为 25%。据此计算投资报酬率:

$$投资报酬率 = \frac{\frac{3\,500}{1-25\%} + 1\,000}{\frac{45\,000 + 55\,000}{2}} = 11.33\%$$

(2) 剩余收益。剩余收益又称剩余利润,即投资中心的营业利润扣减其资产按规定的最低投资报酬率计算的投资报酬后的余额。其计算公式如下:

$$剩余收益 = 营业利润 - 经营资产 \times 规定的最低投资报酬率$$

式中,规定的最低投资报酬率通常是指整个企业为保证其生产经营健康而持续地进行所必须达到的最低投资报酬率。

[例 12-4] 某企业有甲、乙两个投资中心,有关资料如表 12-3 所示,计算其剩余收益。

表 12-3　甲、乙投资中心资料　　　　　　　　　　金额单位:元

项目	甲投资中心	乙投资中心
营业利润	60 000	80 000
期初经营资本	45 000	50 000
期末经营资本	75 000	90 000
最低投资报酬率	5%	2%

$$甲投资中心剩余收益 = 60\,000 - \frac{45\,000 + 75\,000}{2} \times 5\% = 57\,000(元)$$

$$乙投资中心剩余收益 = 80\,000 - \frac{50\,000 + 90\,000}{2} \times 2\% = 78\,600(元)$$

投资中心只适用于企业内部规模和管理权限较大的部门和单位,如事业部、分公司、分厂等。由于要对投资效果负责,因此投资中心必须拥有充分的决策权,除非遇到事关全局的大事项,否则企业的管理当局不宜多加干涉。为了便于计算经济效益和投资效果,划分各责任中心界限,各投资中心相互之间现金、存货等资产应有偿使用,计息清偿;对共同发生的成本要按一定的比例分配,各项资源的归属也应明确,只有这样才符合责任会计的要求。

12.3　内部结算价格的制定

责任会计要求企业内部各责任中心作为产品的生产经营者保持一定程度的相对独立,以便分清各责任中心的经济责任。因此,各责任中心之间的经济业务往来也应按照等价交换的原则进行,按照一定的价格和结算方式对所交换的产品或劳务进行计价结算。企业内部所采用的内部转让价格即为本节所讨论的"内部结算价格",采用这种方式进行内部结算并不真正运用企业的货币资金,而是一种观念上的货币结算,是一种资金限额指标的结算。使用内部结算价格的目的是正确考核和评价企业内部各责任中心的经营业绩。因此,它是一种与责任会计相配套的机制。

12.3.1　内部结算价格的作用

1. 内部结算价格是合理划分各责任中心经济责任的依据

内部结算价格使发生经济业务往来的两个责任中心处于"买卖"双方的地位,具有与市场价格类似的功能,为"买卖"双方提供了一个价值尺度,随着产品的转移意味着提供产品的责任中心经济责任的完成和接受产品的责任中心经济责任的开始。因此,合理的内部结算价格有利于明确地划分各责任中心的经济责任,避免经济责任的转移,同时也利于维护各责任中心的经济权益。

2. 内部结算价格是评价各责任中心经营业绩的重要标准

客观、合理的内部结算价格不但可以比较准确地衡量各责任中心责任预算的执行结果,而且可以对各责任中心的经营业绩进行客观、公正的评价,从而能够正确、合理地反映

各责任中心的经营业绩。

3. 内部结算价格可以有效地调动各责任中心的生产经营积极性

内部结算价格的实施把市场机制引入了企业,为了获得更多的内部利润,"买卖"双方会不断地改善经营管理,想尽一切办法从各个方面降低生产过程中人、财、物的耗费。因此,内部结算价格就成了企业内部各责任中心加强经营管理、提高经济效益的重要驱动力。

4. 内部结算价格是企业制定经营决策的重要依据

在合理、稳定的内部结算价格的基础上,各责任中心的经营成果和经营能力都可以量化,企业就可以据此安排生产任务、调拨资金、制定具有市场竞争力的产品价格等经营方面的重大决策。

5. 内部结算价格是一些企业纳税筹划、调节利润的重要手段

利用内部结算价格进行纳税筹划是一些跨国公司常用的手段。在所得税税率存在差异的条件下,跨国公司会降低高税率地区的内部结算价格,从而减小税负;而在低税率地区又会提高内部结算价格,从而达到减少整个企业纳税额的目的。

12.3.2 内部结算价格的制定原则

1. 激励性原则

责任会计的最终目的就是激励企业各责任中心和员工,使其更加努力地工作,实现企业的经营目标。内部结算价格是实施责任会计制度的一个重要手段,在制定过程中也要贯彻激励性原则,应使各责任中心都有利可图;否则便会影响其积极性,以至于影响整个企业的正常生产经营。

2. 公平性原则

实施责任会计制度应相应地制定一套公平、合理的内部结算价格体系。企业应使各责任中心都能明确地认识到其提供与接受产品和劳务的内部结算价格,是正确地反映产品和劳务价值的价格。如果存在"不等价交换"的现象,则必然导致某个责任中心在交换过程中的经济利益受到损害或是得到额外的收益,也必然使双方的经济业务往来无法长久保持,最终影响到整个企业的生产经营。可以说内部结算价格的公平与否直接关系到责任会计制度能否真正建立和实施。

3. 一致性原则

内部结算价格的一致性是指其必须与企业的整体经营目标相一致,符合企业总体的经济利益。所以,企业在制定内部结算价格的过程中,一方面要考虑企业的整体利益,因为整体利益最大化是企业所追求的目标;另一方面也要兼顾各责任中心的局部利益,因为这样才能起到相应的激励作用。内部结算价格是在权衡整体利益与局部利益的基础上制定出来的。如果内部结算价格制定不当,就可能导致各责任中心的利己行为而损害企业的整体利益,或者过多地剥夺部门利益而使其工作缺乏积极性,最终还是损害企业的整体利益。

4. 稳定性原则

内部结算价格应具有一定的稳定性，不宜频繁变动，要给每个责任中心留有努力改善经营条件、提高经济效益并从中取得一定利益的空间；否则会打消其提高经营效益的积极性、主动性和创造性。当然，强调内部结算价格的稳定性并不是指一成不变，在企业的生产技术、工作条件等因素发生变化的条件下可以对其做相应的调整。

12.3.3 内部结算价格的类型

有了内部结算价格的制定原则作为指导，就可以根据不同的目标来制定内部结算价格了。一般来讲，成本中心之间相互提供的产品或劳务可以成本为基础制定内部结算价格，利润中心和投资中心之间相互提供的产品或劳务则可以市场价格为基础制定内部结算价格。因此，内部结算价格可以分为以下几种：

1. 以成本为基础的内部结算价格

（1）以实际成本为内部结算价格。实际成本的相关资料可以从企业会计核算资料中直接取得，实施起来简便易行，但是其缺陷也十分明显：一方面，中间产品的成本全部转移给接受方，使双方的经济责任难以分清，对供应方起不到激励其努力改善经营、降低成本的作用；另一方面，最终产品的损益情况只有在其销售之后对比所有成本费用资料才能得到，而对各责任中心来讲其经营业绩的好坏在发生内部交换后也无法衡量。因此，以实际成本为内部结算价格与责任会计划分经济责任、提高经营效益的目的不符。

（2）以标准成本为内部结算价格。这种内部结算价格是以各种中间产品或劳务的标准成本为存在经济业务往来的各责任中心的结算价格。这种方法可以避免供应方将成本差异直接转移给接受方，同时也为接受方考核其经营业绩提供了计算基础。另外，供应方为了提高其经济效益也必须努力改善其经营水平，只有不断降低成本才能有利可图。采用这种方法不但可以明确各责任中心的经济责任，而且可以使企业在产品成本的计算上保持连续性。

（3）以标准成本加上一定的利润率为内部结算价格。在有些时候，各责任中心在标准成本法下进一步挖掘潜力降低成本的空间是有限的。为了使内部结算价格发挥其激励作用，企业在制定内部结算价格时会在标准成本的基础上加上一个合理的利润水平。这样各责任中心不但可以获得一定的经济利益，而且如果能够充分发挥其积极性，最大限度地降低生产成本，则可以获得额外的经济利益。同样，这种方法也能够避免成本差异的转嫁，便于分清各责任中心的经济责任，但是究竟应加多大比例的利润率则具有一定程度的主观随意性，企业管理部门必须结合实际做出合理判断。

2. 以市场价格为基础的内部结算价格

（1）以市场价格为内部结算价格。以市场价格为内部结算价格是公平性原则的最好体现。但这种方法是否可行必须具有一些先决条件：企业内部各责任中心都处于独立的状态，可以自由决定外购还是接受内部转移所需中间产品和劳务；这些中间产品和劳务存在竞争的市场，有相对客观的市场价格作为比较，这样企业的利润也就成了各责任中心的利润之和。以市场价格为内部结算价格有利于促进各责任中心参与市场竞争、加强经营管理、努力降低成本、提高利润；同时，相较于外部交易而言，又能够节省交易成本，便于质量管理、合理安排生产,提高供货的及时性和资金的利用率,体现了企业作为一系列契约关系组合的优点。同时,处于接受方的责任中心外购所需的中间产品和劳务势必造成供应方生产能力的闲置,外购的收益是否能够弥补生产能力闲置的损失是决定是否采用市场价格作为内部结算价格时所不得不考虑的问题。这种方法也有其缺点:一方面,在市场价格出现较大波动时会对这种计价方式带来困难;另一方面,虽然供应方可以从中获得降低成本、节约交易费用等好处,而接受方却可能因价格波动等因素受到损害。

（2）以经过协商的市场价格为内部结算价格。协商价格是指当企业内部两个责任中心之间交换的产品或劳务无市场价格或市场价格变动比较频繁时,在交易双方共同协商并一致认可的情况下制定的一种结算价格。协商价格考虑到了供求双方的利益,在一定程度上弥补了直接以市场价格为结算价格的缺点。一般情况下,协商价格以市场价格为上限,以单位变动成本为下限,因为对内销售产品可以省掉部分销售、运输、保险等费用,所以比市场价格略低;另外,供应方往往存在过剩的生产能力,只要协商价格稍高于单位变动成本便可为其所接受。

3. 双重内部结算价格

双重内部结算价格是指对买卖双方分别采用不同的计价基础的计价方式,如:

（1）以成本为计价基础,是指对供应方和接受方采用不同的成本价格进行计价,如对供应方按标准成本或标准成本加成的方法计价,而对接受方按变动成本或标准成本计价。

（2）以市场价格为基础,是指对供应方和接受方采用不同的市场价格进行计价,如对供应方按协商价格计价,对接受方按供应方的变动成本计价;或者当市场上同一种产品有多种市场价格时,对供应方按较高的市场价格计价,对接受方按较低的市场价格计价,以便调动各方的积极性。

因为内部结算价格的主要作用是分清企业内部各责任中心的经济责任和对各责任中心的经营业绩进行考核与评价,而具体采用什么样的结算价格并不影响对交易双方的考评结果。而且这一方法能够兼顾交易双方的责任和利益,可以较好地适应不同方面的需要,同时还能够激励交易双方在生产经营过程中充分发挥主动性和积极性。

12.3.4 内部结算价格的定价程序

内部结算价格定价体系的设计一般要经过以下程序:

第一,确定相关管理部门。一般情况下,企业的绩效管理委员会负责制定内部结算价格的相关制度和日常审核、批准工作,对内部结算价格管理体系承担最终责任。财务、人力资源等部门负责具体的日常管理工作,如编制、修改、执行内部结算价格等。

第二,明确责任中心。企业可以设置多个成本、利润等责任中心。成本中心不具有销售决策权、不产生收入,因而其负责对费用进行归集、分配,对成本进行控制、考核,如行政部门、财务部门和审计部门等。利润中心既要对收入负责,又要对成本负责,其一般具有一定的经营决策权或销售决策权,能够产生收入与利润,如市场营销部门、项目部门和一些服务部门等。此外,企业也可以根据需要细化或另设投资、收入、费用等其他责任中心。

第三,选择内部结算价格定价方法。依据目标及企业经营特点选择内部结算价格的类型。

第四，分析与评价应用情况。财务部门、审计部门或是相关绩效管理部门应当不定期地对内部结算价格的应用过程、结果进行分析与评价，针对存在的问题及时修改内部结算价格。

12.4 责任中心的考核与评价

实施责任会计制度的主要目的就是分清各责任中心的经济责任，并对各责任中心的经营业绩进行考核与评价。考核与评价的工作基础是责任预算。责任预算的完成情况通过各责任中心编制的责任报告以实际情况与预算之间的差异情况表示出来，差异额的大小是反映各责任中心经营业绩好坏的重要指标。根据各责任中心责任范围的不同，考核与评价的内容和方式也存在不同。

12.4.1 对成本中心的考核与评价

成本中心所负责任的范围仅限于企业所发生的成本和费用，其一般没有或仅有少量无规则的收入，因此对成本中心考核与评价的重点应该是其责任人所能控制的成本。

在进行责任成本核算之前，企业有必要对成本中心所发生的各项成本加以比较和区分。对于成本中心来讲，有些成本是可以控制的，而有些成本则是无法控制的。成本中心只对其可控成本负责。成本中心各项可控成本之和构成了该中心的责任成本。成本中心应该定期编制业绩报告，作为考核与评价其工作业绩的依据。业绩报告的具体形式一般包括三栏，即本成本中心可控成本的预算额、实际发生额、差异额。对于不可控成本，则可以不予列示，或是作为附属资料列示，以便有关部门和人员全面了解本成本中心成本消耗的总体情况。成本中心业绩报告的格式如表12-4所示。

表 12-4 ××成本中心业绩报告

×年×月　　　　　　　　　　　　　　　　　　　　　　　单位：元

成本项目	预算	实际	差异
下属成本中心转来的责任成本			
A 车间	16 000	16 090	90(U)
B 车间	17 200	16 820	380(F)
小计	33 200	32 910	290(F)
本成本中心可控成本			
直接材料	78 400	81 200	2 800(U)
直接人工	26 800	28 800	2 000(U)
维修费	9 700	9 300	400(F)
管理费用	10 300	10 100	200(F)
其他	1 100	1 000	100(F)
小计	126 300	130 400	4 100(U)
本成本中心责任成本合计	159 500	163 310	3 810(U)

表中标有"F"的为有利差异,标有"U"的为不利差异。

实际工作中,企业应对预算额和实际发生额之间产生的差异进行分析,可以在业绩报告中进行说明,也可以在"差异"栏后增设"差异分析"一栏进行分析。通过对差异额的分析,成本中心可以改进生产经营方式,对各种可控成本实施有效的调节措施。对于由客观环境因素导致的差异,经分析后企业可以对预算额进行修订。

成本中心的业绩报告应按层次逐级编写和报送,直至最高管理层。任何一级成本中心的责任成本都为下级成本中心转来的责任成本和本级成本中心各项可控成本之和。

12.4.2 对利润中心的考核与评价

对利润中心进行考核与评价的关键是其责任利润的实现情况,通过利润中心的业绩报告所提供的边际贡献、税前净利润等具体指标,可以对此进行衡量。利润中心业绩报告的编制基础是销售预算、成本预算以及它们各自的实现情况,预算额与实际发生额之间的差异反映了利润中心经营业绩的优劣。利润中心业绩报告的基本形式如表12-5所示。

表 12-5　××利润中心业绩报告

×年×月　　　　　　　　　　　　　　　　　　　　　　　　　　　单位:元

项目	预算	实际	差异
销售收入	300 000	320 000	20 000(F)
变动成本			
变动生产成本	80 000	75 000	5 000(F)
变动销售费用	50 000	45 000	5 000(F)
变动管理费用	15 000	20 000	5 000(U)
变动成本小计	145 000	140 000	5 000(F)
边际贡献	155 000	180 000	25 000(F)
期间成本			
固定制造费用	60 000	62 000	2 000(U)
固定销售费用	10 000	9 000	1 000(F)
固定管理费用	4 000	4 500	500(U)
期间成本合计	74 000	75 500	1 500(U)
税前净利润	81 000	104 500	23 500(F)

同样,企业也应对利润中心业绩报告中的各项差异额做具体的分析和说明,并在报告附注中予以列示。

12.4.3 对投资中心的考核与评价

对投资中心的考核与评价除了成本、收入和利润外,重点是考核其投资效果。常用的反映投资效果的指标包括投资报酬率和剩余收益。

1. 投资报酬率

从第 2 节投资报酬率的计算公式中我们可以看出,投资报酬率不仅与营业利润有关,还与销售收入、销售利润率和经营资产周转率有关,销售利润率和经营资产周转率各从一个侧面反映了投资中心的经营业绩。为了提高投资报酬率,企业管理者不仅要尽可能地降低成本、扩大销售,而且要注意有效地利用现有的经营资产。

[例 12-5] 某企业有甲、乙两个投资中心,营业利润均为 8 万元,经营资产均为 40 万元,而销售收入甲为 80 万元,乙为 60 万元。则甲、乙两个投资中心的投资报酬率、销售利润率和经营资产周转率如表 12-6 所示。

表 12-6 甲、乙投资中心的财务指标

指标	甲投资中心	乙投资中心
销售收入(万元)	80.00	60.00
营业利润(万元)	8.00	8.00
经营资产(万元)	40.00	40.00
销售利润率(%)	10.00	13.33
经营资产周转率	2.00	1.50
投资报酬率(%)	20.00	20.00

从上述计算中可以看出,虽然甲、乙两个投资中心的投资报酬率相同,均为 20%,但是其内在的推动因素大小不同,甲投资中心的销售利润率较低,而经营资产周转率较高;乙投资中心的销售利润率较高,而经营资产周转率较低。这说明销售利润率和经营资产周转率两个因素在提高投资报酬率的作用上具有同等的重要性,投资中心应该从这两个方面同时入手来改善其经营管理水平。

采用投资报酬率来考核与评价投资中心经营业绩的方法比较简单,不但可以用于评价投资中心的业绩优劣,而且可以用于不同投资中心以及同行业之间的比较,从而做出最优决策。投资者可以根据投资报酬率的高低来做出投资选择。经营者可以把提高投资报酬率作为自身努力的方向和目标,以提高本投资中心的经济效益。

但这一指标本身也存在不足之处:一方面,如果单纯地从投资报酬率出发,则容易导致某些投资中心为了自身利益而不顾企业整体长远的发展目标,放弃一些投资报酬率较低的项目;另一方面,某些因素(如市场的变化、约束性固定成本的存在)是投资中心难以控制的,从而为区分不同责任中心的经营业绩带来了困难。为了弥补上述缺陷,企业可以运用剩余收益指标作为考核与评价投资中心经营业绩的补充。

2. 剩余收益

从第 2 节剩余收益的计算公式中我们可以看出,剩余收益是投资中心所获得的超过最低报酬额的那部分收益。这一指标越大,对企业整体和投资中心越有利;反之,对企业整体和投资中心越不利。

[例 12-6] 某投资中心的经营资产为 80 000 元,营业利润为 20 000 元。现拟定投资

新项目,项目投资 20 000 元,可增加利润 4 000 元。若企业对该责任中心规定的最低投资报酬率为 15%,分析该项目投资是否可行。相关财务指标如表 12-7 所示。

表 12-7 投资项目比较　　　　　　　　　　　　　　　　　　　金额单位:元

项目	追加投资前	追加投资后
营业利润	20 000	24 000
经营资产	80 000	100 000
投资报酬率(%)	25	24
规定的最低投资报酬率(%)	15	15
剩余收益	8 000	9 000

如果单纯地从投资报酬率判断,则新项目投资降低了该投资中心的投资报酬率(24%＜25%),新项目投资不可取。而补充了剩余收益这一项后,投资中心的投资报酬率大于规定的最低投资报酬率(24%＞15%),且剩余收益也有所提高(9 000 元＞8 000 元),故新项目投资可行。

相较于成本中心和利润中心,投资中心业绩报告所反映的内容更加全面,包括销售收入、销售成本、营业利润、经营资产、销售利润率、经营资产周转率、投资报酬率、规定的最低投资报酬率及剩余收益的预算数、实际发生数和差异数。企业可以通过对差异数的分析和比较来评判投资中心经营业绩的优劣。投资中心业绩报告的基本内容和格式如表 12-8 所示。

表 12-8 ××投资中心业绩报告　　　　　　　　　　　　　　　　金额单位:元

项目	预算	实际	差异
销售收入	100 000.00	120 000.00	20 000.00(F)
销售成本	80 000.00	93 600.00	13 600.00(U)
营业利润	20 000.00	26 400.00	6 400.00(F)
经营资产	80 000.00	100 000.00	20 000.00(U)
销售利润率(%)	20.00	22.00	2.00(F)
经营资产周转率	1.25	1.20	0.05(U)
投资报酬率(%)	25.00	26.40	1.40(F)
规定的最低投资报酬率(%)	20.00	20.00	—
剩余收益	4 000.00	6 400.00	2 400.00(F)

▶▶ 本章小结

1. 责任会计是指以完善经营管理为目标,以企业内部各个责任中心为会计主体,以责任中心可控的资金运动为对象,对各责任中心的经营活动与工作业绩进行规划、控制、考核和评价的一种企业内部控制制度。

2. 责任会计制度的建立应经过以下步骤:将企业内部各单位划分为一定的责任中心,

并赋予其一定的经济责任和权力;确定权责范围;确定业绩评价方法;根据经济责任完成情况制定相应的奖惩制度,并建立信息反馈机制。责任会计制度的实施包括以下步骤:编制责任预算;审核预算的执行情况;分析、评价和报告业绩;进行反馈控制;制定合理而有效的奖惩制度。建立和实施责任会计制度应遵循以下原则:责、权、利相结合原则,总体优化原则,公平性原则,可控性原则,反馈性原则,重要性原则。

3. 按照责任对象的特点和责任范围的大小,责任中心可分为成本中心、利润中心和投资中心。成本中心的考核指标有目标成本节约额和目标成本节约率。利润中心的考核指标有边际贡献、分部经理边际贡献和分部边际贡献等。投资中心的考核指标有投资报酬率和剩余收益。

4. 内部结算价格的作用包括:它是合理划分各责任中心经济责任的依据;是评价各责任中心经营业绩的重要标准;可以有效地调动各责任中心的生产经营积极性;是企业制定经营决策的重要依据;是一些企业纳税筹划、调节利润的重要手段。

内部结算价格的制定要遵循激励性原则、公平性原则、一致性原则和稳定性原则。内部结算价格可分为以成本为基础的内部结算价格、以市场价格为基础的内部结算价格和双重内部结算价格。

▶ 复习思考题

1. 简述什么是责任会计,并论述责任会计产生的必要性。
2. 论述建立和实施责任会计的原则。
3. 论述成本中心按管理范围的大小可分为哪些类别。
4. 简述责任成本与产品成本的联系与区别。
5. 概括说明内部结算价格的作用、种类及其制定原则。
6. 论述各责任中心考核与评价的方法。

▶ 作业练习

1. 华北公司是一家规模较大的机器制造企业,准备按照分权管理的要求建立责任会计制度,设立内部责任中心。公司主要有五个生产制造车间和三个辅助性部门,三个辅助性部门分别是维修部门、供电供暖部门和行政管理部门。以上各部门都具有较大的独立性。公司在建立责任会计制度的过程中,业务经理提出以下主要设想供参考:

(1) 董事长主持讨论责任会计制度的建立方案,责成总经理具体实施。

(2) 建立责任会计制度的宗旨是把它看作企业全面质量管理的有效途径。

(3) 公司内部各机构、部门都可以被确认为一个责任中心,并指定专人承担相应的经济责任。

(4) 根据分权的原则,只要求在执行预算的过程中将信息迅速地反馈给各责任中心,而无须再向上级报告。

(5) 内部结算价格属于短期决策中的价格决策内容,可由公司的业务部门具体操作,与责任中心无关。

(6) 在确保原有组织架构的基础上,可以根据责任会计的要求对组织架构进行适当的调整。

(7) 各成本中心为了有效地管理该中心而发生的成本应被确定为责任成本。

(8) 在未来五年的长远计划中,公司准备再设立三个分部,并将它们设计成利润中心和投资中心,以加大管理力度。

(9) 对于利润中心的考核与评价,可以采用投资报酬率和剩余收益两项指标,但要注意前一指标可能导致职能失调的行为。

(10) 各责任中心应进行系统的记录和计量,并定期编制业绩报告。

要求:根据建立责任会计制度和责任中心的原则,指出以上设想在实际中是否可操作,哪些设想有明显的错误。

2. C 零售商店下设三个部门,最近经营不太景气,该店就收集了一些数据来分析问题所在。该店当前的营业面积为 1 000 平方米,销售额为 8 000 万元,但利润只有 50 万元。各部门的具体数据如表 12-9 所示。

表 12-9　截至××年 12 月 31 日的经营情况　　　　　　　　金额单位:万元

项目	食品部	服装部	玩具部
销售额	3 550	2 400	2 050
销售成本	2 860	1 650	1 320
直接人工和广告费	240	340	540
营业面积(平方米)	210	360	430

另外,诸如水电费和管理费用之类的间接成本为 1 000 万元,可以按照各部门的营业面积来分摊,还可以按照销售额或其他标准来分摊。现有一家体育用品零售商有意租赁该店 20%的营业面积,开价为年租金 150 万元。

要求:

(1) 用你认为合理的财务分析方法来判断三个部门的盈利状况和业绩表现,根据分析来给三个部门排名次,并说明理由。

(2) 试对按营业面积分摊间接成本和按销售额分摊间接成本两种做法加以评价,并列举其他可行的分摊方法。

(3) 评价并讨论体育用品零售商有关租赁店面的提议。考虑一下该零售商店还有哪些方法可以选择。

3. 百花公司是一家游艇专卖店,共分以下四个部门,每个部门都是一个利润中心并由一位经理负责。

销售部门:担任四个主要生产商的代理,销售各款从小型号到大型号的游艇。

租赁部门:按日租、周租或月租出租游艇给个人及企事业单位。该部门所出租游艇的型号与销售部门的一样。

二手部门:销售二手游艇,其货源是销售部门从以旧换新交易中收回的游艇,或是租赁部门转来的已使用数年的游艇。从销售部门取得的游艇的转让价格定为以旧换新交易中所指定的价值,从租赁部门取得的游艇的转让价格则定为该资产按直线法及 6 年期计算折旧后的净值。

维修部门:负责的工作包括维修客户带来的游艇;销售部门及二手部门的售后服务和保养工作;维修租赁部门出租的游艇;维修二手部门准备出售的游艇。维修部门按小时统一收费,所收取的费用除支付成本外,还为维修部门赚取一定的利润。

公司每月为各部门的经理进行一次绩效评估,主要评估每一利润中心的销售利润,而每年的奖金大部分也取决于这些评估。销售及二手部门员工的薪金按月薪加销售佣金计算。平均来说,薪金及佣金各占一半。

要求:

(1) 给百花公司董事编写一份报告,评述公司在现行的管理机制下可能存在的有关内部转让价格的问题。

(2) 就你所指出的问题,提出一些可以减少这些问题而应采用的转让价格原则,并列出理由。

4. 假定某公司有 A、B 两个事业部(投资中心),近两年有关营业利润和投资额的资料如表 12-10 所示。

表 12-10　A、B 事业部营业利润和投资额资料　　　　　　　　　　　　单位:元

项目	A 事业部		B 事业部	
	2020 年	2021 年	2020 年	2021 年
营业利润	30 000	36 000	5 000	6 250
投资额	200 000	200 000	25 000	25 000

若公司规定的最低投资报酬率为 14%。

要求:

(1) 采用投资报酬率指标来评价 A、B 两个事业部的业绩。通过计算,你认为哪个事业部较优?

(2) 采用剩余收益指标来评价 A、B 两个事业部的业绩。通过计算,你认为哪个事业部较优?

(3) 结合两个事业部近两年营业利润的增长情况,你认为哪个指标的评价比较正确?为什么?

▶ 延伸阅读与写作

区块链技术随着比特币的兴起而受到广泛的关注和研究,被认为是引发第五次人类社会颠覆性变革的技术。从本质上讲,它是一个共享数据库,存储于其中的数据或信息具有不可伪造、全程留痕、可以追溯、公开透明、集体维护等特征。责任会计是指以完善经营管理为目标,以企业内部各个责任中心为会计主体,以责任中心可控的资金运动为对象,对各责任中心的经营活动与工作业绩进行规划、控制、考核和评价的一种企业内部控制制度。为此,在企业内部将区块链技术融入责任会计体系,不仅有助于推进责任会计与区块链技术的发展,而且为企业建立健全责任会计体系提供了重要的理论参考。围绕上述主题,查找资料,归纳总结,撰写一篇《基于区块链技术的责任会计体系构建》的小论文。

参考文献

[1] 范琳.现代企业制度下责任会计运用分析[J].中国市场,2018(24):131-132.

[2] 刘义鹃,王晶洁.内部转移定价:解读与应用案例[J].会计之友,2020(21):152-155.

[3] 尚明明.关于内部转移价格研究[J].现代商业,2019(36):189-190.

[4] 邵忠军,李文泽.试论责任成本会计在企业中的作用[J].山西农经,2021(1):175-176.

[5] 孙蕾.集团内部转移定价风险管控[J].现代商业,2019(6):123-124.

第 13 章 风险清单法

【学习目标】
1. 掌握风险清单法的含义及适用情形。
2. 明确风险清单法的应用环境和程序。
3. 明确风险清单法的评价方法。

【导入指引】

风险管理是企业为实现经营管理目标,对可能存在的风险进行的有效识别、评估、预警和应对等一系列管理活动。风险清单法、风险矩阵图等管理会计工具方法能够控制风险并尽可能地规避风险。因此,合理采取风险管理方法能够实现企业价值的有效提升;在规范运营过程方面,采用风险管理方法可以保证企业经营管理合法合规、财务报表及相关信息真实完整;在实现预期战略方面,采用风险管理方法能够促进企业有效规避风险,提高风险应对能力,保护企业资产安全,实现可持续健康发展。企业做好风险管理工作有利于掌握企业在大数据时代下的发展规律,优化风险管理相关技术方法,积极预防潜在风险,加强信息技术在风险管理中的应用,建立与业务、财务相融合的信息系统,为企业长远发展提供有效保障,实现企业长远发展战略。

13.1 风险清单法的含义及适用情形

13.1.1 风险清单法的含义

风险清单法是指企业根据自身战略、业务特点和风险管理要求,以表单形式进行风险识别、风险分析、风险应对、风险报告和沟通等管理活动的工具方法。将风险清单式管理融入企业的内部控制体系,能够优化企业内部控制的效率及效果,不断完善企业内部控制体系建设。

13.1.2 风险清单法的适用情形

风险清单法适用于各类企业及企业内部各个层级和各个类型风险的管理。现代风险管理理论认为,一个具有良好内部控制机制的企业风险相对较低,相反,一个内部控制较弱的企业风险相对较高,采取适当的风险应对措施后,风险趋势是逐渐降低的,但风险不可能完全消失。对风险的管理可以采用清单方式实现,包括风险识别、风险描述、风险分析、风险评估、风险控制、风险报告等。这一清单式分析过程可以同时应用于识别与分析风险的基本属性(风险分类、风险编号、风险监管主体、风险发生可能性、风险影响程度、风险估值、风险管理策略、风险解决方案等)和风险预警(风险预警指标、风险预警监控、风险应急方案、风险预警保障措施等),从而将风险降到可接受的低水平。风险清单法的适用情形如图13-1所示。

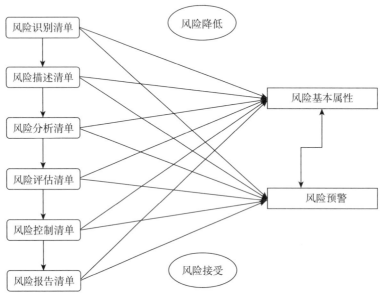

图13-1 风险清单法的适用情形

13.2 风险清单法的应用环境

13.2.1 风险清单法的应用目标

企业应用风险清单法的主要目标,是使企业从整体上了解自身风险概况和存在的重大风险,明晰各相关部门的风险管理责任,规范风险管理流程,并为企业构建风险预警和风险考核机制奠定基础;建立高效的风险信息管理体系,实现风险信息的有效识别,保障风险信息的高效使用;建立约束有力的高效机制保障体系、高效的风险管理体系,充分释放管理效力。

13.2.2 风险清单法的应用要求

风险清单应由企业风险管理部门牵头组织实施,明确风险清单编制的对象和流程,建立培训、指导、协调、考核和监督机制。各部门对与本部门相关的风险清单的有效性负直接责任,有效性包括风险清单使用的效率和效果等。

全面风险清单管理的有效应用是指在有效的风险管理组织体系的基础上,使用有效量化的风险识别技术和工具实现企业的有效管理;通过高效的风险传导机制、渠道和在高素质的人力资源保障之下,实现企业各项风险管理战略与目标在各个层级得到高效贯彻和顺利实现。

在全面风险清单管理有效应用建设的整体构架中,企业联合各部门所建立的有效的风险管理组织体系是前提,高度敏感的风险识别技术是基础,高效的目标和行为传导是核心,高素质的技术管理能力和人才队伍是保障。判断全面风险清单管理是否有效的基本标准是,风险管理战略传导是否高效、顺利,风险价值管理能力是否充分匹配宏观战略和精准实施需要。

从核心要义来看,全面风险清单管理的有效应用可以通过全系统、全流程、全方位的全面风险管控,实现企业风险可控、资本充足良好、价值增长有序、发展可持续的目标。从工具使用效能来看,全面风险清单管理的有效应用能够发现和识别风险信号,并充分运用大数据系统确定风险对企业的影响、风险的价值,就风险对企业的绩效贡献进行评价,进而对企业可持续发展程度进行判断。

13.3 风险清单法的应用程序

13.3.1 风险清单的编制

风险清单在编制过程中可以按照风险识别、风险分析、风险应对这一基本框架展开。以风险识别为例,在风险清单的设计过程中可以将风险识别细分为识别风险类别、关键指标要素等详细步骤,其中风险类别又可以分成战略风险、营运风险、财务风险等,企业可以根据实际经营环境及情形的不同对风险清单中的各项细分要素进行调整。风险清单的基本编制框架如图13-2所示。

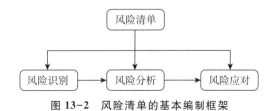

图13-2 风险清单的基本编制框架

企业一般按企业整体和部门两个层级编制风险清单。企业整体风险清单的编制一般按照构建风险清单基本框架、识别风险、描述风险、分析风险、制定重大风险应对措施等程序进行;部门风险清单的编制可根据企业整体风险清单,梳理出与本部门相关的重大风险,依照上述流程进行。中小企业编制风险清单可不区分企业整体和部门。

企业整体风险清单设计的思路是:立足企业全局,以整体视角对企业经营管理过程中存在的风险点进行识别、梳理、提取和整合并进行评估,设定影响企业发展的绩效指标,制定相应的防控措施。企业整体风险清单由以下三部分内容组成:

(1) 风险识别。风险识别主要包括识别风险类别、风险描述、关键风险指标等要素。按照不同的分类标准,风险可分为多种不同的类别。划分风险类别有助于企业正确地识别风险、评估风险和应对风险。在企业整体风险清单的设计中,根据风险的来源和内容,企业的风险可以分为战略风险、营运风险、财务风险等大类,并且可以在相应的大类下分设备相关要点。风险描述即对风险点进行详细描述,每项描述由风险源(风险诱发因素)、风险点两部分构成;部分情况下也可以省略风险源。关键风险指标即在风险识别中提取关键指标。风险识别是进行风险评价的基础。企业只有在充分揭示所面临的各种风险和风险因素的前提下,才有可能做出较为精确的评价。企业在运行过程中,原来的风险因素可能发生变化,同时又可能出现新的风险因素,因此,风险识别要求对企业进行跟踪,以便及时地了解企业在运行过程中风险和风险因素变化的情况。

[例 13-1] 为了精准而高效地开展对重大建设投资项目的工程审计工作,某烟草企业在对实践经验的摸索和总结中发现,可以通过建立一套系统的工程风险清单的方法来指导工程审计工作,使工程审计操作更具条理性,逻辑更清晰,同时重点、难点突出且易识别,从而有效地提高工程审计工作效率。工程风险清单的建立参照工程基本建设程序顺序编排分组,分为四大部分:第一部分为项目决策阶段,第二部分为项目批复后、开工前,第三部分为项目施工期间,第四部分为项目结算、决算及后期工程审计关注的重点。其中,第二和第三部分是工程风险清单的主要内容,我们以第三部分为例,来探讨企业在项目施工期间的工程风险清单,如表 13-1 所示。

表 13-1 项目施工期间工程风险清单

序号	风险
1	总体建设工期存在延期情况,未按合同约定办理工期延误事宜
2	单项工程实际工期超合同约定工期,且未见工期变更相关资料
3	施工超合同约定工期,未签发开工指令,存在工期索赔风险
4	工期逾期违约处理不及时,存在索赔风险
5	实际开工时间早于开工指令时间
6	设备采购项目安装工期约定不明,影响相应合同违约条款的执行
7	设备采购项目缺少货物供应通知单、到货验收单等资料,无法追溯实际交货、安装等
8	履约保函过期,履约保证期限未根据变更后的竣工日期进行调整
9	项目实施过程中发生重大变更,未见决策委员会决策记录
10	存在设计变更和控制不规范问题
11	未对设计变更及时审核,存在多计造价风险
12	设计内容增减取费标准不统一,补充协议设计费用取费理由不充分
13	建设内容多次变更导致设计费用增加
14	建设工程勘察项目技术负责人与中标单位投标文件中承诺的人员不一致
15	烟草专用机械选型变更和项目工艺变更等未履行变更程序
16	变更签证手续不完善

(续表)

序号	风险
17	工程变更较为频繁,且变更签证资料不完整
18	变更审核未执行合同约定,存在多计造价风险
19	工程签证计算错误,存在增加造价风险
20	变更签证仅对人工费进行调增,未对主材单价进行调减
21	工程量增加时,未对增加部分的工程量综合单价进行调减
22	存在财务付款和审核不规范问题
23	工程价款未经全过程跟踪审计审核直接付款
24	联合试运转费未经跟踪审计审核
25	存在超过合同进度付款情况
26	补充协议费用审核不够详尽,存在工程进度款支付风险
27	补充协议签订不严谨,存在结算纠纷风险
28	暂估价材料的采购方式不符合规定
29	暂估价项目实施存在较大风险
30	部分项目存在重复施工,导致费用增加
31	中标单位提供的主要材料品牌不符合投标文件要求
32	建筑智能化工程项目,实际设备品牌、规格与投标文件不一致;未见到货物验收、变更审核资料,且结算也未考虑对价格的影响
33	实际安装设备与投标文件不一致,且价格认定不合理
34	监理未履行灯具采购安装监理职责,且未有效履行监理合同
35	更换监理人员未按合同约定进行违约处理

（2）风险分析。企业应分析风险可能给企业带来的损失及影响,主要包括可能产生的后果、关键影响因素、风险责任主体、风险发生的可能性、风险后果的严重程度、风险的重要性等级等。

（3）风险应对。企业在进行风险识别和分析时,已经对风险点进行了识别,明确了风险来源;之后要根据风险诱发因素,制定风险应对措施。风险应对措施可以分为两种类型:一种是在企业的工作规定、规章制度、业务流程等相关管理文件中已经存在的规范,需要将其提取出来,作为对应的风险应对措施;另一种则是还没有明确规定的,就要制定与之对应的具体风险应对措施。企业在构建风险清单基本框架时,也可根据管理需要,对风险识别、风险分析、风险应对中的要素进行调整。企业整体风险清单示例如表13-2所示。

表 13-2 企业整体风险清单示例

风险识别						风险分析						风险应对
风险类别				风险描述	关键风险指标	可能产生的后果	关键影响因素	风险责任主体	风险发生的可能性	风险后果的严重程度	风险的重要性等级	风险应对措施
一级风险		二级风险	……									
编号	名称	编号	名称	编号	名称							
1	战略风险	1.1										
		1.2										
		…										
2	营运风险	2.1										
		2.2										
		…										
3	财务风险	3.1										
		3.2										
		…										
……												

部门风险清单设计的整体思路是：以部门为单位，对企业经营管理各个具体环节、过程中存在的风险点进行识别、列示，将风险点落实到关键部门并进行评估，制定具体的应对措施，制作形成部门风险清单，实现通过一份清单防控部门风险的作用。与企业整体风险清单相比，部门风险清单具体描述了实施证据以及依据的体系文件。其中，实施证据是指在实施风险应对措施时形成的事实材料，如物品、证书、合同、文件、检验报告、原始票据、记账凭证、系统记录、影像资料等。依据的体系文件是指对于企业相关管理文件中已经存在规范的情况，在提取风险应对措施时，将依据的工作规定、规章制度、业务流程等具体文件说明，相当于以部门风险点为单位，在企业的管理文件中建立一个索引。与企业整体风险清单相同，企业在构建部门风险清单基本框架时，也可根据管理需要对各要素进行调整。部门风险清单示例如表 13-3 所示。

表 13-3 部门风险清单示例

部门名称：					
风险类别	风险描述	风险可能造成的损失或影响	风险应对措施	实施证据	依据的体系文件

13.3.2 风险清单法的应用方法

风险清单法的应用一般按照编制风险清单、沟通与报告、评价与优化等程序进行。在利用风险清单进行企业风险管理时，仍然是基于风险管理的一般模型，即风险识别、风险分析和风险应对；在风险清单的编制过程中，即完成了风险识别和风险分析的过程。企业可以按照以下步骤组织工作：

（1）编制风险清单。先进行风险识别和梳理。企业以部门为单位，围绕各部门的工作职责及内容，查阅企业内外部通报及近年来发生的风险事件，结合规章制度及业务流程中的重要风险，对可能影响企业正常经营与目标实现的各项风险进行识别和梳理；然后制定风险应对措施；最后统一汇总编制企业整体风险清单。

（2）征求意见、审核发布。将风险梳理情况以及应对措施整理汇总，即形成了企业整体风险清单。整体风险清单需在企业范围内征求意见，以确保风险识别的准确性及风险应对措施的可行性。征求意见并修改完善后，企业应将风险清单汇编成册，审定后予以发布实施。

（3）培训推广。风险管理涉及企业所有业务、部门和操作人员，覆盖全员、全过程，企业必须加强各个层面的宣传和培训，形成良好的运行氛围。通过培训，企业培养部分熟悉风险管理、规章制度、内控知识并具有实践经验的管理人员。

（4）落实执行。全员培训推广结束后，风险清单要落到实处，就要与日常的工作检查联系起来，通过测试、检查以及不定期抽查并纳入考核来促使企业各级人员更加注重风险防范，不断纠正粗放管理的习惯，自觉用公司制度、规范、流程来约束各项行为，增强责任意识和执行意识，将风险管理落实到行动上。

（5）审核测试和管理评审。审核测试和管理评审可以检验利用风险清单进行风险管理是否达到预期效果，是发现运行问题的重要手段，并且通过测试可以掌握企业运行的第一手资料。企业可以年为周期进行审核测试和管理评审，对发现的问题及时督促整改，对存在的问题提出解决方案，明确改进方向，优化管理方案，推动企业风险管理持续改进。

13.4 风险管理部门的职责

13.4.1 风险管理部门的首要任务

风险管理部门的首要任务是从全局角度识别可能影响风险管理目标实现的因素和事项，帮助企业做出正确的风险管理决策。具体方法可以通过建立风险信息库，在各相关部门的配合下共同识别风险。风险识别过程应遵循全面系统梳理、全员参与、动态调整的原则，对识别出的风险进行详细的描述，明确关键风险指标等。

13.4.2 风险管理部门的具体实施过程

风险管理部门应对识别出的风险进行归类、编号，根据风险性质、风险指标是否可以量化等进行归类，并以此为基础填制完成风险清单中风险类别、风险描述、关键风险指标等要素。同时，根据已填列的风险识别部分的内容，在与相关部门沟通后，分析各类风险可能产生的后果,确定引起该后果的关键影响因素及责任主体,并填制完成风险清单中可能产生的后果、关键影响因素、风险责任主体等要素。基于风险偏好和风险应对能力,逐项分析风险清单中各类风险发生的可能性和风险后果的严重程度,确定风险的重要性等级,并填制风险发生的可能性、风险后果的严重程度、风险的重要性等级等要素。风险重要性等级的确定方法和标准可参见《管理会计应用指引》中对风险矩阵的解释,并以风险重要性等级结果为依据确定企业整体的重大风险,报企业风险管理决策机构批准后反馈给相关责任主体。最终会同各责任主体结合企业的风险偏好、风险管理能力等制定相应的风险应对措施,填制风险清单中风险应对措施要素,由此填制完成企业整体风险清单。风险管理部门及各责任主体可对企业整体重大风险进行进一步的分析,也可直接对各部门相关的业务流程进行细化分解,形成相关部门的风险清单。各部门应用本部门风险清单进行风险管理的程序与企业整体风险清单类似,但应加强流程细节分析,突出具体应对措施及其实施依据,力求将风险管理切实落到业务流程和岗位责任人。

13.4.3 风险管理部门的后续工作

　　风险管理部门在完成风险清单后应将风险清单所呈现的风险信息及时传递给相关责任主体,确保各责任主体准确理解相关的风险信息,有效开展风险管理活动。为了提高风险清单应用的有效性,风险管理部门可将其纳入企业风险管理报告。风险管理部门应会同各责任主体定期或不定期地根据企业内外部环境变化,对风险清单是否全面识别风险并准确分类、是否准确分析风险成因及后果、是否采取了恰当的风险应对措施等进行评估,及时对风险清单进行更新调整。环境变化风险主要体现在企业对外投资和对内扩大再生产两个方面。在对外投资方面,当前世界经济尚未复苏,贸易保护主义抬头,在企业经营充满不确定性的条件下,风险管理能为企业提供有力的信息支持,衡量企业投资风险,为管理者正确决策提供确定性的依据。在对内扩大再生产方面,风险管理能够帮助企业分析所处行业的总体经营情况、未来的风险与前景,并提出合理化建议,避免企业管理者在经济下行阶段盲目扩大生产,造成企业资金流动性风险。此外,风险管理有助于创造一个稳定的生产经营环境,保护企业资产的安全完整,激发企业员工的工作积极性和创造性,为企业未来更好地发展提供物质保障,有利于实现企业的经营管理目标。运用风险清单可以使企业充分认识自身的优劣势、面对的风险与机遇,保护企业的正常生产经营行为,为管理者迅速做出反应扩大优势、规避经营风险、降低企业运营成本、增加经济效益、实现企业经营管理目标提供安全保障。

13.5 风险清单法的评价

13.5.1 风险清单法的主要优点

　　风险清单法能够直观地反映企业风险情况,易于操作,适用于不同类型企业、不同层次风险、不同风险管理水平的风险管理工作。风险清单法作为风险管理的一项重要方法融入企业内部控制体系是指企业在实施内部控制的过程中,借助清单方式,高效地实施控制行为,促进企业核心竞争力提升,成功实现企业战略优势。风险清单法融入企业内部控

制体系可以从以下三个方面分析:

（1）必要性。企业可以采用清单方式将风险降到可接受的低水平。风险管理是企业管理的重要组成部分,而风险清单的设置为企业战略的有效实施提供了效率保障。清单式风险管理意识和文化的形成,可以帮助企业构建优势和抓住外部机会,处理劣势和应对威胁,获得独特的竞争优势,缩小现有业绩与预期业绩的差距,满足利益相关者的关注需求。

（2）融合性。风险清单以企业现有的战略方向为指导,以风险为导向,立足企业全局,统筹规划、整体设计,将企业经营管理中涉及的风险统筹评价、统筹管理,整合成管理资源;将风险从企业复杂繁多的管理文件中提取出来,融合在一份清单中,化整为零、变繁为简,便于企业迅速查找某个影响因素的风险以及相应的风险严重程度、应对措施等信息,所有和风险点相关的信息一目了然,非常直观、便捷。

（3）可行性。风险清单管理是一个相对简单的过程管理,无论是从技术资源还是从组织能力来看,风险清单法在多数企业都具有可行性。风险清单法在融入企业内部控制体系的过程中,可以调动内部控制从业人员的积极性和创造性,并通过信息系统处理清单,提高企业核心竞争力。

13.5.2 风险清单法的主要缺点

风险清单所列举的风险往往难以穷尽,且不同企业关注点不同,可能从不同角度制作风险清单,从而导致企业间以及行业间风险信息的可比性较差;此外,风险重要性等级的确定可能因评价的主观性而产生偏差。

13.6 风险清单法相关案例分析

RSD 公司是一家中型国有企业,提供铁路货车检修及企业自备车检修服务。其中,企业自备车检修服务是公司实现盈利的主要途径,收回的债权资金为公司自有资金的主要来源。自备车检修业务收入全部为应收账款,自备车企业大多从事石化行业,这类企业经营的不确定性给 RSD 公司带来了较高的债权风险。无论是铁路货车检修还是企业自备车检修均需要大量配件,配件物资的采购要占用公司巨额的资金,因此风险控制对于 RSD 公司现金流充裕顺畅、主营业务稳健发展以及经营效益提升影响极大。

在进行风险清单列示前,公司首先进行了自备车检修业务债权风险的成因分析,追溯了自备车检修业务债权风险形成的整个过程,以深探每个关键风险点。由公司组织相关部门,对债权管理过程进行全面风险分析,逐项确定各个环节可能遭遇的风险,找出各种潜在的风险因素。RSD 公司在风险全面识别和分析的基础上,再结合专家评审法对风险做进一步分析,并在此基础上编制自备车检修业务债权管理风险清单。专家组由集团及公司相关业务、财务部门的管理者及业务人员构成。在专家组各成员对关键风险指标、影响风险的关键因素以及可能产生的后果进行详尽分析和充分讨论的基础上确定风险清单。自备车检修业务债权管理风险清单如表13-4所示。

表 13-4　自备车检修业务债权管理风险清单

序号	风险名称	关键风险指标	关键影响因素	可能产生的后果	风险责任主体
1	客户资信风险	法规变化、客户财务状况和征信情况	环境污染治理有关政策，客户持续经营能力和偿债能力	石化产业转型，客户盈利能力下降或亏损、资金链断裂、资不抵债	调度科、财务部门
2	客户关系风险	议价能力、沟通能力	合同签订、履行中的议价优势，与客户的沟通方式	客户不按合同时限回款而不实行处罚措施，沟通不紧密，回款不及时	调度科、法律部门
3	管理层风险	决策质量	在未取得可靠、充足证据的情况下确认债权	无法律保障，坏账风险大	管理层
4	流程风险	业财融合度	财务部门、法律部门未参与自备车企业年审，财务部门未与业务部门对自备车企业持续经营能力进行评估	承修资信不良企业的自备车，造成债权收回困难或出现坏账损失	管理层、调度科、法律部门、财务部门
4	流程风险	合同签订	未签订合同，合同条款不严谨、对企业不利	债权单方挂账，无法律保障，给企业造成损失	管理层、调度科、法律部门、财务部门
4	流程风险	债权确认	未及时确认债权	未能发现记错账，未及时取得签认单错过诉讼时效	调度科、财务部门
4	流程风险	资产保全、诉讼措施	债权未及时获得保障	无资产保全或诉讼后对方无可执行财产，形成坏账	调度科、法律部门、财务部门
5	内控风险	不相容岗位分离	由业务员一人承办不相容职责	廉政风险	调度科
6	信息风险	沟通汇报机制	业务员未及时走访自备车企业，未及时汇报企业经营现状，管理层未及时采取有效应对措施	继续承修经营困难企业的自备车，未及时采取质押、诉讼等措施造成坏账风险	调度科、法律部门、管理层
7	机制风险	激励政策	只罚不奖，无激励政策	员工缺乏主动性和积极性	管理层
8	监督风险	债权清理成效	业务员债权清理目标和进度不明确	债权清理进度缓慢，易产生坏账风险	管理层、调度科、财务部门

➢ 本章小结

1. 风险清单法是指企业根据自身战略、业务特点和风险管理要求，以表单形式进行风险识别、风险分析、风险应对、风险报告和沟通等管理活动的工具方法，适用于各类企业及企业内部各个层级和各个类型风险的管理。

2. 企业应用风险清单法的主要目标,是使企业从整体上了解自身风险概况和存在的重大风险,明确各相关部门的风险管理责任,规范风险管理流程,并为企业构建风险预警和风险考核机制奠定基础;建立高效的风险信息管理体系,实现风险信息的有效识别,保障风险信息的高效使用;建立约束有力的高效机制保障体系、高效的风险管理体系,充分释放管理效力。

3. 风险管理部门在企业编制风险清单的过程中起主导作用,在具体实施过程及后续运用中对识别出的风险进行决策管理,确定企业对风险的应对措施。

4. 风险清单的设置将风险从企业复杂繁多的管理文件中提取出来,融合在一份清单中,化整为零、变繁为简,便于企业迅速查找某个影响因素的风险以及相应的风险严重程度、应对措施等信息,所有和风险点相关的信息一目了然,非常直观、便捷;为企业战略的有效实施提供了效率保障。清单式风险管理意识和文化的形成,可以帮助企业构建优势和抓住外部机会,处理劣势和应对威胁,获得独特的竞争优势,缩小现有业绩与预期业绩的差距,满足利益相关者的关注需求。

▶ 复习思考题

1. 什么是风险清单法?如何编制风险清单?
2. 风险清单法的应用范围是什么?
3. 如何评价风险清单法?

▶ 作业练习

目前,从我国现实来看,环境污染问题日益突出,这迫切需要改变传统以煤炭为主的能源利用方式,大力发展绿色清洁能源技术。微电网技术作为缓解能源危机、环境危机的有效手段,其建设具有一定的技术难度,并且成本较高,现阶段在中国盈利较为困难。作为基础设施,微电网具有建设周期长、不确定性因素多的特点。微电网推广与发展瓶颈在于技术与资金。甲公司借助政府和社会资本合作采用了PPP融资模式。由于PPP融资模式涉及多方,安排较为复杂,并且多涉及建设周期较长的基础设施项目,因此不可避免地面临许多风险因素。假定按照风险清单相关分析方法最终得到十项风险因素,分别是金融市场不健全,对周边自然环境、资源、历史遗迹及居民生活造成影响,政府信用,无法按工期完成,法律体系不成熟,新技术使用,税收法律法规、条例的变更,政府许可,汇率波动以及通货膨胀。其中,金融市场是否健全决定了融资能否顺利进行,融资成本如何;而政府信用、法律体系不成熟、政府许可都与政府行为紧密相关。这说明建设和运营过程中的风险直接影响了项目的现金流。

要求:按照风险管理分析的过程,综合风险发生的概率和危害程度,识别风险类别,分析风险因素的重要性并根据重要性排序。

▶ 延伸阅读与写作

随着"一带一路"倡议的不断深化发展,全球经济日趋一体化,海外巨大的工程承包市场给我国的企业发展提供了广阔的舞台,但是国际工程承包是一项充满风险的事业。随着国际资本市场的逐渐成熟以及工程承包模式的多样化发展,风险管理的失败不再是简单的单个项目损失,一个决策失误,一个项目亏损,就可能造成数千万美元的损失,而且损失往往不仅仅是经济利益上的。尽管各种显性与隐性的风险越来越大,但是加快实施"走出去"战略的要求明确了我国国际工程承包事业发展的持续性和长期性。因此,无论是外部的复杂环境还是内部的发展,都迫切要求我国建筑承包企业高度重视风险管理。选择一家国际工程承包公司,利用风险清单法对其进行风险管理。

参考文献

[1] 陈挺,李新伟,何利辉.清单式监督检查与大型央企风险管理融合的模式初探[J].财政监督,2019(13):73-77.

[2] 田高良,赵宏祥,李君艳.清单管理潜入管理会计体系探索[J].会计研究,2015(4):51-61.

[3] 王国璇.美国审计署高风险清单评价路径与启示[J].新会计,2019(11):62-64.

[4] 赵家麟.烟草行业工程审计风险清单初步探索[J].中国集体经济,2020(32):61-64.

[5] 周航,马翠兰.铁路企业"两金"风险管控中管理会计工具的应用实践:以RSD公司为例[J].航空财会,2020(4):84-91.

第四篇

分析与评价

第 14 章　沃尔比重评分法

第 15 章　杜邦分析法

第 16 章　多维度盈利能力分析

第 17 章　战略管理与平衡计分卡

第 18 章　经济增加值理论

第 19 章　企业管理会计报告

第14章 沃尔比重评分法

【学习目标】
1. 了解沃尔比重评分法产生的背景。
2. 掌握沃尔比重评分法的比率选取与所占比重。
3. 熟悉沃尔比重评分法的实际应用。

【导入指引】
沃尔比重评分法根据定性分析及过去的评价经验主观给出各项财务指标的权重,并通过几项财务指标的线性组合,确定财务综合评价结果,从而给实际评价工作带来了很大的方便。其评价指标体系较为完整,能较好地反映企业的盈利能力、偿债能力和营运能力。因此,通过财务指标实际值与标准值的对比分析,可以找出影响企业财务状况的主要因素,以明确改善企业财务状况的方向。沃尔比重评分法对我国企业具有较高的判别能力和较好的判别效果。沃尔比重评分法作为一种简便易行的评价企业综合财务状况的方法具有很高的实用价值。

14.1 产生的背景

最初的分析评价方法都是以单一的财务指标为评价的主要依据,直到1928年,财务状况综合评价的先驱者之一——亚历山大·沃尔(Alexander Wole)在他出版的《信用晴雨表研究》和《财务报表比率分析》中提出了信用能力指数的概念,把若干财务指标用线性关系结合起来,以评价企业的信用水平。他选择了七个财务比率,即流动比率、负债资本比率、固定资产比率、存货周转率、应收账款周转率、固定资产周转率和主权资本周转率,分别给定各指标的权重,总和为100分;然后确定标准比率(以行业平均数为基础),将实际比率与标准比率相比,得出相对比率,将此相对比率与各指标权重相乘,得出总评分,从而对企业信用水平进行评价,以此来评价企业的财务状况。至此,对企业财务状况的评价方法进入了多指标综合评价的阶段。这种财务状况综合评价法也称沃尔比重评分法。虽然现代社会与沃尔所处的时代相比已经发生很大的变化,但是沃尔比重评分法作为一种基本的财务状况评价方法,其思想理念和思维方式在目前仍有借鉴作用,并且随着社会的发展,沃尔比重评分法也在不断地发展与完善之中。

14.2 方　　法

14.2.1 综合绩效评价方法

沃尔比重评分法是综合绩效评价方法的应用，下面首先介绍一下综合绩效评价方法。综合绩效评价是以投入产出分析为基本方法，运用数理统计和运筹学的方法，通过建立综合评价指标体系，对照相应行业评价标准，定量分析与定性分析相结合，对企业特定经营期间的盈利能力、资产质量、偿债能力、经营增长以及管理状况等进行综合评判。

企业综合绩效评价工作的开展应当遵循以下原则：

（1）全面性原则。企业综合绩效评价应当通过建立综合的评价指标体系，对影响企业绩效水平的各种因素进行多层次、多角度的分析和综合评判。

（2）客观性原则。企业综合绩效评价应当充分体现市场竞争环境特征，依据统一测算的、同一期间的国内行业标准或国际行业标准，客观、公正地评判企业经营成果及管理状况。

（3）效益性原则。企业综合绩效评价应当以考察投资回报水平为重点，运用投入产出分析基本方法，真实反映企业资产运营效率和资本保值增值水平。

（4）发展性原则。企业综合绩效评价应当在综合反映企业经营成果及管理状况的基础上，客观分析企业年度之间的增长状况及发展水平，科学预测企业的未来发展能力。

企业综合绩效评价方法分为功效系数法和综合分析判断法两种，其中功效系数法用于财务绩效定量评价指标的计分，综合分析判断法用于管理绩效定性评价指标的计分。

财务绩效定量评价——功效系数法

功效系数法根据多目标规划原理，对每一项评价指标确定一个满意值和一个不允许值，以满意值为上限，以不允许值为下限，计算各指标实现满意值的程度，并以此确定各指标的分数，再经过加权平均进行综合，从而评价被研究对象的综合财务状况。

1. 财务绩效定量评价的内容

财务绩效定量评价是指对企业一定期间的盈利能力、资产质量、偿债能力及经营增长等四个方面进行定量对比分析和评判。

2. 财务绩效定量评价的指标

财务绩效定量评价的指标由反映企业盈利能力状况、资产质量状况、偿债能力状况及经营增长状况等四个方面的8个基本指标和14个修正指标构成，用于综合评价企业财务报表所反映的财务状况。

其中，基本指标反映企业一定期间财务绩效的主要方面，并得出财务绩效定量评价的基本结果。修正指标根据财务指标的差异性和互补性，对基本指标的评价结果做出进一步的补充和矫正。比如，净资产收益率能够反映企业的盈利能力，但企业利润的质量如何就需要通过利润现金保障倍数来反映；再者，利润可以操纵，但现金难以操纵。

各项财务绩效定量评价指标及其权重如表14-1所示，其中指标权重实行百分制。

表 14-1 各项财务绩效定量评价指标及其权重

评价内容与权重		财务绩效指标			
		基本指标	权重	修正指标	权重
盈利能力状况	34	净资产收益率 总资产报酬率	20 14	销售(营业)利润率 利润现金保障倍数 成本费用利润率 资本收益率	10 9 8 7
资产质量状况	22	总资产周转率 应收账款周转率	10 12	不良资产比率 流动资产周转率 资产现金回收率	9 7 6
偿债能力状况	22	资产负债率 已获利息倍数	12 10	速动比率 现金流动负债比率 有息负债比率 或有负债比率	6 6 5 5
经营增长状况	22	销售(营业)增长率 资本保值增值率	12 10	销售(营业)利润增长率 总资产增长率 技术投入比率	10 7 5

3. 财务绩效定量评价的标准

财务绩效定量评价的标准包括国内行业标准和国际行业标准。

财务绩效定量评价的标准按照不同行业、不同规模及指标类别,划分为优秀(A)、良好(B)、平均(C)、较低(D)、较差(E)五个档次,对应五档评价标准的标准系数分别为1.0、0.8、0.6、0.4、0.2,较差(E)以下为0。标准系数是评价标准的水平参数,反映了评价指标对应评价标准所达到的水平档次。

4. 财务绩效定量评价的计分方法

(1) 基本指标计分。财务绩效定量评价基本指标计分是按照功效系数法计分原理,将评价指标实际值对照行业评价标准值,按照规定的计分公式计算各项基本指标得分。计分公式为:

基本指标总得分 = $\sum$ 单项基本指标得分

单项基本指标得分 = 本档基础分 + 调整分

本档基础分 = 指标权重 × 本档标准系数

调整分 = 功效系数 × (上档基础分 − 本档基础分)

上档基础分 = 指标权重 × 上档标准系数

功效系数 = (实际值 − 本档标准值)/(上档标准值 − 本档标准值)

实际值计算出来后,低于实际值的属于本档标准值,高于实际值的属于上档标准值,同时标准系数也确定出来了。在确定了标准值和标准系数后,根据计分公式即可计算出基本指标的得分。例如,可根据国务院国资委财务监督与考核评价局每年发布的《企业绩效评价标准值》进行对比分析,并确定档次。假设某年的基本指标标准值如表14-2所示。

表 14-2 基本指标标准值

项目	优秀值	良好值	平均值	较低值	较差值
一、盈利能力状况					
净资产收益率(%)	14.7	11.6	7.8	1.5	-5.1
总资产报酬率(%)	11.3	9.4	5.9	1.0	-3.6
销售(营业)利润率(%)	26.0	20.4	13.7	8.2	0.8
利润现金保障倍数	12.8	5.7	1.6	-0.1	-3.0
成本费用利润率(%)	14.1	10.9	7.2	2.7	-3.2
资本收益率(%)	17.8	13.3	8.6	3.2	-1.2

若某企业净资产收益率为 13%,则:

上档基础分 = 20 × 1 = 20(分)

本档基础分 = 指标权重 × 本档标准系数 = 20 × 0.8 = 16(分)

上档标准值为 14.7%,本档标准值为 11.6%,则功效系数为:

功效系数 = (13% - 11.6%)/(14.7% - 11.6%) = 0.45

调整分 = 0.45 × (20 - 16) = 1.8(分)

该基本指标得分 = 16 + 1.8 = 17.8(分)

(2)修正指标计分。财务绩效定量评价修正指标的计分是在基本指标计分结果的基础上,运用功效系数法原理,分别计算盈利能力、资产质量、偿债能力及经营增长四个部分的综合修正系数,再据此计算出修正后的分数。

(3)在计算修正指标单项修正系数的过程中,对于一些特殊情况应做特别处理。

5. 财务绩效定量评价的工作程序

财务绩效定量评价的工作程序具体包括提取评价基础数据、基础数据调整、评价计分、形成评价结果等。

(1)提取评价基础数据。以经社会中介机构或内部审计机构审计并经评价组织机构核实确认的企业年度财务报表为基础提取评价基础数据。

(2)基础数据调整。为客观、公正地评价企业财务绩效,对评价基础数据进行调整。

(3)评价计分。根据调整后的评价基础数据,对照相关年度的行业评价标准值,利用绩效评价软件或手工评价计分。

(4)形成评价结果。年度财务绩效定量评价需要对定量评价得分进行深入分析,诊断企业经营管理存在的薄弱环节。

管理绩效定性评价——综合分析判断法

管理绩效定性评价是指在企业财务绩效定量评价的基础上,通过采取专家评议的方式,对企业一定期间的经营管理水平进行定性分析与综合评价。

1. 管理绩效定性评价的内容

管理绩效定性评价从战略管理、发展创新、经营决策、风险控制、基础管理、人力资源、行业影响、社会贡献八个方面,反映企业在一定经营期间所采取的各项管理措施及其管理成效。

2. 管理绩效定性评价的指标

管理绩效定性评价的指标由战略管理、发展创新、经营决策、风险控制、基础管理、人力资源、行业影响、社会贡献等八个方面的指标构成。

3. 管理绩效定性评价的标准

管理绩效定性评价的标准分为优（A）、良（B）、中（C）、低（D）、差（E）五个档次。对应五档评价标准的标准系数分别为 1.0、0.8、0.6、0.4、0.2，差（E）以下为 0。

管理绩效定性评价的标准具有行业普遍性和一般性,在进行评价时,评价者应当根据不同行业的经营特点,灵活把握个别指标的标准尺度。对于定性评价标准没有列示,但对被评价企业管理绩效产生重要影响的因素,在评价时应予以考虑。

4. 管理绩效定性评价的计分方法

管理绩效定性评价的计分一般通过专家评议打分的形式完成,聘请的专家应不少于 7 名。评议专家在充分了解企业管理绩效状况的基础上,对照评价标准,采用综合分析判断法,对企业管理绩效定性评价指标做出分析评议,评判各项指标所处的水平,并直接给出评价分数。计分公式为:

$$管理绩效定性评价指标分数 = \sum 单项指标分数$$

$$单项指标分数 = (\sum 每位专家给定的单项指标分数) / 专家人数$$

5. 管理绩效定性评价的工作程序

管理绩效定性评价的工作程序具体包括收集整理管理绩效评价资料、聘请咨询专家、召开专家评议会、形成定性评价结论等。

（1）收集整理管理绩效评价资料。为了深入了解被评价企业的管理绩效状况,应当通过问卷调查、访谈等方式,充分收集和认真整理管理绩效评价的有关资料。

（2）聘请咨询专家。根据被评价企业的行业情况,聘请不少于 7 名管理绩效评价咨询专家,组成专家咨询组,并将被评价企业的有关资料提前送达咨询专家。

（3）召开专家评议会。组织咨询专家对企业的管理绩效定性评价指标进行评议打分。专家评议会的一般程序包括:阅读相关资料,了解企业管理绩效定性评价指标的实际情况;听取评价实施机构关于管理绩效定性评价情况的介绍;参照管理绩效定性评价标准,分析企业管理绩效状况;对企业管理绩效定性评价指标实施独立评判打分;对企业管理绩效进行集体评议并提出咨询意见,形成评议咨询报告;汇总评判打分结果。

（4）形成定性评价结论。汇总管理绩效定性评价指标得分,形成定性评价结论。

综合绩效评价

1. 综合绩效评价的计分方法

在得出财务绩效定量评价分数和管理绩效定性评价分数后,按照规定的权重,即财务绩效定量评价指标权重为 70%,管理绩效定性评价指标权重为 30%,二者之和形成综合绩效评价分数。计算公式为:

$$综合绩效评价分数 = 财务绩效定量评价分数 \times 70\% +$$
$$管理绩效定性评价分数 \times 30\%$$

在得出评价分数以后,应当计算年度之间的绩效改进度,以反映企业年度之间经营绩效的变化状况。计算公式为:

$$绩效改进度 = 本期综合绩效评价分数 / 基期综合绩效评价分数$$

绩效改进度大于1,说明企业经营绩效上升;绩效改进度小于1,说明企业经营绩效下滑。

对经营绩效上升幅度显著、经营规模较大、有重大科技创新的企业,予以适当加分,以充分反映不同企业的努力程度和管理难度,激励企业加强科技创新。

2. 综合绩效评价结果

企业综合绩效评价结果以评价类型、评价级别和评价得分表示。具体分级标准如表14-3所示。

表14-3 具体分级标准

评价类型	评价级别	评价得分
优(A)	A++	100~95
	A+	94~90
	A	89~85
良(B)	B+	84~80
	B	79~75
	B-	74~70
中(C)	C	69~60
	C-	59~50
低(D)	D	49~40
差(E)	E	39分以下

3. 综合绩效评价报告

企业综合绩效评价报告是根据评价结果编制、反映被评价企业经营绩效状况的文本文件,由报告正文和附件构成。

(1)企业综合绩效评价报告正文应当包括评价目的、评价依据与评价方法、评价过程、评价结果及评价结论、重要事项说明等内容。企业综合绩效评价报告的正文应当文字简洁、重点突出、层次清晰、易于理解。

(2)企业综合绩效评价报告附件应当包括企业经营绩效分析报告、评价结果计分表、问卷调查结果分析、专家咨询报告、评价基础数据及调整情况,其中企业经营绩效分析报告是根据综合绩效评价结果对企业经营绩效状况进行深入分析的文件,应当包括评价对象概述、评价结果与主要绩效、存在的问题与不足、有关管理建议等。

14.2.2 沃尔比重评分法的评价

沃尔比重评分法主要是选取若干财务指标并分配不同的权重,将指标的行业先进水平作为标准值,并将指标用线性关系结合起来,分别给定各自的分数权重,通过实际值与标准值的比较,确定各项指标的得分及总体指标的累计分数,从而得出企业财务状况的综合评价。

从理论上讲,沃尔比重评分法存在一个弱点:未能证明为什么要选择这7个指标,而不是更多或更少,或者选择其他财务指标,以及未能证明每个指标所占权重的合理性。这个问题至今仍然没有从理论上解决。尽管沃尔比重评分法在理论上还有待证明,在技术上也不完善,但它还是在实践中被广泛应用。耐人寻味的是,很多理论上相当完善的经济计量模型在实践中往往应用并不普遍,但实际使用并行之有效的模型又在理论上难以解释。这也许就是经济活动复杂性的表现。该方法的不足主要表现为:

第一,在综合评分标准的确定过程中,沃尔比重评分法在理论上的一个明显不足在于无法证明每个指标所占权重的合理性,因此有关指标权重的确定应结合具体企业的情况以及该行业长期实践进行不断的修正。

第二,如果某一个指标出现严重异常,则会对总评分产生不合逻辑的重大影响。例如,当某一财务比率提高100%时,其评分增加100%;而当其降低100%时,其评分只减少50%。

14.2.3 选取指标

沃尔比重评分法所选用的7个指标可分为两大类,即偿债能力指标(包括流动比率和负债资本比率)和营运能力指标(包括固定资产比率、存货周转率、应收账款周转率、固定资产周转率和主权资本周转率)。显然这些指标已远远不能适应评价现代企业财务状况的需要了,财政部于1995年公布了一套企业经济效益评价指标体系,包括销售利润率、总资产报酬率、资本收益率、资本保值增值率、资产负债率、流动比率(或速动比率)、应收账款周转率、存货周转率、社会贡献率、社会积累率等。目前,对上述10个指标的权重、行业标准值以及综合评分方法等均需研究设定。

14.2.4 确定权重

我们按照指标的重要程度确定各项指标的权重,权重之和为100。我国企业经济效益评价指标体系及其权重如表14-4所示。

表14-4 我国企业经济效益评价指标体系及其权重

指标大类	权重	指标明细小类	指标属性	权重
盈利能力指标	55	销售利润率	正	15
		总资产报酬率	正	15
		资本收益率	正	15
		资本保值增值率	正	10
偿债能力指标	10	资产负债率	反	5
		流动比率	正	5

(续表)

指标大类	权重	指标明细小类	指标属性	权重
营运能力指标	10	应收账款周转率	正	5
		存货周转率	正	5
社会贡献指标	25	社会贡献率	正	10
		社会积累率	正	15

14.2.5 确定各项指标的标准值

沃尔比重评分法的公式为：实际分数 = 实际值 ÷ 标准值 × 权重。当实际值大于标准值为理想情况时，此公式正确，但当实际值小于标准值为理想情况时，实际值越小得分应越高，但采用此公式计算的结果却恰恰相反；另外，当某一单项指标的实际值畸高时，会导致最后总分大幅增加，掩盖情况不良的指标，从而给管理者造成一种假象。因此，我们选择了一种新方案来克服以上缺陷：

（1）改进实际分数的计算公式。当实际值 > 标准值时，实际分数 = [1 + (实际值 − 标准值) ÷ 标准值] × 权重。

（2）避免以偏概全。新方案在最后的管理报告中给出了单项指标的评分等级，一目了然，使管理者在分析问题时不仅关注总体，而且顾及了个体，不至于以偏概全。

此外，给分时不采用"乘"的关系，而采用"加"或"减"的关系来处理，以克服沃尔比重评分法的缺点。例如，资本保值增值率的标准值为10%，标准评分为20分；行业最高值为20%，最高评分为30分，则每分的财务比率差为1%[=(20%−10%)/(30−20)]，即资本保值增值率每提高1%，多给1分，但该项得分不超过30分。

该标准值可以是企业的预算标准值或者行业的平均值等，一般标准值以行业平均值为基础，并适当进行理论修正。在给每个指标评分时，应规定上、下限，以避免个别指标异常而给总分造成消极的影响。上限（最高评分）定为正常评分值的1.5倍，下限（最低评分）定为正常评分值的0.5倍。

14.2.6 计算各项指标的实际值

（1）盈利能力指标的计算公式为：

销售利润率 = 利润总额 ÷ 产品销售收入

总资产报酬率 = 息税前利润总额 ÷ 平均资产总额

资本收益率 = 净利润 ÷ 实收资本

资本保值增值率 = 期初所有者权益 ÷ 期末所有者权益

（2）偿债能力指标的计算公式为：

资产负债率 = 负债总额 ÷ 资产总额

流动比率 = 流动资产 ÷ 流动负债

（3）营运能力指标的计算公式为：

$$应收账款周转率 = 赊销净额 \div 平均应收账款余额$$

$$存货周转率 = 产品销售成本 \div 平均存货成本$$

（4）社会贡献指标的计算公式为：

$$社会贡献率 = 企业社会贡献总额 \div 平均资产总额 \times 100\%$$

$$社会积累率 = 上交国家财政 \div 企业社会贡献总额 \times 100\%$$

企业社会贡献总额包括工资（含奖金、津贴等工资性收入）、劳保退休统筹及其他社会福利支出，利息支出净额，增值税、消费税、有关销售税金及附加，所得税及有关费用和净利润等。上交国家财政是指企业上缴的各种税金。

14.2.7　求出各项指标实际值和标准值的关系比率

对指标的计算一般有如下四种情况：

（1）实际值 > 标准值，理想：

$$关系比率 = 实际值 \div 标准值$$

（2）实际值 < 标准值，理想：

$$关系比率 = 标准值 \div 实际值$$

（3）实际值 > 标准值，但不理想：

$$关系比率 = [标准值 - (实际值 - 标准值)] \div 标准值$$

（4）实际值 < 标准值，不理想：

$$关系比率 = [标准值 - (实际值 - 标准值)] \div 标准值$$

14.2.8　求出各项指标的综合得分（一般以百分制表示）

各项指标的得分及综合得分的计算公式为：

$$各项指标的得分 = 各项指标的权重 \times (指标实际值 / 标准值)$$

$$综合得分 = \sum 各项指标的得分$$

14.3　应　　用

A 公司为一家制造企业，依据自身特点，公司选取了流动比率、负债资本比率、固定资产比率、存货周转率、应收账款周转率、固定资产周转率、主权资本周转率等 7 个指标进行考察，并采用沃尔比重评分法对公司进行综合评价。公司将以上 7 个指标的权重按顺序分别设定为 25%、25%、15%、10%、10%、10%、5%，并在行业平均值的基础上进行修正，确定各指标的标准值。根据 A 公司 2020 年的财务数据计算可知 7 个指标实际值分别为：流动比率 2.33，负债资本比率 0.88，固定资产比率 3.33，存货周转率 12.00，应收账款周转率 10.00，固定资产周转率 2.66，主权资本周转率 1.63。

根据沃尔比重评分法的规则列表可计算 A 公司的综合得数，如表 14-5 所示。

表 14-5 七指标沃尔比重评分法

财务比率	权重(%) ①	标准值 ②	实际值 ③	关系比率 ④ = ③÷②	评分 ⑤ = ①×④
流动比率(流动资产/流动负债)	25	2.00	2.33	1.17	29.25
负债资本比率(净资产/负债)	25	1.50	0.88	0.59	14.75
固定资产比率(资产/固定资产)	15	2.50	3.33	1.33	19.95
存货周转率(销售成本/存货)	10	8.00	12.00	1.50	15.00
应收账款周转率(销售额/应收账款)	10	6.00	10.00	1.70	17.00
固定资产周转率(销售额/固定资产)	10	4.00	2.66	0.67	6.70
主权资本周转率(销售额/净资产)	5	3.00	1.63	0.54	2.70
合计	100				105.35

本章小结

1. 沃尔比重评分法的关键在于指标体系的确定和对各指标权重的分配。

2. 现代对沃尔比重评分法进行了很多改进,使其得到不断完善,包括对指标体系选取的改进及对评分方法的改进。

复习思考题

1. 简述沃尔比重评分法产生的背景及意义。
2. 简述沃尔比重评分法的原理。
3. 试论述对沃尔比重评分法进行改进的必要性及可能性。

作业练习

1. 华强公司于1990年成立,主要从事家用小电器的生产。公司原为有限责任公司,1998年成功改制上市。近年来,家用小电器制造行业竞争加剧,但是公司积极扩大经营范围,通过证券投资、参股控股等方式与其他行业进行广泛协作,如电子元件生产、物流等,不断拓宽经营领域,调整产业结构和产品结构,公司规模不断扩大。

2021年,华强公司计划进一步扩大经营规模,往大型家电制造行业发展,并准备采用并购方式实现这一计划。并购计划的目标对象是大成公司,该公司拥有一项柜式空调的关键技术,且该技术引领未来发展方向,但是大成公司需要投入大量资金用以扩大规模和开拓市场。

有关并购的资料如下:

华强公司准备收购大成公司的全部股权。华强公司的估值为10亿元,并购完成后,大成公司将不存在,经过整合,新的公司价值将达到16亿元。大成公司要求的股权转让出价为4亿元。华强公司预计在并购价款外,还要为会计师费、评估费、律师费、财务顾问费、职工安置费、解决债务纠纷等并购交易费用支出1.2亿元。

大成公司的盈利能力和市盈率指标为:2018年至2020年税后利润分别为1 200万元、

1 800万元和2 100万元;市盈率为20倍。

华强公司2020年的有关财务资料如表14-6和表14-7所示。

表14-6　资产负债表(简表)

2020年12月31日　　　　　　　　　　　　　　　　　　　　　　　　单位:万元

项目	期末余额	年初余额
货币资金	4 000	5 400
交易性金融资产	27 000	29 000
应收账款	33 800	32 400
减:坏账准备	1 600	1 900
应收账款净额	32 200	30 500
存货	36 200	23 600
流动资产合计	99 400	88 500
长期投资	49 400	44 300
固定资产原价	58 900	58 100
减:累计折旧	6 100	7 800
固定资产净值	52 800	50 300
长期待摊费用	2 500	1 900
资产总计	204 100	185 000
流动负债	101 100	79 800
长期负债	200	600
负债合计	101 300	80 400
所有者权益合计	102 800	104 600
负债和所有者权益总计	204 100	185 000

说明:华强公司拥有普通股40 000万股,每股面值1元,2020年12月31日每股市价为10元。

表14-7　利润表(简表)

2020年度　　　　　　　　　　　　　　　　　　　　　　　　　　　单位:万元

项目	本期余额	上期余额
一、营业收入	205 000	
减:营业成本	164 000	
税金及附加	200	
销售费用	16 000	
管理费用	14 400	
财务费用	2 100	
加:其他收益	1 200	
投资收益(损失以"-"号填列)	26 700	
二、营业利润	36 200	

(单位:万元)(续表)

项目	本期余额	上期余额
加:营业外收入	6 600	
减:营业外支出	5 100	
三、利润总额(损失以"-"号填列)	37 700	
减:所得税费用	9 425	
四、净利润(损失以"-"号填列)	28 275	

说明:财务费用全部为利息支出,所得税税率为25%。

要求:

(1) 计算华强公司流动比率、速动比率、资产负债率、已获利息倍数、长期资本负债率、应收账款周转率、存货周转率、销售净利率、总资产报酬率、净资产收益率,通过比率分析该公司是否可能出现财务危机。

(2) 计算华强公司市盈率和市净率,假设市盈率和市净率的行业水平分别为20倍和5倍,根据上述计算结果对该公司的市场评价情况进行分析。

(3) 假设华强公司的加权平均资金成本为25%,适用的所得税税率为25%。计算该公司经济利润,并与会计利润比较,做出分析说明。

(4) 分析华强公司的并购方案在财务上是否可行,有何利弊,并做出华强公司应否进行并购的决策。

2. 某上市公司2020年有关资料如表14-8和表14-9所示。

表14-8 资产负债表(简表)

2020年12月31日   单位:万元

项目	期末余额	年初余额
货币资金	4 000	3 600
交易性金融资产	500	700
应收账款	5 500	6 700
存货	10 000	8 000
流动资产合计	20 000	19 000
固定资产净值	30 000	41 000
资产总计	50 000	60 000
短期借款	2 000	3 000
应付账款	6 000	7 000
流动负债合计	8 000	10 000
长期借款	10 000	15 000
负债合计	18 000	25 000
股东权益合计	32 000	35 000
负债和股东权益总计	50 000	60 000

说明:公司股份总额为20 000万股,每股面值1元,2020年12月31日每股市价为12元。

表 14-9　利润表(简表)

2020 年 12 月 31 日　　　　　　　　　　　　　　　　　　　　　　　单位:万元

项目	本期余额	上期余额
一、营业收入	65 000	80 000
减:营业成本	48 000	62 000
税金及附加	3 500	4 100
销售费用	7 000	8 000
管理费用	2 300	2 500
财务费用	1 700	1 900
加:其他收益	2 500	2 800
二、营业利润	5 000	4 300
三、利润总额(损失以"-"号填列)	5 000	4 300
减:所得税费用	1 250	1 075
四、净利润(损失以"-"号填列)	3 750	3 225

说明:财务费用全部为利息支出,所得税税率为25%。

要求:

(1) 利用以上资料,计算以下有关财务指标:

偿债能力指标:①流动比率;②速动比率;③资产负债率;④已获利息倍数。

营运能力指标:①应收账款周转率;②存货周转率;③流动资产周转率;④固定资产周转率;⑤总资产周转率。

盈利能力指标:①主营业务利润率;②总资产息税前利润率;③净资产收益率。

市场评价指标:①市盈率;②市净率。

(2) 分析公司的偿债能力、营运能力、盈利能力以及市场评价情况。

行业有关指标平均值如下:

偿债能力指标:①流动比率=1.8;②速动比率=1;③资产负债率=40%;④已获利息倍数=3。

营运能力指标:①应收账款周转率=13.5次;②存货周转率=14次;③流动资产周转率=6次;④固定资产周转率=1.25次;⑤总资产周转率=1.5次。

盈利能力指标:①主营业务利润率=12%;②总资产息税前利润率=8%;③净资产收益率=5%。

市场评价指标:①市盈率=3倍;②市净率=4倍。

▶ 延伸阅读与写作

我国步入新时代后,高质量发展逐渐成为经济发展的基础性和关键性因素,企业作为国民经济的关键组成部分,其高质量发展是实现国民经济高质量发展的重要保证。沃尔比重评分法的评价指标体系较为完整,能较好地反映企业的盈利能力、偿债能力和营运能力,较为全面地评价企业经营的质量。围绕上述主题,查找资料,归纳总结,谈谈沃尔比重评分法对高质量发展的积极作用,以及在我国经济从高速增长阶段转向高质量发展阶段的情况下,我国企业经营业绩评价指标体系及其评分值是否应该做出相应的改进及如何改进。

▶ 参考文献

[1] 丁岳维,李海霞,张玖艳.沃尔概率比重综合评价模型及实证研究[J].会计之友,2013(3):25-28.

[2] 金碚.关于"高质量发展"的经济学研究[J].中国工业经济,2018(4):5-18.

[3] 魏敏,李书昊.新时代中国经济高质量发展水平的测度研究[J].数量经济技术经济研究,2018(11):3-20.

[4] 武凯.沃尔比重评分法对企业综合财务状况的评价效果的实证研究[J].现代商业,2007(13):58-59.

第 15 章　杜邦分析法

【学习目标】

1. 理解杜邦分析法的原理。
2. 掌握杜邦分析体系的构建方法及原理。
3. 掌握杜邦分析法的应用。

【导入指引】

杜邦分析法从评价企业的净资产收益率出发,利用各主要财务指标间的内在有机联系,将指标层层分解,将反映企业盈利状况的净资产收益率、反映资产营运状况的总资产收益率和反映偿债能力状况的权益乘数按其内在联系有机地结合起来,是一种较为有效的财务分析方法。杜邦分析法通过对影响企业经营成果和财务状况的几个代表性指标进行计算、比较和分析,摆脱以往单一角度分析的局限性,全面体现企业整体财务状况,又指出指标与指标之间和指标与报表之间的内在关系。杜邦分析法还可以反映企业的经营战略和财务政策,有助于深入分析和比较企业的经营业绩,同时有利于管理者选择更适合企业的经营模式。

15.1　产生的背景

为了全面地了解与评价企业的经营成果和财务状况,我们需要利用若干相互关联的财务指标对企业的营运能力、偿债能力及盈利能力等进行综合性的分析与评价。杜邦分析法正是利用这几种主要财务指标之间的内在联系综合分析企业财务状况的一种财务分析方法。由于这种分析方法由美国杜邦公司首先使用,因此又被称为杜邦系统(The Du Pont System)。杜邦分析法是一种典型的综合分析法,其基本原理是将财务指标作为一个系统,将财务分析与评价作为一个系统工程,全面评价企业的营运能力、偿债能力、盈利能力及其相互之间的关系,在财务分析的基础上进行全面的财务评价,使评价者对企业的财务状况有深入且相互联系的认识,并有效地进行财务决策;其基本特点是以净资产收益率为核心指标,将营运能力、偿债能力、盈利能力有机地结合起来,层层分解,逐步深入,构成一个完整的分析系统,全面、系统、直观地反映企业的财务状况。杜邦分析法是一种分解财务指标的方法,而不是建立新的财务指标。在杜邦分析法中起核心作用的是净资产收益率,而决定净资产收益率高低的因素有三个,即主营业务净利率、总资产周转率和权益乘数。这样分解之后，就可以把净资产收益率变化的原因具体化，从而比只用一项综合性指标更能说明问题。

15.2 方　　法

15.2.1 杜邦分析法的原理

杜邦分析法利用各主要财务指标之间的内在联系，来综合分析与评价企业的财务状况。以净资产收益率为核心，层层分解，直至各项资产、收入、费用，如图15-1所示。

杜邦分析法的步骤如下：

（1）从净资产收益率开始，根据会计资料（主要是资产负债表和利润表）逐步分解计算各项指标；

（2）将计算出的指标填入杜邦分析图；

（3）逐步进行前后期对比分析，也可以进一步进行企业间的横向对比分析。

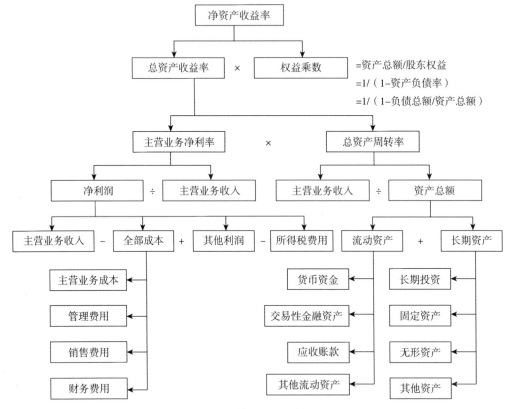

图 15-1　杜邦分析法的原理

15.2.2 杜邦分析法反映的主要财务指标及其相互关系

（1）净资产收益率与总资产收益率及权益乘数之间的关系：

$$净资产收益率 = 总资产收益率 \times 权益乘数$$

（2）总资产收益率与主营业务净利率及总资产周转率之间的关系：
$$总资产收益率 = 主营业务净利率 \times 总资产周转率$$
（3）主营业务净利率与净利润及主营业务收入之间的关系：
$$主营业务净利率 = 净利润 \div 主营业务收入$$
（4）总资产周转率与主营业务收入及资产总额之间的关系：
$$总资产周转率 = 主营业务收入 \div 资产总额$$
（5）权益乘数与资产负债率之间的关系：
$$权益乘数 = 1 \div (1 - 资产负债率)$$

杜邦分析体系在揭示上述几种财务指标之间关系的基础上，再将净利润、总资产进行层层分解，就可以全面、系统地揭示出企业的财务状况以及财务系统内部各个因素之间的相互关系。

15.3 应 用

杜邦分析是对企业财务状况进行的自上而下的综合分析。它通过几种主要的财务指标之间的关系，直观、明了地反映出企业的营运能力、偿债能力、盈利能力及其相互之间的关系，从而提供了财务问题的解决思路和财务目标的分解、控制途径。杜邦分析法可以分析企业资产的使用和资产结构是否合理，权益乘数在一定程度上可以反映企业的财务风险。

（1）净资产收益率反映所有者投入资本的获利能力，它取决于企业的总资产收益率和权益乘数。

（2）总资产收益率是主营业务净利率和总资产周转率的综合表现，总资产收益率是反映企业获利能力的一个重要财务比率，它揭示了企业生产经营活动的效率，综合性也极强。企业的主营业务收入、成本费用、资产结构、资产周转速度以及资金占用量等各种因素，都直接影响到总资产收益率的高低。总资产收益率是主营业务净利率与总资产周转率的乘积，因此可以从企业的销售活动与资产管理两个方面来进行分析。

（3）主营业务净利率反映企业净利润与主营业务收入之间的关系，一般来说，主营业务收入增加，企业的净利润会随之增加，但是，企业要想提高主营业务净利率，必须一方面提高主营业务收入，另一方面降低各种成本费用，这样才能使净利润的增长高于主营业务收入的增长，从而使主营业务净利率得到提高。

（4）分析企业的资产结构是否合理，即分析流动资产与非流动资产的比例是否合理。资产结构不仅影响到企业的偿债能力，还影响到企业的盈利能力。一般来说，如果企业流动资产中货币资金所占比重过大，就应当分析企业现金持有量是否合理，有无现金闲置现象，因为过量的现金会影响企业的盈利能力；如果流动资产中的存货与应收账款过多，就会占用大量的资金，影响企业的资金周转。

（5）结合主营业务收入分析企业的资产周转情况。资产周转速度直接影响到企业的盈利能力，如果企业资产周转较慢，就会占用大量的资金，增加资金成本，减少企业的利润。对于资产周转情况的分析，不仅要分析企业的总资产周转率，还要分析企业的存货周转率与应收账款周转率，并将其周转情况与资金占用情况结合分析。

15.4 案　例

利用上述有关指标之间表现出的相乘或相除的关系,我们可以采用因素分析法(因素分析法不适用于相关因素表现为相加或相减关系的情况)进行因素分析,以确定有关因素变动的影响方向和影响数额,并据此进行奖励或惩罚。

[例 15-1]　某公司 2020 年资产负债表简表、利润表简表如表 15-1 和表 15-2 所示。

表 15-1　资产负债表简表　　　　　　　　　　　单位:万元

资产	计划	实际	负债和所有者权益	计划	实际
流动资产	280	275	流动负债	160	155
非流动资产	320	420	长期负债	120	180
			所有者权益	320	360
资产总计	600	695	负债和所有者权益总计	600	695

表 15-2　利润表简表　　　　　　　　　　　单位:万元

项目	计划	实际
一、营业收入	800.00	875.00
减:营业成本	500.00	560.00
税金及附加	40.00	43.75
销售费用	80.00	83.00
管理费用	70.00	52.00
财务费用	20.00	15.00
加:其他收益	20.00	38.00
二、营业利润	110.00	159.25
三、利润总额	110.00	159.25
减:所得税费用	27.50 (所得税税率25%)	39.81 (所得税税率25%)
四、净利润	82.50	119.44

要求:

(1) 根据上述资料计算杜邦分析所需的有关财务指标。

(2) 采用因素分析法确定有关因素变动对净资产收益率的影响方向和影响程度。

(3) 试对净资产收益率指标的计划完成情况进行分析。

解:

(1) 计算杜邦分析所需的有关财务指标。根据上述资料计算有关财务指标如表 15-3 所示。

表 15-3　相关财务指标计算表

财务指标	计划	实际	差异
主营业务净利率	10.31%	13.65%	+3.34%
总资产周转率	1.33 次	1.26 次	-0.07 次
资产负债率	46.67%	48.20%	+1.53%
权益乘数	1.88	1.93	+0.05
净资产收益率	25.78%	33.19%	+7.41

（2）采用因素分析法确定有关因素变动对净资产收益率的影响方向和影响程度。上述相关财务指标与净资产收益率之间的关系可用下式表述：

净资产收益率 = 主营业务净利率 × 总资产周转率 × 权益乘数

按因素替换法顺序替换并确定有关因素变动对净资产收益率的影响程度：

10.31% × 1.33 × 1.88 = 25.78%

13.65% × 1.33 × 1.88 = 34.13%　　+ 8.35%　　主营业务净利率变动的影响

13.65% × 1.26 × 1.88 = 32.33%　　- 1.80%　　总资产周转率变动的影响

13.65% × 1.26 × 1.93 = 33.19%　　+ 0.86%　　权益乘数变动的影响

　　　　　　　　　　　　　　　　+ 7.41%　　综合影响

我们甚至可以进一步分析总资产周转率变动的原因：

总资产周转率 = 主营业务收入 ÷ 资产平均总额

800 ÷ 600 = 1.33

875 ÷ 600 = 1.46　　+ 0.13　　主营业务净利率变动的影响

875 ÷ 695 = 1.26　　- 0.20　　资产变动的影响

　　　　　　　　　　- 0.07　　综合影响

（3）对净资产收益率指标的计划完成情况进行分析：

首先，净资产收益率超额完成计划要求（超额完成 7.14%），从相关指标的分析可以看出：主营业务净利率提高 3.34% 使净资产收益率提高了 8.35%，总资产周转率下降使净资产收益率下降了 1.80%，权益乘数提高使净资产收益率提高了 0.86%，三个因素共同影响导致净资产收益率超额完成 7.14%。

其次，主营业务净利率提高 3.34% 的原因是主营业务收入的增长幅度（增长 9.4%）大于成本的增长幅度（增长 6.2%），由于主营业务收入超额完成了计划，因此该公司在扩大销售的同时降低了成本，应给予肯定。

再次，总资产周转率降低的原因是资产占用的增长快于主营业务收入的增长，从而导致总资产周转率降低了 0.07 次/年，应进一步分析资产占用增长过快的原因，并采取措施减少资产占用。

最后，权益乘数提高的原因是资产负债率提高了 1.53%，在公司获利能力高于资金成本的情况下，将导致净资产收益率的提高。该公司的情况恰恰说明了公司在有效利用负债方面取得了成绩，应给予好评。

总体来说，该公司的综合财务状况较好。

本章小结

1. 杜邦分析法的原理是利用几种主要财务指标之间的内在联系综合分析企业的财务状况,并通过对其相互关系的解析来分析各因素的影响程度。

2. 杜邦分析体系中的核心指标是净资产收益率,它集中反映了所有者投入资本的获利能力,同时取决于总资产收益率和权益乘数。

3. 应用杜邦分析体系的关键在于指标的分解与解析。

复习思考题

1. 简述杜邦分析法的产生背景及其意义。
2. 试论述杜邦分析体系财务指标系统的构建原理及各指标之间的相互影响关系。

作业练习

ABC 公司 2021 年的销售额为 62 500 万元,比上年提高 28%,有关财务指标如表 15-4 所示。

表 15-4 ABC 公司有关财务指标

财务指标	2020 年同业平均	2020 年本公司	2021 年本公司
应收账款回收期(天)	35.00	36.00	36.00
存货周转率	2.50	2.59	2.11
销售毛利率(%)	38.00	40.00	40.00
销售营业利润率(息税前)(%)	10.00	9.60	10.63
销售利息率(%)	3.73	2.40	3.82
销售净利率(%)	6.27	7.20	6.81
总资产周转率	1.14	1.11	1.07
固定资产周转率	1.40	2.02	1.82
资产负债率(%)	58.00	50.00	61.30
已获利息倍数	2.68	4.00	2.78

说明:该公司正处于免税期。

要求:

(1) 运用杜邦分析原理,比较 2020 年公司与同业平均的净资产收益率,定性分析其差异的原因。

(2) 运用杜邦分析原理,比较 2021 年与 2020 年公司的净资产收益率,定性分析其变化的原因。

延伸阅读与写作

供给侧结构性改革下宽松的货币政策既可以通过刺激需求来加速企业生产和销售过程、提高资金周转效率、减少企业对商业信用的需求,进而降低资产再配置水平;又可以通过缓解企业融资约束和融资成本来提高企业资产再配置的意愿及能力。因此,宽松的货币政策会影响企业的经营战略和财务政策,从而影响企业的营运能力、偿债能力和盈利能力。围绕上诉主题,查找资料,分析比较,运用杜邦分析法分析供给侧结构性改革宏观政策调整对企业经营战略和财务政策的影响有哪些。

供给侧结构性改革强调企业提高核心竞争力和全要素生产率,因此企业应从结构调整、提高企业营运效率与劳动力质量、转换商业模式等方面入手,而杜邦分析为实现供给侧结构性改革的目标提供了相关评价体系。结合上诉主题,谈谈杜邦分析法对供给侧结构性改革的影响及如何改进杜邦分析法使企业发展更符合供给侧结构性改革的目标。

▶ 参考文献

[1] 马春华.基于扩展杜邦分析法的我国中小企业盈利模式优化路径分析研究[J].经济问题探索,2012(10):85-88.

[2] 于博.货币政策、所有制差异与商业信用再配置:兼论新常态背景下供给侧治理的微观路径[J].广东财经大学学报,2016(3):45-55.

[3] 赵树梅.供给侧结构性改革背景下流通企业的应对之策[J].中国流通经济,2016(3):55-61.

第 16 章 多维度盈利能力分析

【学习目标】
1. 了解多维度盈利能力分析的含义。
2. 明确多维度盈利能力分析方法的适用条件。
3. 明确多维度盈利能力分析方法的应用程序。
4. 正确对企业进行多维度盈利能力分析。

【导入指引】
随着市场竞争愈加激烈,产品(服务)需求愈加多元化,以及"大智移云物"等信息技术的发展,传统财务会计所提供的信息已不能有效满足企业的决策与控制需要,越来越多的企业开始运用管理会计相关理论和工具分析企业运营效果。基于此,财政部于 2018 年 12 月 27 日发布了《管理会计应用指引第 405 号——多维度盈利能力分析》。对企业的经营成果进行多维度分析,不仅可以快速、高效地选择出对企业盈利影响最大的项目,进而做出相关决策;还能够促使企业有效改进生产经营模式,提高管理控制水平,助推企业创造价值。本章对企业多维度盈利能力分析的理论体系进行了系统的概括。

16.1 多维度盈利能力分析的含义

多维度盈利能力分析是指根据企业的管理需求与管理能力,选取区域、产品、部门、客户、渠道、员工等多个维度,设定盈利能力分析模型,对企业的经营成果进行分析与评价,以满足企业产品管理、成本控制、销售管理、绩效评价、客户营销、渠道管控等多方面的管理需求。

16.1.1 产品获利能力分析

产品获利能力分析能够揭示哪些产品的盈利性最强,哪些产品需要重新评估其价格和成本,以及哪些产品需要提供最大力度的营销技术和支持。对产品线经理来讲,产品获利能力分析经常作为其薪酬和奖金发放的依据。长期不能获利的产品线应予以取缔。在决定是否终止某产品线时,首要的是从分析中剔除各业务单位所有的固定成本,因为即使该产品线被取缔,这些固定成本也不会随之消失。

产品获利能力分析需要加总因取缔该产品线而随之消失的所有固定成本和变动成本,这些固定成本和变动成本均可追溯至该产品线。然后加总机会成本,机会成本是指一且该产品线被取缔,将丧失掉的所有销售收入。通过比较机会成本与因取缔该产品线所带来的成本削减效益,二者之差就是从取缔产品线中所能获得的利润增加额或所导致的利润减少额。

16.1.2 业务部门获利能力分析

业务部门通常被称作战略性业务部门或 SBU(Strategic Business Unit),它是规模更大的组织中的一个实体或营运部门。业务部门拥有自己的业务战略和目标,并且可能与母公司/上级机构的业务战略和目标有所不同。业务部门获利能力分析通常采用边际贡献、直接利润/可控利润、税前利润和净利润指标。

16.1.3 客户获利能力分析

客户获利能力分析旨在评估因向特定客户或细分客户提供商品或服务所产生的成本和所获得的利益。实施客户获利能力分析是为了提升组织的整体盈利性。客户获利能力分析是一个相对较新的成本管理工具,尽管其应用已日益普遍。客户获利能力分析主要有两大目标:①度量客户的盈利性;②识别有效与无效的客户相关活动。

度量客户的盈利性需要明确从客户那里得到的利益,以及为服务客户所发生的成本。所获得的利益包括非财务利益和财务利益。非财务利益包括客户获得、客户保留、客户满意度和总的市场份额。只有当组织使用财务软件,按客户划分成本时,才可以度量客户的财务利益。这也是作业成本法软件的典型特征。对于将客户放在战略第一位的组织来说,客户层面的财务利益是组织的均衡器,因为当与客户保留相关的成本大于相关收入时,仍致力于客户保留显然是战略上的失败。当组织的首要目标是增大市场份额和提高客户满意度时,组织不会全面评估这样做的成本。这导致组织将大量资源用于提高客户满意度,但往往并不明确付出的努力能否获得相应的回报。客户获利能力分析将揭示出应在何时满足客户的需求,何时拒绝客户的要求,以及何时应对客户服务额外收费。出于战略上的考虑,某些客户需求哪怕在财务层面无利可图,组织也应尽量予以满足。然而,高级财务管理软件如作业成本法软件至少会引起管理人员关注与这些客户需求相关的成本问题,从而制订出长期解决方案,重点在于如何将无利可图的客户转化成有利可图的客户。由于存在生命周期获利能力这一因素,因此即使某些客户在开始时并不能带来盈利,对这类客户组织也可予以保留。如果能够长期保留这类客户,那么这类客户最终将能给组织带来较高的利润。例如,一家房地产代理商在某位客户身上花费了大量时间,尽管该客户只想购买一栋较便宜的住宅,并且该笔交易并不能给房地产代理商带来丰厚的利润,但房地产代理商看重的是客户日后的其他交易,这些交易累计将能给房地产代理商带来可观的利润。类似的,组织可以保留某位无利可图的客户,只要该客户能够吸引来一些更具盈利性的客户或能够显著影响这类客户的选择。

实施客户获利能力分析的另一个目的是识别有效与无效的客户相关活动,以确定哪些客户相关活动应进一步加强,哪些应予取缔,并分析这种决策会对客户获利能力产生怎样的影响。例如,银行可能使用这种方法将客户划分成有利可图和无利可图两类,并利用从中得到的信息以决定分支机构的选址,有效地赢得或主动放弃一些客户。

16.2　多维度盈利能力分析的应用环境

多维度盈利能力分析主要适用于市场竞争压力较大、组织结构相对复杂或具有多元化产品（或服务）体系的企业。

多维度体现在企业内外部环境的各个方面。从内部环境来看，包括企业的生产销售区域、产品类别、各职能部门等；从外部环境来看，包括企业的购货渠道、分销渠道、客户分类等。从多个维度对企业一定期间的经营成果进行分析，能够较全面地展现企业盈亏动因，从而促使企业科学决策，实现多维度、全方面管理。

当企业承受较大的市场竞争压力或组织结构相对较为复杂，抑或具有多元化的产品体系时，运用多维度盈利能力分析这一管理会计工具能达到较为理想的效果。在构建这一工具体系的过程中，企业应具备一定的信息化水平和管理能力。在进行多维度盈利能力分析的过程中，企业应及时获取大量数据，较高的信息化水平能够确保企业获取数据的完整性和处理数据的及时性；同时，较高的管理能力能够保障企业有序地完成这一过程。

在应用环境方面，实施多维度盈利能力分析的企业应具有健全的营运管理组织架构、合理的管理制度和流程，以及完整的业务信息系统，以确保企业有效地开展日常营运管理工作。组织架构的设立与企业的商业模式和管理要求等密切相关。

在此基础上，从企业的多个维度建立内部经营评价和成本管理制度，按照管理最小颗粒度进行内部转移定价、成本分摊、业绩分成和经济增加值计量。其中，管理最小颗粒度需要兼顾成本效益原则和企业实际能力，并根据实际管理需求和企业管理能力进行确定。进行多维度盈利能力分析通常需要企业构建一套专用的信息分析系统、模块或工具，将从客户、产品、区域等多个子信息系统获取的数据转换为统一的规范数据，方便及时获取相关信息。

企业在应用管理会计工具的过程中要注意管理会计工具的普遍适用性和单位的特殊性相结合的原则，注重个体的适用性，同时兼顾科学性与可行性相结合，突出管理会计工具应用的实效。

16.3　多维度盈利能力分析的应用程序

16.3.1　应用程序及流程图

企业进行多维度盈利能力分析一般需要经过以下程序：

（1）确定分析维度。在确定分析维度时，应根据企业的管理要求，结合组织架构、管理能力、管理需求等寻求最适合企业的分析维度。在管理需求方面，绩效管理、销售管理、渠道管理、产品管理、生产管理、研发管理等部门的管理需求不尽相同，企业应综合考虑各个部门的管理需求，建立综合、全面的分析维度。同时，不同行业、不同性质、不同生命周期的企业所确定的分析维度有所不同，因此多维度盈利能力分析是一个不断变化的过程，需要企业及时根据内外部环境更新处理。企业所确定的分析维度一般包括客户、产品、区域、渠道、部门、员工等，对各维度的分析要针对不同的管理需求进行。客户维度的分析有利于企业进行客户管理,拓展客户渠道;产品维度的分析有利于企业进行产品管理、成本控制和外部定价;区域维度和渠道维度的分析有利于企业进行营销管理、资源管控;部门维度和员工维度的分析有利于企业针对部门、员工进行绩效管理。

(2)建立分析模型。盈利能力分析的经典衡量指标包括营业收入、利润总额、息税前利润、净利润、经济增加值等。在信息化水平较高的企业,可以将销量、市场占比、客户规模等纳入分析模型。在拓宽财务指标的同时,可以纵向延伸衡量对象,从产品型号延伸至批次,若单位产品价值较高,获取单位产品的相关信息会影响企业决策,则可以进一步将批次延伸至单位产品,从横纵两个方面延伸多维度盈利能力分析模型。

(3)制定数据标准。在建立了完善的分析模型后,由于不同数据输入接口所获取的数据单位差距较大,各维度的分类规则也存在根本性的差异,要想达到理想的分析结果,须制定统一的数据标准和校验规则,并在信息系统的数据输入阶段予以控制。

(4)收集数据。在收集数据时,应确定管理最小颗粒度,并据此确定数据收集范围。管理最小颗粒度应合理有效,以成本效益为原则,既不可过于粗犷影响多维度盈利能力分析的准确度,又不得过于细致影响多维度盈利能力分析的效率。管理最小颗粒度的确定还依赖于企业的管理要求和信息管理水平。

(5)加工数据。将管理最小颗粒度的数据按建立的分析模型进行盈利能力分析,生成管理最小颗粒度盈利信息。企业在归集管理最小颗粒度盈利信息时,应遵循管理会计应用指引的具体要求,确定企业的内部转移价格,将实际成本基于业务动因合理分摊至管理最小颗粒度,根据业绩匹配原则对员工业务协同产生的业绩进行分成,确定企业的经济增加值等指标。得到管理最小颗粒度盈利信息后,按确定的分析维度进行分类汇总,生成各维度的盈利信息。

(6)编制分析报告。企业编制多维度盈利能力分析报告,应根据管理需求,将加工的各维度盈利信息整合汇总,采用排序法、矩阵图、气泡图、雷达图等方法进行评估与分类。其中,客户盈利性矩阵图可以帮助企业对客户做盈利性分析,并将最具盈利性的客户作为重点目标,适用于客户维度的盈利能力分析。排序法、气泡图和雷达图可将不同维度的盈利能力直观地展现出来,适用于企业各个维度的盈利能力分析。多维度盈利能力分析报告一般包括企业整体盈亏的多维度分析、各个维度的盈利目标及其在报告期的实现程度、各个维度的具体盈亏状况及其动因分析、各个维度的盈利趋势分析、重点项目的风险预警、针对目前经营状况的建议措施等内容。在编制过程中,企业应综合使用趋势分析、比率分析、因素分析等方法,从不同维度进行盈利能力分析。

16.3.2 多维度盈利能力分析应用举例

X公司成立于1991年,是一家多元化的全球型工业集团,主营家用空调、中央空调、智能装备、生活电器等产品,并远销160多个国家和地区。公司现有9万多名员工,在国内外建有14个生产基地,同时建有5个再生资源基地,覆盖从上游生产到下游回收全产业链,实现了绿色、循环、可持续发展。

1. X公司总体情况及适用环境

作为我国电器行业的领先品牌,X公司组织架构完善,能够承受公司开发与运营多元化产品的压力。随着客户需求日渐多元化,同行业产品层出不穷,行业竞争压力与日俱增,X 公司面临来自国内外多个公司的竞争压力。同时,公司注重办公效率,管理信息系统功能强大,信息技术人员能够支持公司进行信息系统改革。对 X 公司这样一个内部结构复杂、外部竞争压力较大、信息系统完善的大型工业集团来说,实施多维度盈利能力分析有利于识别其盈亏动因,不断改进公司的运行机制和产销体制。

2. X 公司多维度盈利能力分析体系设计

为了对 X 公司进行多维度盈利能力分析,我们应按如下步骤展开设计:

第一,确定分析维度。根据公司的管理要求,结合组织架构、管理能力以及绩效管理、销售管理、渠道管理、产品管理、生产管理、研发管理等部门的管理需求,建立综合、全面的分析维度。我们将 X 公司的组织架构情况抽象为图 16-1,其组织架构形式为事业部制,事业部下分设业务部门,业务部门下分设生产中心、研发中心和销售中心,销售中心下设各班组,班组由岗位人员组成。由此,得到了细化到岗位个人的公司组织架构。X 公司作为工业企业,产品结构复杂、销售范围广泛,根据企业管理需求,结合管理会计应用指引要求,我们按照区域、产品、部门、客户和渠道建立分析维度,如图 16-2 所示。区域、产品、部门为较常见的分类形式,我们在对客户进行分类管理时,使用 ABC 客户分类法,将客户群分为关键客户(A 类)、重要客户(B 类)和普通客户(C 类),对不同类别的客户采取不同的管理方法,建立科学、动态的管理机制;在对销售渠道进行分类管理时,将其分为线上电商和实体店铺两类,再按照"分级管理、责任到位、量化管理"的原则进行归集和分配。

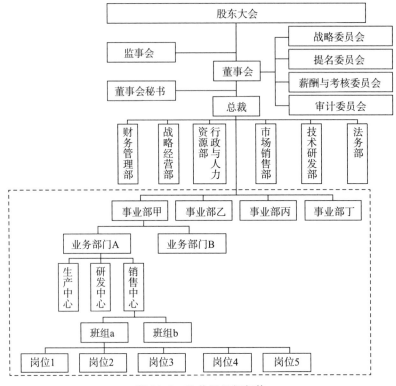

图 16-1　X 公司组织架构

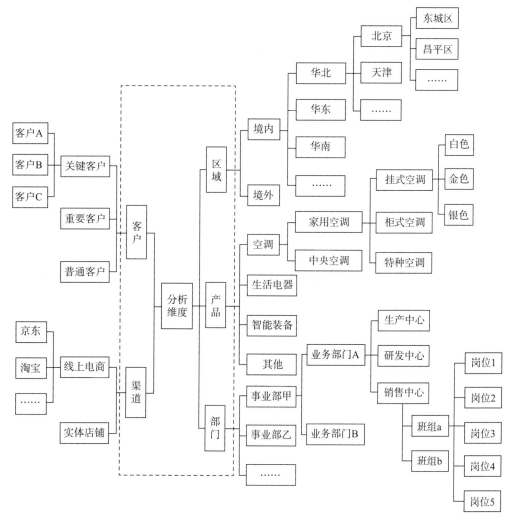

图16-2 X公司分析维度

第二,建立分析模型。将不同维度的市场占比等纳入分析模型,公司盈利能力采用营业收入、营业利润、净利润、经济增加值等指标来度量,具体分析模型如图16-3所示。

第三,制定数据标准。由于各个维度的数据基础有所不同,我们在收集数据前应确定统一的数量级和统计单位,便于数据分析报告中对不同维度进行对比。根据X公司实际的产销情况,在企业整体层面进行分析时,我们将"亿元"作为统计单位。若需进一步细化到各个具体维度进行分析,则再根据各个维度的数量级确定统计单位。

第四,收集数据。按照设计的数据模型收集并整理数据,由于数据需求量较大,需要公司具备较为完善的业务信息管理系统且与财务信息系统对接,以方便、快捷地完成数据收集工作。

第五,加工数据。对收集来的数据按照盈利能力分析模型进行加工。

第六,编写分析报告支持公司决策。

为了达到直观、具体的效果,我们按照如上步骤选取各个维度的一个管理最小颗粒度进行对比分析,以做比较和参考,具体数据情况如表16-1所示。结合公司当前管理需求,

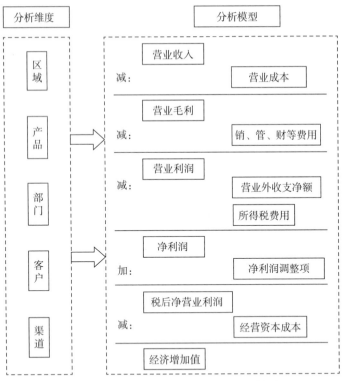

图 16-3　X 公司多维度盈利能力分析模型

收集数据至设定的管理最小颗粒度,例如在区域这一维度中,将管理最小颗粒度设定为城市的区,将各个区进行对比即可发现各个区的盈亏情况,对其进行分析即可进一步改善公司管理情况,计算出盈利能力指标后编写分析报告。

表 16-1　X 公司多维度盈利能力分析　　　　　　　　　　金额单位:亿元

项目	内部环境									
	区域					部门				
		华北区				事业部甲				
	境内	总计	北京	河北	天津	总计	业务部门A	销售中心	班组a	岗位1
市场占比(%)	86.95	43.20	27.80	13.80	8.90	24.70	15.60	3.60	1.10	0.07
营业收入	1 483.22	736.92	474.22	235.40	151.82	421.34	266.11	61.41	18.76	1.19
营业成本	931.04	400.58	265.98	123.41	98.30	287.37	184.80	41.90	11.90	0.77
营业毛利	552.18	336.34	208.24	111.99	53.52	133.97	81.31	19.51	6.86	0.42
营业利润	298.96	210.53	124.79	74.01	27.60	95.66	35.88	9.03	4.66	0.30
净利润	254.51	178.74	106.01	62.80	23.52	76.32	30.68	7.71	2.43	0.16
经济增加值	216.90	160.06	93.98	56.83	19.67	64.54	23.94	6.15	0.95	-0.02
营业净利率(%)	17.16	24.26	22.35	26.68	15.49	18.11	11.53	12.56	12.95	13.40
营业毛利率(%)	37.23	45.64	43.91	47.58	35.25	31.80	30.55	31.77	36.58	35.52

(金额单位:亿元)(续表)

项目	内部环境						
	产品						
	空调	家用空调					
	总计	小计	挂式空调				柜式空调
			小计	白色	金色	银色	
市场占比(%)	91.26	43.70	25.30	17.60	2.10	5.60	18.40
营业收入	1 556.82	745.45	431.58	300.23	35.82	95.53	313.87
营业成本	988.90	487.56	267.87	188.46	23.90	61.80	206.88
营业毛利	567.92	257.89	163.71	111.77	11.92	33.73	106.99
营业利润	302.15	118.90	90.03	60.51	8.40	27.80	53.41
净利润	257.31	101.46	76.62	51.52	3.99	14.40	45.54
经济增加值	217.84	82.56	65.67	43.90	2.22	18.35	37.59
营业净利率(%)	16.53	13.61	17.75	17.16	11.14	15.07	14.51
营业毛利率(%)	36.48	34.60	37.93	37.23	33.28	35.31	34.09

项目	外部环境								
	渠道					客户			
	总计	电商			实体店铺	总计	关键客户		主要客户
		小计	京东	淘宝			小计	客户A	客户B	
市场占比(%)	81.50	46.30	17.80	14.40	35.20	59.30	37.70	8.90	5.70	21.60
营业收入	1 390.25	789.80	303.64	245.64	600.45	1 011.56	643.10	151.82	97.23	368.46
营业成本	866.88	486.33	192.77	168.33	380.55	692.53	433.98	104.23	69.33	258.55
营业毛利	523.37	303.47	110.87	77.31	219.90	319.03	209.12	47.59	27.90	109.91
营业利润	288.99	168.63	62.11	35.37	120.36	180.20	99.33	26.17	11.10	80.87
净利润	241.99	143.49	52.87	30.22	98.50	150.15	84.79	22.31	9.52	65.36
经济增加值	220.76	123.46	45.17	24.00	97.30	116.91	68.49	18.46	7.05	48.42
营业净利率(%)	17.41	18.17	17.41	12.30	16.40	14.84	13.19	14.70	9.79	17.74
营业毛利率(%)	37.65	38.42	36.51	31.47	36.62	31.54	32.52	31.35	28.70	29.83

3. X公司多维度盈利能力分析报告

将不同维度的盈利能力进行分析形成分析报告。多维度盈利能力分析报告主要包括以下几个部分:①公司外部环境变化、本期经营及整体盈亏情况;②各个维度的盈利目标、完成情况及对比分析;③各个维度的盈亏动因分析;④各个维度的未来盈利趋势分析;⑤未来发展的建议等。

我们选取部门这一维度作为分析报告的参考。X公司的组织架构为事业部制,将管理的最小颗粒度设置为具体岗位人员,为了分析班组a各岗位人员的盈亏情况,以部门维度的事业部甲中的班组 a 为例生成部门维度的分析报告。

对班组 a 各岗位人员本年的盈亏情况进行分析。表 16-2 为班组 a 各岗位人员盈利能力情况表。图 16-4 为班组 a 各岗位人员盈利能力雷达图分析，雷达图以各岗位人员的市场占比、营业收入、营业成本、营业毛利、营业利润、净利润和经济增加值七个衡量盈利能力的指标为基础，将班组 a 整体盈利能力情况作为标准进行对比。

表 16-2　班组 a 各岗位人员盈利能力情况　　　　　　　　　　金额单位：亿元

项目	班组 a		岗位 1		岗位 2		岗位 3		岗位 4		岗位 5	
	本年	上年	本年	上年	本年	上年	本年	上年	本年	上年	本年	上年
市场占比(%)	1.10	0.98	0.07	0.06	0.25	0.17	0.14	0.13	0.35	0.35	0.29	0.27
营业收入	18.76	16.66	1.19	1.02	4.26	2.90	2.39	2.22	5.97	5.91	4.95	4.61
营业成本	11.90	10.60	0.77	0.64	2.72	1.83	1.56	1.48	3.74	3.73	3.11	2.92
营业毛利	6.86	6.06	0.42	0.38	1.54	1.07	0.83	0.74	2.23	2.18	1.84	1.69
营业利润	4.66	3.77	0.30	0.28	0.92	0.87	0.69	0.52	1.54	1.25	1.21	0.85
净利润	2.43	2.14	0.16	0.14	0.55	0.46	0.30	0.27	0.89	0.85	0.53	0.42
经济增加值	0.95	0.88	-0.02	0.03	0.27	0.21	0.09	0.08	0.39	0.38	0.22	0.18
营业净利率(%)	12.95	13.04	13.40	13.68	12.90	15.86	12.56	12.18	14.91	14.38	10.71	9.12
营业毛利率(%)	36.58	36.22	35.52	37.47	36.22	36.89	34.68	33.26	37.36	36.89	37.13	36.60

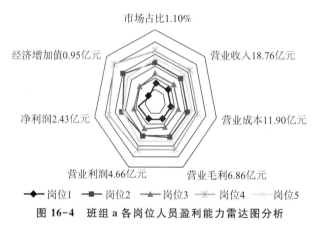

图 16-4　班组 a 各岗位人员盈利能力雷达图分析

由表 16-2 和图 16-4 可见，岗位 4 的市场占比最高，其盈利能力也最强。在雷达图中，岗位 4 各项指标均优于其他岗位；岗位 1 的市场占比最低，盈利能力也最差，且其经济增加值为负，说明其并未创造价值；岗位 2 和岗位 5 的盈利能力相当，岗位 5 的营业毛利率高于岗位 2，但岗位 2 的营业净利率高于岗位 5，说明岗位 2 的产品成本高于岗位 5，而期间费用等营业费用低于岗位 5。

对各岗位本年相对于上年的完成情况进行对比分析。表 16-3 数据为当年相对于上年的数值，表现出当年相对于上年的增长情况。以营业毛利率增长率、营业净利率增长率、市场占比增长率和净利润增长率为衡量指标，五个岗位的盈利能力增长情况对比如

图 16-5 所示,图 16-5(1)中,岗位 1 和岗位 2 处于第三象限,即二者本年盈利能力有所下降;岗位 4 的盈利能力较为稳定,相比上年仅有略微上升;岗位 3、岗位 5 的盈利能力均上升。图 16-5(2)中,五个岗位的增长率均为正。其中,岗位 2 的市场占比增长率最高,岗位 5 的净利润增长率最高。结合前文分析,岗位 2 和岗位 5 本年的盈利情况相当,岗位 2 虽市场占比增长率较高,但本年相比上年盈利能力有所下降,岗位 5 则有所上升。

表 16-3　班组 a 各岗位人员盈利能力增长率　　　　　　　　　　单位:%

项目	岗位 1	岗位 2	岗位 3	岗位 4	岗位 5
市场占比	16.67	47.06	7.69	0.00	7.41
营业收入	16.67	47.06	7.69	1.02	7.41
营业成本	20.31	48.63	5.41	0.27	6.51
营业毛利	10.58	44.36	12.28	2.31	8.97
营业利润	7.14	5.75	32.69	23.20	42.35
净利润	14.29	19.57	11.11	4.71	26.19
经济增加值	-165.90	28.57	12.50	2.63	22.22
营业净利率	-2.04	-18.70	3.17	3.65	17.49
营业毛利率	-5.22	-1.83	4.26	1.28	1.45

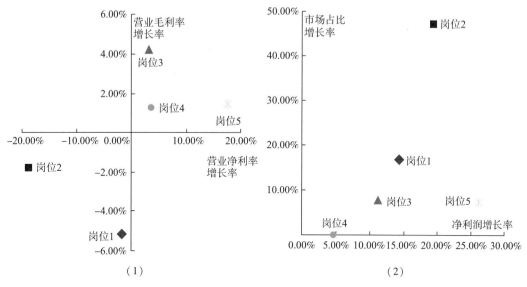

图 16-5　班组 a 各岗位人员盈利能力增长情况对比

结合以上分析,岗位 1 的盈利能力最差,且呈下降趋势;岗位 4 的盈利能力最强,且较为稳定;岗位 2 和岗位 5 的盈利能力相当,但岗位 2 的盈利能力本年有所下降,岗位 5 的盈利能力本年则进一步上升。对岗位人员的盈利能力进行分析,可以支持企业进行精细化管理,为企业进行绩效考核和资源分配提供有效信息,促进企业制定最有效的激励政策。

16.4 多维度盈利能力分析的评价

多维度盈利能力分析可以支持企业实现精细化内部管理。采用多维度盈利能力分析的企业,可以根据某一特定维度的相关信息,对其盈亏动因进行解析,从而做出更有价值的决策,有效提高企业的经营决策能力。在实施多维度盈利能力分析时,企业可将任务分配至各管理层级,由各管理层级统计汇总后向上归集,自上而下地分配后再进行自下而上的汇总管理,以达到高效管理的要求。

多维度盈利能力分析的主要优点是:为企业各个维度的管理提供精准化信息,相关信息精确至企业管理的最小颗粒度,促进客户营销、产品生产、外部定价、成本管控、销售管理、投资决策、绩效考核等方面的科学管理与决策。

多维度盈利能力分析的不足之处在于:在运用工具时要求企业具备较高的管理能力、内部治理能力和信息管理能力,不适用于规模较小、管理能力不足、信息系统建设不完善的企业。

在商业环境愈加复杂、信息环境愈加智能化的当代,管理会计工具的应用和推广对企业的经营决策产生了巨大影响。对企业盈利能力从多个维度进行评价可以快速、高效地选择出对企业盈利影响最大的项目,进而做出相关决策,这对内部组织结构复杂、信息技术水平高的企业尤为重要。

▶▶ 本章小结

1. 多维度盈利能力分析是指根据企业的管理需求与管理能力,选取区域、产品、部门、客户、渠道、员工等多个维度,设定盈利能力分析模型,对企业的经营成果进行分析与评价,以满足企业产品管理、成本控制、销售管理、绩效评价、客户营销、渠道管控等多方面的管理需求。多维度盈利能力分析主要适用于市场竞争压力较大、组织结构相对复杂或具有多元化产品(或服务)体系的企业。企业进行多维度盈利能力分析一般需要经过以下程序:①确定分析维度;②建立分析模型;③制定数据标准;④收集数据;⑤加工数据;⑥编制分析报告。

2. 多维度盈利能力分析可以为企业各个维度的管理提供精准化信息,支持企业实现精细化内部管理。其不足之处在于在运用工具时要求企业具备较高的管理能力、内部治理能力和信息管理能力,不适用于规模较小、管理能力不足、信息系统建设不完善的企业。

3. 在商业环境愈加复杂、信息环境愈加智能化的当代,管理会计工具的应用和推广对企业的经营决策产生了巨大影响。对企业盈利能力从多个维度进行评价可以快速、高效地选择出对企业盈利影响最大的项目,进而做出相关决策,这对于内部组织结构复杂、信息技术水平高的企业尤为重要。

▶▶ 复习思考题

1. 什么是多维度盈利能力分析?
2. 如何理解多维度盈利能力分析方法的重要性?

作业练习

A 公司是一家集整车制造,发动机、变速器生产、销售以及研发于一体的上市公司。自上市以来,公司一直以"国民"车为口号进入大众的视野。然而,随着汽车行业的不断发展,新能源汽车、油电混合型汽车逐渐占领市场,以小型轿车为主的单方面发展开始无法满足社会大众的需求,导致公司销售出现了下滑,影响了公司的利润和盈利能力,使得公司出现了前所未有的危机。表 16-4 至表 16-7 是 2018—2021 年公司的相关财务数据。

表 16-4　A 公司净利润及净资产收益率

项目	2018 年	2019 年	2020 年	2021 年
净利润(亿元)	0.19	1.63	-16.40	0.37
平均净资产(亿元)	15.59	16.48	9.08	1.04
净资产收益率(%)	1.18	10.04	-186.83	49.16
资产负债率(%)	73.46	63.31	98.20	97.34

表 16-5　A 公司总资产报酬率

项目	2018 年	2019 年	2020 年	2021 年
利润总额(亿元)	0.31	1.66	-16.01	0.38
平均资产总额(亿元)	63.54	53.07	48.05	47.08
总资产报酬率(%)	0.49	3.13	-33.31	0.80

表 16-6　A 公司总营业成本　　　　　　　　　　　　　　　金额单位:亿元

项目	2018 年	2019 年	2020 年	2021 年
营业成本	54.38	40.73	32.75	30.50
研发费用	—	—	0.21	0.28

表 16-7　A 公司营业收入及营业收入平均增长率

项目	2018 年	2019 年	2020 年	2021 年
营业收入(亿元)	34.04	20.25	14.51	11.25
营业收入平均增长率(%)		3.61		
行业平均营业收入增长率(%)		4.95		

要求:对 A 公司进行多维度盈利能力分析,找出 A 公司盈利能力存在的问题。

延伸阅读与写作

我们面临的是一个"新技术、新产业、新业态、新模式"的新时代,新时代在对会计提出极大挑战的同时,也为企事业单位的高质量发展提出了更多的要求。为此,财政部发布了多项管理会计应用指引,为企事业单位加强管理会计工作、助推单位科学决策和高质量发展提供参考。其中,多维度盈利能力分析方法的提出更是有效地促使企业改进生产经营模式,提高管理控制水平,助推企业创造价值。围绕上述主题,查找资料,归纳总结,撰写一篇《基于高质量发展企业如何进行多维度盈利能力分析》的小论文。

参考文献

[1] 财政部会计司.管理会计案例示范集[M].北京:经济科学出版社,2019.

[2] 冯巧根.改革开放40年的中国管理会计:导入、变迁与发展[J].会计研究,2018(8):12-20.

[3] 汤玉龙.多维度关联判断在盈利能力分析中的运用:以贵州茅台财务报表分析为例[J].国际商务财会,2016(11):29-33.

[4] 王斌.论管理会计知识与管理会计应用[J].财会月刊,2020(3):3-8.

第17章 战略管理与平衡计分卡

【学习目标】
1. 掌握战略管理的定义。
2. 了解战略管理理论的发展过程。
3. 掌握战略分析的方法。
4. 了解平衡计分卡产生的背景及应用的必要性。
5. 掌握平衡计分卡的主要内容及其特点。
6. 了解平衡计分卡的实施过程。

【导入指引】

战略是企业的灵魂,是企业的精神所在。战略确定企业的定位和未来发展方向,也决定企业在未来竞争中的胜负成败。在当前形势和环境下,企业的有效生存和持续发展都必须依靠战略。一个企业如果没有战略,则最终只能走向破产或倒闭。正如美国著名未来学家阿尔文·托夫勒(Alvin Toffler)所说:"没有战略的企业,就像一架迷失了方向且在险恶气候中飞行的飞机,即使不坠毁,也不无耗尽燃料之虞。"而战略管理是确定并达到企业未来发展目标的重要手段,在企业管理中居于核心地位,起着主导作用,是企业克敌制胜的法宝。战略管理不仅是实现现代企业未来发展目标的有效手段,而且是现代企业在强手如林的竞争中增强适应能力、保持自身优势的重要保障。

17.1 战略管理的基本理论

17.1.1 什么是战略管理

战略管理(Strategic Management)是指对企业全局的、长远的发展方向、目标、任务以及资源配置做出决策和管理的过程。战略是指企业从全局考虑做出的长远性的谋划。

17.1.2 战略管理的发展过程

现代意义上的战略管理思想最早出现在美国经济学家切斯特·巴纳德(Chester Barnard)的代表作《经理人员的职能》(1938)中,巴纳德运用战略的思想对企业诸因素及其之间的相互影响进行了分析,首开企业经营战略研究之先河。1962年,美国企业史学家艾尔弗雷德·钱德勒(Alfred Chandler)出版了《战略与结构:工业企业史的考证》一书。尽管他没有对企业战略本身进行具体分析,但为企业战略管理研究开辟了道路、奠定了基础。据此,我们认为,从 20 世纪 30 年代末期到 60 年代初期,是企业战略管理研究的萌芽期。从 60 年代中期到 70 年代初期,是战略管理研究的奠基期,在这一时期,战略管理研究主要集中在战略的概念与构成要素等理论问题上。1965 年,伊戈尔·安索夫(Igor Ansoff)出版《企业战略论》一书,对企业成长的基本原理、理论和程序进行了研究,初步形成了企业战略管理研究的理论框架。从 70 年代初期到 80 年代初期,是战略管理研究的探索期,这一时期研究的核心问题是战略管理的作用机制。随着 80 年代世界经济格局的巨大变化,战略管理研究学者认识到必须改变 70 年代形成的战略管理模式,从过分重视企业中物的因素与过分理性化的研究方法转变为重视企业中人的因素、文化因素和非理性因素,重视研究方法的方向性和有效性,进而导致非主流学派的迅速崛起。80 年代中期是战略管理研究的转折期,战略管理研究围绕企业竞争优势展开,提出了基于资源、能力、知识等崭新的观点,并对战略联盟进行了深入的研究。90 年代中后期以来,战略管理理论出现了新的发展趋势,形成了"战略管理理论丛林",主要表现为以下几个方面:一是战略管理理论呈现整合的趋势;二是企业之间的竞争向竞争与合作发展,提出了战略网络的思想;三是出现了愿景驱动型管理理论、战略转折点理论和边缘竞争理论等许多新的理论。

自 20 世纪五六十年代以来,战略管理学科逐渐演化出诸多学术流派,其中部分理论源自学科内部演化(如资源基础观和战略过程学派等),有些则是跨学科的理论移植(如交易成本理论、组织生态学、资源依赖理论和制度理论等)。其中,产业组织理论是奠定战略管理学科地位的重要理论流派;而资源基础观是战略管理学科自身演化出来的核心理论,关注的是企业资源如何影响其竞争优势,主要解决的是企业异质性问题;与资源基础观密切相关的是知识基础观,该理论将企业视为知识整合和创造的实体,主要解决企业的存在和边界问题,解释为何企业相较于市场更有效率;与资源基础观和知识基础观密切相关的是对核心竞争力与动态能力观的研究。

除了关注企业内部,战略管理学科还重点研究企业与外部环境之间的关系及其对企业战略的影响。例如,需求基础观重点关注需求异质性对企业竞争优势的影响;颠覆式创新本质上是从不同市场的需求异质性出发,解决在位者与颠覆者之间的竞争问题;技术变革学派则是从供给侧出发,强调技术的不连续性、模块化创新以及主导设计等对产业结构变化和企业竞争的影响;利益相关者理论从更广泛的视角出发,将员工、供应商、政府、社会、媒体及公众等都纳入企业战略管理的决策函数范围,从多维度考察利益相关者如何影响企业对利益相关者的管理等。

多元化战略则是战略管理学科获得现实合法性的基础,正是由于波士顿矩阵、麦肯锡矩阵(GE 矩阵)等工具的广泛使用大幅提升了企业的多元化效率,战略管理学科才得到实践界的重视。随着数字化时代的发展,战略管理也产生了诸多新兴话题,本章将这些理论统一归入新兴战略流派,主要包括基于商业模式的研究、基于生态系统的研究、基于互联网和物联网的研究,以及基于蓝海战略的研究。

17.1.3 战略管理的层次

企业战略一般分为三个层次,包括选择可竞争的经营领域的总体层战略、某经营领域具体竞争策略的业务层战略和涉及各职能部门的职能层战略,如图 17-1 所示。

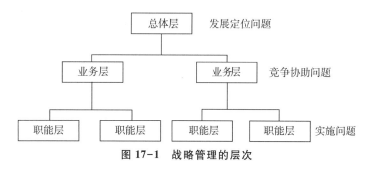

图17-1 战略管理的层次

总体层战略又称公司战略,是企业最高层次的战略,是企业整体的战略纲领。当存在多个经营单位或多种经营业务时,企业总体战略主要是指集团母公司或者公司总部的战略。总体战略的目标是确定企业未来一段时间的总体发展方向,协调企业下属的各个业务单位和职能部门之间的关系,合理配置企业资源,培养企业核心能力,以实现企业总体目标。它主要强调两个方面的问题:一是"应该做什么业务",即从企业全局出发,根据外部环境及企业内部条件的变化,确定企业的使命与任务、产品与市场领域;二是"怎样管理这些业务",即在企业不同的战略经营单位之间确定如何分配资源以及采取何种成长方向等,以实现企业整体的战略意图。

业务层战略又称经营单位战略。现代大型企业一般都同时从事多种经营业务,或者生产多种不同的产品,有若干相对独立的产品或市场部门,这些部门即事业部或战略经营单位。由于各经营单位的产品或服务不同,所面对的外部环境(特别是市场环境)及企业能够对各经营单位提供的资源支持也不同,因此各经营单位在参与经营活动的过程中所采取的战略也不尽相同,各经营单位有必要制定出指导本单位产品或服务经营活动的战略,即业务层战略。业务层战略着眼于企业中某具体业务单元的市场和竞争状况,相对于总体层战略有一定的独立性,同时又是企业战略体系的重要组成部分。业务层战略主要回答在确定的经营业务领域内,企业如何开展经营活动;以及在一个具体的、可识别的市场上,企业如何构建持续竞争优势等问题。其侧重点在于以下几个方面:贯彻使命,业务发展的机会和威胁分析,业务发展的内在条件分析,业务发展的总体目标和要求等。对于只经营一种业务的小企业,或者不从事多元化经营的大型组织,业务层战略与总体层战略是一回事。业务层战略所涉及的决策问题是在既定的产品与市场领域,在什么样的基础上来开展业务,以取得顾客认可的经营优势。

职能层战略是为贯彻、实施和支持总体层战略与业务层战略而在企业特定的职能管理领域制定的战略。职能层战略主要回答某职能的相关部门如何卓有成效地开展工作的问题,重点是最大化企业资源的利用效率。其内容比业务层战略更为详细和具体,其作用是使总体层战略与业务层战略的内容得到具体落实,并使各项职能之间协调一致,通常包括营销战略、人事战略、财务战略、生产战略和研发战略等方面。

总体层战略倾向于总体价值取向,以抽象概念为基础,主要由企业高层管理者制定;业务层战略就本经营单位的某一具体业务进行战略规划,主要由经营单位领导层负责;职能层战略主要涉及具体执行和操作问题。

总体层战略、业务层战略与职能层战略一起构成了企业战略体系。在企业内部,企业战略管理各个层次之间是相互联系、相互配合的。企业每一层次的战略都为下一层次的战略提供方向,并构成下一层次的战略环境;每层战略又为上一层次战略目标的实现提供保障和支持。所以,企业要实现其总体战略目标,必须将三个层次的战略有效地结合起来。

17.1.4 战略管理应遵循的原则

企业进行战略管理,一般应遵循以下原则:

(1) 目标可行原则。战略目标的设定,应具有一定的前瞻性和适当的挑战性,使战略目标通过一定的努力可以实现,并能够使长期目标与短期目标有效衔接。

(2) 资源匹配原则。企业应根据各业务部门与战略目标的匹配程度进行资源配置。

(3) 责任落实原则。企业应将战略目标落实到具体的责任中心和责任人,构成不同层级彼此相连的战略目标责任圈。

(4) 协同管理原则。企业应以实现战略目标为核心,考虑不同责任中心业务目标之间的有效协同,加强各部门之间的协同管理,有效提高资源使用的效率和效果。

17.1.5 战略管理的应用环境

企业应关注宏观环境(包括政治、经济、社会、文化、法律及技术等因素)、产业环境和竞争环境等对其影响长远的外部环境因素,尤其是可能发生重大变化的外部环境因素,确认企业所面临的机会和威胁;同时应关注企业本身的发展历史及现行战略、资源、能力和核心竞争力等内部环境因素,确认企业的优势和劣势。

企业一般应设置专门机构或部门,牵头负责战略管理工作,并与其他业务部门、职能部门协同制定战略目标,做好战略实施的部门协调,保障战略目标得以实现。

企业应建立健全战略管理有关制度及配套的绩效激励制度等,形成科学有效的制度体系,切实调动员工的积极性,提升员工的执行力,推动企业战略的实施。

17.2 战略管理的过程

企业应用战略管理工具方法,一般按照战略分析、战略制定、战略实施与评价等程序进行。

17.2.1 战略分析

战略分析包括外部环境分析和内部环境分析。企业进行环境分析时,可应用 SWOT 分析、波特五力分析和波士顿矩阵分析等方法,分析企业的发展机会和威胁,以及各业务流程在价值创造中的优势和劣势,并对每一业务流程按照其优势大小划分等级,为制定战略目标奠定基础。

17.2.1.1 SWOT 分析

所谓 SWOT 分析,即基于内外部竞争环境和竞争条件下的态势分析,就是将与研究对象密切相关的各种主要内部优势、劣势及外部的机会和威胁等,通过调查列举出来,并依照矩阵形式排列,然后用系统分析的思想,把各种因素相互匹配起来加以分析,从中得出一系列相应的结论,而这些结论通常带有一定的决策性。

运用这种方法可以对研究对象所处的情境进行全面、系统、准确的研究,从而根据研究结果制定相应的发展战略、计划及对策等。

S(Strengths)是优势、W(Weaknesses)是劣势、O(Opportunities)是机会、T(Threats)是威胁。按照企业竞争战略的完整概念,战略应是一个企业"能够做的"(即组织的强项和弱项)和"可能做的"(即环境的机会和威胁)之间的有机组合。SWOT分析关注的角度如表17-1所示。

表17-1 SWOT分析关注的角度

潜在优势	潜在劣势	潜在机会	潜在威胁
• 有力的战略 • 有利的金融环境 • 有利的品牌形象和美誉 • 被广泛认可的市场领导地位 • 专利技术 • 成本优势 • 强势广告 • 产品创新技能 • 优质客户服务 • 优秀产品质量 • 战略联盟与并购	• 没有明确的战略导向 • 陈旧的设备 • 超额负债与糟糕的资产负债表 • 远大于竞争对手的高额成本 • 缺少关键技能和资格能力 • 利润的损失部分 • 内在的运作困境 • 落后的研究能力 • 过分狭窄的产品组合 • 缺乏市场规划能力	• 服务独特的客户群体 • 新的地理区域的扩张 • 产品组合的扩张 • 核心技能向产品组合的转化 • 垂直整合的战略形式 • 分享竞争对手的市场资源 • 竞争对手的支持 • 战略联盟与并购带来的超额覆盖 • 新技术开发通路 • 品牌形象扩展的通路	• 强势竞争者的进入 • 替代品引起的销售下降 • 市场增长的减缓 • 交换率和贸易政策的不利转换 • 由新规则引起的成本增加 • 商业周期的影响 • 客户和供应商杠杆作用的加强 • 消费者购买需求的下降 • 人口与环境的变化

SWOT分析的一般做法是:依据企业方针列出对企业发展有重大影响的内外部因素,继而确立标准,对这些因素进行评估。一般步骤是(如图17-2所示):

(1)列出企业关键的外部机会。
(2)列出企业关键的外部威胁。
(3)列出企业的关键内部优势。
(4)列出企业的关键内部劣势。
(5)将内部优势与外部机会相匹配,形成SO战略。
(6)将内部劣势与外部机会相匹配,形成WO战略。
(7)将内部优势与外部威胁相匹配,形成ST战略。
(8)将内部劣势与外部威胁相匹配,形成WT战略。
注意:匹配的目的在于产生可行的备选战略方案,而不是选择或确定最佳战略。

	优势(S) 列出优势	劣势(W) 列出劣势
机会(O) 列出机会	SO 战略 利用机会 发挥优势	WO 战略 利用机会 克服劣势
威胁(T) 列出威胁	ST 战略 利用优势 回避威胁	WT 战略 减小劣势 回避威胁

图 17-2 SWOT 分析的基本框架

17.2.1.2 波特五力分析

波特五力模型由迈克尔·波特(Michael Porter)于 20 世纪 80 年代初提出。他认为行业中存在决定竞争规模和程度的五种力量,这五种力量综合起来影响着产业的吸引力以及现有企业的竞争战略决策。五种力量分别为同行业内现有竞争者的竞争能力、潜在竞争者进入的能力、替代品的替代能力、供应商的讨价还价能力与购买者的讨价还价能力(见图 17-3)。

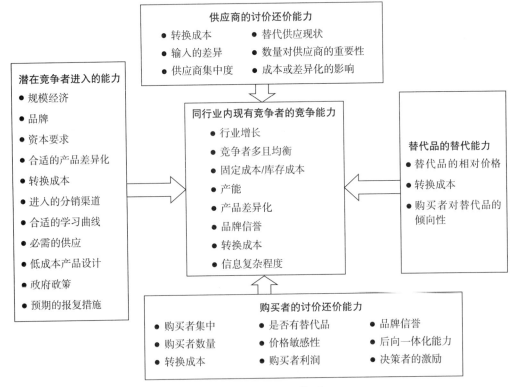

图 17-3 波特五力模型

关于波特五力模型的实践运用一直存在许多争论。较为一致的看法是:该模型更多的是一种理论思考工具,而非可以实际操作的战略工具。该模型的理论是建立在以下假定基础之上的：

(1) 战略制定者需要了解整个行业的信息，显然现实中这是难以做到的。

(2) 过分强调竞争与威胁，未能考虑企业之间的合作及企业可能面临的发展机遇。

(3) 单纯地考虑供应商与购买者的讨价还价能力对现有企业的影响，未能全面考虑供应商与购买者在其他方面对企业的作用。

(4) 未能考虑互补品生产所产生的作用力对行业竞争程度和盈利潜力的影响。

波特五力模型的意义在于，五种竞争力量的抗争中蕴含着三类成功的战略思想，即总成本领先战略、差异化战略和集中战略。

1. 总成本领先战略

总成本领先战略（Overall Cost Leadership Strategy）又称低成本战略，是指企业通过降低生产和经营成本，以低于竞争对手的价格获得市场占有率，并获得同行业平均水平以上的利润。

2. 差异化战略

差异化战略（Differentiation Strategy）是指为使企业产品、服务和企业形象等与竞争对手有明显的区别，以获得竞争优势而采取的战略。这种战略的重点是创造被全行业和顾客都视为独特的产品和服务。实现差异化战略可以培养用户对品牌的忠诚。

3. 集中战略

集中战略（Focus Strategy）即聚焦战略，是指把经营战略的重点放在一个特定的目标市场上，为特定的地区或特定的购买者集团提供特殊的产品或服务，即企业集中使用资源，以快于过去的增长速度来增加某种产品的销售额和提高该种产品的市场占有率。这种战略的前提思想是：企业业务的专一化能以更高的效率和更好的效果为某一狭窄的细分市场服务，从而超越在较广阔范围内竞争的对手们。这样可以避免大而弱的分散投资局面，容易形成企业的核心竞争力。

17.2.1.3 波士顿矩阵分析

波士顿矩阵又称市场增长率—相对市场份额矩阵、波士顿咨询集团法、四象限分析法或产品系列结构管理法等。波士顿矩阵由美国著名管理学家、波士顿咨询公司创始人布鲁斯·亨德森（Bruce Henderson）于1970年首创。

波士顿矩阵认为，一般决定产品结构的基本因素有两个，即市场引力与企业实力。市场引力包括整个市场的销售增长率、竞争对手强弱及利润高低等。其中，最主要的是反映市场引力的综合指标——销售增长率，这是决定企业产品结构是否合理的外在因素。企业实力包括市场占有率、技术、设备和资金利用能力等，其中市场占有率是决定企业产品结构的内在要素，它直接显示出企业的竞争实力。销售增长率与市场占有率既相互影响，又互为条件：销售增长率高，市场占有率高，可以显示产品发展的良好前景，企业也具备相应的适应能力，实力较强；如果仅有销售增长率而没有相应的高市场占有率，则说明企业尚无足够实力，该种产品也无法顺利发展。相反，企业实力强而市场引力小的产品也预示了该产品的市场前景不佳。

通过以上两个因素相互作用，会出现四种不同性质的产品类型，形成不同的产品发展

前景(见图17-4):

(1) 销售增长率和市场占有率"双高"的产品类型(明星类产品);
(2) 销售增长率和市场占有率"双低"的产品类型(瘦狗类产品);
(3) 销售增长率高、市场占有率低的产品类型(问题类产品);
(4) 销售增长率低、市场占有率高的产品类型(金牛类产品)。

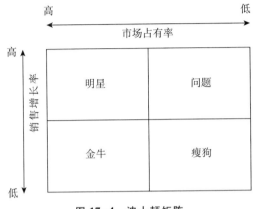

图17-4 波士顿矩阵

17.2.2 战略制定

战略制定是指企业根据确定的愿景、使命和环境分析情况,选择和设定战略目标的过程。其中,愿景(Vision)是对企业发展前景和发展方向一个高度概括的描述,由企业核心理念和对未来的展望构成。使命(Mission)是指企业在社会经济发展中应担当的角色和责任,是企业的根本性质和存在的理由,说明企业的经营领域和经营思想,为企业目标的确立与战略的制定提供依据。

企业可根据对整体目标的保障、员工积极性的发挥以及企业各部门间战略方案的协调等实际需要,选择自上而下、自下而上或上下结合的方法制定战略目标。

企业设定战略目标后,各部门需要结合企业战略目标设定本部门的战略目标,并将其具体化为一套关键财务及非财务指标的预测值。企业为各关键指标设定的目标(预测)值应与本企业的可利用资源相匹配,并有利于执行人积极、有效地实现既定目标。

17.2.3 战略实施与评价

战略实施是指将企业的战略目标变成现实的管理过程。企业应加强战略管控,结合使用战略地图、价值链管理等多种管理会计工具方法,将战略实施的关键业务流程化,并落实到企业现有的业务流程中,确保企业高效率和高效益地实现战略目标。

17.3 战 略 地 图

17.3.1 战略地图定义

战略地图是指为描述企业各维度战略目标之间因果关系而绘制的可视化的战略因果

关系图。

战略地图通常以财务、客户、内部业务流程、学习与成长等四个维度为主要内容,通过分析各维度的相互关系,绘制战略因果关系图,如图17-5所示。企业可根据自身情况对各维度的名称、内容等进行修改和调整。

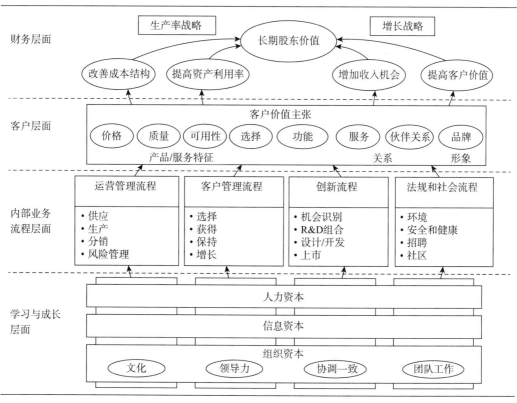

图17-5 战略地图

17.3.2 战略地图设计

企业设计战略地图,一般按照设定战略目标、确定业务改善路径、定位客户价值、确定内部业务流程优化主题、确定学习与成长主题、进行资源配置、绘制战略地图等程序进行。

企业应根据已设定的战略目标,对现有客户(服务对象)和潜在客户以及新产品(新服务)进行深入分析,寻求业务改善和增长的最佳路径,提取业务和财务融合发展的战略主题。

在财务维度,战略主题一般可划分为两个层次:第一层次一般包括生产率提升和营业收入增长等;第二层次一般包括改善成本结构、提高资产利用率、增加收入机会和提高客户价值等。企业应对现有客户进行分析,从产品(服务)质量、技术领先、售后服务和稳定标准等方面确定、调整客户价值定位。

在客户价值定位维度,企业一般可设置客户体验、双赢营销关系、品牌形象提升等战略主题。

企业应根据业务改善路径和客户价值定位,梳理业务流程及关键增值(提升服务形象)活动,分析行业关键成功要素和内部营运矩阵,从内部业务流程的运营管理流程、客户管理流程、创新流程、法规和社会流程等角度确定战略主题,并将战略主题进行分类归纳,制订战略方案。

企业应根据业务改善路径和客户价值定位,分析创新和人力资本等无形资源在价值创造中的作用,识别学习与成长维度的关键要素,并相应确定激励制度创新、信息系统创新和智力资本利用创新等战略主题,为财务、客户、内部业务流程维度的战略主题和关键业绩指标(Key Performance Indicator,KPI)提供有力支撑。根据各维度战略主题,企业应分析其有形资源和无形资源的战略匹配度,对各主题进行战略资源配置;同时,应关注企业人力资本、信息资本、组织资本等在资源配置中的定位和在价值创造中的作用。

企业可应用平衡计分卡的四维度划分绘制战略地图,以图形方式展示企业的战略目标及实现战略目标的关键路径。具体绘制程序如下:

(1) 确立战略地图的总体主题。总体主题是对企业整体战略目标的描述,应清晰表达企业愿景和战略目标,并与财务维度的战略主题和KPI对接。

(2) 根据企业的需要,确定四维度的名称。把确定的四维度战略主题对应画入各自战略地图内,每一主题可以通过若干KPI进行描述。

(3) 将各个战略主题和KPI用路径线链接,形成战略主题和KPI相连的战略地图。

在绘制过程中,企业应将整体战略目标(财务维度)、客户价值定位(客户维度)、内部业务流程主题(内部业务流程维度)及学习与成长维度同战略KPI链接,形成战略地图。企业所属各责任中心的战略主题和KPI等信息一般无法都绘制到一张图上,因此采用绘制对应关系表或另外绘制下一层级责任中心的战略地图等方式来展现其战略因果关系。

17.3.3 战略地图实施

战略地图实施是指企业利用管理会计工具方法,确保企业实现既定战略目标的过程。战略地图实施一般按照战略KPI设计、战略KPI责任落实、战略执行、编制执行报告、持续改善和评价激励等程序进行。企业应用战略地图应设计一套可以使各部门主管将自身责任与战略目标相联系的考核指标,即进行战略KPI设计。

企业应对战略KPI进行分解,落实责任并签订责任书。具体可按以下程序进行:

(1) 将战略KPI分解为责任部门的KPI。企业应从最高层开始,将战略KPI分解到各责任部门,再分解到责任团队。每一责任部门、责任团队或责任人都有对应的KPI,且每一KPI都能找到对应的具体战略举措。企业应编制责任表,描述KPI中各指标和战略举措的对应关系,以便实施战略管控和形成相应的报告。每一责任部门的负责人可根据上述责任表,将KPI在本部门进行进一步分解和责任落实,层层建立战略实施责任制度。

(2) 签订责任书。企业应在分解明确各责任部门KPI的基础上,签订责任书,以督促各责任部门落实责任。责任书一般由企业领导班子(或董事会)与执行层的各部门签订。责任书应明确规定一定时期内(一般为一个年度)要实现的KPI任务、相应的战略举措及相应的奖惩机制。企业应以责任书中所签任务为基础,根据责任部门的具体人员和团队情况,对任务和KPI进一步分解,并制定相应的执行责任书,进行自我管控和自我评价。同时,以各部门责任书和职责分工为基础,确定不同执行过程的负责人及协调人,并按照设定的战略目标实现日期,确定不同的执行指引表,采取有效的战略举措,保障KPI实现。

企业应编制战略执行报告,反映各责任部门的战略执行情况,分析偏差原因,提出具体管控措施:

(1) 每一层级责任部门应向上一层级责任部门提交战略执行报告,以反映战略执行情况,并制定下一步战略举措。

(2) 战略执行报告一般可分为以下三个层级:①战略层(如董事会)报告,包括战略总体目标的完成情况和原因分析;②经营层报告,包括战略执行方案中相关指标的执行情况和原因分析;③业务层报告,包括战略执行方案中具体任务的完成情况和原因分析。

(3) 企业应根据战略执行报告,分析责任人战略执行情况与既定目标是否存在偏差,并对偏差原因进行分析,形成纠偏建议,作为责任人绩效评价的重要依据。

企业应在对战略执行情况进行分析的基础上,进行持续改善,不断提升战略管控水平。

(1) 与既定目标相比,发现问题并进行改善。企业应根据战略执行报告,将战略执行情况与既定目标进行比对,分析偏差,及时发现问题,提出解决问题的具体措施和改善方案,并采取必要措施。企业在进行偏差分析时,一般应关注以下问题:①所产生的偏差是否为临时性波动;②战略 KPI 分解与执行是否有误;③外部环境是否发生重大变化,从而导致原定战略目标脱离实际情况。企业应在分析这些问题的基础上,找出发生偏差的根源所在,及时进行纠正。

(2) 达成既定目标时,考虑如何提升。达成战略地图上所列的战略目标时,企业一般可考虑适当增加执行难度,提升目标水平,按持续改善的策略与方法进入新的循环。

17.3.4 战略地图评价

战略地图的主要优点是:能够将企业的战略目标清晰化、可视化,并与战略 KPI 和战略举措建立明确联系,为企业战略实施提供了有力的可视化工具;主要缺点是:需要多维度、多部门的协调,实施成本高,并且需要与战略管控相融合,才能真正实现战略实施。

17.4 战略评价和控制

战略评价和控制是指企业在战略实施过程中,通过检测战略实施进展情况,评价战略执行效果,审视战略的科学性和有效性,不断调整战略举措,以达到预期目标。

企业主要应从以下几个方面进行战略评价:战略是否适应企业的内外部环境,战略是否达到有效的资源配置,战略涉及的风险程度是否可以接受,战略实施的时间和进度是否恰当。

17.5 平衡计分卡产生背景及其应用

17.5.1 平衡计分卡产生背景

平衡计分卡(Balanced Score Card)源自哈佛大学教授罗伯特·卡普兰与美国复兴全球战略集团创始人兼总裁戴维·诺顿于 20 世纪 90 年代初所从事的"未来组织绩效衡量方法"研究计划,该计划的目的在于找出超越传统的以财务会计量度为主的绩效衡量模式,以使组织的"策略"能够转变为"行动"。该研究的结论《平衡计分卡:驱动绩效的量度》于1992年发表在《哈佛企管评论》1月与2月号上。平衡计分卡强调传统的财务会计模式只能衡量过去发生的事项(落后的结果因素),而无法评估企业前瞻性的投资(领先的驱动因素),因此必须改用一个将组织的愿景转变为一组由四项指标组成的绩效指标架构来评价组织的绩效。这四项指标分别是财务、客户、内部业务流程、学习与成长。基于这四项指标的衡量,组织得以采用明确和严谨的手法来诠释其策略。

平衡计分卡一方面保留了传统上衡量过去绩效的财务指标,另一方面兼顾了促成财务目标实现的绩效因素的衡量;在支持组织追求绩效之余,也监督组织的行为应兼顾学习与成长方面;从而把复杂而笼统的概念转化为精确的目标,借以寻求财务与非财务指标之间、短期与长期目标之间、落后与领先指标之间以及外部与内部绩效之间的平衡。

17.5.2　平衡计分卡应用方法

17.5.2.1　平衡计分卡系统的设计步骤

设计完整的平衡计分卡系统需要大量的调查研究,一般包括以下设计步骤:

(1) 制定战略规划,明确战略目标。

(2) 设计核心财务指标,明确直接因素。

(3) 导入非财务因素,设计相关目标。①客户方面。平衡计分卡将企业使命、战略及核心财务指标拓展为与客户相关的具体要素、目标和指标,企业应以目标客户和目标市场为导向,满足核心客户的需求。客户消费一般关注时间、质量、性能、服务和成本五个要素。企业需要为这五个要素确立明确的具体目标,再将这些目标细化为具体指标,譬如市场份额、老客户挽留率、新客户获得率、客户满意度、客户贡献的利润等。②内部业务流程方面。内部业务流程方面需要关注的重点是与股东和客户目标密切相关的运营过程,譬如股东回报率和客户满意度。内部业务流程指标涉及创新、经营和服务等过程,体现全程管理与服务的理念。③学习与成长方面。学习与成长目标为其他三个方面的目标提供了基础和动力,其具体指标包括员工的能力、信息系统的能力、授权与相互配合,以及激励的效果,体现了全员参与和团队管理的理念。

(4) 分析关键因素,设计绩效考核指标。企业设计平衡计分卡系统,在由上而下确立绩效目标的基础上,还要分析绩效驱动因素与绩效考核指标之间的因果关系,并结合考虑绩效驱动因素和绩效考核指标的长期性与短期性、过程结果与过程行为、团队与个人等,分层递进分解,设计相应的绩效考核具体指标。

(5) 构建完整的考核评价系统框架。

17.5.2.2　平衡计分卡的体系

平衡计分卡是一种综合性的绩效考核评价系统,它既包括财务指标又包括非财务指标。企业一定时期的绩效不仅表现为财务和经济指标,还是企业整个规划管理过程的结果,平衡计分卡是对传统的、以财务指标为基础的绩效考核评价系统的改进,是对企业业绩的综合规划管理及考核评价系统。

平衡计分卡以企业战略为导向,通过财务、客户、内部业务流程和学习与成长四个方面及其考核指标的因果关系,全面管理和评价企业综合绩效。财务、客户、内部业务流程、学习与成长四个视角均由愿景和战略转化而来,每个视角下所列示的目标、指标、指标值和措施则是愿景和战略转化的四个阶段(见图17-6)。

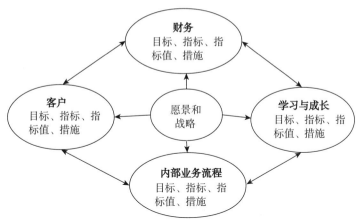

图17-6　平衡计分卡绩效考核评价系统

17.5.2.3　平衡计分卡的原理

1.平衡计分卡的基本原理及主要特点

(1)以企业战略为导向,将企业长期战略规划融入考核评价系统,实现短期目标与长期目标相衔接,增进企业长期发展能力。通过战略转换可以将企业的绩效考核指标与战略联系起来,即按照目标、指标、指标值和措施等四个阶段依次将战略转换为整个组织的年度绩效考核指标体系或可操作性标准,按照组织层级将整个组织的绩效考核指标体系最终转换为每个组织成员的绩效考核指标或日常工作,如图17-7所示。

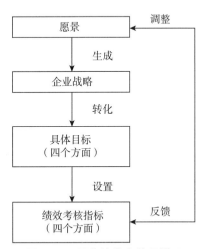

图17-7　平衡计分卡管理循环

(2)为平衡管理评价,在财务因素之外引入客户、内部业务流程、学习与成长等因素,财务指标与非财务指标相互补充,达到一定程度的平衡。财务视角是整个平衡计分卡的出发点和归宿,企业仍以谋取股东利益最大化为出发点,但以满足客户需要(如价格、质量、功能、品牌、服务等)为前提条件,从客户需要出发来优化内部业务流程(如运营管理流程、客户管理流程、创新流程、法规和社会流程等),内部业务流程的优化则取决于学习与成长方面,也就是人力资源、信息资源和组织资源的状况能否创造出优化的内部业务流程;反之,企业拥有优良的人力资源、信息资源和组织资源是为了获得优化的内部业务流程,满足客户需要,进而谋取股东利益最大化。平衡计分卡的四个视角连接成一个"闭路循环"。

(3) 实行绩效结果评价与运营过程考核相结合、企业内部评价与外部评价相结合和企业内部各部门之间寻求平衡的系统方式。

(4) 构成对企业绩效全面、综合的考核评价系统。

2. 平衡计分卡与绩效评价

以上几个方面的信息对企业的不断发展十分重要。正如卡普兰和诺顿所指出的,成功的组织管理要求管理部门和经理具有不断调整构成绩效评价标准的信息的能力。

平衡计分卡成功使绩效评价走出了传统绩效评价只注重财务指标和短期目标的误区,将长期与短期因素、财务与非财务因素、外部与内部因素等多方面引入绩效评价体系。但是,它也并非十全十美,它所提出的一些非财务层面如学习与成长层面的考核指标面临难以量化的问题,绩效考核指标体系常常前后矛盾缺乏明确的分界线,应用难度较大。事实上,学习、成长与创新都是很宽泛的概念,涉及企业生产经营的方方面面,单独界定一个方面似乎比较困难。作为一种新的绩效考核评价体系,平衡计分卡的实施可能遇到各业务部门的抵制(组织变革的阻力),此外还会遇到非财务指标不能与经营成果紧密结合、各利益主体对财务指标的看重所带来的压力等问题。

3. 平衡计分卡在战略管理中的用途

平衡计分卡可以在战略管理的以下环节发挥作用:

(1) 使目标和战略具体化。平衡计分卡将企业的目标和战略细化为财务、客户、内部业务流程、学习与成长四个方面,形成一系列被管理人员认可的测评指标和目标值,充分地描述了实现企业长期战略目标的推动因素。

(2) 促进沟通和联系。平衡计分卡使企业内部就战略进行上下沟通,并将各部门的目标联系起来。

(3) 辅助业务规划。平衡计分卡使企业能够实现业务规划与财务规划的一体化,将依据平衡计分卡制定的战略目标作为分配资源和确定优先顺序的依据,管理人员将会采用那些能够推动自身实现长远战略目标的新措施,并注意协调。

(4) 增强战略反馈和学习。以平衡计分卡为核心进行管理时,企业能够从四个角度监督短期结果,并根据最近的绩效结果,评价战略实施情况,修正战略目标,随时反映学习所得。

17.5.2.4 平衡计分卡的发展

1. 动态的平衡计分卡

动态的平衡计分卡主要应用系统动态学原理,以平衡计分卡的四个方面为研究基础,依据样本公司的特征与历史资料进行基本仿真,将模型做效度测试和最适化仿真,然后在不同策略中选取最优的策略(如图 17-8 所示)。它主要是针对静态平衡计分卡策略和绩效之间的反馈时间过长提出的,目的是让策略和中短期绩效相互关联,动态地产生一个最佳的绩效考核评价系统。

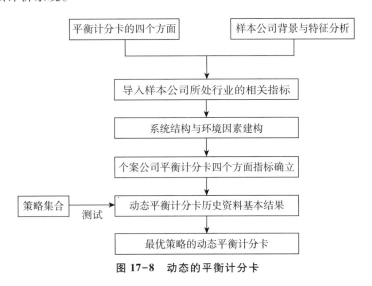

图 17-8　动态的平衡计分卡

2. TQW 和 KBEM 基础上的计分卡

英国谢菲尔德大学的戈帕尔·卡耐基(Gopal Kanji)教授在 2001 年提出了卡耐基业务计分卡(Kanji's Business Scorecard,KBS)的概念,KBS 总结了全面质量管理(Total Quality Management,TQW)和卡耐基卓越商业模式(Kanji's Business Excellence Model, KBEM)的基本原理与分析方法。卡耐基认为,平衡计分卡理论和 TQW、KBEM 中的很多理论如出一辙,平衡计分卡的四个主要方面的任何一个都是 KBEM 中几个核心标准的集合。同时,KBS 也试图改变平衡计分卡的不足,主要是平衡计分卡四个方面(财务、客户、内部业务流程、学习与成长)的因果联系并不是很清晰,并且平衡计分卡对主要的资金管理者和供应商的贡献的阐述也不明确。基于此,卡耐基提出了 KBS 模型,如图 17-9 所示。

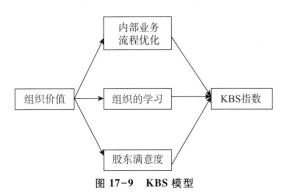

图 17-9　KBS 模型

17.5.2.5　平衡计分卡的评价

实践表明,平衡计分卡是一种能够体现知识经济时代特征、更好地促进企业长远发展的绩效评价方法。其优越性体现在以下几个方面:

(1) 有利于加强企业的战略管理能力。知识经济时代,企业的经营环境更加多变,加强企业战略管理变得越来越重要。确定了正确的发展战略之后,企业在实际工作中要想顺利实现战略目标,关键在于其对战略实施的有效管理。平衡计分卡把绩效评价工作纳入战略管理的全过程,通过建立与整体战略密切相关的绩效评价体系,把企业的战略目标转化成可操作的具体执行目标,使企业的长远目标与近期目标紧密结合,并努力使企业的战略目标渗透到整个企业的架构中,成为人们关注的焦点与核心,实现企业行为与战略目标的一致和协调。

(2) 能够促进经营者追求企业的长期利益和长远发展。知识经济时代,决定企业竞争胜负的关键因素大多是非财务指标。平衡计分卡注重非财务指标的运用,如根据客观需要选择客户满意度、员工满意度、市场占有率、产品质量、营销网络、团队精神等作为绩效评价指标;同时,还将财务指标与非财务指标有机结合,综合评价企业长期发展能力。这有利于把企业现实的绩效与长远发展和长期获利能力联系在一起,增强企业的整体竞争力和发展后劲,有效避免因追求短期绩效而出现的短期行为。

(3) 有利于增强企业的应变能力。知识经济时代,管理方法要适应不断变化的内外部环境,提高企业的适应能力。平衡计分卡就是一种动态的绩效评价方法,它不仅评价过去,更强调未来,是一种具有前瞻性的动态绩效评价方法,因此更符合新时代的要求。

(4) 有利于提高企业的创新能力。知识经济时代,经济发展的核心特征是不断创新,创新能力是企业核心竞争力的主要内容。平衡计分卡将创新能力纳入绩效评价体系,鼓励经营者在追求短期利益的同时,充分考虑企业的长远发展。为了促使企业获得长期成功,经营者必须不断提高企业的产品创新、服务创新、市场创新及管理创新能力,以更好地满足现实的与潜在的消费需求。创新的过程是创造企业未来价值,提高企业未来财务绩效的过程。平衡计分卡对传统绩效评价体系的创新,有助于增强企业的核心竞争力,提高企业的价值。

17.5.2.6 平衡计分卡应用举例

平衡计分卡应用举例之一——可口可乐(瑞典)饮料公司

可口可乐公司以前在瑞典的业务是通过许可协议的方式由瑞典最具优势的啤酒公司普里普斯(Pripps)代理的。该许可协议在 1996 年到期中止后,可口可乐公司已在瑞典市场上建立了新的生产与分销渠道——可口可乐(瑞典)饮料公司(CCBS)。1997 年春季,新公司承担了销售责任,并从 1998 年年初开始全面负责生产任务。

CCBS 在其内部推广平衡计分卡的概念。若干年来,可口可乐公司的其他子公司已经在做这项工作了,但是总公司并没有要求所有子公司都采用这种方式进行报告和管理控制。

CCBS 采纳了卡普兰和诺顿的建议,从财务、客户、内部业务流程以及学习与成长四个方面来测量其战略行动。

作为推广平衡计分卡概念的第一步,CCBS 的高层管理人员开了 3 天会议。把公司的综合业务计划作为讨论的基础。在此期间每一位管理人员都要履行下面的步骤:

(1) 定义愿景;
(2) 设定长期目标(大致的时间范围为 3 年);
(3) 描述当前的形势;

(4) 描述将要采取的战略计划;

(5) 为不同的体系和测量程序定义参数。

由于 CCBS 成立不久,讨论的结果是它需要大量的改革措施。由于公司处于发展时期,管理层决定形成一种文化和一种连续的体系,在此范围内所有主要的参数都要进行测量。在不同的水平上,公司把关注的焦点放在与战略行动有关的关键测量上。

在构造公司的平衡计分卡时,高层管理人员已经设法强调保持各方面平衡的重要性。为了达到该目的,CCBS 使用的是一种循序渐进的过程:

第一步,阐明与战略计划相关的财务措施,然后以这些措施为基础,设定财务目标并确定为实现这些目标应当采取的适当行动。

第二步,在客户方面重复该过程。在此阶段,初步的问题是:如果我们打算完成财务目标,客户需要怎样配合我们。

第三步,明确向客户转移价值所必需的内部过程。

然后,CCBS 的管理层问自己的问题是:管理层是否具备足够的创新精神,是否愿意为了让公司以一种合适的方式发展而变革。经过这些过程,CCBS 能够确保各个方面达到了平衡,并且所有的参数和行动都会导致向同一个方向变化。但是,CCBS 认为,在各个方面达到平衡之前有必要把不同的步骤再重复几次。

此外,CCBS 把平衡计分卡的概念分解到了个人层面上。在 CCBS,很重要的一点就是,只依靠那些个人能够影响到的计量因素来评估个人业绩。这样做的目的是,通过测量与个人具体职责相关联的一系列确定目标来考察其业绩。根据个人在几个指标上的得分而建立奖惩制度,公司就可以控制或聚焦于各种战略计划。

CCBS 强调的既不是商业计划,也不是预算安排,且不把平衡计分卡看成一成不变的;相反,对所有问题的考虑都是动态的,并且每年都要不断地进行检查和修正。按照 CCBS 的说法,在推广平衡计分卡概念的过程中最大的挑战是,既要寻找各层面的不同测量方法之间的适当平衡,又要确保获得所有将该概念推广下去所需要的信息系统。此外,要想获得成功重要的一点是,每个人都要及时提交所有信息。

平衡计分卡应用举例之二——沃尔沃汽车公司

自从 1993 年与雷诺汽车公司的兼并计划被取消,整个沃尔沃集团经历了重大的变革。首先,公司把大量的时间和资源花在了阐明沃尔沃集团各子公司的愿景与战略上。1995 年年初,沃尔沃汽车公司提出了新愿景:"成为世界上最理想、最成功的专业汽车品牌。"基于该愿景,公司为每个部门都阐明了详细的战略。通过以行动为基础的商业计划,这些战略在整个公司得以实施。

在阐明战略的过程中,公司的管理层意识到沃尔沃集团的预算和计划体系无法提供可靠的预测,管理控制体系没有正确的估计技术、产品以及成为市场上有力的竞争者所需要的进程。公司需要一个灵活的管理控制工具,该工具能够模拟现实情况并且对商业环境中的变化做出快速的反应。这些因素促使公司引入了"新计划过程"。

新计划过程是一种报告和控制机制,在该过程中公司一年至少准备 4 次长期和短期预测,同时还要把关注的焦点放在目标和当前的经营计划上。新计划过程不强调预算安排,甚至会传递这样一种信息:"不需要预算。"依照管理的要求,预算已经成为一种形式,一种对有效控制经营起阻碍作用的每年一次的仪式。

利用新计划过程,公司想把关注的焦点从细节转向目标。公司认为,决策的制定应该尽可能地靠近客户。这要求有一个能够提供早期预警信号的管理控制体系;一旦现实情况偏离预期,管理层就应该采取积极的决策行动来使公司朝着既定的目标调整。

公司的管理控制是通过测量各个部门的业绩指标来进行的,业绩指标以图形显示在计分卡上。业绩指标应该是相关的和易于测量的,并且它们应该包含货币或非货币参数。此外,它们在短期和长期中应该与财务业绩或资本使用成本之间有直接或间接的联系。每一个业绩指标都对应相应的目标。目标设定过程开始于对各个部门理想状况的清晰定义;通常情况下,在业务发展和战略阐明的过程中这个步骤已经完成了。下一步是确定如何引导部门朝着理想情况发展,把关键的成功要素指标变成可测量的目标。目标是有可能实现的、便于理解的、能够分解为次要目标并应用于公司不同部门的。此外,公司设定了完成每个目标的最后期限,对目标实现的过程能够进行短期或长期的预测。长期预测每季度进行一次,短期预测按月进行分解。长期预测是针对未来两年的,这样包括过去的两年,就有五年的时间段在被关注的范围内。采用这种方法可以警告公司的管理层注意将要发生的变化,并采取相应的行动策略。在一年当中,业绩评估是连续不断地对每一个业绩指标进行经常性的预测和控制。

公司业绩报告包括各部门提交的报告。在业绩指标的基础上通过计分卡对每一个部门进行监督(指标事先由公司的质量管理人员确定)。除了计分卡,公司还对趋势、差异以及值得关注的事件发表评论;对任何差异都提出一个行动计划。这种报告不仅要用书面形式加以记录,而且在每月举行的会议上要向CEO(首席执行官)或CFO(首席财务官)进行口头陈述。根据业绩报告,公司管理层可以了解到许多业绩指标的完成情况,包括利润、客户满意度、质量、成本以及营运资本等。

通过不断地比较真实业绩与预期业绩,公司总是可以保证有一套行动计划来实现确定的目标。按照公司的规定,这些特点构成了业绩报告和年度预算之间的主要区别。但是存在一个扩展的目标设定过程,在此过程中值得注意的是短期目标和长期目标总是保持不变,而预期目标却经常随着实际情况的改变而进行修正。因此,公司也可以看到补救行动计划是如何较好地完成的。

▶ 本章小结

1. 战略管理是指对企业全局的、长远的发展方向、目标、任务以及资源配置做出决策和管理的过程。企业战略一般分为三个层次,包括选择可竞争的经营领域的总体层战略、某经营领域具体竞争策略的业务层战略和涉及各职能部门的职能层战略。

2. SWOT分析是指基于内外部竞争环境和竞争条件下的态势分析,就是将与研究对象密切相关的各种主要内部优势、劣势及外部的机会和威胁等,通过调查列举出来,并依照矩阵形式排列,然后用系统分析的思想,把各种因素相互匹配起来加以分析,从中得出一系列相应的结论,而这些结论通常带有一定的决策性,对制定相应的发展战略、计划及对策等起到支撑作用。按照企业竞争战略的完整概念,战略应是一个企业"能够做的"(即企业的强项和弱项)和"可能做的"(即环境的机会和威胁)之间的有机组合。

3. 波特五力分析法是指将供应商的讨价还价能力、购买者的讨价还价能力、潜在竞争者进入的能力、替代品的替代能力、现有竞争者的竞争能力作为竞争主要来源的一种竞争力分析方法。

4. 波士顿矩阵分析法是指在坐标图上，以纵轴表示企业销售增长率，以横轴表示市场占有率，将坐标图划分为四个象限，依次代表明星类产品、问题类产品、金牛类产品、瘦狗类产品；其中，瘦狗类产品属于不再投资扩张或即将淘汰的产品。其目的在于通过产品所处不同象限的划分，企业据此采取不同决策，以保证其不断地淘汰无发展前景的产品，保持明星、问题、金牛产品的合理组合，实现产品及资源分配结构的良性循环。

5. 平衡计分卡又称综合计分卡，是一种综合性的绩效考核评价系统，它把企业的财务目标、非财务目标以及企业的外部环境等各个方面联系在一起，从多个角度为企业提供信息，通过对企业财务、客户、内部业务流程和学习与成长的评价，全面反映企业现在和未来的绩效。

▶ 复习思考题

1. 简述战略管理的过程。
2. 简述战略分析的方法。
3. 简述平衡计分卡的主要内容。
4. 简述平衡计分卡的特点。
5. 平衡计分卡"平衡"什么？
6. 简述平衡计分卡是怎样设计并实施的。

▶ 作业练习

1. 海清啤酒成功地在中国西部一个拥有300万人口的城市(C)收购了一家啤酒厂，不仅在该市取得了95%以上市场占有率的绝对垄断，而且在全省的市场占有率也达到了60%以上，成为该省啤酒业名副其实的龙头老大。

C市100公里内有一家金杯啤酒公司，3年前也是该省的龙头老大。然而，最近金杯啤酒公司因经营不善而全资卖给了一家境外公司。金杯啤酒公司在被收购后，立刻花近亿元的资金进行技改，还聘请了世界第四大啤酒厂的专家坐镇抓质量。但是新经理清楚金杯啤酒公司短板就是营销。为了一举获得C市的市场，金杯啤酒公司不惜代价从外企挖了3个营销精英，高薪招聘20多名大学生，花大力气进行培训。省内啤酒市场的特点是季节性强，主要集中在春末、夏季及初秋的半年多时间，一年的大战在4月、5月、6月三个月基本决定胜负。作为快速消费品，啤酒的分销网络相对稳定，主要被规模较大的一级批发商控制。金杯啤酒公司没有选择正面强攻，主要依靠直销作为市场导入的铺货手段，由营销队伍去遍布C市的数以万计的零售终端虎口夺食。金杯啤酒公司的攻势在春节前的元月就开始了，覆盖率和重复购买率大大超出预期目标。但是，金杯啤酒公司在取得第一轮胜利的同时，也遇到了内部管理问题。该公司过度强调营销，以致把结算流程、财务制度和监控机制都放在一边。营销团队产生了骄傲轻敌的浮躁情绪，甚至上行下效"不捞白不捞"。库房出现了无头账，无所查，连去哪儿了都不知道。

面对竞争，海清啤酒在检讨失利的同时，依然对前景充满信心。其认为对手在淡季争得的市场份额，如果没有充足的产量做保障，则肯定要跌下来；而且海清啤酒的分销渠道并没有受到冲击,金杯啤酒公司强入零售网点不过是地面阵地的穿插。

要求:

(1) 运用 SWOT 分析法,分析海清啤酒面临的环境。

(2) 如何评价金杯啤酒公司的竞争战略?

(3) 海清啤酒应采用什么样的战略(公司战略、竞争战略、职能战略)?

2. Q 公司是一家生产塑料机械的大型国有企业,2008 年年初开始实施平衡计分卡,但不到一年便宣告流产。

回忆起当初的实施情况,Q 公司人力资源部总监 S 无奈地说:我是在国外参加培训的时候知道平衡计分卡的,当时的第一感觉是眼睛一亮。他以为:有了这样的工具,公司一直以来为混乱的考核指标而发愁的现象就会迎刃而解了。

从国外回来后,S 立即将在国外的学习情况向领导汇报,并着重介绍了平衡计分卡的先进理念,力主在企业内全面实施。

在公司行政的强力推动下,S 先后多次组织召开各二级单位、部门负责人会议,大力宣讲平衡计分卡在企业应用的好处。同时组织人力资源部全体员工,深入二级单位和各部门调研、协商、沟通,加班加点忙活了几个月,终于初步达成共识,制定了较为完整的四大考核指标——财务指标、客户指标、内部业务流程指标和员工学习与发展指标。人力资源部还为此制作了大量表格下发到各单位,并对相关人员进行了培训。

令 S 没有想到的是,项目一开始实施,问题便接踵而来。比如,营销部门的客户指标要求营销人员如实填报拜访客户情况,但这个要求不仅营销人员感到烦琐,就是人力资源部人员也感到困惑,因为指标的真伪虚实根本无从考证更无法监控。再如,员工的学习与发展指标如何制定又如何量化?要求员工每月读几本书、每月参加几次培训但结果如何?意义又何在呢?

Q 公司是一家大企业,部门及二级单位加起来有几十个,每个单位提几个意见加起来就是一大堆。S 回想起那段时间便感慨万千地说:人力资源部就像是消防队,不断地接到投诉,不断地去救火。结果是指标越调越乱,部门抵触情绪越来越大,员工怨声载道。

S 说:企业虽然建立了基于平衡计分卡的考核指标,但由于指标制定得不科学,因而也就无法建立行之有效的监控体系。而如何制定科学有效的考核指标,S 一脸茫然。最终,Q 公司的平衡计分卡考核体系不了了之,各部门仍沿用过去的以财务指标为核心的考核体系开展工作。

要求:

(1) 结合案例分析该公司实施平衡计分卡失败的原因。

(2) 平衡计分卡的局限性有哪些?

(3) 结合案例,说明在平衡计分卡的实施过程中应注意哪些问题。

3. 赵先生是国内一家中型对外贸易企业的负责人,2020 年年底,在看了一些平衡计分卡资料后,他认为将平衡计分卡引进企业是十分必要的。

根据 2020 年公司业务发展,他将出口额增长 8 000 万元作为 2021 年的战略目标,并且根据平衡计分卡的要求将这一战略目标层层分解,落实到各个部门的员工头上。2021年第一季度,赵先生发现平衡计分卡确实给公司带来了很好的效益,甚至比自己最初定下的目标还要高出不少。正当他为此暗暗高兴,认为自己实施平衡计分卡取得了成效时,

2021年由于世界经济持续低迷,公司一下子陷入了危机之中。所以就形势来看,能增长2 000万元已经不错了。在赵先生看来,"什么卡也卡不住天灾人祸,我们现在所能做的只有降低当初制定的目标"。

要求:

(1) 你认为赵先生所在企业采用平衡计分卡为什么没有取得效果。

(2) 从本案例中你认为实施平衡计分卡应注意哪些问题。

延伸阅读与写作

国家提出"一带一路"倡议使我国与沿线国家之间的经济和社会关系变得更加融洽,为我国企业更好地走出国门创造了良好的生态环境。如今,"一带一路"已经成为"通路通航""基建""能源""通商""信息产业"五大主题的相关企业走出去的新蓝海,但同时也为企业的发展带来了更多的问题与考验。而2020年席卷全球的新冠肺炎疫情在给全球各行各业企业的生产带来极大的挑战的同时也带来了新的机遇,我们看到线上新生意和新业态层出不穷,线下生意主动或被倒逼转型,显著激活创新,形成了极其丰富与多元的消费生态、极具活力与潜能的市场空间。面对挑战与变化,战略管理会计能够协助企业管理层制定恰当的经营管理策略,使企业获得强大的竞争力并实现高质量的可持续发展。围绕上述主题,查找资料,归纳总结,撰写一篇《基于蓝海环境的企业战略管理会计研究》的小论文。

参考文献

[1] 陈冬梅,王俐珍,陈安霓.数字化与战略管理理论:回顾、挑战与展望[J].管理世界,2020,36(5):220-236.

[2] 李亚龙,张黎明.战略执行流程、中层经理战略承诺与员工绩效及态度:基于多案例的研究[J].企业经济,2018(4):103-109.

[3] 马浩.战略管理学50年:发展脉络与主导范式[J].外国经济与管理,2017,39(7):15-32.

[4] 谢广营,徐二明.21世纪战略管理研究将走向何方:兼与国际比较[J].北京交通大学学报(社会科学版),2019,18(3):85-103.

[5] 徐二明,李维光.中国企业战略管理四十年(1978—2018):回顾、总结与展望[J].经济与管理研究,2018,39(9):3-16.

[6] 诸波,干胜道.市场竞争程度、经营战略与业绩评价指标选择[J].会计研究,2015(2):51-57.

第18章 经济增加值理论

【学习目标】
1. 了解经济增加值产生的背景。
2. 掌握经济增加值的内涵、特点及计算。
3. 了解经济增加值的设计实施过程。

【导入指引】
2010年年初,国资委将经济增加值纳入央企业绩考核指标,这标志着经济增加值指标在我国企业中应用的推进。经济增加值指标考核企业经营业绩,剔除了以往会计处理方法中一些人为影响利润的因素,降低了企业盈余管理动机,全面地考虑了企业的资本成本,能真实地反映企业当期经营成果,充分体现企业创造价值的管理理念,有利于促进企业自身和社会创造价值,促进资源合理配置和提高资本使用效率。因此,经济增加值作为企业经营业绩评价指标具有长远意义。

18.1 产生的背景

20世纪80年代以来,在美国出现的几种新的企业经营业绩评价方法中,最引人注目和应用最广泛的就是经济增加值(Economic Value Added, EVA)方法。EVA的理论渊源出自诺贝尔经济学奖获得者默顿·米勒(Merton Miller)和弗兰科·莫迪利安尼(Franco Modigliani)1958—1961年关于公司价值的经济模型的一系列论文。EVA是由Stewart咨询公司针对剩余收益指标作为单一期间业绩评价指标所存在的缺陷,开发出的注册商标为EVAQ的经济增加值指标,并在1993年9月的《财富》杂志上完整地被表述出来。EVA是指一定会计期间企业使用一定量的资产创造的全部收益减去该资产使用成本后的余额。其计算公式为:

$$EVA = 调整的营业利润 - 加权平均资本成本 \times 资产平均余额$$

根据其创立者Stewart咨询公司的解释,EVA是指企业资本收益与资本成本之间的差额。更具体地说,EVA是指企业税后净营业利润与全部资本(借入资本和自有资本之和)成本之间的差额。如果差额是正数,则说明企业创造了价值,创造了财富;反之,则表示企业发生了价值损失。如果差额为零,则说明企业的利润仅能满足债权人和投资者预期获得的收益。

EVA是EVA评价系统的核心指标。Stewart咨询公司认为,无论是会计收益还是经营现金流量指标都具有明显的缺陷，应该坚决抛弃：会计收益未考虑企业权益资本的机会成本，难以正确地反映企业真实的经营业绩；而经营现金流量虽然能够正确地反映企业的长期业绩，但不是衡量企业年度经营业绩的有效指标。相反，EVA 能够将这两方面有效地结合起来，因此是一种可以广泛应用于企业内部和外部的业绩评价指标。从最基本的意义上讲，EVA 是企业业绩度量指标，与其他大多数度量指标的不同之处在于：EVA 考虑了为企业带来利润的所有资本成本，用公式表示即

$$EVA = 销售额 - 经营成本 - 资本成本$$

亦即

$$EVA = 税后利润 - 资本成本系数 \times 使用的全部资本$$

EVA 指标衡量的是企业资本收益和资本成本之间的差额。EVA 指标最大的和最重要的特点就是从股东角度重新定义企业的利润，考虑了企业投入的所有资本（包括权益资本）的成本。由于 EVA 指标在计算上考虑了企业的权益资本成本，并且在利用会计信息时尽量消除会计失真，因此能够更加真实地反映一个企业的经营业绩。更为重要的是，EVA 指标的设计着眼于企业的长期发展，而不是像净利润一样仅仅是一种短视指标，因此应用该指标能够鼓励经营者进行能给企业带来长远利益的投资决策，如新产品的研究开发、人力资源的培养等，这样就能杜绝企业经营者短期行为的发生。此外，应用 EVA 指标能够建立有效的激励报酬系统，这种系统通过将经营者的报酬与从增加股东财富的角度衡量企业经营业绩的 EVA 指标相挂钩，正确引导经营者的努力方向，促使经营者充分关注企业的资本增值和长期经济效益。EVA 是一种起源于剩余收益但又不同于它的评价企业经营业绩的新方法。EVA 衡量的是一个企业创造的真实利润，是一个可以用于评价任何企业经营业绩的工具。

18.2 方法应用与特点

18.2.1 方法应用

EVA 是近年来最引人注目和应用最广泛的企业业绩评价指标，它是一种把会计基础和价值基础结合起来的评价方法。该评价方法被一些杰出企业采用，并帮助它们取得了非凡的业绩。

EVA 是通过对财务报表等资料加以调整、用于企业经营业绩评价的指标。在计算企业 EVA 时，应当取得企业一定时期的资产负债表、利润表及附注等资料，并进行初步分析，然后对企业利润表中的会计利润做出一系列调整，计算出税后净营业利润。分析确定企业投入的全部资本的价值总额，计算企业全部资本的加权平均资本成本，测算企业全部资本的成本。根据经调整计算出的企业税后净营业利润和经分析测算出的企业全部资本成本，计算企业 EVA，用于比较评价企业经营业绩。

EVA 的计算公式为：

$$EVA = 税后净营业利润 - 资本成本$$
$$= 税后净营业利润 - 调整后资本 \times 加权平均资本成本$$

税后净营业利润 = 净利润 +（利息支出 + 研究开发费用调整项 −
非经常性收益调整项 × 50%）×（1 − 25%）

调整后资本 = 平均所有者权益 + 平均负债合计 −
平均无息流动负债 − 平均在建工程

其中，部分指标的计算如下：

（1）利息支出是指企业财务报表中"财务费用"项下的"利息支出"。

（2）研究开发费用调整项是指企业财务报表中"管理费用"项下的"研究与开发费用"和当期确认为无形资产的研究开发支出。对于为获取国家战略资源，勘探投入费用较大的企业，可以将其成本费用情况表中的"勘探费用"视同研究开发费用调整项，按照一定比例（原则上不超过 50%）予以加回。

（3）非经常性收益调整项包括：①变卖主业优质资产收益。减持具有实质控制权的所属上市公司股权取得的收益（不包括在二级市场增持后又减持取得的收益）；企业集团（不含投资类企业集团）转让所属主业范围内且资产、收入或利润占集团总体 10% 以上的非上市公司资产取得的收益。②主业优质资产以外的非流动资产转让收益。企业集团（不含投资类企业集团）转让股权（产权）收益，资产（含土地）转让收益。③其他非经常性收益。与主业发展无关的资产置换收益、与经常活动无关的补贴收入等。

（4）无息流动负债是指企业财务报表中的"应付票据""应付账款""预收款项""应交税费""应付利息""其他应付款"和"其他流动负债"；对于因承担国家任务等造成"专项应付款""特种储备基金"余额较大的，可视同无息流动负债扣除。

（5）在建工程是指企业财务报表中符合主业规定的"在建工程"。

[例 18-1]　某企业尝试运用 EVA 方法评价 2021 年的经营业绩。根据 2021 年的财务报表实际数据，经分析判断，本期税后净利润为 3 800 万元，利息支出为 500 万元，研究开发费用调整项为 200 万元，非经常性收益调整项为 100 万元；平均资产总额为 9 000 万元，不存在无息流动负债和在建工程，企业的加权平均资本成本测算为 10%，所得税税率为 25%。

该企业的 EVA 的计算如下：

税后净营业利润 = 3 800 +（500 + 200 − 100 × 50%）×（1 − 25%）
　　　　　　　= 4 287.50（万元）

调整后资本 = 9 000（万元）

EVA = 4 287.50 − 9 000 × 10% = 3 387.50（万元）

该企业 2021 年创造的 EVA 为 3 387.50 万元，可与本企业历史同期相比较，亦可与同行业规模相当的其他企业相比较，分析评价企业的经营业绩。

18.2.2　EVA 的优点及局限性

通过学术界的研究以及企业界的实践，人们发现应用 EVA 要比其他经营业绩评价指标如会计收益具有更多的优点：

（1）真实反映企业经营业绩。考虑资本成本是 EVA 指标最具特点和最重要的方面。只有考虑了资本成本的经营业绩指标才能反映企业的真实盈利能力。那些盈利低于资本成本的企业，其股东财富实际上是在减少。只有企业的盈利超过企业的所有资本成本，才能说明管理者为企业增加了价值,为股东创造了财富。如果企业的盈利低于企业的所有资本成本,则说明企业实质发生亏损,企业股东的财富受到侵蚀。EVA原理明确指出,企业管理者必须考虑所有资本的成本。通过考虑所有资本的成本,EVA表明了一个企业在每个会计年度所创造的真正价值。

(2) 尽量剔除会计失真的影响。传统的业绩评价指标如会计收益、剩余收益由于是在公认会计准则下计算而来的,因此都存在某种程度的会计失真,从而歪曲了企业的真实经营业绩。而对于EVA来说,尽管传统的财务报表依然是进行计算的主要信息来源,但是它要求在计算之前对会计信息来源进行必要的调整,以尽量消除公认会计准则所造成的扭曲性影响,从而能够更加真实、完整地评价企业的经营业绩。

(3) 将股东财富与企业决策联系在一起。EVA指标有助于管理者将财务的两个基本原则融入经营决策。第一,企业的主要财务目标是股东财富最大化;第二,企业的价值依赖于投资者预期的未来利润能否超过资本成本。根据EVA的定义可知,企业EVA持续地增长意味着企业市场价值的不断增加和股东财富的持续增长。所以,应用EVA有助于企业做出符合股东利益的决策,如企业可以利用EVA指标决定在其各个不同的业务部门分配资本。通常,一个多元化经营的企业需要在不同的业务部门分配资本。利用EVA可以为资本配置提供正确的评价标准,而使用会计利润和投资报酬率指标可能导致资本配置失衡,前者导致过度资本化,后者导致资本化不足。

(4) 注重企业的可持续发展。EVA不鼓励以牺牲长期业绩为代价来夸大短期效果,也就是不鼓励诸如削减研究开发费用的行为;而是着眼于企业的长远发展,鼓励企业的经营者进行能给企业带来长远利益的投资决策,如新产品的研究开发、人力资源的培养等。这样就能杜绝企业经营者短期行为的发生。因此,应用EVA不但符合企业的长期发展利益,而且符合知识经济时代的要求。因为在知识经济时代,以知识为基础的无形资产将成为决定企业未来现金流量与市场价值的主要动力,劳动不再是以成本的形式从企业收入中扣除,资产不再是企业剩余的唯一分配要素,智力资本将与权益资本和债权资本一同参与企业的剩余分配,甚至处于更重要的地位。

(5) 它显示了一种新型的企业价值观。EVA的改善是同企业价值的提高相联系的。为了提高企业的市场价值,经营者必须表现得比同他们竞争资本的那些人更好。因此,一旦他们获得资本,他们在资本上获得的收益必须超过由其他风险相同的资本需求者要求的报酬率。如果他们完成了这一目标,企业投资者投入的资本就会获得增值,投资者就会加大投资,其他潜在投资者也会把他们的资金投向这家企业,从而导致企业股票价格的上升,表明企业的市场价值得到了提高。如果他们不能完成这一目标,就表明存在资本的错误配置,投资者的资金就会流向别处,最终可能导致股票价格的下跌,表明企业的市场价值遭到了贬低。

任何事物都不是尽善尽美的,EVA并不是所有问题的答案,其本身也存在一些局限性:

(1) 学术界对EVA的实证研究是有所限制的,而且结果大都是非结论性的。例如,詹姆斯·多德(James Dodd)和陈世敏(Shimin Chen)对1983—1992年566家公司经营业绩进行的一项研究结果显示了股票报酬与EVA的相关性,但是二者关系并不像EVA倡导者所说的那样近乎完美,并且不能证明EVA在解释股票报酬的变化方面能够提供比其他指标如会计收益更多的增量信息,也就是难以证明 EVA 强于其他指标。

(2) 计算 EVA 时所进行的必要调整可能并不符合成本效益原则。EVA 倡导者认为,为了消除会计信息的失真,必须对有关会计信息进行调整。调整的数量越多,计算结果就越精确,到目前为止,计算 EVA 可做的调整已达 200 多种。这样就大大增加了计算的复杂性和难度,并且妨碍了 EVA 的广泛应用。与此同时,研究者观察到剩余收益指标能够像 EVA 指标一样解释股票报酬中相同的变化。因此,他们认为在计算 EVA 时对营业利润和投入资本进行必要的调整并不符合成本效益原则。

(3) EVA 无法解释企业内在的成长性机会。一个企业的股票价格反映的是市场对这些成长性机会价值的预期。但是由于 EVA 在计算过程中对会计信息进行了调整,这些调整可能去掉了企业经营者用来向市场传递有关企业未来发展机会的信息。因此,这些调整可能一方面使 EVA 比其他指标(如投资回报率)更接近企业真正创造的财富,另一方面也降低了 EVA 指标与股票市场的相关性。

18.2.3 EVA 应用实例

青岛啤酒股份有限公司(以下简称"青岛啤酒")前身为国有青岛啤酒厂,始建于 1903 年,是中国历史最为悠久的啤酒生产厂,1993 年 7 月在香港联合交易所上市,同年 8 月在上海证券交易所上市。2001 年,青岛啤酒把大部分精力放在了内部整合消化上,整合组织系统、财务、市场、品牌及资本,精简机构,设立投资公司对地方分公司进行管理,减少信息流通环节,提高市场反应速度,将"做大做强"的战略调整为"做强做大",扩张步伐明显放缓。但青岛啤酒的一系列自行调整动作并没有从根本上动摇金字塔式的管理结构。2001 年青岛啤酒年净利润为 10 289 万元,与预计实现净利润 17 051 万元尚有一段不小的差距。在庞大的集团组织体系与利润趋薄的双重压力下,整合现有资源,重组青岛啤酒管理模式迫在眉睫。2001 年年底,在经过管理高层的慎重考虑之后,青岛啤酒决定采纳 Stewart 咨询公司提出的以 EVA 为核心的管理重组方案,建立一个更加合理、科学的激励与约束机制。

青岛啤酒的 EVA 业绩评价方案包括以下三个部分:

(1) 建立以 EVA 为核心的目标管理体系。青岛啤酒建立了以 EVA 为核心的目标管理体系,要求整个财务体系按照 EVA 制作财务报表,年底以这些指标来考核业绩,改变了公司历年来用于表达财务目标的方法多而混乱的局面。EVA 为决策部门和运营部门建立了联系通道,消除了部门之间特别是运营部门与财务部门之间互有成见、互不信任的情况,为各个运营部门的员工提供了相互交流的统一标准,使得所有管理决策变得更有效。

(2) EVA 与年薪制挂钩。青岛啤酒建立了以 EVA 为核心的激励制度,使经理层更加注重资本利用率,理智地使用资本,弥补了青岛啤酒原有年薪制下经理相互攀比争取得到投资额度的漏洞(原有年薪制下不考虑资本成本,争取的投资额度越大,利润增加越容易)。由于考虑了资本成本问题,管理者将更为理智、审慎地利用资本,降低投资风险,资本成本直接与其收入挂钩,这对管理者每次的决策都会产生影响。

(3) 组织结构改革。根据 Stewart 咨询公司的 EVA 业绩评价方案,青岛啤酒撤销了原直属青岛啤酒集团总部的生产部,成立了青岛啤酒集团第九个事业部——青岛事业部,这意味着青岛本地几个企业的直接经营权将从青岛啤酒集团总部职能体系中完全剥离,使青岛啤酒"总部—事业部—子公司"三层管理架构更加清晰和条理化,形成了扁平化的治理架构,实现了流程再造。

经过一年的 EVA 业绩评价的实施,青岛啤酒 2002 年盈利水平比 2001 年有了大幅提升,年报显示,公司全年实现主营业务收入 69.37 亿元,主营业务利润 21.63 亿元,净利润 2.3 亿元,分别同比增长 31%、38.58% 和 124%;经营现金流量也由 2001 年的 5.30 亿元上升到 11.06 亿元,增长了 108.68 个百分点;每股收益为 0.231 元,净资产收益率为 7.75%,分别同比增长 130% 和 123.34%,并在今后几年保持了增长趋势;2000 年和 2001 年净利润基本持平,2002 年净利润实现了大幅增长,2002 年后继续保持增长趋势。

在股票市场,青岛啤酒股价在 2001 年下半年大跌之后,2002 年有所回升,6 月一举突破年线压力,随后并没有因大盘的调整而回落,而是反复震荡上行,维持在中期均线系统之上,但从 8 月底到年末,股价有所回落,并在其后始终维持小幅震荡。公司派发 2002 年股利每股 0.16 元(含税)的同时派发青岛啤酒百年特别红利每股 0.06 元(含税)(派发 2001 年股利 0.11 元)。从 2002 年全年来看,公司股市收益略有上升,这说明 2002 年实施 EVA 业绩评价并没有促进青岛啤酒在股市的良好表现。

在实施 EVA 业绩评价后,从公司财务报表的盈利状况来看,青岛啤酒的表现相当优秀,但我们在 Stewart 咨询公司公布的"2002 年中国上市公司价值创造和毁灭排行榜"中发现,2002 年青岛啤酒的 EVA 为 -1.23 亿元,比 2001 年有所下降,我们对 EVA 计算公式做一个粗略的分解:EVA = 税后净营业利润 - 资本成本 = (资本回报率 - 资本成本率)× 资本 = (销售净利率 × 资产周转率 - 资本成本率)× 资本,借以分析 EVA 下降的原因。2002 年青岛啤酒销售净利率和资产周转率都比 2001 年有所提高,销售净利率由 2001 年的 1.95% 提高到 3.32%,提高了 70.26%,资产周转率也由 2001 年的 0.69 提高到 0.81,表明 2002 年青岛啤酒的盈利能力和资产管理水平较 2001 年有较大的改善,由此可见,实施 EVA 业绩评价给公司带来了一定的成效。从公司的资本构成来看,2002 年公司权益资本为 2 977.35 百万元,短期负债为 2 779.54 百万元,相对于 2001 年来说变化不大;长期负债为 90.64 百万元,比 2001 年有所下降,但总体来说资本构成变化不大,因此可推知造成 2002 年公司 EVA 不但没有上升反而有所下降的一个可能的原因是权益资本成本的增长率要大于资本回报率的增长率,这与青岛啤酒的实际情况是吻合的,2002 年青岛啤酒股价总体来说比 2001 有微幅上升,另外派发的 2002 年股利为 2001 年的两倍,使得该年权益资本成本上升。从短期来看,公司 2002 年股东收益有所上升,但从长期来看,公司是在毁灭股东价值。2002 年公司盈利能力较好,获得了较多的现金流,在这种情况下,公司应该寻找更好的投资机会提高资本回报率,根据公司财务报表,2002 年资本回报率虽比 2001 年有所上升,但也只有 2.69%,另外,公司若没有更好的投资方案,则在不违背国家政策的情况下,应考虑回购公司的部分股票,降低资本成本,防止公司继续毁灭股东价值。

总体来说,2002 年青岛啤酒实施 EVA 业绩评价取得了一定的成效,公司的盈利能力和资产管理水平都有了较大幅度的提升,但 EVA 业绩评价的实施并没有立即扭转公司毁灭股东价值的局面。任何新生事物接受起来都有一个过程,2002 年青岛啤酒取得的成绩为推进 EVA 在我国企业中的应用提供了参考。

本章小结

1. EVA 是经济增加值（Economic Value Added）的英文缩写，它有效地表征了企业财富的创造。

2. EVA 观念认为，只有收回资本成本之后的 EVA 才是真正的利润，而公认的会计账面利润则不是真正的利润；若 EVA 为负数，则即便财务报告有盈利，也是亏损，被认为是企业和管理者在侵蚀股东财富。

3. 注重资本成本是 EVA 最明显的特征，这对企业管理者来说是一种"触及灵魂"的观念转变，从而也将改变企业经理人的行为。

复习思考题

1. 简述 EVA 产生的背景。
2. 简述 EVA 的定义及其计算方法。
3. 简述 EVA 的特点。

作业练习

1. A 公司是一家高科技公司，成立于 2000 年，公司原来一直将持续盈利能力目标作为财务战略目标，并将利润作为其业绩考核的核心指标。但近年来，公司盈利能力和发展能力大幅下滑，市场占有率也出现了下降。为了扭转这种局面，公司董事会决定转变财务战略目标，由持续盈利能力目标转变为 EVA 最大化目标，并确定以 EVA 为其业绩考核的核心指标。经过充分的分析研究，公司确定 2022 年目标 EVA 为 5 000 万元，目前公司正在进行 2022 年的财务规划，有关资料如下：

（1）2021 年公司实现销售收入 30 000 万元，净利润 4 500 万元，平均资产总额为 10 000 万元，平均无息流动负债为 1 200 万元。

（2）2022 年公司预计销售收入增长 20%，预计销售净利率、资产周转率不变，并且平均无息流动负债与销售收入的比例也不变。

（3）公司为推进技术创新，提高市场竞争力，2022 年拟投入研发费用 1 000 万元。

（4）公司预计 2022 年对外转让闲置设备取得税前收益 100 万元。

（5）公司目标资本结构为资产负债率 50%，2022 年将继续维持。在该资本结构下，公司负债的平均利率为 6%。

（6）公司所得税税率为 25%，加权平均资本成本为 10%。

假设不考虑其他因素。

要求：

（1）预测公司 2022 年的 EVA，并判断公司能否实现该目标。

（2）简述 EVA 的优点。

2. "部分员工存在抵触情绪，成败未知。"这是 1 月底记者采访东风汽车公司 EVA 薪酬改革时不断听到的一句话。

从总公司人事部到各分公司人事部，从高层管理人员到中层员工、一线员工，对这场已经历时一年半的改革依然处于观望状态，虽然东风汽车公司在 2002 年已经开始对外宣传其EVA薪酬改革成果显著,但"真正完成EVA薪酬改革的部门在整个东风中比例很小,员工抵触情绪比较严重,特别是在这次改革中工资下降的员工。"

从2001年5月推广EVA概念开始,东风汽车公司几乎是在不借助"外脑"的前提下开始了实验;2002年下半年,东风汽车公司开始全面实施EVA薪酬改革;2002年12月,有消息人士透露,这场EVA薪酬改革已经宣告"暂缓":年关将近,不管有没有开始实施方案,为避免员工情绪失控,先暂缓三个月。

这场EVA薪酬改革试图改变东风汽车公司12万多名员工的钱包,现在,它正在考验东风汽车公司管理层。

暂缓三个月

"东风汽车公司开始提出EVA是在2001年5月,此前我们从1999年就开始实行薪酬改革。"作为东风汽车公司最早的EVA试点,东风模具厂实行薪酬改革的想法由来已久。

东风模具厂原来准备学习长春一汽的岗位效益工资体系:拉开不同岗位的工资差距,然后竞争上岗。但在实施一段时间后,东风汽车公司意识到这一体系的局限——它并不能有效激励各个分公司创造更多的利润和EVA。

2001年5月,东风汽车公司宣布要实施以EVA为基础的岗效工资。

东风模具厂的EVA薪酬改革已经完成,2003年1月15日,1 000多名员工已经按新的薪酬标准领取工资。新的薪酬由四部分组成:占总额30%的基础工资(相当于当地最低生活保障金),60%的绩效工资,10%的年功工资(大约相当于工龄工资),另外一部分就是EVA超额奖励工资。

"这个体系把收入差距拉得更大,增薪层大约占30%,维持层大约占50%,降薪层大约占20%,但EVA超额奖励工资还没有真正拿到。"1月22日,模具厂综合管理处处长张安民对记者说。

改革完成了,但为什么没有真正拿到EVA超额奖励工资呢?

东风汽车公司宣传处阎学知的解释是:因为要到3月份才能拿到经过财政部审计过的2002年的财务数据,而EVA超额奖励工资是以全年财务数据为基础的,这就意味着就算实施了EVA试点,也要在3月之后才可能真正执行。

和东风模具厂同属东风装备公司旗下的另外五家专业厂进展要慢一些,"一线工人比较反感,和干部差距较大,有的专业厂在12月实施推广后,厂长等管理层全部下去做员工工作。"东风汽车公司一位中层管理人员说。

而较之东风装备公司,东风汽车能源、仪表等分公司的EVA薪酬改革困难更大,因为这些分公司在实施EVA薪酬改革的同时伴随的是人事制度改革。

仪表分公司从2002年3月开始准备,10月上旬出台《用工管理办法》《EVA岗效工资管理办法》《EVA岗效工资实施办法》《岗位评级与归级管理办法》《待岗职工管理暂行规定》五份文件,同时进行人事制度和EVA薪酬制度的改革。具体办法就是将在职中层干部和岗位工人"集体下岗",重新竞争上岗并以此为EVA薪酬改革实施的基础。

东风汽车公司原来预计到2002年年底公司全员将取得EVA超额奖励工资,但从现实情况来看,这一估计过于乐观了。东风载重车公司人事部部长王东春1月27日告诉记者,除各个单位财务数据还没完全出来外,另一个原因可能是EVA总量不太够,没办法发。

"员工与管理层对 EVA 态度差异较大,不少分公司已经在 12 月宣布暂缓三个月执行。"一位不愿透露姓名的东风汽车公司员工向记者证实了暂缓的消息。

新蛋糕?

东风汽车公司主管人事的副总裁李绍烛是 EVA 的积极推广者,在他看来,在经过计时分配、计件分配两个发展阶段后,以 EVA 为代表的按价值分配正被现代企业广泛采用,但价值是通过市场、用户的认可和使用才得以实现的,东风汽车公司的 EVA 薪酬改革就是要在 EVA 基础上建立一套新体系。

"薪酬分配要强调价值和贡献。"在 2003 年 1 月的公司人事工作研讨会上,李绍烛表示,"工资能拿多少,要看创造的价值有多大。"

"虽然在国有大型企业普遍实施了岗效工资,但差距并没有真正拉开,东风全面引入 EVA 薪酬体系,目的是让创造 EVA 多的单位获得更多的 EVA 奖金,再以不同岗位为依据,实现对单位员工的分配。"东风载重车公司人事部部长王东春告诉记者。

按照 EVA 理论,要正确评价企业的业绩,就必须把资本成本考虑进去,不包括资本成本的利润不是真正的利润。其 EVA 的基本计算公式是:EVA=企业当年净利润-资本成本。由于企业经营的结果每年都不一样,因此 EVA 可以为正数,也可以为负数,还可以为零。

这样不但可以比较准确地评价各个专业厂哪些真正创造了价值,而且为实施有效的激励打下了基础,"各个单位 EVA 奖金将相差很大,从而使员工收入真正拉开"。

"这使得公司能以较高的薪酬水平、较低的人事费用率在市场上更具竞争力。"东风汽车公司人事部部长胡永福评价道。

除了分到单位针对全体员工的 EVA 奖金外,东风汽车公司同时意识到 EVA 对激励管理层具有更重要的意义。事实上,东风汽车公司早在 2002 年 9 月就发布了《关于高级管理人员薪酬管理办法》。

高管也分好几个不同级别,比如东风汽车公司总经理 36 级,副总经理 35 级,总经理助理 34 级,一直到 26 级,26 级以下是其他管理人员和普通员工。

据说,除此以外还有一个针对管理层的"贡献系数奖金"。

"EVA 奖金可以说是一块为激励员工和管理层而制造的新蛋糕。"东风汽车公司人事部部长胡永福表示。

现在的情况却像一块名为 EVA 的新蛋糕终于被摆到桌上,东风汽车公司正准备拿起刀叉分而食之时,却遇到了最后的阻力。

并不乐观的未来

"蛋糕本来只有那么大,有人切得比过去多,自然就有人切得比过去少。"一位东风汽车公司的员工认为,这是因为新的分配方式突出了差距,有部分人出现抵触情绪是正常的。

但事实上,员工平时工资与 EVA 关系并不大,EVA 奖金是按单位分配的,单位再对 EVA 奖金进行划分,特别是目前,EVA 带来的收益还没有真正体现在员工的收入中。

给 EVA 岗效工资实施带来阵痛的部分原因是重新定岗等人事制度改革,虽然人事制度改革与 EVA 薪酬改革没有直接的关系,但王东春估计有一半以上的分公司都在实施 EVA 的同时实施了人事制度改革。

精简员工、机构重组也是东风汽车公司此次 EVA 薪酬改革的目的之一。

对于为什么要两项改革同时进行,东风仪表分公司党委书记陈洁表示:"在原岗位实施EVA,对很多干部职工不公平。人事制度和分配制度同步改革,可以给每个人一次重新挑选岗位的机会。"

使事情变得复杂的另一个原因是公平问题,由于涉及几乎全体员工的利益,在准备推进EVA薪酬改革前,工会就大体方案进行了一次员工调查,表示满意的只有约40%。东风汽车公司虽然对推进采取了相当谨慎的态度,但公平问题依然让人议论纷纷。

比如机关干部与普通员工的收入差距问题,一位管理人员告诉记者,在实施之前,以为机关最简单,但在做完一些专业厂人事制度改革和薪酬改革后,才发现机关最难,虽然EVA奖金还没有拿到,但从方案来看,机关干部从EVA薪酬改革中获利更多,一线工人工资上涨的并不多,这也造成了一些工人情绪上的波动。

正是出于此因,东风汽车公司决定为完全按EVA薪酬体系执行留下缓冲时间,即使改革已经完成也仍按原来的方式拿工资,如果有新员工进来,则可能按新方案办,逐渐过渡到新方案。

影响未来东风汽车公司EVA薪酬改革命运更深层的因素是东风汽车公司自主测算的一系列EVA数值的真实有效性。专门从事EVA研究的咨询公司——思腾思特——的一位顾问表示,如果没有强大的数据库和相关行业的一些关键数据,则很难在内部交易情况复杂的公司中测算出相对精确的EVA系数,比如宝钢,为得到较准确的EVA系数,在实施EVA薪酬改革前参考了国内外30多家同行企业的EVA系数。而当听说东风汽车公司实施全面EVA薪酬改革时,这位顾问更表示惊异,因为一般来说,采用EVA激励机制都采取自上而下的方式,先在公司管理层进行,再逐步推行到员工,实施EVA薪酬改革最主要的目的也是激励公司管理层为股东创造更多的利润,东风汽车公司一开始就面向全体员工力推EVA薪酬改革的方式相当罕见。

员工对薪酬改革公平性的疑问而产生的抵制情绪是造成这次薪酬改革"暂缓"的一个重要原因。

从东风汽车公司实施EVA薪酬改革的结果来看,薪酬改革作为国有企业改革中的一个难点,涉及企业中每一个人的利益,它不仅要保证改革后有效地发挥薪酬的激励与约束作用,而且要保证改革过程平稳,因此,在薪酬改革的过程中如何保证改革的公平性显得尤为重要,否则可能带来企业改革成本的上升,甚至是改革的失败。

薪酬的公平性分为外部公平性与内部公平性。外部公平性主要体现在企业对外薪酬是否具有竞争力,能否吸引外部优秀人才;而内部公平性则是指企业内部根据员工所在岗位和从事工作对企业的相对贡献价值而支付的薪酬是否合理与公平。国有企业进行薪酬改革时遇到的最大矛盾主要体现在薪酬的内部公平性上。

在对内部公平性的认识上,企业不同层次的员工有着不同的看法:中高层管理者普遍认为企业内部薪酬差距过小,没有体现出管理者承担的责任与贡献,而低层员工则认为差距过大。这表明国有大型企业长期实行的工资体制造成了企业薪酬没有体现出贡献与效率的原则,也没有发挥对员工的激励作用,导致了平均主义思想的滋生。

要求:根据东风汽车公司EVA薪酬改革案例,在企业改革过程中,如何做到薪酬的内部公平性?

▶ 延伸阅读与写作

供给侧结构性改革引领中国经济高质量发展，既是抓好当前和未来一个时期我国经济工作、建设现代化经济体系的基本策略，也是推动国有企业高质量发展的必由之路。我们要准确把握新的历史条件下深化供给侧结构性改革的方向和基本要求，把国有企业发展推向高质量发展的新阶段。这就需要企业运用合理的指标，既能真实地反映企业当期经营成果，又能充分地体现企业创造价值的管理理念，EVA能够将这两方面有效地结合起来，有利于促进企业自身和社会创造价值，因此是一种可以广泛用于企业内部和外部的业绩评价指标。围绕上述主题，查找资料，归纳总结，撰写一篇《基于深化供给侧结构性改革大背景下企业利用EVA指标长久发展》的小论文。

▶ 参考文献

1. 邓小军,徐国玲.基于WACC估值的央企EVA绩效考评标准探讨[J].统计与决策,2019(8):178-181.

2. 窦慧琳,韩灿."三新"经济增加值核算问题研究[J].统计理论与实践,2020(5):28-32.

3. 何威风,刘巍.EVA业绩评价与企业风险承担[J].中国软科学,2017(6):99-116.

4. 杨婷蓉,丁慧平.绿色EVA:基于预期生态效率的经济增加值[J].东北大学学报(社会科学版),2017,19(2):147-152.

5. 袁晓玲,张占军,邸勍.新三板企业EVA经营绩效及其影响因素的差异化研究[J].西安交通大学学报(社会科学版),2020,40(2):36-44.

第 19 章　企业管理会计报告

【学习目标】
1. 掌握企业管理会计报告的含义和目标。
2. 掌握企业管理会计报告的形式要件和报告流程。
3. 掌握企业管理会计报告体系的多种分类标准。
4. 明确战略层管理会计报告的主要内容。
5. 明确经营层管理会计报告的主要内容。
6. 明确业务层管理会计报告的主要内容。
7. 了解管理会计报告的五个报告维度。
8. 了解管理会计报告体系的设计。
9. 了解管理会计在企业中的现状及应对措施。

【导入指引】

管理会计报告是企业决策的重要依据之一，如何构建与编制管理会计报告是提升管理会计职能的重要环节。财政部发布的《管理会计应用指引第 801 号——企业管理会计报告》对企业编制管理会计报告具有很强的指导意义。基于该指引搭建企业管理会计报告的框架，即三个应用主体——战略层、经营层、业务层；五个报告维度——企业战略、内控和风险、企业运营、财务和税务、社会责任；五个报告目标——战略明晰、内控完善、经营高效、绩效显著、口碑良好。该框架融合了国内外相关管理理论和最佳业务实践，对管理会计实务工作者具有较强的参考意义。

19.1　企业管理会计报告的含义和目标

19.1.1　含义

管理会计报告是指企业运用管理会计方法，根据财务和业务的基础信息加工整理形成的，满足企业价值管理和决策支持需要的内部报告，为企业各层级的内部决策及经营业绩的反馈与调节等管理活动提供财务和非财务信息。管理会计又称内部报告会计，旨在提高企业经济效益，并通过一系列专门方法，利用财务会计提供的资料及其他资料进行加工、整理和报告，使企业各级管理人员能据以对日常发生的各项经济活动进行规划与控制，并帮助决策者做出各种专门决策的一个会计分支。管理会计在企业的财务管理活动中具有越来越重要的作用。在管理会计的核心理念中,价值的创造与维护是最为重要的两点。基于此,管理会计是企业战略、业务、财务一体化最有效的工具。

19.1.2 目标

企业管理会计为企业内部管理服务,以生产经营活动中的价值运动为对象,注重生产经营活动中的价值形成和增值过程,通过优化使用价值生产和交换的过程,为企业管理者提供有价值的信息并参与决策,从而实现企业价值最大化。因此,企业管理会计报告的目标是为企业各层级进行规划、决策、控制和评价等管理活动提供有用信息,帮助管理当局对资源的最优化使用做出决策。

管理会计五大报告目标:①战略明晰。企业战略在一定时期内是明确的,而且会逐级传递到企业的基层员工,以保证大家对企业战略理解的一致性和可执行性。②内控完善。内控体系和风险管理虽然是两个事项,但是如果企业内控体系是相对完善的,其风险管理成效也会得到合理的保证。③经营高效。经营效率是企业成功的基础,经营需要技术和管理的同步支持。④绩效显著。此处,绩效侧重于财务绩效,毕竟企业作为营利性组织,持续的财务绩效是企业生存和持续发展的基础。⑤口碑良好。这其实是企业社会价值的综合体现。

19.2 企业管理会计报告的形式要件和报告流程

19.2.1 形式要件

企业管理会计报告的形式要件包括报告名称、报告期间或时间、报告对象、报告内容及报告人等。

(1)企业管理会计报告的期间:企业可根据管理的需要和管理会计活动的性质设定报告期间。一般应以日历期间(月度、季度、年度)为企业管理会计报告期间,也可根据特定需要设定企业管理会计报告期间。

(2)企业管理会计报告的对象:是对管理会计信息有需求的各个层级、各个环节的管理者。

(3)企业管理会计报告的内容:应根据管理需要和报告目标而定,易于理解并具有一定的灵活性。

19.2.2 报告流程

企业管理会计报告流程包括报告的编制、审批、报送、使用、评价等环节。

(1)企业管理会计报告的编制主体:企业管理会计报告由管理会计信息归集、处理并报送的责任部门编制。

(2)企业管理会计报告的审批流程:企业应根据报告的内容、重要性和报告对象等,确定不同的审批流程,经审批后的报告方可报出。

(3)企业管理会计报告的报送要求:企业应合理地设计报告报送路径,确保企业管理会计报告及时、有效地送达报告对象。企业管理会计报告可以根据报告性质、管理需要进行逐级报送或直接报送。

（4）企业管理会计报告的使用：企业应建立管理会计报告使用的授权制度，报告使用人应在权限范围内使用企业管理会计报告。

（5）企业管理会计报告的评价：企业应对管理会计报告的质量、传递的及时性、保密情况等进行评价，并将评价结果与绩效考核挂钩。

19.3 企业管理会计报告体系的多种分类标准

以企业为例，管理会计报告体系可以按照多种标志进行分类，包括但不限于：①按照企业管理会计报告使用者所处的管理层级可以分为战略层管理会计报告、经营层管理会计报告和业务层管理会计报告；②按照企业管理会计报告的内容可以分为综合企业管理会计报告和专项企业管理会计报告；③按照管理会计的功能可以分为管理规划报告、管理决策报告、管理控制报告和管理评价报告；④按照责任中心可以分为成本中心报告、利润中心报告和投资中心报告；⑤按照企业管理会计报告的主体可以分为整体管理会计报告和分部管理会计报告。

19.3.1 战略层管理会计报告的主要内容

1. 目的

战略层管理会计报告是为战略层开展战略规划、决策、控制和评价以及其他方面的管理活动提供相关信息的对内报告。

2. 对象

战略层管理会计报告的报告对象是企业的战略层，包括股东大会、董事会和监事会等。

3. 主要内容

战略层管理会计报告包括但不仅限于战略管理报告、综合业绩报告、价值创造报告、经营分析报告、风险分析报告、重大事项报告、例外事项报告等。这些报告可独立提交，也可根据不同需要整合后提交。

（1）战略管理报告的内容一般包括内外部环境分析、战略选择与目标设定、战略执行及其结果以及战略评价等。

（2）综合业绩报告的内容一般包括关键业绩指标预算及其执行结果、差异分析以及其他重大业绩事项等。

（3）价值创造报告的内容一般包括价值创造目标、价值驱动的财务因素与非财务因素、内部各业务单元的资源占用与价值贡献以及提升企业价值的措施等。

（4）经营分析报告的内容一般包括过去经营决策执行情况的回顾、本期经营目标执行的差异及其原因、影响未来经营状况的内外部环境与主要风险分析、下一期的经营目标及管理措施等。

（5）风险分析报告的内容一般包括企业全面风险管理工作回顾、内外部风险因素分析、主要风险识别与评估、风险管理工作计划等。

（6）重大事项报告是针对企业的重大投资项目、重大资本运作、重大融资、重大担保、关联交易等事项进行的报告。

（7）例外事项报告是针对企业发生的管理层变更、股权变更、安全事故、自然灾害等偶发性事项进行的报告。

战略层管理会计报告应精炼、简洁、易于理解，报告主要结果、主要原因，并提出具体的建议。

19.3.2 经营层管理会计报告的主要内容

1. 目的

经营层管理会计报告是为经营管理层开展与经营管理目标相关的管理活动提供相关信息的对内报告。

2. 对象

经营层管理会计报告的报告对象是企业的经营管理层。

3. 主要内容

经营层管理会计报告主要包括全面预算管理报告、投资分析报告、项目可行性报告、融资分析报告、盈利分析报告、资金管理报告、成本管理报告、业绩评价报告等。

（1）全面预算管理报告的内容一般包括预算目标制定与分解、预算执行差异分析以及预算考评等。

（2）投资分析报告的内容一般包括投资对象、投资额度、投资结构、投资进度、投资效益、投资风险和投资管理建议等。

（3）项目可行性报告的内容一般包括项目概况、市场预测、产品方案与生产规模、厂址选择、工艺与组织方案设计、财务评价、项目风险分析以及项目可行性研究结论与建议等。

（4）融资分析报告的内容一般包括融资需求测算、融资渠道与融资方式分析及选择、资本成本、融资程序、融资风险及其应对措施和融资管理建议等。

（5）盈利分析报告的内容一般包括盈利目标及其实现程度、利润的构成及其变动趋势、影响利润的主要因素及其变化情况以及提高盈利能力的具体措施等。企业还应对收入和成本进行深入分析。盈利分析可基于企业集团、单个企业，也可基于责任中心、产品、区域、客户等进行。

（6）资金管理报告的内容一般包括资金管理目标、主要流动资金项目（如现金、应收票据、应收账款、存货）的管理状况、资金管理存在的问题以及解决措施等。企业集团资金管理报告的内容一般还包括资金管理模式（集中管理还是分散管理）、资金集中方式、资金集中程度、内部资金往来等。

（7）成本管理报告的内容一般包括成本预算、实际成本及其差异分析、成本差异形成的原因以及改进措施等。

（8）业绩评价报告的内容一般包括业绩目标、关键业绩指标、实际执行结果、差异分析、考评结果,以及相关建议等。

经营层管理会计报告应做到内容完整、分析深入。

19.3.3 业务层管理会计报告的主要内容

1. 目的

业务层管理会计报告是为企业开展日常业务或作业活动提供相关信息的对内报告。

2. 对象

业务层管理会计报告的报告对象是企业的业务部门、职能部门以及车间、班组等。

3. 主要内容

业务层管理会计报告应根据企业内部各部门、车间或班组的核心职能或经营目标进行设计,主要包括研究开发报告、采购业务报告、生产业务报告、配送业务报告、销售业务报告、售后服务业务报告、人力资源报告等。

（1）研究开发报告的内容一般包括研发背景、主要研发内容、技术方案、研发进度、项目预算等。

（2）采购业务报告的内容一般包括采购业务预算、采购业务执行结果、差异分析及改善建议等。采购业务报告要重点反映采购质量、数量以及时间、价格等方面的内容。

（3）生产业务报告的内容一般包括生产业务预算、生产业务执行结果、差异分析及改善建议等。生产业务报告要重点反映生产成本、生产数量以及产品质量、生产时间等方面的内容。

（4）配送业务报告的内容一般包括配送业务预算、配送业务执行结果、差异分析及改善建议等。配送业务报告要重点反映配送的及时性、准确性以及配送损耗等方面的内容。

（5）销售业务报告的内容一般包括销售业务预算、销售业务执行结果、差异分析及改善建议等。销售业务报告要重点反映销售的数量结构和质量结构等方面的内容。

（6）售后服务业务报告的内容一般包括售后服务业务预算、售后服务业务执行结果、差异分析及改善建议等。售后服务业务报告重点反映售后服务的客户满意度等方面的内容。

（7）人力资源报告的内容一般包括人力资源预算、人力资源执行结果、差异分析及改善建议等。人力资源报告重点反映人力资源使用及考核等方面的内容。

业务层管理会计报告应做到内容具体、数据充分。

19.4 管理会计报告的五个报告维度

从管理的角度而言,向不同层级提供的报告,其详略程度和重点是不同的。业务层所需要的信息通常是全面而翔实的,经营层则需要从企业运营的角度把握重点,而战略层则从公司治理的角度关注企业的战略、业绩评价、风险管理和重大事项报告等。但是,向各个层级提供的信息不是割裂的,而是有内在联系的,在逐层上报的过程中,除需提炼原有信息外,还需根据本层次需求不断增加新的内容,其过程就像搭积木一样。企业管理会计报告指引虽然分别描述了战略层、经营层和业务层管理会计报告的主要内容,但是并未抽取出各个层级所需报告的维度,我们可以从以下五个维度入手,即企业战略、内控和风险、企业运营、财务和税务、社会责任等。

19.4.1　企业战略

实务中,企业可以根据其规模及偏好使用平衡计分卡、关键业绩指标、EVA 等工具实现企业战略的落地。

19.4.2　内控和风险

对于企业内部控制和风险管理,国内外的理论体系已经非常健全,二者独立存在却又互为补充。内部控制方面可以参照财政部发布的《企业内部控制应用指引》,风险管理则可以借鉴 2017 年 9 月美国反虚假财务报告委员会下属的发起人委员会(COSO)发布的《企业风险管理——与战略和业绩的整合》以及财政部于 2018 年 8 月发布的《管理会计应用指引第 700 号——风险管理》。需要注意的是,实际操作时,企业需要做好业务的风险矩阵和分级授权管理,这是企业流程和制度拟定的基础。

19.4.3　企业运营

企业的运营需要重点关注企业所处行业价值链的位置以及企业的盈利模式。企业可以利用波特的价值链模型和五力模型来判断企业所处行业价值链的位置并确立可能的相对优势,进而明确企业的盈利模式。

19.4.4　财务和税务

财务是企业经营的数字化结果,而税务则在反映企业社会责任的同时,显示了企业税务风险管理的水平,因此需要同时关注企业的财务和税务状况。盈利是企业持续存在的基础,全面分析企业的财务状况不但可以揭示企业的资本结构和盈利水平,还可以在某个方面预示企业未来的走向。从税务角度而言,依法纳税是企业的义务,但是合法地进行税务筹划亦是企业的权利。

19.4.5　社会责任

企业的社会责任报告越来越受到公众的关注,近年来,自愿披露社会责任报告的企业越来越多。这说明主动披露企业社会责任不但能够全面展示企业的价值观,塑造企业良好的社会形象,还可以促进企业业绩的提升。

其实现的逻辑思路是:如果企业战略清晰,则在企业内控体系完善和风险可控的合理保证下,经过企业高效的运营,可以在实现企业财务业绩的同时,获得广泛的社会美誉度。

需要补充的是,在按照上述五个维度分析企业现状时,针对企业出现的问题,如果企业对问题全部进行分析而不针对重点,那么最后很可能无法解决问题。我们的经验是:根据问题对企业未来发展产生影响的大小以及需要解决的紧急性进行排序,优先解决企业重点关注的问题;同时,针对这些重点问题,不但要分析问题产生的深层次原因,还要给出相应的解决办法,包括解决问题的路径、责任人、所需资源、时间期限、可能遇到的风险及其防范预案等。事后,还需要及时跟踪,以真正解决问题。

19.5 管理会计报告体系的设计

19.5.1 管理会计报告体系的基本框架

结合基本框架(见图19-1)可以看出,战略层、经营层和业务层是上述框架的三个主要部分。其中,战略层主要针对市场策略、产品定位、外部环境及长期目标等方面的分析,是对企业的宏观分析,并需要综合利用供应商、客户、SWOT等分析方法。经营层主要包括市场份额、销售增长、投资回报、现金流量、资源储备和价格分析等内容,旨在分析生产经营过程中存在的诸多问题。业务层对及时性的要求较高,其内容也往往具有稳定性,如收入分析、毛利分析、客户分析和信用分析等内容,而且其工作流程也较为固定。因此,作为响应速度快、简洁、直观的代表,表格的报告形式比较适用于该层。

就各层级报告的发生频率而言,下层的频率明显高于上层,其主要原因是决策管理更多地集中于上层,而基础性管理更多地集中于下层。

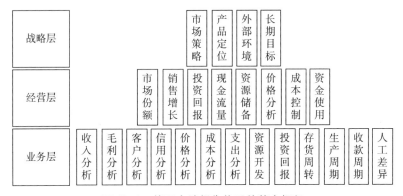

图19-1 管理会计报告体系的基本框架

19.5.2 管理会计主体的组织架构

通过分析管理会计主体的组织架构(见图19-2)可知,该组织架构也主要根据战略层、经营层和业务层三个层次进行划分,具有多样化、分散化和平衡化等特点,是对阿米巴管理模式科学应用的体现。阿米巴管理模式是一种量化的赋权管理模式,要求推行时遵循由上到下、由大到小、分层逐步推进的原则,其本质就是"量化分权"。

具体来看,战略层组织主要包括营销业务体系和产品供应来源体系两个部分,经营层组织又可细分为国内营销中心、国外营销中心、生产制造中心和商品采购中心四个部分。业务层在此基础上进行进一步细分,其所包含的组织类型更为丰富。因此,总体来看,上述组织架构具有如下优势:其一,业务组织与人事组织的联系更为紧密;其二,成本支出和收入的匹配更加明确;其三,有助于业务实体任务的独立完成。

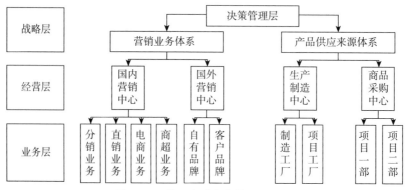

图 19-2 管理会计主体的组织架构

19.5.3 管理会计报告体系的构建

根据管理会计报告体系的基本框架和管理会计主体的组织架构,我们从专题项目、业务层、经营层和战略层四个层面构建管理会计报告体系,并对报告人和报告项目进行明确划分,详细情况如图 19-3 所示。

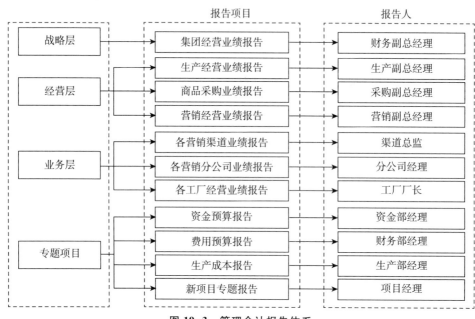

图 19-3 管理会计报告体系

19.6 管理会计在企业中的现状及应对措施

19.6.1 现状

1. 管理会计体系不完善

管理会计可以为企业提供有效的会计信息,但管理会计工作不同于一般的会计工作。财务会计只处理已经发生的会计信息,而管理会计支持面向未来的决策。财务会计只考虑报表中的显性成本(也称会计成本),不考虑隐性成本(也称机会成本),而管理会计同时考虑显性成本和隐性成本。但在许多企业中,企业管理体制建立不合理,管理体制还不够完善,许多管理者对管理会计不重视,认为管理会计工作可有可无,有些企业没有专门的管理会计部门和岗位,组织人员配置不合理,权责分配不均,使管理会计人员权责分工不清、不和谐,企业难以开展财务分析和成本控制工作。

2. 管理会计和财务会计之间沟通不足

财务会计主要反映已经发生的经济活动,它不能预测和指导经济活动,不能为企业提供解决未来可能出现问题的措施和对策。管理会计则正好弥补了财务会计的这一缺陷。管理会计主要研究与解决企业未来可能面临的各种风险和问题,它可以提供相应的决策信息和会计信息,为企业管理者应对风险提供数据支持。但在实际操作过程中,管理会计与财务会计缺乏合理的协调和沟通。财务会计所使用的信息大多是原始数据,而管理会计需要对数据和信息进行进一步的处理与加工。许多企业的数据和信息只满足财务会计的要求,而忽视了管理会计的要求。因此,企业应重新设计数据库,加强管理会计与财务会计之间的沟通与交流,协调二者的关系,以提高企业的管理效率。

19.6.2 应对措施

1. 不断增强管理会计的实用性

企业要推进管理会计理论体系建设,推进和加强管理会计基础理论、概念框架和工具研究,形成具有中国特色的管理会计理论体系。具体要求包括:一是理论联系实际,建立管理会计职能部门,研究分析会计案例,整理相关会计信息和资料,提高管理会计工作的质量和效率;二是解决传统管理会计与实际应用脱节的问题,在理论和实践上不断完善管理会计体系。

2. 不断提高企业对管理会计工作的重视程度

企业管理层要提高对管理会计工作的重视程度,制订管理会计工作计划,从企业整体的角度考虑问题,建立高效的组织结构,加强团队合作,明确各部门的具体工作和职责。企业应首先推进管理会计指导体系建设,形成以基础管理会计指导、管理会计应用指导、管理会计案例示范为辅的管理会计指导体系;其次建立管理会计专家咨询机制,为管理会计指导体系的建设和应用提供咨询。国家鼓励企业各部门员工做好管理会计工作,建立健全内部控制制度,提高管理会计人员素质,培训相关人员,使其与时俱进,加强管理会计理论知识的学习,并将其应用到实际工作中。

3. 建立管理会计信息系统

企业应不断完善以管理会计为导向的信息系统建设,可以选择适合自身发展实际情况的管理会计信息处理软件,对管理会计信息进行定量分析和定性研究;降低管理会计信息处理的复杂性,以提高企业管理人员的工作效率和会计人员的素质。

➤ 本章小结

1. 企业管理会计报告是指企业运用管理会计方法,根据财务和业务的基础信息加工整理形成的,满足企业价值管理和决策支持需要的内部报告。其目标是为企业各层级进行规划、决策、控制和评价等管理活动提供有用信息,帮助管理当局对资源的最优化使用做出决策。

2. 企业管理会计报告包括报告名称、报告期间或时间、报告对象、报告内容及报告人等形式要件;包括报告的编制、审批、报送、使用、评价等报告流程。

3. 企业管理会计报告体系有多种分类标准且有五个报告维度。

4. 管理会计在企业中的实际运用仍存在很多不足,需要不断完善。

▶ 复习思考题

1. 什么是企业管理会计报告?企业管理会计报告的目标是什么?
2. 企业管理会计报告的形式要件是什么?其报告流程有哪些?
3. 企业管理会计报告体系有哪些分类标准?其内容是什么?
4. 管理会计在企业中的现状及应对措施是什么?

▶ 作业练习

徐工集团工程机械股份有限公司(以下简称"徐工机械")是我国工程机械领域最具竞争力和影响力的上市公司之一。公司主要从事工程消防机械、路面机械、混凝土机械、压实机械、铲运机械、起重机械、其他工程机械及工程机械备件的研发、制造和销售,并拥有布局全球的营销网络。1996年8月,公司在深圳证券交易所上市。多年来,公司一直致力于为客户提供系统化解决方案,并提供工程机械类优质产品和服务组合。2018年,公司实现营业总收入444.1亿元,同比增长52.45%,资产质量、盈利能力大幅改善,整体运营更加健康、持续、高质量。

随着集团产品线的日趋丰富、子公司的不断增加以及规模的日益壮大,徐工机械于2015年逐渐构建管理会计报告体系。但是,公司在管理会计报告的应用过程中仍然存在以下问题:其一,信息使用意识不强;其二,信息的及时性和有效性较差;其三,信息的处理方式有待提高;其四,信息的完整性存在问题。

徐工机械积极调整,在管理会计报告体系下实施以下步骤:①明确编制原则。徐工机械从编制要素、数据分析方法和展现方式三个方面出发,对管理会计报告的编制原则进行明确。②规范编制步骤。根据上述编制原则,徐工机械不断改进管理会计报告的编制步骤,对管理会计报告体系进行层次规划,分别从专题项目、业务层、经营层和战略层四个层面编制差异化报告,并逐渐形成了层次规划、内容确定、模板制定和沟通培训的编制步骤。③优化运行环境。徐工机械建立的信息系统整合平台包括多种信息化系统,如商业智能、质量、仓储、供应链、供应商、产品生命周期以及协同办公等。④优化财务组织架构。徐工机械重点对财务组织架构进行了相应调整,并逐渐形成了包含管理会计、共享服务和战略财务的财务组织架构。

通过公司全体员工的共同努力,徐工机械取得了很大的成效:①成功实现了财务组织架构的重构。通过多年的管理会计报告实践,公司重构了财务组织架构,成功将管理会计独立出来,进一步明确了部门划分,即供应链财务部、营销财务部和生产财务部。②明确了管理会计报告具体内容指标和相应模板。这对管理会计报告的规范和整体报告编制效率的提高都具有重要意义。③完善了运行环境。通过引入企业资源管理系统,在实践过程中逐渐将其他信息化系统与之相融合,并逐渐形成了包含决策分析层、业务执行与管理层和基础应用层的信息系统整合平台。④统一了管理会计的实施原则。这不仅在一定程度上降低了人员成本,而且促进了公司管理和成本的精细化,显著提升了公司的经济效益。

要求:根据上述案例,分析以下问题:
(1) 徐工机械的管理框架是什么?
(2) 徐工机械各管理层级的主体是?

延伸阅读与写作

"绿水青山就是金山银山"是实现绿色发展的思想基础,但日益严峻的环境问题制约了企业的发展。管理会计报告是企业经营管理决策所需信息的载体,是实现绿色发展的关键。为此,构建基于绿色发展的管理会计报告理论框架与内容体系,不仅有助于推进管理会计与绿色发展的理论研究,而且为企业推行与落实可持续发展战略提供了重要的理论参考。围绕上述主题,查找资料,归纳总结,撰写一篇《基于绿色发展的管理会计报告体系构建》的小论文。

参考文献

[1] 贺颖奇.管理会计概念框架研究[J].会计研究,2020(8):115-127.

[2] 覃艳.企业管理会计报告体系应用探讨:以徐工机械为例[J].财会通讯,2020(21):168-172.

[3] 汪猛.商业模式创新情境下管理会计报告的变革[J].商业会计,2021(1):9-12.

[4] 魏贵花.基于价值创造的企业管理会计应用体系构建与实施[J].纳税,2020,14(35):90-91.

[5] 赵团结,季建辉.企业管理会计报告框架探索[J].会计之友,2019(1):60-62.

教辅申请说明

　　北京大学出版社本着"教材优先、学术为本"的出版宗旨,竭诚为广大高等院校师生服务。为更有针对性地提供服务,请您按照以下步骤通过**微信**提交教辅申请,我们会在1~2个工作日内将配套教辅资料发送到您的邮箱。

◎ 扫描下方二维码,或直接微信搜索公众号"北京大学经管书苑",进行关注;

◎ 点击菜单栏"在线申请"—"教辅申请",出现如右下界面:

◎ 将表格上的信息填写准确、完整后,点击提交;

◎ 信息核对无误后,教辅资源会及时发送给您;如果填写有问题,工作人员会同您联系。

温馨提示:如果您不使用微信,则可以通过以下联系方式(任选其一),将您的姓名、院校、邮箱及教材使用信息反馈给我们,工作人员会同您进一步联系。

联系方式:

北京大学出版社经济与管理图书事业部

通信地址:北京市海淀区成府路205号,100871

电子邮箱:em@pup.cn

电　　话:010-62767312

微　　信:北京大学经管书苑(pupembook)

网　　址:www.pup.cn